U0601347

陳夢家著作集

漢簡綴述

中華書局

圖書在版編目（CIP）數據

漢簡綴述／陳夢家著. -北京：中華書局, 1980.12
（2024.4 重印）
（陳夢家著作集）
ISBN 978-7-101-04242-9

Ⅰ. 漢… Ⅱ. 陳… Ⅲ. 簡（考古）-研究-中國-兩漢時代
（前 202~220） Ⅳ. K877.54

中國版本圖書館 CIP 數據核字（2004）第 036213 號

責任印製：管 斌

陳夢家著作集

漢 簡 綴 述

陳夢家 著

＊

中 華 書 局 出 版 發 行
（北京市豐臺區太平橋西里 38 號　100073）
http://www.zhbc.com.cn
E-mail：zhbc@zhbc.com.cn
北京市白帆印務有限公司印刷

＊

787×1092 毫米 1/16 · 20½印張 · 1 插頁 · 409 千字
1980 年 12 月第 1 版　2024 年 4 月第 7 次印刷
印數：7701-8500 冊　定價：128.00 元

ISBN 978-7-101-04242-9

考 古 學 專 刊

甲種第十五號

漢 簡 綴 述

陳夢家 著

中國社會科學院考古研究所編輯

陳 夢 家 著 作 集
出 版 説 明

　　陳夢家先生(1911—1966)是我國現代著名的詩人、古文字學家和考古學家,浙江上虞人。1932 年于中央大學畢業後,先後在青島大學、燕京大學、昆明西南聯大任教。1944—1947 年在美國芝加哥大學講授中國古文字學,並蒐集流散在歐美的商周青銅器資料。歸國後,擔任清華大學教授,1952 年調至中國科學院考古研究所任研究員。

　　陳夢家先生因研究古代宗教、神話、禮俗而治古文字,再由研究古文字而轉入研究古史及考古學。在甲骨學、西周銅器斷代及簡牘研究方面,均卓有建樹,爲國內外學術界所推重。

　　我們此次出版陳夢家先生的著作,除收有殷虛卜辭綜述、西周銅器斷代、漢簡綴述、尚書通論、西周年代考、六國紀年、老子今釋、中國文字學等專著以及新詩集夢家詩集外,還將搜集陳夢家先生已刊和未刊的文章,分別輯爲夢甲室存文(散文集)和陳夢家學術論文集出版。

　　陳夢家著作集的出版,得到陳夢家先生內弟趙景心、景德、景倫三先生的鼎力支持,我們表示由衷的感謝。中國社會科學院考古研究所爲陳夢家先生遺稿的整理付出了巨大的努力和艱辛的勞動,敬致謝忱。

　　謹以此書的出版,紀念陳夢家先生和趙蘿蕤女士。

中華書局編輯部

2004 年 4 月

目　　录

汉 简 考 述

叙 言

五十多年来,在我国西北甘新地区,即汉代河西四郡和西域的地带,曾经先后出土了大宗的汉简。按照汉代郡县,可分为以下五类。

一、敦煌汉简 共出三批。(1)1906—1908年斯坦因采获705枚,报告见《中亚与中国西域考古记》(Serindia)和《中国沙漠考古记》(Ruins of Desert Cathay),简影见于沙畹《中国古文书》及王国维《流沙坠简》。(2)1913—1915年斯坦因采获84枚,报告见《亚洲腹部考古记》(Innermost Asia),简影见于马伯禄《中国古文书》。(3)1944年夏鼐等掘获43枚,简影见夏鼐《考古学论文集》。以上共计830简左右,就它们出土地点考之,大部分属于敦煌郡玉门都尉和中部都尉,小部分属于宜禾都尉,而没有阳关都尉的。

二、酒泉汉简 1913—1915年斯坦因采获105枚,报告及简影同上述之(2)。就其出土地点考之,大部分属于酒泉郡西部都尉和北部都尉,小部分属于东部都尉。1930年贝格曼在北大河A42所采获的4简,也属于东部都尉而不是张掖郡的。

三、张掖汉简 1930年贝格曼在额济纳河两岸及黑城南的卅井塞采获约10000枚,报告见《内蒙古额济纳河流域考古报告》,简影见《居延汉简甲编》和《居延汉简乙编》。就其出土地点考之,一半属于张掖郡居延都尉,一半属于张掖郡肩水都尉,所以应称它们为"张掖汉简",更合宜些。

四、武威汉简 1959年甘肃省博物馆在今武威县磨咀子第6号墓清理出《仪礼》简册九卷及其它少数杂简共504简,在第18号墓发掘出"王杖十简",详《武威汉简》1)。今武威县在汉代为郡治所在的姑臧县,这些简与屯戍无关,称为"姑臧汉简",更合宜些。

五、罗布淖尔汉简 1930年与1934年黄文弼在新疆罗布淖尔北岸掘获71简,见《罗布淖尔考古记》。出土地,据陈宗器说宜为默得沙尔;据简文似为居卢訾仓所在,属于西域都护。此所出简,似应称之为"西域汉简",较胜于"楼兰汉简"。

以上五处所出汉简,除武威外,都是汉武帝起在河西走廊修筑边塞并屯田西域,置亭隧所遗屯戍文书。它们的年代,虽也有延至东汉者,但以西汉时期的占多数。它们在性质上都有相同之处,然而相距颇远。张掖两都尉的边塞沿额济纳河,南北之间相距约250公

---

1) 甘肃省博物馆、中国科学院考古研究所合编:《武威汉简》。

里;酒泉、敦煌两郡的边塞沿疏勒河,东西之间相距约 500 公里;而玉门关与罗布淖尔北岸默得沙尔相距约 250 公里。已出土屯戍简札仅达 11000 枚左右,只是整个边塞所遗文书的一小部分,而且缺少武威郡和张掖郡南部边塞的资料。这些出土资料是很不完备的,但若加以系统的整理与研究,则对于研究汉代河西四郡的历史,有很大的帮助。

我们在整理汉简的过程中,感到汉简的研究不仅是排比其事类,与文献相比勘,或者考订某些词、字或片断的历史事件,而需要同时注意以下诸方面:第一,关于出土地问题,即遗址的布局、建筑构造,以及它们在汉代地理上的位置。王国维在《流沙坠简》的附表中曾对敦煌诸隧图相当于简上何等级的治所,作过初步的推定。马衡也曾经企图用坑位来编次居延汉简。为了整理居延汉简,我们首先根据调查报告作"额济纳河流域障隧述要",然后根据出土地排列"邮程表"和"候官·部候·隧次表";对于河西四郡的建立,汉武障塞的设置,两汉都尉和居延地理沿革,都有加以研究的必要。第二,关于年历的问题,利用汉简详确的排列"汉简年历表",可以恢复两汉实际应用的历法。它和后世用四分法推出的两汉朔闰表,虽大体上相同,也有出入。有了它,结合出土地,我们可能将零散的不同内容的各种簿籍,恢复其较完整的形式,使之有所附丽。第三,关于编缀成册和简牍的尺度、制作的问题。我们在整理武威仪礼简册和王杖简册时,曾复原了九册《仪礼》和一册王杖诏书,探索到各种简牍有一定的尺度和制作、写作的过程,详《武威汉简·叙论》。居延不同地点所出众多拆散之简,是可以根据内容、年历、出土地、尺度、木理、书体等编缀成不同的簿册的。只有这样,才可以掌握较整齐的档案卷宗,更好的用以研究历史。第四,关于分年代、分地区、分事类研究与综合研究相互结合的问题。根据出土地、年历推断与编册成组,有可能分地区、分年代的进而分事类的进行研究。"居延"和"骍马"两地区都有屯田的记录,而其制度不尽相同,前者明显的推行了代田法。居延未行与已行代田法,亦应有所不同。两汉奉给制度截然有别,即在西汉亦曾两度益奉,故同一等级官吏的月奉钱前后不同(详《汉简所见奉例》,载《文物》1963 年第 5 期)。居延都尉与肩水都尉所属隧名有同名的,不可混同为一,遂致隶属关系淆乱。凡此皆需先加分别,然后才可综合不同年代、不同地区的汉简,互相补充,全面的研究表现于汉简上的官制、奉例、历制、烽火制、律法、驿传关驿等等,并与文献互勘,用以了解汉代经济的、社会的、军事的种种面貌。

本文现在发表的,是上述研究计划中的两篇,概略地考定西汉时代(汉武帝晚期以来)在额济纳河两岸的边塞防御设置的规模及其布局。

第一篇　额济纳河流域障隧综述

根据《内蒙古额济纳河流域考古报告》,我们曾重新编写了一篇"障隧述要",将附载在《居延汉简甲乙编释文》之后(附以插图和地图)。此处简略加以叙述。

一、殄北塞　A1,A10,A11,K681,T28,T29　此五个烽台和一个障〔A1 宗间阿玛），处于额济纳河下游，在索果淖尔之南，故居延泽之西，北纬 40° 以北，成一弧形屏障。A10，A11 和 T28 烽台之间，似有塞墙的遗迹。

二、居延区域　在珍北塞之南，甲渠塞之东，居延泽之西，卅井塞之北，所谓"额济纳绿洲"范围以内。古弱水从布肯托尼附近的布都布鲁克东北过黑城流向居延泽。当时的屯田区、居延属国、居延城、遮虏障和居延候官，应皆在此范围内，汉代泛指为"居延"。此区域内的亭障可分为四部分：

甲、伊肯河东岸（北部）　F30，A12，A13，K688，K749，K789，A15　计城 3，障 1，烽台 6，成一直线，与甲渠塞北部平行。

乙、居延城　K710　城 1。

丙、伊肯河东岸（南部）　F84，A14，T85，T88，T105，T106　计障 1，烽台 5，成一弧线，略与甲渠塞南部平行。

丁、黑城东南　A16—18，F99　计小堡 1，房子 1，烽台 2。

三、甲渠塞　A2—9，T3—21　从登达河与阿波因河交会处（T 3）到布都布鲁克西南（T21），约 40 公里长，介于纳林河东岸与伊肯河西岸之间砾石地上，有二十六个烽台和一个障（A8 破城子），较整齐而密集的排列着，烽台之间相距约为 1300 米。在此线上，有一半还保存塞墙遗迹，现呈很矮的凸起的两道砾石堆起的塞墙基址，宽为 3 米。

四、卅井塞　P9—11，T117—141，A19—22　从伊肯河东岸的布肯托尼（A 22）到故居延泽南端下的博罗松治（P 9），有一条从河东东北斜向砂碛中伸展出的塞墙，约 60 公里长，共有三十二个烽台，烽台之间相距约为 2000 米。东段从博罗松治至牟斯山（T 135）约 40 公里，在北纬 40°31′ 之北，成一弧形线，其间如 T 126 尚存塞墙残迹。西段自牟斯西南斜行至布肯托尼约 20 公里，在北纬 40°41′ 之南，保存较好的塞墙。另有两组烽台，或亦属之此塞：甲、卅井官西北，T112—116 和 P8，六烽台列成一线；乙、布都布鲁克东，T110—111，二烽台孤立。

五、广地塞　从布肯托尼（A22）南沿额济纳河中游东岸，约 60 公里长，有十七个烽台和一个障（A 24 小方城）。小方城以北约 43 公里，残存烽台甚为稀少；其南十四个烽台，相距大致为 1500 米。此一线上已无塞墙的遗迹。永元器物簿出于 A27（查科尔帖），是比较重要的一个烽台。

六、橐他塞　A28—31，T154—158，T160—168，F159　在广地塞之南，仍沿额济纳河中游东岸，约 50 公里，有十八个烽台和一个障（F159）。它和广地塞一样，不见塞墙的遗迹。

七、肩水塞　此塞以北，从 A 22 到 T 168 共长约 110 公里，皆失去塞墙。自 T 168 以下，在额济纳河上游两岸，又有塞墙的遗迹。从金关（A 32）到甘州河、北大河交流处的毛目约长 50 公里，河两岸可复原出两条大约平行的塞墙，北交于金关。东部塞比较完整，在 T 192 处向西北伸展一小段支墙。在毛目之南，甘州河东岸也残存三小段塞墙。沿此三条

塞,共有城二,障四,烽台三十九。可以分为四组:

甲、东部塞 A32—33,T174—176,T180—182,T186—188,T191—195,T197—200 计障1,烽台19;地湾(A33)在此塞上。

乙、西部塞 T169—172,T178,T183,T185,T190,T196,P12 计烽台10。

丙、两塞间 西岸:T173,F179 东岸:A34—38,F177,T189 计城2,障3,烽台4;大湾、双城子在此内。

丁、毛目南 T202—207 计烽台6。

八、北大河塞 A39—43,T213—215,T461,T49g 计障1,烽台9。北大河塞是疏勒河岸汉代塞墙的东端,与肩水塞相交。这条东西行的塞墙不属于张掖郡而属于酒泉郡东部都尉的东部塞。《亚洲腹地》406—407页曾对这段塞墙部分的埋没原因,加以推论。他说,这里修筑塞墙有两种方法:一种是双重的用粗石版垒起而填以砾石的,一种是仅用压紧的柴枝作成的。无论用何种方法筑成,其基座宽至少2.5米,而其高度可达3米。采用第二种方法筑成的,由于地土潮湿,经历许多年月以后,腐朽败坏,成为红色土的长形堆。我们以为,额济纳河中游110公里长的亭障旁,原来也是有塞墙的,可能由于采用第二种的筑法,因此埋没不见了。

以上我们根据贝氏考古报告,结合了我们对汉简的初步研究,对张掖郡塞隧序列作了一次较有系统的叙述。除所附述的北大河塞外,其余七部分,相当于张掖郡七个候官塞。居延汉简所出现的候官有殄北、居延、甲渠、卅井、广地、橐他、肩水、仓石、庚等候官,但前七者有候官塞,有候,有塞尉,其它则无之。因此我们列了七个塞,其中居延塞不能确指其地位,只能概括地记述了居延区域内的亭障。此七候官,在简上既然称之为塞,则自应有塞墙存在过,而傍以序列的亭障。现所见者,只有甲渠、卅井和肩水三塞保存了较可辨认为塞墙和傍之序列的较整齐密集的亭障。其它凡亭障行列保存不完整的,也往往失去塞墙的踪迹。因此,凡那些已无塞墙的地方,根据其上下塞墙进行的方向并现在尚存在的零散的亭障,根据塞墙和亭障往往傍着河岸,我们可以将中断的塞重新联接起来。从北端的A1一直到甘州河与北大河交会处的附近,傍额济纳河的上、中、下游,共长250公里;若以毛目为起点,则是沿弱水东北斜上。布肯托尼(A22)以东,古弱水下游之南,另有一道塞自西向东延展至居延泽南端(卅井塞)。所以弱水两岸整条塞作卜字形。北部以甲渠塞、卅井塞和居延泽包围了居延屯田区,南部以肩水东西两部塞包围了驿马屯田区。它们之间的距离和现状约如下述:

东北行塞

殄北塞 A1—A2 12公里 A1东南的A10,A11,T28仍有塞迹

甲渠塞 A2—T21 48公里 大部分有塞

××× T21—A22 30公里 不见塞,亦无亭障

广地塞	A22—A27	60 公里	不见塞迹
橐他塞	A27—A32	50 公里	不见塞迹
肩水塞(东部)	A32—T200	50 公里	有塞
（西部)	T169—T190	(50 公里)	一部分有塞迹

东西行塞

卅井塞	P9—A22	60 公里	一部分有塞迹

若使这些距离中都是塞,而肩水塞东西部都是 50 公里,则毛目以北的塞长约 350 公里,约为汉里九百里以上。瓦因托尼出土木觚(88·3)曰"各塞可百里",汉律边县置塞尉也是百里一人,所以九百余汉里之塞应有九个左右候官。

据《史记·匈奴传》,太初三年(公元前 102 年)"使徐自为出五原塞""筑城障列亭"的同时,"使强弩都尉路博德筑居延泽上",《汉书·武帝纪》同,作"筑居延",当指额济纳河两岸的边塞及其亭障。路博德屯居延在太初元年至天汉四年(公元前 104—97 年),筑居延当在此期间之内。这一带如破城子、博罗松治、大湾、地湾(居延都尉、甲渠候官、卅井候官、肩水都尉、肩水候官)所出简,俱属于西汉昭帝至王莽或东汉光武建武时之间的,则居延边塞之筑至迟在公元前 86 年以前,即武帝后期。北部瓦因托尼简(甲 838,1466,2545)最早的年号为武帝征和三年(公元前 90 年),乃当时实录;南部大湾简(甲 512)"候陈横大始元年(公元前 95 年)二月庚寅除,"虽是后来追述前事,但亦可能表明陈横所除之候为肩水候,则肩水候官之设置已在武帝大始初。

《史记》与《汉书》中所记"逾居延""济居延""过居延",可能以居延为水名,另详《居延地理杂考》。所以筑居延应解释为筑塞于弱水两岸。这里大部分是"因河为塞",只有戈壁高原上的卅井塞为例外。所筑亭障,也是就地取材,所以沿河岸的亭障大部分为土坯所作,小部分为版筑;而卅井塞上虽也有土坯作的烽台,很多处用石版代替土坯。各塞的烽台的间距亦有所不同,如滨河的甲渠塞平均每隔 1300 米为一烽台,戈壁高原上的卅井塞则为 2000 米。

以上所述诸塞,除塞墙外,主要的建筑物是城、障、烽台和附着的坞壁与房舍,间亦有沟渠。所谓城者,如 A35 (内城),A38,K710,K688,K789,K749 都作长方形围墙,版筑,其面积皆在 130×130 米以上,但它们的年代很难肯定是汉代的。我们称为障者,是指100×100 米以内的正方形的围墙,其例如下:

〔障号〕	〔面积〕	〔厚、高〕	〔作法〕	〔方向,门向〕	〔附记〕
A8	15×15	2×4—4.5	土坯	正南北,门南	有坞
F177	18×18		版筑		有坞
A24	19×20	3×7	上部土坯下部版筑	正南北,门南	有坞
F179	21×21	5.6×9.5	版筑	正南北,门南	有坞

A33	22.5×22.5	5×8.4	版筑	正南北，门东	
F84	22×23	4×7	土坯	南北，门南	
F159	25×26	7×1.5	版筑		时代待考
A1	31×32	3.7×7	土坯	南北，门南	
F30	36×36	2×2	版筑	正南北	
A37	43×40	7×8	版筑	正南北，门南	
A39	78×78	3—4×4—5	版筑	门南	
K789	86×86		版筑	南北，门南	有城
附F99	8×8	1.3×4	版筑	正南北，门东	时代待考

大致上是方形厚墙，方向为正南北或大致上南北，门向南。《文选·北征赋》注引《苍颉》曰"障，小城也。"其它凡包围于亭障的方形或长方形墙垣，我们统名之为坞；它们的范围小于城而可以大于小障，壁较薄，但也有很厚的。烽台的大小，并不一致，普通的基座约为4—5.5×4—5.5米，也有宽7—9米的；高度往往与宽度相仿。台南常有几间房舍，城、障之内也有较多的房舍。

此处的建筑除用石版垒砌以外，主要的用墼作和版筑。前者即用未烧过的土坯垒砌而成，每层之间或每三层之间夹一层芦苇或柴木树枝以加固之。所用之墼，在当时有大致的规格，《隶续》卷十五著录东汉安帝"永初七年作官墼"，重十有八斤。大湾出土简（甲1066）曰"墼广八寸，厚六寸，长尺八寸，一枚用土八斗，水一斗二升"，以23.3厘米当一汉尺，则墼长41.94，广18.64，厚13.98厘米。兹据报告所述贝氏和斯氏（记英寸者）所量汇录如下：

A1	39×21 ×13	A2	37×18 ×11	P9(19)	37×15×11		
	39×18.5×11		?×17 ×11	T194	46×22×13		
	37×14 ×10.5		?×17 ×18		46×22×14		
	35×19 ×13		?×17 ×15		50×22×14		
	37×? ×12		?×17.5×15		45×20×14		
	?×22 ×11	A3	29×18.5×12		44×22×14		
	?×17 ×11		38×19.5×11	T155	14"×8"×5"		
A10	43×? ×13		?×17 ×13		(35.56×20.32×12.70)		
	41×? ×13		?×19 ×11	T158	14"×8"×5"		
	?×20 ×13		?×20 ×13.5	A36	14"×8"×6"		
	?×20 ×12	P9	33×18 ×13		(35.56×20.32×15.24)		
	?×19 ×12		36×18 ×11	A43	13"×7.5"×4"		
			35×19 ×9		(31.85×18.37×9.80)		
			?×15.5×12				

凡此所记与汉简所述尺寸大致相近,只有T194所出者较长大一些。这就是我们在"障隧述要"中所说的"汉式土坯"。

前述诸塞的城障亭隧,除北大河塞不计外,有以下174处遗址,约如下列:

	城	障	烽台	小堡	房子
殄北塞		1	5(其一为亭)		
居延区域	4	2	11	1	1
甲渠塞		1	26		
卅井塞			40		
广地塞		1	17		
橐他塞		1	18		
肩水塞	2	4	39		

$$6+10+156\quad+1\quad+1=174$$

这些调查所得的遗址数字,和汉代在这条防线上实际存在的亭障数字,是相差很多的。如前所估计,这条防线约长九百汉里以上,大约有九个候官,它们的亭隧之数尤多。居延汉简所出现的隧名,已知的至少在250名以上,还不是完全的。其中如甲渠和肩水两候官的隧名,比较全些,其数都在调查遗址数的一倍以上。在甲渠和肩水两候官之间,有很长一段距离中,没有发现到连续相接的亭障,而当初应是存在过的。大约完全的隧数约在300或300处以上。

出土一万枚汉简,只是在几个重点地方加以试掘所获,有些则是地面采集到的。根据报告,并报告以外可以补充的资料,将1930年额济纳河两岸各地点所出简数列表如下:

〔出简地点〕		〔出简枚数〕	〔著录号数〕
A1宗间阿玛	50		38+25=63
A2察汗松治	6+1		8+12=20
A3	4		4+0=4
A6	6+1		7+0=7
A7	9+2		10+0=10
A8破城子	5216	第一地点 1871	3942+480=4422
(《纪行》作4000)			
		第二地点 1850	
		第三地点 1495	
		第四地点五、六枚	
		(另帛书二)	
P1	1		
A9	1		0

汉简缀述

A10瓦因托尼	[267]	（第一次试掘47）	266＋1＝267
		（第二次试掘××）	
		（据《纪行》）	
A14	7		8＋0＝8
A16马民乌苏	7		5＋0＝5
A18摩洛松治	6		6＋2＝8
P8察勉库笃克	3＋1		3＋0＝3
P9博罗松治	[346]	十八处地点各出若干	234＋112＝346
P11	4（已腐朽）		0
A21	[250]	125，大部分出第二地点	171＋79＝250
A22布肯托尼	[83]	50，大部分出第一地点	71＋12＝83
A25库拉乌拉	8（腐朽）		7＋1＝8
A27查科尔帖	90 B地点78		93＋0＝93
	其它地点12		
A28察汗多可	2＋2		4＋0＝4
A29白墩子南	[28]	很多简	25＋3＝28
A31	1（极小）		0
A32金关	[850＋]	A地点很多简	701＋23＝724
		B地点数简	
		C地点50	
		D地点400	
		E地点400	
A33地湾	2000	大部分出第四地点	2328＋55＝2383
		许多简出第二、三地点	
		第五、十四、十五地点各数简	
		第十六、十八地点各一简	
		（另帛书三）	
A35大湾	1500	第十三地点900	1249＋85＝1334
		第六地点500	
		第一、三、七、十二地点若干简	
		第二、四、九地点数简	
P12	2＋1		1＋0＝1
A36阿德克察汗	5		5＋0＝5
A37旧屯子	[1]		1＋0＝1

A42北大河　　　　4　　　　　　　　　　　　　　　2＋5＝7

以上共二十九个地点,其中 A9,A31 和 P 11 共 6 简,未见著录。表中〔出简枚数〕在加号后者是有字的封检、木楬和木觚等。表中〔著录号数〕在加号前为已释文,加号后为未释文。报告对某些地点出简数不明确,也有失载的,不能统计。根据甲编、乙编已释未释的编号,共为 9268＋865＝10133,总数约为 10200 左右。

贝格曼在额济纳河的调查试掘,据其《纪行》所述,始于 1930 年 4 月下旬。5 月 8 日,他结束了汉代遗址博罗松治的工作,这是大宗汉简出土的开始。 1930 年 12 月 27 日至 1931 年 1 月 25 日,在破城子作了较长时间的试掘,所获汉简之多,超过了全数一万枚的半数以上。1931 年 3 月,他在布肯托尼作了最后一次试掘。 5月,汉简运到北京。在此以前,弱水两岸早已有人偶尔也采集到零星的汉简,如《河北第一博物院半月刊》(1931 年 12 月 25 日,天津)刊有该院陈列的汉简三枚,说明曰"右木简三枚,陈德广君赠,得自宁夏二里河、甘肃毛目县北上湾两处"。二里河或即《申报地图》嘎顺淖尔东南之二里子河,在宗间阿玛(A1)西北约 40 公里处,这是出简最北端;毛目北之上湾,当在肩水候官区域内。黄文弼《罗布淖尔考古记》220 页自注云"1931 年甘肃一驼夫赠余数简,皆得自额济纳河畔。……一片下书'都尉李临书进'上书'临伏地再拜□□足下'。一片下书'甲渠候杜君'与前一片骈列,知同属一简。"

大湾出土简 303·39＋513·23(甲 1598)曰"延寿迺太初三年中父以负马田敦煌延寿与父俱来田事已",过去皆误引此简以为居延简所见最早的年号。不知此简乃追述前事,故云"迺",非太初三年的实录。居延简以瓦因托尼出土的征和三年,破城子出土的(武帝后元)元年为最早,以白墩子南 A29 出土的元康三年为最晚。兹据我们所作"汉简年历表"简为下表:

A10 （瓦）　公元前 90—81,77

A 8 （破）　公元前 88,82,77,72,69,62,60—42,40—27,25—14,12—1

　　　　　　公元后 1—4,6—8,10,12,14—16,18,19,21—25,27—31

A32 （金）　公元前 82,75,74,69,66,63,62, 57—54, 52—50,45,44,32,29,27—

　　　　　　　　25,21,18,16—14,12,10,8,6,4

　　　　　　公元后 105（历）

A33 （地）　公元前 84,80—75,73—71,69—61,59—56,54,53,50,47,43,41,40,

　　　　　　　　38—35,33—29,27—22,18,14,13,10,5,2

　　　　　　公元后 1,5—7,19,24

A35 （大）　公元前 85—69,64,63,58,43,42,32,12,9,8,6,5（历）,2

　　　　　　公元后 11

P 9 （博）　公元前 72（历）,63,25,20,4

　　　　　　公元后 2,23,27

A21		公元前 11,10,8
		公元后 3,6（历）,7,8,11
A22	（布）	公元前 32,29,4
		公元后 3,11
A 1	（宗）	公元前 56
A14		公元前 73,70(历),68
A18	（摩）	公元前 37
A 2	（察）	公元前 11
P 8		公元前 8
A 6		公元后 8（历）
A 7		公元后 13
A27	（查）	公元后 89,93—95,97—99,104
A29		公元后 169

表中凡注"历"者为历谱，依朔闰推定。我们若将此表改变为以王朝为主者，并附以敦煌、酒泉和罗布淖尔等三地汉简，则为下列之表：（见下页）

由表所示，可知居延汉简大部分属于西汉时期，即武帝末至王莽、刘玄。东汉时期只有小部分建武初七年简，此后也有更少数的和帝、殇帝、灵帝简。建武七年以后、和帝以前（公元后 32—88 年）没有汉简发现，而殇帝以后仅见一简。这种情况，和敦煌、酒泉、罗布淖尔汉简稍有不同。敦煌简也从武帝末起，但是它有建初七年后至明帝、章帝的简较多，最晚的简属顺帝永和二年（公元后 137 年，《沙氏》536）和桓帝永兴元年历谱（公元后 153 年，《沙氏》680）。酒泉简有元帝、成帝、王莽年号，也有明帝年号，最晚的简属安帝永初六年（公元后 112 年，《马氏》139）。罗布淖尔简集中于宣、元、成三世，不见东汉简。

考古研究所编印的《居延汉简》甲编和乙编及其释文，几乎完全属于张掖郡居延都尉和肩水都尉下所隶属的各塞的屯戍记录；只有北大河 A42 所出数简，应和马伯禄释文的酒泉部分一样，属于酒泉郡会水都尉东部塞。甲编和乙编诸简，大致说，大部分是到建武初为止的，以西汉简居多数。但也有少数的东汉初期简，有更少数的东汉晚期简。后者虽为数甚少，但足以说明张掖障塞到了和帝或其后尚继续存在使用，或至少部分地使用着。

一九六一年十二月作，一九六三年二月重录。

公元前 ←——→ 公元后

帝王（年代）	A10	A8	A32	A33	A35	P9/A18/A27/A29	A14/A1/A2/P8/A6	A21	A22	A7	敦T（遗址）
武帝末（90—87）	A10	A8									敦T14
昭帝（86—74）	A10	A8									
宣帝（73—49）		A8	A32	A33	A35	P9					敦T66, T11, T17, 15a, 18 T14罗
元帝（48—33）		A8	A32	A33	A35	A18					敦T14, 5 酒罗
成帝（32—7）		A8	A32	A33	A35	P9	A14 A1	A21	A22		敦T11, T22f 酒罗
哀帝（6—1）		A8	A32	A33	A35	P9	A2 P8	A21	A22		敦T66, T7a 13, 14
平帝（1—5）		A8	A32	A33	A35	P9		A21	A22		敦T8
孺嬰（6—8）		A8		A33	A35	P9	A6	A21			
王莽（9—22）		A8	A32	A33	A35	P9		A21	A22	A7	敦T12a, 14, 17, 15a 酒
更始（23—24）		A8		A33		P9					
光武初（25—31）		A8				P9					敦T15a, 16, T27, 22d, 28
光武后（32—57）											敦T27, 16
明帝（58—75）											敦T16, 14a, 28
章帝（76—88）											敦T15a
和帝（89—105）			A32			A27					
殇帝（106）											
安帝（112）											酒
顺帝（137）											敦T15a
桓帝（153）						A29					
灵帝（167）											敦T11

第二篇　邮程表与候官所在

根据实地调查遗址的资料，我们在前篇内将额济纳河两岸的塞和亭障及其它附属建筑，作了简略的综述，据此修订、重绘了"额济纳河流域汉代亭障分布图"（图一），可以看到遗址的布局。各遗址内出土的汉简，也零散的记录了这一条边防线上的组织结构关系，若加以综理和联系，并尽可能地与遗址相结合，就可以大概的恢复张掖太守下两个都尉系统的布局及其结构。为此，我们作了"居延候官·部候·隧次表"，将候、候长、隧长三级官吏及其治所排列成表，并试图清理出三者之间的隶属关系。因为邮书的记录最便于说明隧与隧、部与部、候官与候官之间的交接和方向，我们首先叙述邮程，借此连贯亭障，推定它们的位次。

以下，据不同出土地所出简分为四表：第一表汇录邮书课及其它有关邮程之简，第二表函检，第三表据前二表所示南书、北书的关系分别收文者与发文者，第四表据前三表绘出自北而南的邮程诸站。表中→示南行，←示北行。简文前号数系《居延汉简》原编号。惟因此等记录，有些字很小而潦草，辨认上可能有错误。

第一表　邮书表

一、破城子（A8）出土者

203·2　　校临木邮书一封，张掖居延都尉
　　　　　　收降卒严→当曲卒同→临木卒禄→城势北隧则

188·3+224·23
（甲1238）　　收降卒严→当曲隧卒感→临木卒□→

56·37　　诣张掖大守府
　　　　　　居延收降卒褒→当曲卒汤→临木卒护→城势北隧则

133·23
（甲767）　　　　　　　　　临木卒戎→城势北隧则

484·8　　　　　　　　　　临木隧□→城势北隧则

484·34　　城北隧卒捐之→〔武〕贤卒辟→临木隧□→卅井城势北隧卒尊

132·27　　〔诣〕都尉府
　　　　　　城北卒→幹庭　　　→临木卒

317·27
（甲1691）　　南书一封，居延都尉章，诣张掖大守府
　　　　　　收降卒辅→当曲卒昌→临木卒□→卅井卒弘

104·44　　收降卒敞→当曲卒乐→不侵卒贺→吞远卒盖

188·21+194·11
（甲1081）　　□月邮书二封，张掖居延都尉章

图一　额济纳河流域汉代亭障分布图

　　　　　收降卒□→当曲卒同

161·2　　　南书□封,其一封诣张掖大守府

　　　　　居延收降卒→当曲隧卒赵宣

214·86　　南书一封,居延丞印,橐一

　　　　　　　　　　正戍隧→临木

49·22＋185·3　南书二封,皆都尉章,诣张掖大守府
(甲 352)

　　　　　不备卒乐→执胡卒□→城北卒负

127·25　　南书三封,其一封居延都尉章,诣张掖大守府,一封居延丞印诣

　　　　　广地候官,一封居延塞尉印诣屋兰

　　　　　□□卒明→□□□□→卅井卒□

33·11　　　[南书三封],其二封诣张掖大守府,一封诣弘农大守府

　　　　　　　　　　→临木

44·16　　　[南书□封],其一封居延都尉章,诣酒泉北部都尉府,一封居延

　　　　　令印…

30·4　　　南书一封,殄北候印

49·33　　　南书一封,居延都尉章,诣张掖大守府
(甲 353)

　　　　　(又33·16,59·19,84·24,234·7 等简略同)

59·19　　　书一封,居延都尉章
(甲 421)

　　　　　(又 132·28,158·8 等简略同)

58·11　　　移广地候官一事一封,八月壬子尉史并封
(甲 416)

30·7　　　书移以即下铺时起城北
(甲 228)

143·26　　　·右南书…
(甲 790)

157·14　　北书三封,合檄析檄各一,其三封,析檄张掖大守府章诣府,
(甲 916)

　　　　　合檄牛骏印诣张掖大守府牛掾在所

　　　　　收降卒福←当曲卒昌←临木卒副←卅井卒弘

270·2　　居延收降卒□←当曲卒同←临木卒午→卅井[卒]□

229·4　　……诣居延都尉府

　　　　　收降卒□←当曲卒汤←临木卒护←卅井城勢北隧卒则

173·1　　　城北卒　←武贤[卒□]←临木卒汪←城勢北隧通
(甲 944)

185·21　　　　　　　　　卒意←卅井卒赦
(甲 1068)

56·41 　　　　收降卒发←当曲卒□←不侵卒受王←吞远卒赐

317·1
（甲 1671）　北书五封,其一封肩水仓长印诣都尉府,一封觚得丞印诣居延,

　　　　　　一封居延左尉印诣居延,一封昭武长印诣居延,一封氐池长
　　　　　　印诣居延

　　　　　　　　　　←不侵卒受王←吞远卒□

161·6
（甲 963）　　殄北←铒庭隧长周安

214·12　　　□月邮书课,北书一封,张掖广地候印诣居延

103·17
（甲 595）　　北书一封,张掖都〔尉〕…

138·18　　　诚北建昭五年二月过书刾一

135·14
（甲 2538）　吞远部建昭五年二月过书刾…

145·34
（甲 830）　建昭五年三月临木隧邮书课

224·5
（甲 1259）　橄临木邮书三封

507·9
（甲 1976）　之当曲〔隧〕取邮书并簿吏…

46·6
（甲 337）　　当曲隧长关武将邮书诣官,十月乙亥蚤食入

227·14　　　甲渠候官河平二年三月邮书南…

70·21　　　　一月邮书刾北书二封　　肩水…

　　　　　　二、布肯托尼（A22）出土者
163·19　　　南书一封,居延都尉章,诣张掖大守府
　　　　　　甲渠临木隧卒→城势北隧卒→卅井南界隧卒→广地北界隧卒

305·15　　　明火当以夜大半五分付累虏
　　　　　　□当以鸡中鸣时付累虏

　　　　　　三、博罗松治（P9）出土者
436·1　　　　…卒收夜食时
　　　　　　…界中卅九里

437·15+16　…破虏　日餔时卒孙则…

455·8　　　…食时卅井卒…

四、查科尔帖（A27）出土者

130·8 　入南书二封,皆居延都尉章,一诣敦煌,一诣张掖府,邮行永元元
　　　　 年九月十四日夜半杨受赵伯

128·2 　入南书二封,居延都尉诣府
（甲1）

　　　　 永元十年正月五日蚤食时狐受孙昌

552·3+4 入南书五封,三封都尉章
　　　　 一合甲渠田塞尉诣肩水塞尉
　　　　 十六年六月十七日平旦时橐他隧长万世、令史胡颂、弛刑孙
　　　　 明

130·12 　入北书五封,皆张[掖大守府章]…

130·15 　出北书一封二合

五、金关（A32）出土者

288·30 　南书五封,合檄诣张掖城司马,设屏右大尉府;一封诣右城尉,一
　　　　 封诣京尉候利,一封诣谷成、东阿,右三封居延丞印橐他莫尚
　　　　 卒单崇→驿北→沙头卒周良

75·14 　北书三封,皆张掖大守章,诣府

140·20 　出北书,诣居延

62·22 　北书一封,家属……

75·10 　□北邮

204·9 　……邮行北部仓

六、地湾（A33）出土者

299·17 　书一封,张掖水官

274·4 　檄二封,其一张[掖]……,书一封,张掖大[守府]

346·44 　南书一封,天凤六年三月甲戌

237·28 　南书三封

350·40 　酒泉大尹□书一封,酒泉大尹章
（甲1787）

七、大湾（A35）出土者

506·6 　南书一辈一封,番和尉印诣肩水都尉府
（甲1992）

驿北卒音→沙头亭长

沙头亭卒宣→驿马卒同

505·2
（甲1991）

南书一辈一封，张掖肩候诣肩水都尉府

驿北卒音→沙头亭长

沙头卒宣→驿马卒同

495·13＋28
（甲1874）

［南书］一封，居延都尉诣肩水府

沙头卒同→驿马卒良→不今卒丰

506·5
（甲1993）

上书一封，居延丞印，上公车司马，建平五年二月辛未

沙头亭卒忠→驿马卒良→不今卒丰

495·21
（甲1891）

沙头卒同→驿马卒良→不今卒恭

502·1
（甲1910）

南书二封，封皆橐他候印，一诣肩水都尉府，一诣昭武

金关时…沙头卒同→□□□□→不今卒同

495·3
（甲1918）

南书二封，居延都尉皆诣张掖大守府

沙头卒良→□□卒同→破虏卒□

506·17
（甲2007）

南书一封，张掖居延都尉诣张掖大守府

［沙头］卒忠→□□［卒］□

505·19
（甲1963）

南单檄诣城官，都吏郝卿印

沙头卒张诩→

505·23
（甲1967）

南书二封，二封章破，诣觟得

□□□→界亭卒同

505·39
（甲1983）

南书一封，橐他塞尉…

502·3
（甲1912）

出亡人赤表函一北，元康三年

临渠隧长→乘胡隧长→并山隧长普，函行

503·3
（甲1922）

南书五封，一封诣肩水府，一封张掖肩候诣肩水府

506·4
（甲1990）

南书二封，皆丞，送万岁

506·9
（甲1995）

北肩塞尉印

502·9＋505·22　北书七封,其二封皆张掖大守章,二封河东大守章,又诏书二
（甲1914）

封,皆诣居延都尉府;一封府君章,诣肩水

驿北卒护←沙头卒忠

卒宪←不今卒恭

505·6　府记一致广地塞广地
（甲1955）

驿北卒护←沙头卒忠

卒宪←不今小史晏

503·1　一封诣广地,一封诣橐他
（甲1920）

驿北卒护←沙头卒忠

卒宪←不今卒恭

495·19　沙头卒同←不今卒同
（甲1867）

506·16　二封记诣肩水,一封诣居延都尉
（甲1999）　驿北卒朝←沙头卒忠

506·19　北记一,记一左掾私印,诣肩水候官
（甲2014）

505·39　北书五封,一封杜陵左尉即诣居延都尉　卒顺
（甲1983）

19·22　书一封,张掖大守章　骑士自言…

495·2　二封张掖大守章,一封诏书,四封皆府君章
（甲1875）

第二表　函检表

一、破城子出土者

133·1　甲渠官　张掖甲渠塞尉　九月癸亥卒同以来

259·4　甲渠候官　居延塞尉　七月甲戌第十卒善以来

58·29（三）　甲渠候官　居延丞印　□□□□□□以来

279·11　甲渠候官　居延丞印　三月癸丑□□卒以来

136·43（一）　居延尉丞　其一封居延仓长,一封王宪印　十月丁酉令史弘发

82·30（二）　居延都尉府以亭［行］
（甲477）

　　　甲渠候官　4·18（二）,6·1,6·2,6·3,6·4,6·14,17·32,21·3（甲175）（二）,
　　　　21·4（二）,24·10,24·11,24·12,28·2,30·17（一）,30·18（甲219）（一）,
　　　　34·10,34·17（甲239）,34·27,34·29,38·6,38·7（甲272）,38·8,38·14,

38·22, 44·24(一), 45·6(二), 45·8(二), 58·1(三), 67·36, 70·4, 70·15,
73·7, 73·11, 73·19, 82·5(二), 104·8+145·13(二), 137·9(三), 158·9(一),
162·4, 173·13(二), 173·14(二), 173·20(二), 175·6(二), 175·7(二),
184·1, 198·5(二), 206·12, 214·1(一), 214·3(一), 214·107(一),
214·136(一), 262·27(一), 267·2(二), 271·2, 271·4, 271·13, 271·14,
282·8(二), 311·25, 311·29, 312·13, 312·14, 甲附 20

甲渠官　3·9(甲 10), 4·29(甲 27)(二), 16·6, 16·8, 28·3, 39·12, 42·10,
46·4, 49·28(一), 49·29(一), 58·30(三), 59·27(三), 55·19+137·1+
254·20(三), 113·14, 122·2, 127·19+185·19(一), 133·1, 133·3(甲 735),
133·4(甲 743), 133·5(甲 738), 136·13(一), 175·11(二), 178·1(一),
178·29(一), 188·14(三), 214·9(一), 220·7(三), 258·2+265·12(一),
258·19(一), 258·25(一), 259·6, 262·12(一), 262·13(一), 262·30(一),
264·22(一), 267·1(甲 1396)(二), 270·1, 279·5, 279·9, 279·10,
326·17(一), 甲附 7, 甲附 26

甲渠障候　16·5, 33·28(甲 233), 58·6(三), 76·6, 136·29(一), 174·32
(甲 984)(二), 259·15(甲 1368), 311·23

甲渠候　76·62, 225·16, 478·29

甲渠甲候　218·37

甲沟官　39·3, 39·4, 39·5

附簿检　甲渠候官　17·9, 26·22, 33·9(甲 191), 73·16(甲 461), 82·6(甲 466)(二),
103·5, 123·5, 135·27(甲 745)(一), 136·17(一), 143·1+206·30(甲 798),
145·19(甲 819)3(二), 168·2(三), 176·37(甲 997)(一), 176·42
(甲 995)(一), 210·34, 227·14, 271·10(甲 1424), 311·3

甲渠官　3·30(甲 16), 287·9

二、布肯托尼出土者

居延都尉府以邮行　81·8

三、博罗松治出土者

卅井官　395·3, 428·1

卅井官以亭行　401·2, 401·4

卅井候官　428·4, 437·7, 465·5

卅井候官隧次行　458·1

附　　卅井官以亭行　181·12(A21 出土)

四、金关出土者

肩水候官　77·21，212·68

肩水候官隧次行　32·23

肩水□隧次行　288·32

…□府以邮行　62·2

肩水金关　32·4，32·5，32·22，77·72，241·15，288·2

五、地湾出土者

肩水候官　印曰某某，某月某日金关卒某某以来　51·19（甲43），10·14
　　（甲172），10·34（甲95），332·1（甲1706），403·7（甲1815），562·14

肩水候官　□□私印，□□□□〔禁〕奸卒延年以来　5·4（甲31）

肩水候官　□□□□，□□甲戌禁奸吏以来　213·38（甲1186）

肩水候　章曰张掖都尉印，四月丙辰驿北卒宗以□来　54·25（甲386）

肩水候　印曰张掖肩候，六月戊午如意卒安世以来　7·11（甲45）

肩水候　印曰张掖肩水司马印，三月丁丑驿北卒乐成以来　14·3（甲131）

肩水候以邮行　张掖都尉章，九月庚午府卒孙惠以来　74·4（甲456）

肩水候官以邮行　53·18（甲376）

肩水候官行者走　74·18

章曰肩水都尉　11·6（甲109）

肩水候官　5·2（甲30），7·38，10·38（甲101），11·14，13·5，20·1（甲172），
　　20·10，53·18（甲376），74·18，131·67，131·74，221·8，228·10，239·135，
　　250·12，263·15，280·7，284·6，324·11，336·2，336·17，337·11，350·4，
　　403·5，558·1，562·6（甲2363）

肩水候　5·17，74·1（甲453），236·2（甲2477）

肩水金关　41·5，53·17（甲374），74·5（甲454），199·22（甲1129），207·3，
　　242.25，350.41，甲附14

附簿检　肩水候官　5·1（甲29），5·16，13·1（甲119），14·1（甲783），20·4，31·17
　　（甲222），36·4（甲260），36·16，97·12（甲556），109·1（甲612），126·11
　　（甲712），250·2（甲1321），255·3（甲1329），274·36，407·23

肩水都尉迹候簿　280·15

六、大湾出土者

莫府　491·10B，545·1

附簿检　　肩水　　511·8(甲 2081),514·1(甲 2178)

肩水部　　511·14(甲 2084)，511·16(甲 2090)，513·38(甲 2233)，514·29
(甲 2190),515·38(甲 2233),516·31(甲 2260)

肩水候官　504·11(甲 1966)

第三表　南书、北书表

一、破城子出土者

居延都尉→张掖大守府

居延都尉→酒泉北部都尉府
　　　　　→弘农大守府

居延塞尉→屋兰

居延丞　→广地候官

居延令　→

殄北候　→

府(居延都尉)←张掖大守府

都尉府　←肩水仓长

居延　　←觻得丞、居延左尉、昭武长、氐池长

居延　　←张掖广地候
　　　　←张掖都尉

（下附函检）

甲渠官　←张掖甲渠塞尉

甲渠候官←居延塞尉

甲渠候官←居延丞

居延尉丞←居延仓长

二、布肯托尼出土者

居延都尉→张掖大守府

三、查科尔帖出土者

居延都尉→府(肩水都尉府或张掖大守府)

居延都尉→敦煌、张掖府

甲渠田塞尉→肩水塞尉
　　　　　←张掖大守府

四、金关出土者

→张掖城司马、设屏右大尉府(王莽时称张掖为设屏)

居延丞　→右城尉、京尉候利、谷成、东阿

府(居延都尉)←张掖大守

居延　　←

五、地湾出土者

　　←张掖大守府

　　←张掖水官

（下附函检）

肩水候　←张掖都尉

肩水候　←张掖肩水司马

　　　　←肩水都尉

六、大湾出土者

张掖居延都尉→张掖大守府

居延都尉→肩水都尉府

居延都尉→肩水府

张掖肩候→肩水都尉府

张掖肩候→肩水府

潘和尉　→肩水都尉府

橐他候　→肩水都尉府、昭武

橐他塞尉→

居延丞　→公车司马

　　　　→觻得

居延都尉府←张掖大守、河东大守

肩水　　　←府君

广地塞广地←府(肩水都尉府)

广地、橐他←

肩水、居延都尉←

居延都尉←杜陵左尉

敦煌与酒泉两郡的塞墙，大致沿疏勒河岸，河与塞是东西行的，故其邮书称"西书""入

西书""入西簿书"等。张掖的主要塞墙大致沿额济纳河岸，河与塞是西北斜行的，故其邮书称"南书""入南书""北书""出北书"等。

第一表所录者，大多为邮书课，兼录其它有关邮书的记录。所谓邮书课当指专门记载邮书往来的簿录，其内容约有下述诸项：(1)南书或北书，(2)邮书性质(如书檄、诏书等)，(3)封数及其装束(如合檄、析缴等)，(4)发文者的封泥印章，(5)所诣即收文者，(6)传受的邮站及其吏卒姓名，(7)邮站收发时刻，(8)规定的里程及时程，(9)传送的方法(如邮行、亭行、隧次行、吏马行等)，(10)其它。传受的邮站(即亭隧)大约可分为前站、中间站与下站三者。凡南书，前站在北而下站在南；北书则反是。所谓中间站，往往是簿书记录者，承受前站，传付下站；其所记前站往往是两个隧，而下站只记一隧；凡称"使某隧卒"或"受某隧卒"者，指所承受的前站隧名卒名；凡称"付某隧卒"者，指传付的下站隧名卒名。破城子出土简，南书以临木为中间站，当曲为前站而卅井城牒北为下站；北书以当曲为中间站，临木为前站而收降为下站。布肯托尼出土简，南书以卅井南界为中间站，临木、城牒北为前站而广地北界为下站。金关出土简，南书以驿北为中间站，橐他莫尚为前站而沙头为下站。大湾出土简，南书以沙头或驿马为中间站，驿北或沙头为前站而驿马或不今为下站；北书以沙头为中间站，不今为前站而驿北为下站。据此，我们画出第四表(见下页)，即邮站的干线图。

第四表是北、南两段，不相接连，因中间没有广地北界至广地南界的记录，空缺之处应有一、二个站。卅井塞的旁支邮路，亦缺乏资料，不能画出。北段北端为居延候官的收降隧；据表所示，甲渠候官的不备、执胡、城北和铧庭应与收降地位相当或北，而殄北候官当在最北(但缺乏联系)。收降以南的正戍、当曲、武贤、不侵、临木和吞远诸隧，俱属于甲渠候官，详"隧次表"。破城子简(99·1)曰"甲渠武贤隧长北到诚北隧四望"，可证武贤在城北之南。临木以南为卅井候官的卅井、城牒北和南界诸隧。卅井南界，南与广地候官的北界相接。此下为中段，无记录。南段北端为橐他候官的莫尚，其南为属于肩水候官的驿北、沙头、驿马、不今和破房等。由此可知沿额济纳河两岸可知的七个候官的排列次序是：

殄北　居延—甲渠—卅井—广地—橐他—肩水

这一条贯通南北的邮路共长约250公里。

第二表较详尽的汇列了不同地点的函检，附以簿检，用以说明各该地应属于什么机构所在。由表所示，可以确定破城子是甲渠候官，博罗松治是卅井候官，地湾是肩水候官，A32是肩水金关，而查科尔帖据其所出永元器物簿知其属于广地候官。破城子出土的函检，是可以分别其出土的小地点的。破城子所出大宗简，可分为两处：第一、二地点在坞外，各出1800枚；第三地点在坞内障南，共出1500枚左右。破城子出土简的标号(即简号小数点以前的号数)约在160左右，其中约有半数可以根据报告及缀合例分别其出于第一、二、三地点，我们在函检表的简号后凡附记(一)、(二)、(三)者即指此。由此可知函检和簿检之标明为"甲渠候官"者，其比例如下：

第四表　邮站表

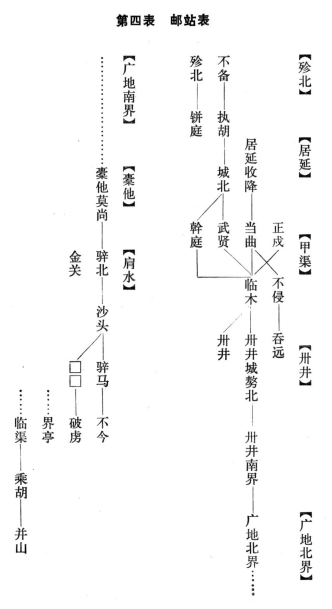

函检　簿检

第一、二地点　　45＋6＝51

第三地点　　　9＋1＝10

可见具有"甲渠候官"的函检、簿检比较集中于第一、二地点,应为候官所在,而第三地点可推为居延都尉府所在。破城子可能为都尉府,尚有其它理由,详下。

　　第三表由南书、北书的收文者与发文者的方位,可以帮助推定候官及居延都尉府与肩水都尉府的所在。破城子南书,其发文者为居延都尉、居延塞尉、居延令等,其收文者为张掖大守府、广地候官等;破城子北书,其收文者为都尉府、居延等,其发文者为张掖大守府、张掖都尉、广地候和肩水仓长等。由此可知张掖大守府、广地及肩水等在破城子之南,而居延都尉府可以在破城子之北,也可以即在破城子,居延县的文书需经过破城子。布肯托尼在破城子南,其南书为居延都尉致张掖大守者,则居延都尉应在布肯托尼之北。查科尔帖又在布肯托尼之南,乃广地候官所属,其南书为居延都尉致张掖府或甲渠田塞尉致肩水塞尉者,则居延都尉在其北而肩水塞在其南。地湾在查科尔帖之南,由所出函检说明它是肩水候官,已如前述;由函检所示,张掖肩水司马、肩水都尉和张掖都尉致书肩水候,皆出于此,则张掖肩水都尉府应在其南。大湾在地湾之南10公里,其出土简说明南北、收发关系者有以下四例:

南书　张掖肩候→肩水都尉府　　505·2

南书　张掖肩候→肩水府　　　　503·3

南书　橐他候　→肩水都尉府　　502·1

北书　肩水候官←左掾　　　　　506·19

张掖肩候即张掖郡肩水候,其治所为肩水候官,在地湾。大湾出土简南书的收文者为肩水都尉府,其发文者为肩水候,则在肩水候官所在之南的大湾,当是肩水都尉府。北书中的"左掾"是肩水都尉府的左掾,金关出土简(288·16)曰"肩水府左掾门下",可证。第二表地湾出土简(74·4)送致肩水候的函牍由"府卒孙惠以来",此府卒当是肩水都尉府卒,可见肩水候官与都尉府相去不远。

　　我们知道,见存大湾城是很复杂的,经过汉以后的增修改变(详"障隧述要"),而出土简又多零碎。其中有属于驿马田官的,也有若干简可说明此地原为肩水都尉府。(1)491·10简"四月乙未左部司马"上书"肩水都尉府"而封面题"莫府"。(2)293·1＋2(甲1572)"将军器记"乃将军器用簿,此将军当指都尉。(3)所出吏名籍甚多,其中如"候陈横"(90·11＝甲512)"司马令史行伦"(90·2＋12＋60＝甲536)和"曹史王卿"(495·5＋7＝甲1868),皆属于都尉府而不是候官所属。511·40(甲2110)则是"本始三年八月癸巳张掖肩水都尉……受奉赋名籍"。(4)509·11＋513·1(甲2042)简曰"兼行都尉事□官到,若有代,罢如律",当是张掖大守命某代行都尉之书。(5)504·7(甲1943)简曰"凡吏百卅四人,十二万二千三百"云云,当指都尉府吏员总数,而地湾出土简(387·15＝甲1807)曰"凡吏八十一人,用谷百七十石"则指肩水候官吏员总数。(6)511·23(甲2096)简曰"工歌人伯史名,右歌人十九人",505·16(甲2045)和513·29(甲2179)简曰"鼓下卒十人"皆非候官所有。(7)大湾出土简(甲1953,1935,1893)的成曹佐史、上计佐史和监渠佐史都是属于肩水都尉府诸曹的。

大湾既为肩水都尉府,故此地所出邮书,其南书的发文者居延都尉、居延丞、番和尉、肩水候、橐他候应在大湾之北,其收文者的肩水都尉府即在此地;其北书的发文者的"府"或"府君"应指肩水都尉府或张掖大守府,其收文者的居延都尉、广地、橐他、肩水应在大湾之北。

根据第三表的函检,我们确定了甲渠、卅井和肩水三候官所在;根据第四表,我们确定了七个候官南北相接的次第。但是殄北、居延、广地、橐他四候官治所所在,尚待推定。"障隧述要"中曾述宗间阿玛(A1)的形制、地位适合于殄北候官。据第一表,破城子出土简(30·4)南书有"殄北候印",则殄北候官应在破城子之北;又破城子出土简(161·6)曰"钳庭隧长周安付殄北",而A1南的A2与钳庭部相邻,详"隧次表",则钳庭与殄北是南北接壤的。由此可推定A1可能是殄北候官。居延候官的亭隧何在,简无明文,我们曾以为K710或为居延城,候官或在此,或在此区域之内。据第三表,居延南下之书与北书达于居延者,俱过破城子,则居延候官似当在破城子之北或东北。广地候官之简,出土最少。据第三表,广地在破城子之南、大湾之北;据第四表,广地在卅井候官属地之南而橐他之北。"障隧述要"曾以为小方城(A24)的形制、地位适合于广地候官,而A27或系东汉和帝时的候官所在。橐他候官,据第三表、第四表,应在金关、地湾、大湾之北而A27之南,但其治所所在,无法确指,我们曾以F159当之,因为此段唯此为障。

以上利用四表,约略推定七候官及二都尉在塞上的序次及其相当位置。《汉书·地理志》于居延县下云"都尉治",而今所考定居延都尉府在破城子,不在居延城。志无肩水都尉,惟《盐铁论·复古篇》曰"故扇水都尉彭祖宁归言",扇水乃肩水之误,是昭帝始元六年以前已有肩水都尉,与汉简合。地湾简(140·5)又有肩水守县尉,则肩水与居延皆为县,亦不见于志。肩水都尉及县,居延都尉不设于居延县,皆西汉之制,而作《地理志》者似用较晚所行之制,故不相同。两汉与王莽时期,边塞的组织当有所更易,我们所论述者既本诸汉简,只能代表西汉武帝以后制。

汉代郡太守以下的军事组织,有都尉、候、候长、隧长四级官吏,其治所(即府署)分别称都尉府(或府)、候官、部、署。"候官""城官"之官犹官署、官府之官,不作官长解,故至都尉府曰诣府,至候官曰诣官。候官,就其属于都尉府以下一级的组织,表示管辖若干部候(即候长)的机构;就其为首长"候"所在治所,亦称为"候城"或"障",故候亦称为障候。居延与肩水两都尉府下各隶属五个左右候官。居延都尉府所属者,可由简文候、隧前所加的都尉府名而决定之:

	〔郡名〕	〔都尉〕	〔候官〕	〔隧〕	
(殄北)		居延	殄北候官	殄北隧	420·2
		居延	殄北	察北隧	133·17
(居延)			居延候官	定居隧	41·35
(甲渠)	张掖	居延	甲渠候		39·35
		居延	甲渠候官	当曲隧	133·14
		居延	甲渠	第十一隧	73·1
		居延	甲渠候官	第廿七隧	157·9
	张掖	居延	甲渠候官		377·1
(卅井)		居延	卅井候		214·51

可证殄北、居延、甲渠、卅井四候官属居延都尉。此外破城子简(145·32)曰"左遮虏候",乃簿检;在卅井塞以北,可能有遮虏候官,其治所或即文献上的遮虏障。《史记·匈奴传》正义引《括地志》说居延县城有遮虏障,路博德所筑,李陵败与士众期于此;《汉书·地理志》注引阚骃《十三州志》云"武帝使伏波将军路博德筑遮虏障于居延城",凡此障应指障城、候城而不是塞墙。

肩水候官,当如居延候官之例,属于肩水都尉而省去肩水(都尉)二字。地湾简(536·5)曰"肩水守候橐他塞尉举敢言之",是以塞尉权守候官;大湾简506·9B(甲1995B)系橐他守候移肩水城官者,而封以"水肩塞尉印",是以肩水塞摄守橐他候;可证橐他属于肩水候官。地湾简(263·14C)于一面并列四候官名曰"橐他候官 仓石候官 肩水候官 庾候官"(前二名并列在上,后二名并列在下),仓石与庾候官亦应属于肩水都尉,故其名多见于大湾简中(出地湾者注明):

其二百卅付仓石候　510·32(甲2075)

受降卒张□出廿卷付仓石　出六卷以给肩水卒　433·3+32(地湾)

元凤六年六月壬寅朔已巳仓石候长婴齐受守城尉毋害　216·3(甲1188)

…□于付仓石候史福　192·16

…移庾候官〔本〕始元年…　90·50(甲545)

…写移庾候〔官〕…　513·18(甲2150)

张掖郡肩水庾候官本始三年狱计　293·7(甲1571)

…肩水庾候守丞　516·37(甲2262)

〔元〕凤六年正月乙亥朔庚辰捕房隧长受庾候令…　14·2(地湾)

由甲1571,2262二简,可证庾候官属于张掖郡肩水都尉府;由此推定仓石候官亦同此例。由甲545,1188,1571和14·2诸简,可知仓石与庾候官已见存于昭帝元凤六年和宣帝本始三年,它们和肩水候官当是同时建立的。但汉简未见庾候官所属的部、隧,它和置候、驿候一样,乃系候官一级的位置,主治仓廪,本无隶属于下的部、隧。

由上所述，肩水都尉所属有橐他、仓石、肩水及庚四候官，此四者中，只有橐他和肩水的塞隧，可以考定，其它简甚少。

介于已知的居延与肩水两都尉所属候官之间的，尚有广地候官。据前述四表，广地在卅井候官之南，橐他候官之北，故广地候官南部候长永元器物簿出于查科尔帖（A27）。地湾简（118·28）有"肩水广地令史"，故知广地候官属于肩水都尉最北一候官。

如前篇所述，广地与橐他候官的障隧，排列在金关之北额济纳河东岸，共长110公里。金关以南的障隧，可分为三行列：河东岸的东部塞，河西岸的西部塞，两塞之间的中间地带，东西两塞各长50公里。张掖郡候官平均长50公里左右，则金关以南应有三个候官。地湾（A33）在东部塞北端以西，为肩水候官所在，则东部塞应为肩水候官塞，似可无疑。西部塞或是仓石候官塞，而大湾西南F179乃一障，适在西部塞内，适合于候官位置。庚候官全名为"张掖郡肩水庚候官"，故知隶于张掖郡居延都尉下。它和一般候官之名不同，《说文》曰"庚，水漕仓也"，而地湾简326·26（甲1714）"到酒泉庚还诣府"，犹肩水庚，亦指一种机构。它所隶属的，简无明文。庚候官数简，多出A35，应与大湾相近；在A35西北200米处的F177是一小障，可能即此候官所在。（今有地名天仓，在此附近。）

大湾出土简中的牛籍、田卒簿籍是它处所无，又有很多记录屯田之简，乃是骍马田官的档案。此处田官的组织，约如下述：

始元二年戍田卒千五百人为骍马田写泾渠　303·15＋513·7（甲1590）

骍马田官元凤六年三月辟除　187·16（甲1074）

骍马农令写　515·20（甲2217）

移肩水都尉候农〔令〕　520·13（甲2293）

右第二长官二处田六十五亩，租廿六石　303·7（甲1585）

第四长官七月兵簿　521·11

第三丞官卒七十人　513·25（甲2156）

庚子第三丞定众以私印行候…　303·44（甲1606）

第二长别田令史耿力德　47·5（甲345）

第五丞别田令史信，元凤五年四月钱器出入集簿　310·19

此昭帝初以来的组织，长、丞以下有别田令史，各率田卒若干人，各领土地若干亩，各有兵器、钱器（即农具）之簿。"第四长官""第三丞官"与"候官""田官"之"官"，俱指机构而言。《汉书·百官公卿表》大司农下曰"又郡国诸仓、农监、都水六十五'官'长、丞皆属焉"，六十五"官"之长、丞，犹汉简田官的长、丞。简述"第三丞定众以私印行候…"，此"候"可能为"候农令"之候。据甲2293，候农令似属于肩水都尉。田官所在或与都尉府皆在大湾城中，或在大湾附近南边，因据邮程表，沙头亭为收发邮书最近都尉府的一站，而骍马在其南。

在北部居延区域的屯田，其制在昭帝以前与骍马田官相同，昭帝初以后则行代田法。

瓦因托尼（A10）在可能为居延城的 K710 之北十余公里，出土"通泽第二亭"的月食簿有以下几条：

> 征和四年十二月辛卯朔己酉，广地里王舒付居延农亭长延寿　557·8（甲 2332）

> 征和五年正月庚申朔〔甲申〕，通泽第二亭长舒受部农第四长朱　273·9（甲 1443）

> （后元）二年八月辛亥朔辛亥，第二亭长舒受第六长延寿　275·21（甲 2549）

> （后元）三年正月己卯朔辛巳，第二亭长舒受第六长延寿　278·9（甲 1495）

> 〔始元二〕年十月戊辰朔戊辰，第二亭长舒受斥胡仓监建，都丞延寿、临　308·45（甲 1637）

> 始元二年十一月戊戌朔戊戌，第二亭长舒受代田仓监□，都丞延寿、临　273·24（甲 1467）

> …〔第二亭长〕舒受代田长顺，以食吏士四人辛酉尽庚寅廿八日积一百一十二人　557·6（甲 2328）

据此可知征和四年至武帝后元三年（即昭帝始元元年）有部农第四长、第六长，与驿马同。延寿其人，于征和四年为居延农亭长，后元二年八月至次年正月为第六长，始元二年十月为斥胡仓丞，同年十一月为代田仓丞。改斥胡仓为代田仓在始元二年十一月，即居延改行代田之后。《汉书·食货志》述武帝末赵过"能为代田，……又教边郡及居延城"，则推行至居延当在始元二年。居延试行之代田法，不见于驿马。居延城一带，当时有许多田舍，破城子出土简有"遮虏田田舍"（甲 717），"中部田舍"（甲 765），"宜谷田舍"（甲 912）和"当道田舍"（甲 1210）等。博罗松治出土河平四年简（401·7）曰"徐子禹自言家居延西第五辟，用田作为事"，破城子出土简（271·1）有"客居第五辟"，大湾出土简 511·30（甲 2102）曰"诣居延为田"，皆可证居延于当时为屯田的中心。

第四表中的"邮站"是一暂用的名称。邮为传递文书的专门机构，它与亭、传、置、驿并为大道上有关交通的设置，且往往重叠于一处互相通用，别详专篇。表中所列，显然与塞隧相联系，因此所谓邮站多数为隧，少数为亭、驿、关。甲渠的邮站如临木和城北（或作诚北），据"隧次表"都是属于甲渠候官的隧，而破城子出土简曰：

> 驿南头临木隧南　173·2

> 三月己丑□□士吏广宗给城北驿马　286·63

> 四月戊辰朔丁丑诚北候　驿一所马二匹鞍勒各一　18·18（甲 135）

可证临木隧与城北隧均有驿。大湾的"不今卒"，未列于"隧次表"，505·6 简有"不今小史晏"，而地湾简 562·1（甲 2358）有驿小史、小史，则不今小史可能为不今驿小史的省称。大湾的"沙头亭卒"或简称为"沙头卒"，沙头乃是亭名。"驿北卒"也当是"驿北亭卒"之省，地湾出土简有：

> 肩水驿北亭　339·3

> 驿北亭长　29·7，255·27（甲 1316）

驿北亭卒　　　　14·2

驿北亭　　　　　51·1（金关）

而29·7简曰"四月丙子肩水驿北亭长敏以私印兼行候事"，以亭长兼行候事犹以隧长兼行候事之例，则亭长属于候官系统。

甲渠候官的函检上，往往注明"某月某日第几卒某以来"字样，此"第几卒"即甲渠候官第一隧至第卅八隧隧卒，皆属于候官而兼司传递公文。在第二表中，地湾出土肩水候官的函检上，有禁奸卒、如意卒、驿北卒和金关卒等，亦同于甲渠的第几卒，皆兼司传递公文。其中驿北则为邮亭，已如前述。地湾简（5·12）有"右前部禁奸卒"，金关简（288·11）有"望禁奸坞上烽火"，则禁奸隧属于肩水右前候长而与金关相近。地湾简（7·7）有"左后部如意隧"，则如意隧属于肩水左后候长。禁奸、如意、驿北和金关四者皆在地湾附近，故传递肩水候官文书，前三者为亭隧，而金关既是隧名，见"隧次表"，又是肩水关名，需加详述。

报告所述A32在A33（地湾）之北数百米，我们以为乃是汉代肩水金关所在。此两地均出很多汉简，运到北京后最初并两处皆于"地湾"名下，故马衡释文凡金关简一律同称地湾，甲编释文因袭其误。我们根据贝氏报告及"标记册"将A32简分出于地湾，而定为金关所出。据第二表，"肩水金关"函检出于地湾者凡七见，出于A32者凡六见，而"肩水候官"函检注明金关卒某以来者凡六见，皆出土于地湾。由此可知"肩水金关"函检虽分出于地湾及A32，而肩水候官函牍往往由金关卒传递而来，则金关当是A33（地湾）北之A32。且就其地势言之，A32适当肩水东西塞交会隘口之内，应即肩水的关口无疑。A32所出简多"过所"及其它有关"关"者，今择其要者附录如下：

永始五年一闰月丙子觚得丞彭移肩水金关、居延县索关　15·19

肩水守县尉赏移肩水金关、居延县索关　140·5

移过所河津金关毋苛留止如律令　218·2，218·36

甘露四〔年〕……肩水金关　241·15

凡出入关传致籍　50·26

居延关谒移书　218·32

……谒移肩水金关　37·46

……关出入□新……　530·6

清晨夜姚去复传致出关　50·31

……直百卅粟以寄关……　32·1

左关遣如律　77·79

关啬夫　62·20，62·57

金关　50·2，62·38

其它有关"金关"和"关"者则多见于地湾简：

居延与金关为出入六寸符券　65·7，65·9，65·10，11·8（甲110），11·26（甲108），

　　　　221·7(甲 1244)

　　　　匈奴人入寇及金关以北　288·7(甲 2407)烽火品

　　　　六月辛未府告金关啬夫久　183·15(甲 1049)

　　　　啬夫久　255·28(甲 1344)

　　　　…河津金关毋苛留　97·9(甲 569)

　　　　…所亭障河津金关毋留止　36·3(甲 259)

　　　　〔建〕昭三年三月中卖牛一肩水金关　116·1(甲 649)

　　　　金关　274·30,314·11

　　　　取司马监关调书　10·14(甲 73)

　　　　〔甘露〕元年十一月壬辰朔甲午关啬夫光以小官印兼行候事　199·1(甲 1215)

　　　　…〔肩水关〕啬夫光十一月奉钱七百廿　3·18

　　　　关啬夫光今调兼行候事　237·25(甲 1266)

　　　　啬夫光、佐信　253·4

　　　　佐信　199·1(甲 1125)

　　　　闰月庚子肩水关啬夫成以私印行候事　10·6(甲 70)

　　　　关啬夫　29·7,97·13(甲 561),539·8

　　　　肩水关佐　131·9(甲 727)

　　　　关佐　97·10+213·1(甲 564),116·24 (甲 657),232·10(甲 1268)

少数的见于大湾简:

　　　　二月乙巳肩水关门啬夫　19·37(甲 171)

　　　　永始五年四月戊午入关传　516·29(甲 2256)

　　　　关佐　293·3

由此可知"肩水关啬夫"又称作"肩水关门啬夫",而金关称"肩水金关",省称为"肩水关"。此犹"卅井县索关"为"居延关",其例如下:

　　　　卅井县索关　206·2(甲 2434)(博罗松治)

　　　　居延县索关　15·19,140·5(金关)

　　　　县索关　135·13(破城子),421·8(博罗松治)

　　　　居延关　218·32(金关)

　　　　居延与金关　65·7 等,见上,(地湾)

此"居延"与"肩水"皆指都尉,肩水都尉所属之关为金关,居延都尉所属之关为县索关;前者在肩水候官之北半公里,后者在卅井候官某处。由啬夫王光与啬夫成之兼行候事,可知肩水关啬夫属于肩水候官而可以兼代候事。

　　金关以南的邮站和传递文书者,大致可分为两个区域。在地湾区的是金关、驿北、禁奸、如意等,其中金关是隧又是关,驿北是亭。在大湾区的是沙头、驿马、不今、界亭、破房等，其中沙头和界亭是亭，不今是驿，驿马也可能是驿，界亭又见于大湾简 508·2（甲2001），当在大湾附近，破虏或是隧。以上所谓邮站中的隧、亭、关、驿以及未能指明性质者，其中必有专门的邮亭。汉简"以邮行""邮行"之邮，或指专设的邮亭，破城简（203·34）曰"十一月丙辰卒钊护取邮卒十五人食"，明著邮卒之名。

汉律有"邮程"的规定，《周礼·掌节》注云"皆以道里日时课，如今邮行有程矣。"破城子简（甲383，385）曰"十一月邮书留进不中程，各如牒。晏等知邮书数留进，为府发不事□□□所□，任小吏忘为中程，甚无状。方议罚，檄到，各相与邸校定吏当坐者，言须行法。"（留进，马、贺释作留递。）破城子简（甲687）曰"邮书失期前数名候长敝诣官封状。"邮书课中记载道里时而较完整的有下列各条：

通府府去缾庭隧百五十二里二百〔□十步〕　28·1（甲211），73·29

临木卒戎付城勞北隧卒则，界中八十里，书定行九时，留进一时　132·23（甲767）

界中八十里，书定行十时，留进二时　231·2

当曲卒昌付收降卒福，界中九十五里，定行八时三分，实行七时二分　157·14（甲916）

武贤一付城北卒责对十七里中程　173·1（甲944）

界中十七里中程　484·34　（以上破城子出土）

通府府去降虏隧百五十九里，当行一时六分，定行五时，留进三时四分　181·1（A21 出土）

卅井南界隧卒付广地北界隧卒明一卅八里，定行三时五分　163·19（A22 出土）

界中卅九里　436·1（博罗松治出土）

乘胡隧长□付并山隧长普，函行三时中程　502·3（甲1912）（大湾出土）

此外，破城子简（481·18）有"…塞延袤道里簿"，175·19 有"候长候史治名葆塞延袤道里"，而名籍中往往注明其人故里与现在候官之距离，其例如下：

〔甲渠〕候官穷虏隧长一应令居延中宿里，家去官七十五里，属居延部　89·24（破城子出土）

肩水候官始安隧长一觚得千秋里，家去官六百里　37·57（金关出土）

肩水候官并山隧长一觚得成汉里，家去官六百里　13·7（甲114）（地湾出土）

肩水候官执胡隧长一氐池宜药里，家去官六百　五十里　179·4（甲1014）（地湾出土）

据前所述，甲渠与肩水候官分别在破城子（A8）与地湾（A33），居延都尉府在破城子，即简所谓"府"。各隧位置，已见第四表，缾庭在 A2 之北，近宗间阿玛（A1），详"隧次表"。居延城可能在 K710。临木为甲渠候官最近的一个收发邮站，应在破城子附近。降虏隧在布肯托尼(A22)。觻得是汉张掖郡治,据《清一统志》在今张掖县西北。汉简所用的汉里,过去学者皆推定为400或414米。据破城子简(188·25)曰"第廿二隧南到第十七隧廿一里",则两隧之间为四汉里;此处甲渠塞烽隧相距,平均为1300米,若以此折合则一汉里相当于325米的直线距离。用此数折合汉里,有下列结果:

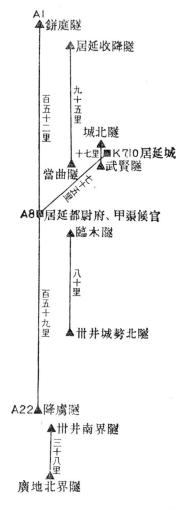

铪庭至府 152汉里=49.400公里

　　A1至A8=43公里

府至降虏 159汉里=51.675公里

　　A8至A22=45公里

甲渠至居延 75汉里=24.375公里

　　A8至K710=25公里

肩水至觻得 600汉里=195.000公里

　　A33至张掖西北约200公里

收降至当曲 95汉里=30.875公里

武贤至城北 17汉里=5.525公里

临木至城弇北 80汉里=26.000公里

卅井南界至广地北界 38汉里=12.350公里

以325米折合的公里,比较合适(用400或414米折合则太大),可约略推定汉代遗址的距离与简上道里的相对的关系。汉简所记道里距离系实际上步量的道路的长度,并不同于我们在地图上的直线距离。但A1至A22共88公里,此段塞沿河岸,道路亦应大致平行,合311汉里。若以400米为一汉里,则311汉里为124.4公里,相差更大。

图二 居延道里示意图

若以325米折合,则较相近。由此可证"府"(即居延都尉府)当在A8破城子,而居延城可能在K710。所谓城北(或作诚北),应指居延城之北,其南十七汉里之武贤与当曲应在相近并行之处。卅井南界隧应在卅井塞西端A22之南,下接广地。据此作出示意图(图二)。

据本篇及"障隧述要",我们试将张掖郡所属居延与肩水两都尉候官及其有关的其它机构等,列表于下:

居延都尉府　A8破城子第三、四地点

　殄北候官　A1宗间阿玛

　　通泽第二亭,殄北第二隧　A10瓦因托尼

　石隧 A10 或 T29

　居延候官　K710 或是居延城（？），或为居延候官所在

　　居延田官

　遮虏候官　K688 或是遮虏障（？），或为遮虏候官所在

　甲渠候官　A8 破城子第一、二地点

　　甲渠第十六隧　A6

　　甲渠第卅五隧　A2 察汗松治

　卅井候官　P9 博罗松治

　　卅井累虏隧（或候长治所）　A21

　　卅井降虏隧　A22 布肯托尼

肩水都尉府　A35 大湾

　驿马田官

　广地候官　A24 小方城或 A27 查科尔帖（？）

　肩水候官　A33 地湾

　　肩水金关　A32

　仓石候官　F179（？）

　庾候官　F177（？）

以上凡加疑问号的，都是暂时推定的，尚待以后证明。

　　　　　　　　　　　　　一九六一年十一月作，一九六三年三月改订。

附　记

　　以上涉及的问题，有些曾为近人所论及的，略述如次。贝格曼在其报告中曾推测博罗松治为一重要成所，又以为 A32 为塞门，与我们所定卅井候官与肩水金关相符合。他拟 K710 为居延城，我们在"障隧述要"中曾举证证成其说。

　　劳干在其《考证》卷二曾抄记"邮驿记录"若干简，由南北书的关系，"定诸地立方位"；据其所述，"在南者"为张掖、肩水、张掖肩候、昭武、东阿、河东、广地、屋兰、敦煌，"在北者"为居延、肩水、橐他、番和尉、张掖肩候。因谓"凡言张掖者悉在南，凡言居延者悉在北，而肩水则在南在北咸有之。"由于他没有利用出土地来分别南北书所示方位的相对的性质，故将所有邮驿记录笼统的排出其南北，不能解决具体地名的方位问题。因此，他两次推定诸候官的地望，很多错误。《考证》卷一 30 页和卷二 6—8 页所推定者如下：

　居延都尉　大抵即在居延县城即黑城故址

　肩水都尉及肩水候官　应在红城子

　甲渠候官　应在破城子（Mu-durbeljin）

卅井候官　　应在博罗纂吉(Boro-tsunchi,即博罗松治)

殄北候官　　或应在瓦颜陶赖(Wayan-torei,案即瓦因托尼)

橐他候官　　或为大湾城

广地候官　　或为地湾城

1942年他曾从毛目行至黑城,没有去到布肯托尼以上的下游,所以他又误以大方城为破城子。在其"后记"中又作了错误的更订:

肩水都尉　　在地湾城(Ulan-durbeljin)

广地候官　　应在双城子之北城(案即旧屯子)

橐他候官　　宜在红城子(Bakan-durbeljin,案即小方城)

甲渠候官　　宜即大方城(Ekki-durbeljin),即破城子

其所附"居延附近草图",又以地湾为肩水候官。"附记"中又说"前考以较北之红城子(Bakan-durbeljin)为肩水城,误,今正"以 Ulan-durbeljin 为红城子。

劳氏所推有很多紊乱与错误。(1)没有搞清楚红城子究竟是 Bakan-durbeljin 还是 Ulan-durbeljin,因此肩水候官忽南忽北。(2)错误的以肩水都尉和候官列于一城。(3)误破城子即大方城,误将甲渠候官置于大方城;大方城本身是汉以后的建筑。(4)广地和橐他候官所在,两次推定皆误。(5)误定黑城为居延城和居延候官,黑城是唐及其后的军事重镇,元代的亦集乃总管府和亦集乃路治此,出土遗物可以为证。1957年我们在《居延汉简甲编》后记中,根据出土地点,曾初步修订了劳氏的错误:甲渠候官在布肯托尼以北的破城子,肩水都尉在大湾,肩水候官在地湾。这三点是我们修订的意见,不是劳氏原意,在甲编后记中没有交代清楚。除此三事外,当时未及纠正其它的错误。现在看来,除卅井候官应在博罗松治外,其他劳氏所推定的全属无据。

由于我们分别出金关与地湾简,故可确定 A32 为肩水金关所在。日本森鹿三所作《居延汉简中有关地湾简》一文(刊《史林》44卷3号,1961年),因不知向来称为"地湾简"实混入金关出土简,故他以为地湾简中的金关文书系致送于肩水候官者,并以为两地相距甚近云云。

日本伊藤道治所作《汉代居延战线之展开》一文(刊《东洋史研究》12卷3号,1953年),曾利用邮书记录企图联系诸隧,他的结果,部分的与我们第四表所示相同;但他所引用的资料不够齐全。该文所附"居延烽隧表",修订了劳氏的一些错误,仍然有错误,详另文"居延边塞的防御组织"。

肩水都尉即《盐铁论》的扇水都尉,本劳氏说。我们以为《汉书·地理志》未必都是西汉制,所以有些都尉见于《汉书》列传而不见于《地理志》。在《汉简所见奉例》一文结尾,曾说"班固《汉书·百官公卿表》所代表的,往往是班固当时理解的西汉之制,不尽符合不同年代稍稍改易的地方,其例与《地理志》相同。"曾以此意请教于治汉史者,亦以为可能。上文所论肩水是县的问题,俱待进一步考定。

参　考　资　料

（《　》示文中简称）

一、张掖汉简部分

1. 《甲编》　　　考古研究所:《居延汉简甲编》,1959 年。

2. 《乙编》　　　考古研究所:《居延汉简甲编乙编》图版,编印中。

3. 　　　　　　考古研究所:《居延汉简甲乙编》释文,编印中。

4. 《释文签》　　马衡遗稿(十扎藏故宫博物院,一扎藏考古研究所)。

5. 　　　　　　马衡:居延汉简稿本三册(藏故宫博物院)。

6. 《贺释文》　　贺昌群:居延汉简释文稿本十五册。

7. 《标记册》　　前西北科学考察团采集品(已释文未释文、已照相未照相)标记册。

8. 　　　　　　劳干:《居延汉简考释,释文之部》,1943 年四川石印本,1949 年商务铅印本。

9. 《考证》　　　劳干:《居延汉简考释,考证之部》,1943 年四川石印本。

10. 《报告》　　　索马斯特罗姆:《内蒙古额济纳河流域考古报告》(贝格曼原稿)
　　　　　　　　Bo Sommarström: Archaeological Researches in the Edsen-gol Region,
　　　　　　　　Inner Mongolia. Stockholm, 1956—1958

11. 《纪行》　　　贝格曼:《蒙新考古纪行》
　　　　　　　　Folke Bergman: Travels and Archaeological Field-works in Mongolia and
　　　　　　　　Sinkiang-A Dairy of the Years 1927—1937. Stockholm, 1945

12. 　　　　　　西尔凡:《额济纳河和罗布淖尔出土的丝织物研究》
　　　　　　　　Vivi Sylwan: Investigation of Silk from Edsen-gol and Lop-nor. Stockholm,
　　　　　　　　1949

二、敦煌、酒泉汉简部分

13. 《流沙》　　　王国维:《流沙坠简》,1914 年初印本,1934 年重印校正本。

14. 《西陲》　　　张凤:《汉晋西陲木简汇编》,1931 年。

15. 《新获》　　　夏鼐:《新获之敦煌汉简》,《考古学论文集》,1961 年。

16. 《沙氏》　　　沙畹:《中国古文书》(斯坦因第二次所获)
　　　　　　　　Édouard Chavannes: Les Documents Chinois Découverts par Aurel Stein
　　　　　　　　dans les Sables du Turkestan Oriental. Oxford, 1913

17. 《马氏》　　　马伯禄:《中国古文书》(斯坦因第三次所获)
　　　　　　　　Henri Maspero: Les Documents Chinois de la troisèm Expédition de Sir
　　　　　　　　Aurel Stein en Asie Centrale. London, 1953

18. 　　　　　　斯坦因:《中亚与中国西域考古记》
　　　　　　　　Aurel Stein: Serindia, detailed Report of Exploratations in Central Asia
　　　　　　　　and Western-most China. Oxford, 1921

19. 《亚洲腹部》　斯坦因:《亚洲腹部考古记》
　　　　　　　　Aurel Stein· Innermost Asia, detailed Report of Exploratations in Central
　　　　　　　　Asia, Kan-su and Eastern Iran. Oxford, 1928

20. 　　　　　　斯坦因:《中国沙漠考古记》
　　　　　　　　Aurel Stein: Ruins of Desert Cathay. London, 1912

21. 　　　　　　斯坦因:《中亚古道纪行》
　　　　　　　　Aurel Stein: On Ancient Central-Asian Tracks. London, 1933

三、罗布淖尔汉简及其它

22.　　　　黄文弼:《罗布淖尔考古记》,1948 年。

23.　　　　陈宗器等:《变迁的湖泊》

C.C.Chen and Nils G.Hörner: Alternating Lakes (Hyllningsskrift Tillägnad Sven Hedin Ṗa Hans 70-Årsdag den 19 Febr. 1935. Stockholm, 1935)

24. 孔氏　　August Conrady: Die Chinesischen Handschriften und Sonstigen Kleinfunde Sven Hedin in Lou-lan. Stockholm, 1920

（原载《考古学报》1963 年 1 期）

汉简所见居延边塞与防御组织

在《汉简考述》(《考古学报》1963年1期)两篇中，我们曾根据调查报告所记述的遗址和见于简上的邮程的记录，概略地叙述了额济纳河两岸汉代障隧分布的位置。利用出土地，将全部居延简中有关防御设置的记录，系统地分条排比，可以部分的恢复汉代居延边塞的防御组织。这样，不但可以补足史籍上记载不多、不全的边塞防御组织，并可以对将来分地区、分时代的研究汉简，有不少便利。

汉代北边诸郡，由于地理上、军事上和经济上的关系，和内郡在组织上稍稍有所不同。两汉之世，北边常与匈奴、羌胡和其它北方民族相接触，郡守对于防御武备有着特别重大的任务；而在边郡，一方面是人口较稀少，一方面是民族较复杂。同时，屯田和转输都是直接和武备相联系的。因此边郡守除了直辖诸县民政外，还要管辖二或二以上的部都尉，而在其境内存在有受制于中央大司农、典属国的农都尉和属国都尉。边郡太守府和内郡一样，有一套治事的官僚组织，即阁下和诸曹，另外又有仓库。太守所属的部都尉，也是开府治事的，它也有略同于太守府的官僚组织，即阁下和诸曹；除官僚系统外，它有候望系统（候、塞、部、隧），屯兵系统（城尉、千人、司马），屯田系统（田官），军需系统（仓、库）和交通系统（关、驿、邮亭、置、传、厩等）。后者或者属于郡。

以下所述，限于防御组织中的候望系统，亦兼述屯兵系统的一部分。其它部分，另详别篇。分为十节叙述，而附以相应的十表，以便互相参阅。本篇以居延为主，也部分的附录了敦煌和酒泉两地简（即著录于《沙氏》、《新获》和《马氏》三书的），以资补充比较，它们的制度是相同的。居延简的释文，凡号数前冠以甲字者见《甲编》，凡号数后有分号的见《居延汉简甲乙编》初稿（将由考古研究所编辑出版）。简号后括弧内所注"破""A21"等是出土地代号，参《汉简考述》。

本篇文献资料，集中于《汉书》的《百官公卿表》（简称《百官表》）和《地理志》，《续汉书》的《百官志》和《郡国志》。其《汉旧仪》、《汉官仪》等，除特别注出出处外，余皆直引孙星衍所辑本《汉官七种》（见《平津馆丛书》甲集，槐庐家塾刻本）。其它参考书目及其简称，详《汉简考述》文末所列。以下分为上下篇。

上　篇

一、太守——太守府

郡之首长为郡守或太守，其下有丞治民，在边郡又有长史掌兵马。《百官表》曰"郡守，秦官,掌治其郡,秩二千石。有丞;边郡又有长史,掌兵马;秩皆六百石。景帝中二年(公元前 148 年)改名太守。"

丞、长史之下似有"郡司马",表、志所未述。《汉书·冯奉世传》曰"奉世长子谭,太常举孝廉,为郎,功次补天水司马";《汉书·西南夷传》曰"大将军凤于是荐金城司马陈立为牂柯太守。"《封泥考略》4·38—40 有"豫章司马""琅邪司马""□西司马"等,吴式芬曰"印谱有胶西司马、建安司马。……汉书亦屡见",即指上所引两传。郡司马与都尉下之司马,应有分别,但它亦可能属于郡都尉。

以上所述,与下列汉简相符合:

> …即下将屯张掖大守莫府卒… 227·43(破)
>
> 宣德将军张掖大守苞、长史丞旗告督邮掾 16·4(A7)
>
> 张掖大守奉世、守郡司马行长史事、库令行丞事 505·3(甲 1952)(大)
>
> 文德大尹章诣大使王威将军莫府 《沙氏》367
>
> 文德长史印诣大使王师将军莫府 《沙氏》367
>
> 辅平司马 53·2(甲 364)(地)

简称大守为将军,盖因其兼领武事。又于名衔前冠以"将屯"者,《汉书·赵充国传》曰"迁中郎将,将屯上谷",师古云"领兵屯于上谷也"。"长史丞"似是东汉建武十四年(公元 38年)长史领丞职以后的称谓。文德(后又改敦德)、辅平,乃王莽时敦煌、酒泉二郡的改名,此三简均属新时,故称大守为大尹(见《汉书·王莽传》中),而此时犹有长史。505·3 简(甲 1952)以郡司马摄行张掖郡长史之职,长史掌兵马,故以郡司马摄代。大守兼为军职,故大守府亦称"莫府",简文"卒"下所阙当是史字,《汉印文字征》1·21"横野大将军莫府卒史张林印",可以为证。

都尉是太守下专佐武职者,边郡武事重要,亦开府置曹辟吏,因此都尉府的组织和太守府的组织虽略小而相仿,试比较如下:

	[大守府]	[都尉府]
官员	太守、丞、长史、郡司马	都尉、丞、候、千人、司马
阁下	掾卒史、属、书佐……	掾、卒史、属、书佐……
诸曹	主簿、功曹……	主簿、功曹……
仓库	仓、郡库	居延仓、肩水仓……
所属	部、郡都尉	候、塞尉、城尉
	农都尉(属大司农)	部候长
	属国都尉(属典属国)	隧长
	县	其他

因此,两府属吏(阁下和诸曹)在汉简上有时不易分辨,但其直系防御组织即大守——都尉——候——部候长——隧长则是分别清楚的。

二、都尉——都尉府

西汉边郡内,往往设置不止一个都尉,不止一种都尉。

《百官表》曰"郡尉,秦官,掌佐守典武职甲卒,秩比二千石。有丞,秩皆六百石。景帝中二年改名都尉。"又曰"关都尉,秦官;农都尉、属国都尉皆武帝初置。"又典属国下曰"武帝元狩三(应作二)年昆邪王降,复增属国,置都尉、丞、候、千人。"《汉旧仪》曰"边郡……置部都尉、千人、司马、候、农都尉,皆不治民。"

汉武帝以前,已有属国之官,《汉书·文帝纪》曰"属国悍为将屯将军"。《史记·卫将军骠骑传》述元狩二年(公元前121年)秋浑邪王来降"乃分徙降者边五郡故塞外,而皆在河南,因其故俗为属国";《汉书·武帝纪》谓"置五属国以处之",《百官表》误作元狩三年。《汉书·宣帝纪》曰"神爵二年(公元前60年)置金城属国以处降羌","五凤三年(公元前55年)置西河、北地属国以处匈奴降者"。金城、北地两属国,《地理志》失载,而张掖郡两属国则见录于《续汉书·郡国志》:

> 张掖属国 武帝置属国都尉以主蛮夷降者,安帝时别领五城。……候官,左骑千人〔官〕,司马官,千人官。

> 张掖居延属国 故郡都尉,安帝时别领一郡(城字之误)。……居延,有居延泽,古流沙。献帝建安末立为西海郡。

此二属国,实置于西汉,《汉书·匈奴传》昭帝时匈奴"入日勒、屋兰、番和,张掖太守属国都尉发兵击",此张掖属国都尉或兼指张掖、居延二属国。"左骑千人官",据《郡国志》武威郡下"左骑千人官"补"官"字。今本既遗一字,又将"左骑"与"千人"分隔为二,中空一格以求符合五城之数,应予校正。

《地理志》所载九十余都尉中,以郡"都尉"和边塞的"都尉"占多数。凡一郡只有一都尉而在县名下注"都尉治"的共三十二郡,这些都是郡都尉[1]。

据《地理志》所列,大致说来,凡一郡只有一都尉(郡都尉)的俱属内郡,而边郡则多有二或二以上的都尉。北边边塞西自敦煌、东至乐浪凡二十一边郡,它们的都尉数字如下:敦煌四;酒泉三;张掖三;武威二;金城无(《赵充国传》有西部都尉,《河水注》有广武都尉,"允吾西四十里小晋兴城故都尉治");陇西一;天水二;安定二;北地二;上郡四;西河四;朔方三;五原四;云中三;定襄三;雁门二;代郡三;上谷二;辽西二;辽东三;乐浪二。

上述二十一边郡的都尉,少部分是属国、骑、农都尉和郡都尉,大部分称为东、南、西、北部都尉,就是《汉旧仪》所说边郡的"部都尉"(《汉官仪》作"部尉"),《汉书·咸宣传》称"诸部都尉"。汉简(甲1261)曰"东部北部塞",可知塞也分部。据敦煌、酒泉、张掖三郡故塞出土汉简来看,则敦煌郡的四都尉、酒泉郡的三都尉自东经93°至99°东,在北纬40°30′上下设置于疏勒河塞上;张掖郡的居延、肩水两都尉设置于沿额济纳河岸的塞上。

---

1) 参所作《西汉都尉考》,此不详述。又都尉亦称将军,见《史记》灌夫、田蚡传。

河西三郡九个都尉,全在塞上。兹列出汉简中所见河西四郡部都尉如下:

敦煌郡　阳关都尉　《沙氏》275

　　　　玉门都尉　《沙氏》137,305,428,451;《新获》14.3

　　　　中部都尉　《沙氏》274,695;《马氏》60

　　　　〔宜禾都尉〕未见

酒泉郡　〔西部都尉〕未见

　　　　北部都尉　44.16,484.20(破);308.35 B(瓦)残"酒泉北⋯⋯"

　　　　〔东部都尉〕未见

张掖郡　肩水都尉　见下第二表

　　　　居延都尉　见下第二表

武威郡　北部都尉　42.6(破)

它们和《地理志》所载大致相同,惟志失载肩水都尉,《盐铁论·复古篇》有扇水都尉,扇应是肩之误。

居延汉简所见都尉的种类,约如下述:

(1)部都尉　敢告部都尉卒人　12.1(甲2554)(地)

　　　　　　下属国、农、部都尉　10.32(甲34)(地)

　　　　　　丞相史下领武校、居延属国、部、农都尉　65.18(地)

　　　　　　⋯史告居延属国、部、〔农都尉〕⋯　216.1(甲1199)(大)

　　　　　　⋯谒部、农都尉官　16.4(A7)

　　　　　　循城部都尉　《沙氏》136(此据沙释,无图版,城疑当作诸)

(2)属国都尉　属国都尉千秋、丞充　68.48,227.44(破)

　　　　　　　余见上所引10.32,216.1,65.18

(3)农都尉　敢告张掖农都尉、护田校尉府卒人　4.1(甲11)(破)

　　　　　　守大司农光禄大夫臣调昧死言一⋯⋯〔敦煌〕以东至西河十一农都

　　　　　　尉官二调物钱谷转糴□民困乏愿调有余给不⋯　214.30(甲

　　　　　　1175)(破)

(4)郡都尉　张掖都尉章　54.25(甲386),74.4(甲456)(地)

　　　　　　北书一封张掖都〔尉章〕⋯　103.17(甲595)(破)

　　　　　　肩水候张掖都尉章　54.25,74.4(地)

(5)关都尉　⋯〔中〕二千石、关都尉、郡大〔守〕⋯　56.7(破)

以上五类与《地理志》所属诸类,大略相同,但有需加说明的地方。

简云"属国、农、部都尉",又云"居延属国、部、农都尉",是指居延的属国都尉、部都尉和农都尉。《史记·大宛传》"北置居延、休屠以卫酒泉"集解引"或曰置二部都尉以卫酒泉"。"部、农"或作"农、部",可证如此逗断是正确的。216.1和65.18,68.48,227.44诸简都是西汉时代的,是当时已有"居延属国都尉"。65·18 简的开端有"[御史]大夫广明下丞相……",乃是诏书,据《百官表》田广明为御史大夫在元平元年至本始二年(公元前74—72 年)是在昭帝末、宣帝初[1]。瓦因托尼出土 148·1+148·42 简(甲 838+839)曰"征和三年(公元前 90 年)八月戊戌朔己未第二亭长舒付属国百长、千长",应指居延属国,是武帝末已置。《郡国志》以为张掖属国置于武帝时,居延简曰:

> 张掖属国司马赵繠　53·8(甲 370)(地)
>
> 元凤五年尽本始元年九月以来大禾…
>
> [张掖]属国胡骑兵马籍　512·35(甲2112)(大)
>
> 张掖大守寿下属[国]…　314·2(地)

由此可知张掖属国见存于昭帝元凤五年(公元前 76 年)以前。《汉书·匈奴传》述昭帝时"张掖太守属国都尉发兵击"匈奴,"属国都尉郭忠封成安严侯"在元凤三年二月封。见《汉书·功臣表》,此是张掖属国都尉。《汉印文字征》8·19 有"张掖属国左卢小长"。有关它们的简出土于地湾和大湾,则张掖属国似在弱水上游。

214·30(甲 1175)乃汉元帝永光二年(公元前 42 年)诏,据《百官表》"永光二年光禄大夫非调为大司农",《汉书·沟洫志》曰"遣大司农非调调均钱谷河决所灌之郡",或即简所述之事。简云"□□以东至西河十一农都尉官",所缺当为敦煌,沿边自敦煌至西河郡恰为第十一(参前述边郡二十一郡)。如此似边郡每郡各一农都尉[2]。据此简,十一农都尉受制于大司农,而各郡的都尉受制于太守,不可等同。居延汉简所见,有"居延农都尉"和"张掖农都尉",如此则一郡可有二农都尉。后者于王莽时称"设屏农尉",《汉印文字征》3·6 有"设屏农尉章"。

地湾出土封检上以及破城子出土北书上的"张掖都尉章",可以说明张掖"郡都尉"在地湾之南。《地理志》曰"日勒(今山丹县东南)都尉治泽索谷",可能为郡都尉所在,与此地望相符合。

破城简 56·7 是一诏书残文,关都尉位于中二千石与二千石郡太守之间,高于比二千石的都尉。

以上各类都尉,部都尉和郡都尉属于郡大守,属国都尉属于典属国,农都尉属于大司农;而敦煌郡的玉门关和阳关都尉实际上也是部都尉,应属于郡。属国、农都尉大约也受所在郡太守的节制,故郡太守亦率属国都尉出击。

居延、肩水两都尉,在汉简上尚有以下的问题:

> 诣上都尉　242·36(地)
>
> 居延都尉北部掾　127·12(破)
>
> 以邮行北部仓　204·9(金)

---

1)　《考证》1·15 对此简有考。

2)　《考证》1·70 据此简以为"似边郡属国都尉之外,皆农都尉。"这种说法是不正确的。

　　…都尉□□都尉北部　　101·5(破)

　　北部卒　3·30(甲 16)(破,绥和二年);393·11(A 2)

　　张掖肩水都尉□、兼行丞事肩水北部都尉□　　502·10(甲 1909)(大)

似居延都尉和肩水都尉都分出有北部都尉,故地湾简的"上都尉"可能指肩水北部都尉或居延都尉,此事尚待研究。此外,"居延都尉"前或冠以"将屯"或"将兵护屯田官"(40·2=甲 286,278·7),表示都尉兼将屯之事,犹"张掖大守"前冠以"将屯"一样,"将屯"即将兵屯田。居延是武帝时名将路博德所经营,约在太初元年至天汉四年（公元前 97—104 年）,"为强弩都尉,屯居延,卒"。故居延都尉或冠以"将屯"[1]。《百官志》说"边郡置农都尉主屯田殖谷",然部都尉似亦有兼管屯田者。敦煌郡的宜禾都郡,据其塞墙序列来看,应是部都尉而称宜禾,宜禾最初为屯田之义,故《后汉书·西域传序》谓永平"十六年明帝乃命将师北征匈奴,取伊吾卢地,置宜禾都尉以屯田。"

三、都尉属官

　　《百官志》注引《汉旧仪》曰"元狩六年罢太尉,法周制置司马,时议者以为汉军有官、候、千人、司马,故加大为大司马,所以别异大小司马之号。"《汉官仪》及《汉旧仪》并记边郡"置部都尉、千人、司马、候",《汉书·冯奉世传》注如淳引《汉注》曰"边郡置都尉及千人、司马,皆不治民也。"由此可知边郡部都尉有都尉、候、千人、司马四官,当为西汉制。《百官表》谓元狩三(应作二)年"复增属国,置都尉、丞、候、千人",而《郡国志》记武帝初置张掖属国"安帝时别领五城""候官、左骑千人[官]、司马官、千人官",则第五城应为都尉府所在。由此可知属国都尉有都尉、候、千人,另有丞为都尉之副职。此西汉制;东汉制则更有左骑千人官,所谓"官"是官署,治于城。东汉建武六年以后,省简都尉,有些郡不置都尉而仅有低于都尉的候官或左骑千人官,如《郡国志》武威郡"十四城",最后为左骑千人官。武威与张掖属国俱属凉州,志总之曰"右凉州刺史郡国十二,县、道、候官九十八",九十八城中计入了张掖属国五城和武威左骑千人官。又上郡"十城",最后为候官;会稽郡"十四城",最后为"东部候国",《吴志·虞翻传》曰"到东部候官,候官长闭城不守",候国是候官之误[2]。

　　汉简所见都尉、候、千人、司马三者的官职,约如下述:

　　1. 都尉丞　119·49(甲 692)(地);303·14(甲 1589)(大);265·13(破)

　　居延都尉德、丞延寿　159·14(甲 941)(破);85·8(破)残辞

　　居延都尉万岁、丞嘉永　276·6(甲 1492)(破)

　　张掖居延都尉旷、行丞事骑司马敏　16·10(A7)

　　居延都尉德、库丞登兼行丞事　139·13(甲 788)(破)

---

1) 《考证》1·65 以为路博德卒后"将屯者当为居延都尉矣"。

2) 参王先谦:《后汉书集解》。

居延城令史明以近次行都尉事、丞禁　262·26(甲1363)(破)

肩水都尉政、千人宗兼行丞事　495·9＋503·7(甲1866)(大)

〔鰈〕得仓丞吉兼行丞事　司马丞登行丞事　12·1(甲2554)(地)

附　酒泉玉门都尉护众、候崎兼行丞事　《新获》14·3

敦煌玉门都尉子光、丞万年　《沙氏》137

玉门都尉阳、丞罗　《沙氏》451

〔敦煌中部〕司马□行〔都尉丞〕事　《沙氏》55

由此可知在公文上都尉与其丞常常并列为正副之职。都尉丞出缺时可由近次之官兼行，详下第九节。据《百官表》都尉"有丞，秩皆二百石"。属国都尉有丞(68·48，227·44)，与部都尉同。

2．候　详下节。

3．千人[1]

给征千人丞苏奉亲行塞南马三匹、匹二束　73·17(破)

居延千人令史长则校系甲渠第廿三名籍　28·21(破)建始二年

…卅井守候骑千〔人〕…　454·24(博)　(以上居延都尉千人)

…□□〔守〕候千人竟　215·5(地)

昭武骑士益寿里王疆，属千人霸、五百偃、士吏寿　560·13(地)

鰈得骑士成功彭祖，属左部司马宣、后曲千人尊　564·6(甲2392)(地)

肩水都尉政、千人宗兼行丞事　495·9＋503·7(甲1866)(大)

千人令史居延广都里公乘屈地　75·23(金)

上计佐史郝卿诣卿千人令史　503·12(甲1935)(大)　(以上肩水都尉千人)

附　大始三年闰月辛酉朔己卯玉门都尉护众谓千人尚、尉丞鰈署就　《沙氏》305

始建国天凤四年…库守宰尹、千人忠　《沙氏》369

…宰事尹、骑千人秉　《沙氏》370　(以上玉门都尉千人)

由上可知千人有"千人"与"骑千人"二种，其属吏有丞与令史。大始三年(公元前94年)是敦煌简中较早的武帝时简，则当年已有千人之职。《汉书·灌夫传》曰"请孟为校尉，夫以千人与父俱，"孟康注云"官主千人如候司马也。"称骑千人则当为骑兵。地湾一简千人下一级为五百。千人与五百俱见于汉印中：

中骑千人　《封泥考略》1·45

定襄千人　《齐鲁封泥集存》22·5　定襄郡有二都尉(中部东部)

骑千人印　《汉印文字征》3·2

折冲千人印　《十钟山房印举》2·50

千人督印　《金索》五

---

1)　《流沙》簿书类第十二简考释，以为"千人主兵之官"。都尉属官之司马、千人，参《考证》1·12、1·45等页。

文德左千人印　《十钟山房印举》2·50（文德为王莽时敦煌）

骑五百将　《汉印文字征》14·11

募五百将　同上3·20，14·11

骑士王疆属于千人霸、五百偃的部下，则此千人、五百或当为骑千人、骑五百。骑士成功（复姓）彭祖属于左部司马下后曲千人，此与上述的千人恐有所不同。《百官志》谓"大将军营五部……军司马一人比千石，部下有曲，曲有军候一人比六百石，曲下有屯，屯长一人比二百石。……其别营领属为别部司马。"此左部司马下至少有前后二曲，曲千人，相当于大将军下的别部司马，职位较尊。但大湾简 491·10（甲1853）曰"四月乙未左部司马…肩水都尉府敢言之…"，似肩水都尉下有左部司马。王莽时的简、印上都有千人，《汉书·王莽传》中有车骑将军千人扈云。

　　4．司马

　　（1）司马

　　　　司马宜昌将骑百八十二人从都尉追　57·29（甲410）（破）

　　　　□司马诣府　188·18（破）　（以上居延都尉司马）

　　　　张掖肩水司马　14·3（甲131）[1]，213·43，558·3（地）

　　　　…〔公〕乘赵吉年卅，为故司马官不转输□□　75·8（金）

　　　　遣尉丞、司马数循行严兵…　12·1（甲2554）（地）

　　　　取司马监关调书　10·14（甲73）（地）　（以上肩水都尉司马）

　　　　司马丞登行丞事　12·1（甲2554）（地）

　　　　将屯司马丞　266·27（破）

　　　　司马令史　90·2＋90·12＋90·60（甲536）（大）始元六年

　　附　中部司马　《沙氏》55，275

　　　　其假候如品，司马以下与将卒长吏屯要害处　《沙氏》60

　　　　司马王□督烽　《沙氏》438

　　　　止寇司马　《马氏》138

　　　　司马丞　《沙氏》461，549

　　　　司马令小史　《马氏》32

　　（2）骑司马

　　　　张掖都尉旷、行丞事骑司马敞　16·10（A7）

　　　　・凡出所受将骑司马夆常安与卒死…　148·35（甲847）（瓦）

　　（3）假司马

　　　　假司马爰汤马二匹　560·18（甲2342）（地）

---

1)　14·3（甲131）简曰"肩水候，印曰张掖肩水司马，三月丁丑驿北卒乐成以来"。《考证》1·12曰"此为肩水司马致书肩水候者，足证司马与候不在同城也"。案驿北与金关俱在肩水候官所在的地湾之北。

司马与骑司马,犹千人与骑千人。《汉书·赵充国传》曰"武帝时以假司马从贰师将军击匈奴";《汉书·西域传下》桑弘羊奏言"遣骑假司马为斥候,属校尉";《后汉书·段颍传》曰"乃分遣骑司马田晏将五千人,假司马夏育将二千人"击羌,是骑司马高于假司马。《百官志》将军下曰"又有军假司马、假候皆为副贰",是假司马是司马之副(假候见上所引《沙氏》60)。司马之属吏有丞和令史,与千人同。

(4)属国司马

张掖属国司马　53·8(甲 370)(地)

(5)左部司马　564·6(甲 2392)(地);491·10(甲 1853)(大)

(6)郡司马　见上第一节。

(7)城司马　见下第四节。

以上所述是居延与肩水两都尉下的四种属官,都尉丞与都尉同在都尉府,而候、千人、司马各以候官、千人官和司马官为其治所。候与其所属的部候、隧在塞上司候望与烽火,另成一系统。千人与司马应为屯步兵骑兵的首长,而千人所辖有骑兵。候、千人与司马,除职司不同外,或许是有高下等级的。诸书所载,千人介于候与司马之间,惟《郡国志》张掖属国(都尉)所辖以候官、左骑千人官、司马官、千人官为序,多出最后千人官一级,乃是东汉制。《百官表》中尉下"有两丞、候、司马、千人",西域都护下有"丞一人,司马、候、千人各二人",戊己校尉"有丞、司马各一人,候五人,秩比六百石",次第稍异。

属国都尉的编制同于部都尉,但也有它自己的官名。《史记·卫将军骠骑传》说元狩二年昆邪王降,"因其故俗为属国",《史记·匈奴传》和《汉书·西域传》所记"千长、百长"亦见于瓦因托尼148·1+148·42 简(甲 838+839)"属国百长千长"。《汉书·匈奴传》昭帝元凤二年"张掖太守、属国都尉发兵击"匈奴,"属国千长义渠王骑士射杀黎汗王",师古注云"千长,千人之长。"《汉印文字征》所录夷、胡、氐、羌的"佰长""仟长"印甚多,不备举。

以上但述都尉府的属官,至其属吏,将另详别篇。

四、城尉——城官

前已考定破城子与大湾分别为居延与肩水都尉府所在。候官所在称鄣,都尉所在应称城。居延简中有南北两城的设置,见于以下各简:

〔张〕掖居延城司马安　485·60(破)

居延城司马□以秩次行都尉事　140·2(金)

居延城司马□以近次行都尉事　262·26(甲 1363)(破)

(居延)城仓长禹兼行(居延都尉)丞事　278·7(瓦)

居延城仓佐王禹　62·55(金)

居延都尉德、库丞登行丞事下库、城仓　139·13(甲 788)(破)

甲渠守候城仓　317·22(甲 1679)(破)阳朔四年

候史徐辅迁补城仓令史 142·34(甲800)(破)

甲渠令史宗使城仓令史谭 84·27(甲486)(破)建平二年

张掖肩水城尉谊以近次兼行都尉事下候、城尉承书从事下当用者 10·29(甲88)
（地）

檄到禹等诣城尉官 306·25(甲1633)(地)

守城尉广国病书 512·3(甲2109)(地)

仓石候长婴齐受守城尉毋害 216·3(甲1188)(大)元凤六年

橐他守候护移肩水城官吏 506·9(甲1995)(大)元延元年

城官二亭吏兼次书 503·10(甲1932)(大)

补肩水城官亭啬夫 214·96(破)

·始元五年六月所受城官墼簿 204·3(金)

城官中亭治园条 506·10(甲2001)(大)

南单檄,诣城官,都吏郝卿印 505·19(甲1963)(大)

·右凡十二两输城官 505·36(甲1981)(大)

城官致敢言之 以檄候史残曰食常得官廪,非得廪城官 284·4(甲1525)(地)

张掖城司马毋起日诣设屏右大尉府 288·30(金)王莽时简

由上各简,可知张掖居延城司马可以秩次或近次代行居延都尉事,居延城仓长可以兼行居延
延都尉丞事,则此城司马与城仓长俱属于居延都尉,而城仓与都尉府同在一地,故得兼行。
张掖肩水城尉可以近次兼行肩水都尉事,则城尉属于肩水都尉,城尉官与都尉府同在一
地,故得兼。"肩水城官"之官,犹候官之官,乃治事之所,简化为城官,有吏,有亭吏。王
莽简中有张掖城司马,犹西汉简中的居延城司马。据10·29(甲88)简,城尉位次在候下,
今为方便计,述城官于候官前。

城尉与城司马之"城",似指居延与肩水都尉府所在的破城子与大湾两城。都尉所在
之城的特殊机构,文献所未载,惟《汉书·西域传》于阗国有左右城长,渠黎国有城都尉,与
此恐不相同。

五、候——候官

候与候长皆居塞上警戒,乃是军候、斥候之候。据第四表所列,候、障候、塞候是一,因
候皆驻于障城之内,而障在塞上与诸部候、诸隧构成一条防御战线。居延汉简中,以属于
甲渠与肩水两候官者居多数,故对此二候官的组织,稍见规模,详第三表、第四表。由此可
以约略排列出两候在任的时期:

公元前56年五凤二年　　甲渠候汉疆 40·4(甲287),6·5

55年五凤三年　　　　　汉疆 159·14(甲941)

杜君　3·8

50 年甘露四年	甲渠鄣守候望	283·44(甲 1510)
48 年初元元年	甲渠鄣候喜	283·26+36+65
45 年初元四年	甲渠鄣候喜	68·14，267·10(甲 1398)
44 年初元五年	甲渠鄣候喜	227·3
43 年永光元年	甲渠鄣候喜	甲附 36
25 年河平四年	甲渠鄣候谊	28·15(甲 215)
24 年河平五年	甲渠鄣候谊	35·22
17 年鸿嘉四年	甲渠鄣候光	220·19
16 年永始元年	甲渠鄣候显	160·6(甲 947)
14 年永始三年	甲渠候杨君	229·1+2
11 年元延二年	甲渠候隆	214·30(甲 1174)
王莽时	甲沟鄣候放	312·23(甲 1673)
公元后 24 年更始二年	甲渠守候循	286·15(甲 1565)
31 年建武七年	甲渠鄣守候宪	61·24(甲 2418)
公元前 68 年地节二年	肩水候房	7·7(甲 45)
65 年地节五年	肩水候房	10·35(甲97)
25 年河平四年	肩水候月	284·2(甲 1524)
24 年阳朔元年	肩水候月	284·8(甲 1526)

由此可见候的任期有长至五年、六年的。汉简称太守为府君(如 502·9+505·22＝甲 1914，495·2＝甲 1917)，称刺史为某君(214·37，破城)，称都尉为都君(306·4+5·9＝甲 1618)，而候亦称某君，乃是尊称。

据第四表，有甲渠鄣候汉疆、甲渠候汉疆，故鄣候即候；又有甲渠塞候即鄣候。甲渠候、肩水候于简又省称为甲候、肩候；王莽时则称甲渠为甲沟。据第三表，居延候官又称"小居延候官"，"小居延"犹金关简(119·67)云"葆小张掖有义里"之"小张掖"。《资治通鉴》建安三年胡注云"沛郡治相县而沛自为县，时人谓沛县为小沛"；张掖郡治䚕得县，故称张掖县为小张掖[1]；居延都尉治破城子(A8)，故称居延城为小居延。若此说不误，则可以解释居延城官所在地的问题。我们在《汉简考述》中曾假定破城子东北的 K710 为居延城，而称此城四围为居延区域，并以为居延候官在此区域内。小居延可能即指此城，而居延都尉府所在的破城子可能也叫居延城，居延城官与城仓在内，故于 K710 的居延城加小字以区别之。

史书上所载候官之候不多，《汉书·扬雄传》下引其《解嘲》曰"东南一尉，西北一候"，

---

1) 参《考证》1·73。

注引"孟康曰敦煌玉门关候也"。《后汉书·西域传》述阳嘉四年"乃令敦煌太守发诸国兵及玉门关候、伊吾司马救车师",《隶续》卷十二"刘宽碑阴"门生题名(东汉中平二年)亦有玉门关候之名。史书所记候,往往冠以郡名而不举其候官名,如《汉书·赵充国传》有"酒泉候奉世",《董贤传》称贤父恭为"云中候",《律历志》有"酒泉候宜君",凡此酒泉、云中皆郡名。此犹《韩长孺传》之武州尉史,《匈奴传》之雁门尉史,皆以郡名,而此尉史实为塞上的尉史。

候所在的官署称"候官",或简化为"官"。候所直辖者为一段候官塞(约百里)上的若干候长与各候长所率之若干隧长。候官的属吏则有丞、掾、令史、尉史等,分述于下。

(1)候丞　49·8(甲322),262·9(甲1371),甲2443(破);50·4(金)

　　甲渠鄣候丞迁敢言之　285·2(破)

　　乙未遣尉史救之治丞　33·10(甲231)(破)

　　肩水候丞更得敢言之都尉府　306·20(地)

　　候丞定国始元四年十月庚寅除　90·32+90·3+90·21(甲540)(大)

　　张掖肩水都君丞卿　306·4+5·9(甲1618)(地)神爵元年

　　肩水庚候守丞　516·37(甲2262)(大)

　附　玉门关候蒲、候丞与、尹君　《沙氏》317

　　大煎都候丞　《沙氏》142,150,317

　　敦煌鱼泽候守丞王子方　《沙氏》398

候之有丞和令史,与千人、司马同。敦煌玉门关候下有候丞又有尹,而居延肩水都尉下有尹,似尹低于丞。

(2)掾　见下文书签署事。又破城简(3·8)有"甲渠候杜君掾"。

(3)令史

　　居延令史　28·21(破);15·13(金)

　　张掖居延甲渠候官令史　525·6(破)

　　居延甲渠候官令史　167·7(破)

　　甲渠候令史　198·20(甲1120)(破);216·9(甲1198)(大)

　　甲渠令史　26·1(甲187),35·6(甲247),84·27(甲486),142·35(甲815),185·27(甲1065),258·11(破)元延元年

　　甲渠候斗食令史　42·16(甲297)(破)

　　甲渠鄣候令史　270·20(甲1421)(破)

　卅井候官令史　3·8(破)五凤五年

　肩水广地令史　118·27(地)

　橐他令史　62·44(金);183·15(甲1049)(地);192·18+303·41(甲1099)(大)元凤六年

肩水候官令史　36·17(甲 244),387·12+562·17(甲 1802)(地)

肩水候官守令史　183·14(甲 1048)(地)

张掖肩候守令史　7·7(地)

附　大煎都令史　《沙氏》138,142

以上令史皆是候官的令史。令史是主文书的职名,两府官僚组织中和千人、司马及仓、库、厩等官署中皆有此职。部和隧则无令史。

（4）士吏

小居延候官守士吏　173·29(破)

居延甲渠士吏　34·26,203·33(破)

甲渠士吏　282·7(甲 1511)(初元三年),507·5(甲 2017)(鸿嘉六年),157·11,229·16,287·25(破)

卅井士吏　465·4(博)

肩水候官士吏　10·17(地)

肩水士吏　10·31(甲 90)(地);62·47(金)

橐他士吏　178·9(甲 1005)(破)

（5）尉史

居延甲渠尉史　76·47(破)

甲渠候官尉史　76·38,78·48,158·3(破)

甲渠官尉史　30·19,326·23(破)建始元年

甲渠尉史　143·12(甲 805),57·9,283·54(建始二年),285·3(破)

肩水尉史　512·34(甲 2163)(大);97·10+213·1(地)

广地尉史　49·11(甲 336)(破)

尉史、士吏与令史都是候官的属吏,惟尉史与令史仅限于候官一级(塞尉下亦有尉史),而士吏也是低一级塞和部候的属吏,见第七表中。《汉书·匈奴传》师古注引《汉律》曰:"近塞郡皆置尉,百里一人,士吏、尉史各二人,巡行徼塞也",《史记·匈奴传》索隐所引略同,惟将"百里"二字误植"士史"下。士史即士吏。汉简(465·4)曰"士吏主亭隧候望,通烽火,备盗贼为职",故又有"督烽燧士吏"516·26＝(甲 2255)。汉简叙次,士吏位在尉之下、候长候史之前,285·17(甲 1542)曰"《功令》第卌五,士吏、候长、烽燧长常以令秋试射。"汉简叙次,尉史位在令史之下;汉律叙次,尉史在士史之下。《汉旧仪》曰"更令吏曰令史,丞吏曰丞史,尉吏为尉史,捕盗贼得捕格",此据孙星衍辑本,《史记·项羽本纪》集解引"晋灼曰《汉仪注》曰令吏曰令史,丞吏曰丞史",无"更"字。汉武帝已有尉史,《史记·匈奴传》曰"是时(武帝)雁门尉史行徼",《史记·游侠传》记武帝时郭解事"乃阴属尉史曰",《汉书·田广明传》围县有尉史苏昌。

（6）适士吏·造史

□适士吏张博闰月丁未持致籍诣尹府1)　《沙氏》375

适士吏羽山　486·106(破)

…坐力粪事毋官,可补造史,唯…　479·5(破)

…士年□岁姓□为造史以…　482·34(破)

附　…闲田武阳里,年三十五岁,姓李氏,除为万岁候造史以掌领吏卒为职　《沙氏》574

玉门候造史龙勒周生萌,伉健可为官(或适字)士吏　《沙氏》378

以上皆王莽时简,故称太守府为尹府,又有"闲田"见《汉书·王莽传》。造史之伉健者可升为适士吏(适字简皆不甚晰,姑如此释),则造史位在士吏下;王莽简又有"甲沟候史"(203·13),则造史既非候史,亦非士吏,当为西汉的尉史。王国维《流沙坠简考释》卷二(页14)曰"候官当即校尉下之军候。……此与下斥候之候名同而实殊。斥候之候仅有候长、候史皆百石以下之官,候官则有候有候丞,其下又有造史。"王氏分别候与候长,是正确的。造史为候官属吏,乃王莽之制,相当于西汉和东汉初简上的尉史2)。

以上所述候丞、掾、士吏、令史、尉史五者是候官主要的属吏,而后四者亦为候官文书的签署者。汉简曰:

…□□以私印兼行候文书,下尉、部、士吏□、候长□等下当用者明□…知之如诏书,书到言　240·2+22(A21)

…印行候文书…　486·75(破)

此为诏书行下之辞的残文,"候文书"即其它行下之辞中的"承书从事"。候文书末尾签署的属吏有以下诸例:

甲渠候官　掾—令史—尉史　160·6(甲947)(破)

掾　229·36,267·25,276·1(破)

令史　160·15(甲951),57·1(甲2553),3·12,40·4,68·6,285·48(破)

令史—尉史　35·22(破)

尉史　35·8(甲384),312·23(甲1673)(破)

士吏—令史　139·36+142·33(破);甲附36

□□候官　掾　240·2+22(A21)

殄北候官　尉史　206·9(甲1138)(破)

肩水候官　令史—尉史　10·35(甲97),284·2(甲1524),29·7(地)

---

1) 《流沙》簿书类第四十八简,即此简,王国维曰"适士吏殆被谪为士吏者,然古人多假适为敌,□适或如却敌、破敌之类,疑亦隧候之名也。致籍未详。尹府者大尹之府,则此简亦王莽时物也。"据居延简(486·106)"适士吏"似应为一个名词。

2) 《流沙》烽隧类第六简考释,王国维说"候官则有候、有候丞,其下又有造史",以为候官之下有造史而斥候之下有候史,此种分别是不确的。造史是王莽时特有之制,不能与西汉制混同。

令史　　　　7·7(甲 45),10·31(甲 90),284·8(甲 1526)(地)

大煎都候官　　令史　　　　《沙氏》138,142

由此可见候官文书签署者多为令史与尉史,掾与士吏亦间或签署。塞尉与候长的文书签署者则分别为尉史与候史,与此不同。

六、塞尉——塞

汉代称其所筑的北边长城为"北边塞"(《汉书·匈奴传》),为"边塞"(《汉书·高帝纪》),为"障塞"(《汉书·匈奴传》),为塞;皆指一条长长的北边塞墙。其称某某塞者,则指长百里的一段障塞,如《汉律》所说"近塞郡皆置尉,百里一人",瓦因托尼简(88·3)曰"各塞可百里"。塞尉,《百官表》失载,《百官志》曰"边县有障塞尉,本注曰掌禁备羌夷犯塞",又曰"诸边障塞尉……皆二百石"。破城简 282·15(甲 1509)曰 "右塞尉一人秩二百石",汉简塞尉乃是边郡的塞尉。《汉书·王莽传》中曰"缘边又置竟尉",是新时改称塞尉为竟尉。敦煌汉简(《沙氏》483)曰"建武十九年四月一日甲寅玉门障尉",则又称之为障尉,即障塞尉。据《汉律》,塞尉下置士吏、尉史各二人,故《汉书·韩长孺传》曰"单于入汉长城武州塞……得武州尉史",而《汉书·匈奴传》之"雁门尉史行徼"应是雁门某塞塞尉下的尉史。

据第六表、第七表,可知居延、肩水两都尉下十个候官各治一塞,西汉简各以候官名塞如甲渠塞,王莽简则改称为"甲沟候官塞",东汉建初简又改称为"甲渠候官塞"或"甲渠塞"。每塞各设塞尉,塞尉常试守候事,故有"甲渠障守候塞尉",谓塞尉某权守甲渠候事。汉简,塞尉秩二百石,月奉二千钱;障候秩比六百石,月奉三千钱,塞尉乃候的属吏,位次在候长之上,故候官行下文书皆经塞尉而下达于士吏、候长等,其例如下:

甲渠候长汤以私印行候事告塞尉谓士吏辅、候长段、贤等　82·38(甲 482),
　　167·1(破)

甲渠障候汉强告尉谓士吏当、安主候长　38·17(甲 275)(破)

甲渠候官告尉谓士吏、候长写移檄到[官]　42·18(甲 320)(破)

[甲渠候官告]尉谓士吏亲、候长谊、寿等写移[檄到官]　173·7(甲 978)(破)

居延丞竟告尉谓东西部　484·23(破)　(此当为居延候丞)

告尉谓第廿三候长建国　145·2(甲 809)(破)

肩水都尉府移肩水候官告尉谓东西南北部　97·10+213·1(甲 564)(地)

甲渠士吏强以私印行候事下尉、士吏□章、候长毋害等承书从事下当用者
　　160·15(甲 951)(破)

肩水士吏横以私印行候事下尉、候长承书从事下当用者如诏书　甲 90(地)

…□□以私印行候文书事下尉、士吏□、候长□等下当用者明□…知之如诏书,
　　书到言　240·2+22(A21)

由此可知尉即塞尉,位在部士吏、候长之上,故破城简(206·26)曰"旦明烽火,尉、士吏、候

长、候史警戒便兵,如诏书法律"。候长可以代行塞尉之职,故破城简(231·91)曰"诚北部守尉萌、士吏区"者谓试守塞尉的诚北候长萌与士吏区。173·7(甲978)诏书中谓"令长、丞、候、尉",270·27(甲1432)"吏员百八人,百四人见,其二人候、尉不食,其二人劾系",尉皆在候之下。

破城简270·21(甲1419)有"尉卿治所"可能就是塞尉治所。破城简(167·7)曰"居延甲渠候官令史诣尉"当是诣塞尉。破城简18·20(甲2419)曰"出钱四千给尉一人四月五月奉",则塞尉月奉二千钱,秩二百石。《封泥考略》4·55有"呼陀塞尉"。塞尉的属吏有以下数类:

(1) 尉丞 …尉丞男□… 159·30(破)

遣尉丞、司马循行严兵…

尉丞以下毋忽如法律令 12·1(甲2554)(地)

遣尉丞赦将施刑五十人 118·17(甲678)(地)

附 玉门都尉护众、千人尚、尉丞糵 《沙氏》305

(2) 士吏 见下节。

(3) 尉从史 尉史富盖邑调为尉从史 206·20(甲1140)(破)

尉史王并二月甲辰调尉从史 254·3(破)

(4) 尉史 殄北守塞尉广移甲渠候官书 /尉史宣、博 157·5(甲902)(破)

最后一简之尉史为塞尉的文书签署者。尉史可升任为尉从史,则从史或为塞尉之从史。

由上所述,塞尉介于候与候长之间,与候官同辖若干候长,为候之属官。

七、候长——部

根据第七表所排列的八个候官下的五十二名候长[1],可以看到候长组织的完整结构,应该象甲渠候官下的万岁候长一样:其机构称"部",部有候长、候史和士吏。部为候长一级的机构,犹都尉、候、城尉、塞尉和隧长的机构分别称府、候官(或官)、城、塞和署。每一候官统辖一个(段)塞,其长为候而塞尉为其属官,副为候丞与塞丞;候与塞尉一同统辖几个部,其长为候长,其副或属吏为候史,而士吏是塞尉属吏遣驻于部的[2]。破城出土各简曰:

第四,万岁部候长 267·10(甲1398)

其输物适部候长 231·108

甲渠候官建昭四年六月部候长伐钱… 145·19(甲819)

第二十三部候长定敢言之 157·29(甲923)(永光五年)

…下部士吏放、候长弘等承书从事下[当用者] 267·25

---

1) 《流沙》烽隧类第六简考释,王国维分别军候与斥候,即候与候长,他说"斥候之候仅有候长、候史,皆百石以下之官。"

2) 《流沙》烽隧类第四十简考释曰"士吏者主兵之官,所辖不止一隧,故序于候长之上"。《考证》1·38曰"候官缺,士吏行其事,不言近次,是则士吏之于候官,亦犹长史之于太守,分所当摄,不更言资历也。"此二说俱不甚确切。

第七部士吏　　159·17+283·46

第七部候史　　159·17+283·46(甲942)　(余例见第七表)

第十部吏　　95·12

第廿三部卒十二月廪名　24·2(甲182)

鸿嘉元年诚北候史——谨案部卒少四人　265·11

　　附　大煎都候丞罢军别治富昌隧谓部士吏　《沙氏》150　(部,旧误释为郡)

由此可以说明士吏、候长、候史、吏、卒是属于"部"的。简虽称某某部士吏,但士吏似直属于塞尉,分驻各部。据《汉律》,每塞尉下设士吏、尉史各二人;汉简中尉史为塞尉文书的签署者,不见有属于部的尉史,他们应是驻于塞尉治所治事。候官下达文书,如前节所引诸简,经塞尉下于所属各部的士吏、候长,而汉简士吏、候长都是月奉一千二百钱,在候史之上,则士吏不可能为候长的属吏。汉简所引《功令》及简上叙次,士吏常在候长之前,然则士吏应为塞尉派驻于部的武吏,督烽火、候望、盗贼之事。

　　每一部吏、卒的人数及所辖隧数,约如以下诸简所记:

给铮庭部卒卅人闰月食　28·13(甲214)(破)阳朔五年

吞远候长一主吏七人,卒十八人　127·27(甲714)(破)建昭二年

临木部吏九人,五十六　101·26(甲582)(破)

诚北部吏十一人,六十六　101·26(甲582)(破)

第廿三部十二月廪名廿二人　(共八隧,廿二卒)　24·2(甲182)(破)

·右吞远部六所　194·2(甲1126)(破)

第十部主隧主所　　70·16(破)　参141·10(地)

南部隧六所　232·28(甲2460)(地)

…□□六所　甲2471

由此可知各部大小不同:部吏或主吏有七人、九人、十一人者,部卒有十八人、廿二人、卅人或数十人者,隧有六所、八所者。数所中有一隧为主隧主所,或为部治所。主吏、部吏当指士吏、候长、候史和隧长。由24·2(甲182)知第廿三部所属八隧,一隧之卒少者一、二人,多者三人。此为一时的记载,吏卒有增减,不能以此为定例。

　　甲渠候官下的部与隧有一特殊命名法,即编号顺序与专名并用,如267·10(甲1398)"第四、万岁部候长"指第四部与万岁部候长。破城出土有第一隧至第卅八隧顺序记数的诸隧名,完整不缺,而称部的只有第四、七、十、十一、十七、十八、廿三、卅七等八个部。甲渠候官下不可能容纳第一至第三十七部的候长的,因此,它们原不相连续,而其得名由于序数的隧名,详下节。

　　此外,候官、部、隧有同名的,如甲渠候、甲渠候长、甲渠隧长同以甲渠名。这就发生了两个问题:(1)甲渠候长可以是甲渠候官下某一部的候长,也可以是甲渠部的候长,(2)甲渠士吏可以是候官的士吏,也可以是塞尉下驻于某部的士吏。关于前者如地湾简

20·12,20·11(甲179,178)曰"元康元年十二月辛丑朔壬寅东部候长长生","元康二年六月戊戌朔戊戌肩水候长长生以私印行候事",是长生于元康元年十二月为肩水候官东部候长,次年六月代行候事,其称"肩水候长"应是肩水候官的东部候长,不是肩水部的候长。这种称谓与史籍上称"候"而冠以郡名、称"尉史"而冠以塞名,是同例的。我们在第七表中,对此类未能一一加以分别,仍将20·11列入"肩水候长"下。

关于第二问题,令史只属于候官,尉史和士吏只属于候官与塞,而士吏分驻于部故可以附着于部名之后。但以下各简为例外,应加以说明:

> 肩水武昌令史　45·7(破)　　（武昌二字待酌,或应释仓石）
>
> 破胡令史　11·9(甲106)(地)　　（广地候官有破胡隧）
>
> 万世令史　552·3+4(查)　　（肩水候官有万世隧）
>
> 延水令史　26·16(破)神爵二年　　（175·13＝甲990有延水塞候）
>
> 令史三人并居第三隧　89·18(破)
>
> 俱起士吏　283·26+3·6+65(破)初元元年　　（甲渠候官有俱起隧）
>
> 收降士吏　68·87(破)　　（甲渠候官有收降隧）
>
> 南界士吏　132·24(破)　　（卅井候官有南界隧）
>
> 附　厌胡守士吏　《沙氏》134,139　（《沙氏》136有厌胡隧长）
>
> 广昌候史　《沙氏》62　（《沙氏》63有广昌隧）

以上破胡、万世令史,可能如简所云"令史三人并居第三隧",乃候官令史之下驻于隧的。俱起、收降、南界和敦煌的厌胡、广昌可能为部候,故有士吏和候史。破城简(135·7)有"收降仓河平元年七月谷出入簿",当为部仓,如吞远部有仓。至于延水塞,待考。

在《汉简所见奉例》[1]一文中,我们曾推定候长和士吏为秩比二百石,因为在神爵三年益奉之前,他们月奉皆一千二百钱,低于秩二百石塞尉月奉二千钱,高于佐史级隧长月奉六百钱。到了王莽时代,士吏和候长之秩减为百石,下列汉简可证:

> ·右庶士士吏、候长十三人　210·27(甲1149)(破)
>
> 庶士候长王誉　110·39(甲631)(破)
>
> 甲沟候官庶士候长　110·18(甲627)(破)
>
> 辅平居成甲沟候官塞庶士候[长]　156·4(破)
>
> 为辅平属居成卅井候官塞庶士…　156·4(破)
>
> 为辅平居成殄北候官塞庶士候[长]　156·4(破)
>
> 附　敦德步广尉曲平望塞有秩候长敦德亭闲田东武里五士王参秩庶士　《沙氏》592
> 　　新始建国地皇元年

《汉书·王莽传》中始建国元年"更名秩百石曰庶士,三百石曰下士,四百石曰中士,五百石曰命士,六百石曰元士"。是候长、士吏为秩百石,至五士王参则"秩庶士"而实授为"有秩

---

1)　《文物》1963年5期。

候长"，又低一级。据《汉书·地理志》，莽改酒泉、敦煌、张掖郡为辅平、敦德、设屏，改居延为居成，则以上诸简皆莽时之简无疑[1]。西汉之甲渠而此改为甲沟，西汉之某某塞而此改为某某候官塞，西汉居延属张掖郡而此改属于辅平(即酒泉)。东汉对此新制又重加推翻，改回西汉旧制而不免受新制的影响。下述诸简可推定为东汉建武时期的：

张掖居延甲渠塞有秩士吏　57·6(破)

张掖居延甲渠候官塞有秩候长　160·11，185·10(破)

肩水候官有秩士吏　239·82(地)

有秩候长公乘王宪　484·76(破)

今三无塞有秩候长　62·27(金)

诸简改回了西汉地名，但承用新制称塞为候官塞，而于士吏、候长之前冠以秩名"有秩"，即比百石。如此则东汉初的士吏、候长之秩为比百石，低于西汉的比二百石，略同于新制。西汉简候史月奉为六百钱，与隧长同。

"有秩"于西汉为乡官之一，见《百官表》及破城简(45·1)金关简(32·17，62·53)。乡官以外官吏，仅见《汉书·外戚传》述元帝时加昭仪十四等号，最后一等"上家人子、中家人子视有秩、斗食"，《百官志》曰"诸侯公主家丞秩皆比百石"，与之相当。《汉官》大祝、大宰之下并有百石与有秩，《隶释》卷四"西狭颂"刻于建宁四年而有"衡官有秩李瑾"，《汉印文字征》7·10"有秩狱史富纳"，凡此或皆东汉之制。

八、隧长——隧·署

根据第八表所排列，分属于八个候官的隧约在二百六十名左右。和候长一样，它们并不齐全，实际存在过的隧名还要多些。在防御组织的候望系统中，隧是最基层的哨所[2]，即烽火台和它的屋舍。从残存的简文看来，每隧的人数不多，少者一、二人，多者五、六人。因此除了隧长外，属吏很少见，只有以下破城简诸例：

十一月癸巳士吏强付卅五吏张疆　214·101

高沙吏　308·38(瓦)　　(同简有高沙卒，82·29有高沙隧)

第六隧助吏东郭尊见　助吏王□　110·20(甲629)

第二亭长舒受将军从吏德　275·22(甲2546)

诣隧史问卒褒安在　84·17(甲479)　(简不清晰，史或应释吏，马衡释史)

…隧长延年　/隧□临　238·18

其一人伍百，二人养，一人病。右解隧四人　132·40

---

1) 参阅《流沙》簿书类第四十二简考释。

2) 《流沙》烽隧类第三十至三十四简考释曰"右五简中隧候之名五。……又上诸简之文或云隧或云候……，隧候之事虽殊，其地则一也。"此说未当。《考证》1·24纠正王说，曰"候长大而隧长小，候可以统隧，故候与隧实为相隶属之两级，非职事之不同也。"此处候应为候长，不当混同。

□第一伍百□□　104·30

…三月钱，癸巳，虏人五伯众尹谊　262·16

"卅五吏"当指第卅五隧之吏，犹"第卅七卒"之例；同例，"第一伍百"即第一隧伍百。隧史、助吏当是隧长下极小之吏。所谓"伍百""五伯"应与前述千人官千人下的"五百"分别，后者乃五百人之长，而"伍百"乃同伍中五人之长。《汉书·韩延寿传》"又置正五长"，师古云"同伍之中置一人为长也"。崔豹《古今注》曰"伍伯，一伍之伯也。五人为伍，伍长为伯，故称伍伯。一曰户伯，汉制兵吏五人一户灶，置一伯，故户伯亦曰火伯，谓一灶之主也。汉诸公行则户伯牵其伍以导引也。"《后汉书·曹节传》"越骑营五百妻有美色"，注引"韦昭辨释名曰：五百字本为伍，伍，当也，伯，道也，使之导引，当道陌中以驱除也。"汉简之伍百、五伯为隧中的伍长，汉简之"伯使"则为驱除道路的小吏，二者有别。但汉世亦有以伍百为行杖人或开道人的记载，如《后汉书·弥衡传》曰"江夏太守黄祖……怒，令五百将出，欲加箠"，又《宦者传》注云"案今俗呼行杖人为五百"。《望都汉墓壁画》门下小吏之右有"辟车伍百八人"及"伍百二人"，《唐六典》卷十四引《汉旧仪》曰"太常驾四马，主簿前车八乘，有铃下、侍阁、辟车骑吏、五百等员"。《续汉书·舆服志》曰："车前伍伯，公八人；中二千石、二千石、六百石皆四人；自四百石以下至二百石皆二人。黄绶，武官伍伯，文官辟车。铃下、侍阁、门阑、部署、街里走卒，皆有品程，多少随所典领。"

《说文》曰"燧，塞上亭守爇火者"，是隧所在的烽火台即守烽火之亭，《汉书·匈奴传》谓武帝时"建塞徼，起亭燧"，故隧亦可以称亭。汉代所谓亭非常复杂，另详别篇。以下但列亭、隧同名之例：

殄北第二隧长舒　213·16（甲1164）（瓦）　　通泽第二亭长舒　148·1（甲838等）（瓦）

灭寇隧　114·20（A18）　　灭寇亭　114·20（A18）建昭二年

广地破胡隧　128·1（查）　　广地破胡亭　103·42（破）

驿北隧　77·79（金）　　肩水驿北亭　339·3（地）

以上四处，可能隧、亭同名同实。汉简"居延亭长""月奉六百钱"（178·30＝甲1013）与隧长同。

在《汉简考述》中曾述及额济纳河两岸烽火台四围有矮小的墙垣，即所谓坞。《说文》曰"隖，小障也，一曰庳城也"，《后汉书·马援传》曰"起坞候"，注引《字林》曰"坞，小障也，一曰小城，字亦作隖"。《后汉书·西羌传》曰"缮作坞候六百一十六所"，又《西羌传》曰"于扶风、汉阳、陇道作坞壁三百所"，又《顺帝纪》永和五年作"坞三百所置屯兵"，又《皇甫规传》曰"覆没营坞"，《一切经音义》卷十一引服虔《通俗文》曰"营居曰坞"。由此知坞、坞壁、营坞及坞候之坞皆指亭隧。汉简所称坞，其例如下：

第三隧卒桥建省治万岁坞　214·118（破）

望禁奸坞上烽火　288·11（金）

…令史光敢言之遣中部坞长始昌送诏狱所还　218·3(金)

福禄仓丞敞移肩水金关、居延坞长王玟　15·18(金)建平三年

附　凌胡隧坞乙亥已成,谨罢卒　《沙氏》66

据第八表,甲渠候官有万岁隧,肩水候官有禁奸隧,则坞可能即隧,坞长即隧长。除一部分亭长和坞长可能为隧长外,以下三名亦都是隧长:

…[督]隧长胡钱六百……年四月己亥士吏强付督隧长贵　214·113(破)

•功令第卌五,士吏、候长、烽隧长常以令秋试射　285·17(甲1542)(破)

尉、候长、武隧长　308·27(甲1634)(瓦)

隧长月奉为六百钱,此督隧长亦领钱六百,故推定也是隧长的月奉。烽隧长、武隧长次在候长下,故自必为隧长。隧长而加称为武,所以区别于文隧长。士吏、候长和隧长都可以是武吏,也可以是文吏,以下诸名籍所记,可以为证:

文吏万岁候长　173·6(破)

…候长公乘蓬士长当　能书会计治官民颇知律令,武　562·2(甲2359)(地)

肩水候官执胡隧长公大夫奚路人　能书会计治官民颇知律令,文179·4(甲1014)（地)

肩水候官并山隧长公乘司马成　能书会计治官民颇知律令,武　13·7(甲114)（地)

肩水候官始安[隧]长许宗　能书会计治官民颇知律令,文 37·57(金)

张掖居延甲渠塞有秩士吏公乘段尊　能书会计治官民颇知律令,文 57·6(破)

最后一简是东汉初期的,而西汉士吏实以督烽火、候望、盗贼之事为职,乃是武职。至于文、武吏之别,似不以通文法为标准,《汉书·何并传》述并为颍川太守时"求勇猛晓文法吏且十人,使文吏治三人狱,武吏往捕之",可知文、武吏职责有别而皆晓文法。然武吏或有不谙文法的,《汉书·朱博传》曰"博本武吏,不更文法"。据汉简名籍,文吏、武吏的候长、隧长都同样的"能书会计、治官民、颇知律令",则似乎更文法乃一切吏所必需。

在第七表中,对于8个候官、53个候长、候史的隶属,有五分之四是根据简文本身(冠以候官名或其它的联系)而决定的,有五分之一是根据出土地推定的。后者之中可能有出入,如推定为甲渠候官的候长,可能属于殄北或卅井候官;推定为肩水候官的候长,可能属于仓石或庚候官。

在第八表中,罗列了260名左右的隧名,分隶于7个候官(仓石候官无可隶属的隧)。其中,属于居延都尉的占三分之二,属于肩水都尉的占三分之一。这些隧名可分为三类:甲类103名,系由简文本身(冠以候官、部名或其它的联系)而决定的;乙类45名,系顺次序数的隧名;丙类112名,系由出土地推定的。甲、乙类简的出土地,约如下述:

殄北候官　多数出于破、瓦,少数出于宗、博。

居延候官　多数出于破,极少数出于地、金。

甲渠候官　大多数出于破，少数出于A2、A3、A6、布(即A22)、瓦、宗、博，也有少数出于地、大。

卅井候官　多数出于A18、A21、布、博和破，极少数出于大、金。

广地候官　出于破、地、查、大、布和A25，都很少。

橐他候官　出于地、金、查、大、和布，都很少。

肩水候官　大多数出于地，其次出于金、大，极少数出于破、博。

由此可知绝大多数的甲渠和肩水所属隧名分别出于两候官所在的破城子和地湾。卅井候官所属隧名多数出于A21、A22和博罗松治，后者是候官所在。瓦因托尼和宗间阿玛皆属于殄北候官，后者可能是候官所在，故殄北所属隧名多出此二地。破城子又是居延都尉府所在，所以此地也出属于它所管辖的殄北、居延、卅井三候官所属隧名。大湾是肩水都尉府所在，所以此地也出属于它所管辖的橐他、肩水二候官所属隧。地湾、金关和广地、橐他二候官相近，所以此二地也出此二候官所属隧名。北部的候官如甲渠、卅井所属隧名，偶然也出现于南部的大湾、金关简中；南部的候官如肩水所属隧名，偶然也出现于北部的破城子、博罗松治简中。这种偶然交叉出现的例子极少，因此我们可以用出土地来大致推定丙类隧名应隶属的候官，其例如下：

殄北候官　凡瓦、宗出土的和一部分破、博出土的属之，可能有属于甲渠的。

甲渠候官　凡破城子及其邻近出土的属之，可能有属于殄北、居延、卅井的。

卅井候官　凡A18、A21、A22和博出土的属之，可能有属于甲渠的。

广地候官　凡A25出土的属之。

橐他候官　凡金关出土的属之，可能有属于肩水的。

肩水候官　凡金、大、地出土的属之，可能有属于橐他、广地的，也有可能属于仓石和庾候官的。

上述甲、乙两类隧名与出土地的关系，和候长表的情况是相类同的。

甲类隧名之前，往往冠以候官名，但亦有冠以部名、都尉名的，举例如下：

〔都尉〕	〔候官〕	〔部〕	〔隧〕
居延	殄北候官		殄北隧
居延	殄北		察北隧
居延	甲渠候官		当曲隧
居延	甲渠		第六隧
居延			甲渠隧
	居延候官		定居隧
	卅井		降房隧
	广地候官		广地隧
	广地		万年隧

橐他	延寿隧
肩水候官	如意隧
左后部	如意隧

由此可知隧名和部名一样,其前多冠以候官名,因此只能确定某隧属于某候官和某部属于某候官,而不易确定某隧属于何部。居延都尉所属诸隧,冠以都尉名的较多,此例不见于肩水都尉所属诸隧;肩水候官所属诸隧或冠以部名,此例则不见于居延都尉所属诸隧。

南北二都尉各属百数以上隧,因此有同名者,约有十名以上,其例如下:甲渠和广地,并有万年、破胡、乐哉隧;甲渠和肩水,并有驹望、执胡、望虏、万岁隧;卅井和肩水,并有辟非、欢喜、受降、破虏隧;殄北和肩水并有要虏、要害隧。由此可见同一都尉所属隧,皆不同名。惟有一例外,甲渠、广地并有破胡隧而地湾简又有"肩水破胡隧",表中广地与肩水二候官遂同具破胡隧。根据同都尉不能有同隧名之例,"肩水破胡隧"似应解说为肩水都尉所属破胡隧,与广地破胡隧是一。

与部名同例,甲渠候官下的隧名有两个系统:一种用专名,如临木隧;一种用编号顺序,即第一隧至第卅八隧。后者有年号的,最早见于五凤二年(公元前56年)简(6·5,101·33),最晚见于天凤三年(公元16年)简(225·11),可知序数隧名存在甚久。225·11简记第三隧长补止北隧长,则两种隧名并存,与序数部名同例。

甲渠第一至第卅八隧,常冠以候官名"甲渠"或"居延甲渠",应在额济纳河下游两岸破城子南北三十余烽台遗址所在。在《汉简考述》中,已述就出土简知A2是第卅五隧,A6是第十六隧。A6以北至T3共十二烽火台,则T3应为第廿八隧。T3至A2约为10公里,甲渠塞各隧间距皆为1300米,则T3至A2之间原应有六个隧,遗址已埋没,是为第廿九隧至卅四隧。A2为此塞今存最北一烽台,第卅六隧至第卅八隧应在其北,试为排列出三个地位。A6以南现存十三个烽火台和一个障(A8)遗址,后者即破城子,是居延都尉和甲渠候官所在。T21是最南一个烽火台,其南遗址无存;但T21与T20之间,据其间距,知其间原应有两个隧,试为排列出两个地位。如此A6以南至T21加两空位,共可排列十五个隧,即第一隧至第十五隧。由上所述,可以复原甲渠候官第一隧至第卅八隧的位置如下图:

T11	A6	T12	T13	A7	A8	T14	T15	T16	P1	A9	T17	T18	T19	T20	×	×	T21
	‖				‖												
第十七隧	第十六隧	第十五隧	第十四隧	第十三隧	甲渠候官	第十二隧	第十一隧	第十隧	第九隧	第八隧	第七隧	第六隧	第五隧	第四隧	第三隧	第二隧	第一隧

×	×	×	A2	×	×	×	×	×	×	T3	T4	T5	A3	A4	T6	T7	T8	T9	A5	T10
			‖																	
第卅八隧	第卅七隧	第卅六隧	第卅五隧	第卅四隧	第卅三隧	第卅二隧	第卅一隧	第卅隧	第廿九隧	第廿八隧	第廿七隧	第廿六隧	第廿五隧	第廿四隧	第廿三隧	第廿二隧	第廿一隧	第廿隧	第十九隧	第十八隧

以上作×号者是据空位所增补，其它 A、T 等号的遗址可参阅《汉简考述》所附"亭鄣分布图"。此三十八个隧，大致分为汉简所已见到的八个序数部，约如下所推定：

[部名]	第四部	第七部	第十部	第十一部	第十七部	第十八部	第廿三部	第卅七部
[隧名]	1—4	5—7	8—10	11—13	14—17	18—22	23—30	31—38
[隧数]	4所	3所	3所	3所	4所	5所	8所	8所

这主要根据第廿三部复原的。24·2(甲182)"第廿三部卒十二两廪名廿二人"，下列第 23—30 隧卒名，可证第廿三部包括了第 23—30 隧共八所隧。此部由第廿三隧得名，故部候之仓称为第廿三隧仓，见 176·38＋190·10＋193·7(甲 992，河平四年)、286·7(甲1551，建平五年)和 317·13(甲 1693)。破城简有吞远仓(133·13＝甲 755，136·48＝甲775，136·16＝甲 776，198·3＝甲 1159，甲附 9，176·34 有建昭、甘露年号)和收虏仓(135·7，河平元年)，都是属于部的。据此则 160·5(甲 946)一札的残辞可稍加复原如下：

> [第廿三] 廿六隧　奉□百
>
> 廿八隧　奉六百
>
> 第□□
>
> 卅一隧　奉三百
>
> [第卅]七　卅三隧　奉四百
>
> 卅四隧　五日奉
>
> □□隧　　□□□

可证 31、33、34 以至 38 诸隧属于第卅七部；26、28 诸隧属于第廿三部，合于 24·2(甲182)所述。第卅七部是序数最北一部，在 A2 南北，今惟有 A2(第卅五隧)尚存遗址。北部与北仓相近，故 174·31 简曰"第卅七士吏宣所受北仓"。此部北与铧庭部相接，故 24·15(甲180)曰"候长武光、候史拓，十月壬子尽庚辰积廿九日，日迹从第卅隧北尽铧庭隧北界，毋阑越塞天田出入迹"；又 33·22(甲 235)曰"铧庭隧还，宿第卅隧，即日且发第卅，食时到治所，第廿一隧⋯⋯"。此可证铧庭在第卅隧之北，而第廿二隧在第卅隧之南。铧庭之北为殄北，故 161·6 简曰"积薪日入三分，铧庭隧长周安付殄北。"

第廿三部在第卅七部之南，而第廿三部之南则为第十八部，包括第 18—22 隧。兹据破城 168·19 札的残辞稍加复原如下：

> [□□□□□□□]　第十八卒陈隐　第二十卒张□　　　　(下缺)
>
> [□□□□□□□]　第十九卒成仪　第二十卒毋丘
>
> [第十八卒□□]　第十九卒华直　第二十一卒翟□
>
> [第十八卒□□]　第十九卒张寿　第二十一卒夏□
>
> [第十八卒□□]　第二十卒□弘　第二十一卒□□

下缺当有第二十二卒名。此五所隧，第二十二隧在北，第十八隧在南，故简(188·25)曰"第二十二隧南到第十七隧二十一里"。自第二十二隧南至第十七隧以北为第十八部，其遗址在 T7、T8、T9、A5、T10,各相距 1300 米,而汉简以为它们各相距 4 汉里,是 1 汉里仅折合 325 米,与近世学者推定 1 汉里为 400 米左右者不同。

以上推定甲渠候官最北(第三十七、二十三、十八)三部所统辖的二十一个隧,其南五部应从第十七隧南至第一隧,因第十八部最南为第十八隧。根据部名与隧名相应的关系,推定以下各部的隧次:

1 2 3 ④ | 6 6 ⑦ | 8 9 ⑩ | ⑪ 12 13 | 14 15 16 ⑰ | ⑱……22 | ㉓……30 | 31……⑦ 38

凡有圈的数字皆为部名,则第十部应如上列为 8—10 三隧,下推第七部为 5—7 隧,第四部为 1—4 隧。第十一、十七两部应为 11—17 隧,各有三、四所隧,今暂以第十一部为三所,十八部为四所。凡此皆没有其它简文为证。131·11 简曰"收房隧长田彭兼领第一",则第一隧应与收房隧相邻。6·7(甲 46)简曰"…候长光,六月甲子尽癸巳三十日,日迹从第四隧南界北尽第九隧北界,毋越塞阑出入天田迹",依朔闰推之,六月甲子朔癸巳晦是甘露元年六月,候长充即 267·20(甲 2422)"甘露四年七月甲子甲渠候长充"及 135·26 简"居延甲渠候长戴充"。由此知第七、第十两部傍于甲渠部。

由上所述甲渠序数三十八隧统于八部,各部所辖隧数不一,多者八所,少者三、四所或五所。若以同数之隧为候长治所,如第四部治第四隧,第二十三部治第二十三隧,则各部治所相距不等。

少数甲渠候官的专名候长,也可以推求其所属各隧,举例如下(皆破城简)。

(1)甲渠吞远部

194·2(甲 1126) ·右吞远部六所

112·29 吞远部:候史、吏已取,吞北隧长为已取,万年隧长已取。今取三千六百。

267·7(甲 2434) 居延候史李赦之三月辛亥迹尽丁丑积廿七日,从万年隧北界尽次吞隧南界,毋人马阑越塞天田出入迹 (当在建昭四年)

276·17(甲 1491)…[候长]八月丁酉尽乙卯积十九日,日迹起吞远隧、莫山隧至不侵隧,毋阑越塞天田出入迹 (当在竟宁元年)

居延候史李赦之或即 258·7(甲 1354)之"吞远候史季赦之",李字不清,马衡释李,或是季字。吞远部六所中应有吞远、次吞、吞北,可能有吞奴。汉简有万年、莫山和不侵候长,故知万年、莫山和不侵不属于吞远部而俱与之相邻。

(2)甲渠止害部

133·25(甲 752) □□隧卒王博　当曲隧卒王安世

止害隧卒王宪　驷望隧卒王□□

止北隧卒陈□　□□□隧卒□□□

此可能为止害候长所属六所,所缺或为化胡隧,参 68·113 简,化胡隧与驷望隧并列。

(3)甲渠俱起部

40·20　　候长胡霸二百　　　　　惊虏隧长富□…

执胡隧长范安世四百伏地　俱南隧长王□…

□虏隧长屯仁五百　　　　俱起隧长孟昌六百

武彊隧长□应□五百五十

157·12　步光见为俱南隧长不为执胡隧长

40·20 简两排上有"出钱三千三百五十"，则惊虏、俱南两隧长应得一千五十。73·23简曰"第四　惊虏张米　望虏李盖"，则上所列屯仁应是望虏隧长。此六隧属于俱起候长。

除了上述甲渠八个序数部和三个专名部以外，其它候官也有少数表明部、隧的隶属的。卅井候官的累虏、降虏两隧简出于 A21 与 A22，后者可能是累虏候长治所，据 25·12 (A21)使降、欢喜两隧并列；据 214·34(破)欢喜隧属于卅井候官；据 170·5(A21)欢喜隧属于累虏候长。因此卅井累虏部至少有累虏、降虏、使降、欢喜四隧。232·28(甲 2460)(地)记"南部隧六所"，而甲 1(查)所述广地南部候长下有破胡、洞上两隧。金关简(288·6)并列临利、驷望、临莫、伏胡、要虏、要害六隧卒各一名，可能是肩水一个部。

破城简所记甲渠三十八个序数隧，甚为完整。以序数名隧，亦不限于甲渠候官。如瓦因托尼简(273·28,308·24)有殄北第二隧，破城简(214·129)有殄北第十五〔隧〕，是殄北候官有序数隧名。地湾、金关简中序数隧名，属于肩水候官，其例如下：

□□候官第六迹候簿　36·16(甲 234)(地)

…食第六卒蔡毋畏等八人十月食　41·9(甲 298)(地)

第六隧长氐池长乐里徐更申　255·4(甲 1320)(地)

…武马□坞第五卒　513·16(甲 2148)(大)

…〔第〕廿七隧　廿…　131·53(地)

·右第一隧四人　37·19(金)

槀矢千五十，其卅四听呼：三辟非，十二如意，二第廿，八临渠，廿一完军。

䖟矢千二百，其卌听呼：獾胡十八，辟非三，如意二，第六八，临渠六，完军三。

　　75·17(金)

第一例似应补足为"肩水候官"，肩水候官的隧名前常加"肩水候官"，但甲渠所属亦或作"甲渠候官第几隧"。末例记检验诸隧弩矢损坏数字，槀矢 1050 枚中折裂者 34 枚，下分记五隧各坏若干，合之为 46 枚；䖟矢 1200 枚中折裂者 40 枚，下分记六隧各坏若干，合之适为 40 枚。由此可证与辟非、如意、临渠、完军并列之"第六"、"第廿"皆隧名，而如意、临渠等隧于地湾简中明记它们属于肩水候官，则地湾、金关所出第六、第廿等隧亦应属于肩水候官。

兹将上述三类隧名，并部候、遗址所数，列表(见下页)。·

由表可知已见隧名多于现存遗址中的隧址，而汉代居延、肩水二都尉所辖隧数，应多于下表所列，因出土简究非完整。其中以甲渠候官简较齐备，可略作推测。28 部名中，约

候　官	部	甲类隧	乙类隧	丙类隧	隧小计	遗　　　址
殄北候官	1	7	2	15	24	隧 5、障 1
居延候官	1	4	0	0	4	隧 11、屋 1、小堡 1、障 2、城 4
遮虏候官	0	0	0	0	0	并见上居延区域
甲渠候官	28	34	38	38	110	隧 26、障 1
卅井候官	9	11	0	16	27	隧 40
广地候官	3	7	0	1	8	隧 17、障 1
橐他候官	2	5	0	0	5	隧 18、障 1
肩水候官	8	35	5	43	83	隧 39、障 4、城 2
仓石候官	1	0	0	0	0	并见上肩水区域
庾　候官	0	0	0	0	0	并见上肩水区域
总　计 10	53	103	45	113	261	174 所（隧 156 所）

20 部确属于甲渠，甲乙类隧名共 72 隧确属于甲渠，大约甲渠候官有 20 部 80 隧（或许再多一些）。如此则甲渠候官的吏员至少有候长 20 人，隧长 80 人，此外尚有士吏、候史若干人，总数在百人以上。一隧若为三卒，则 80 隧应有 240 人以上。甲渠候官所在的破城所出简曰：

　　　　吏员百八人，四人见，其二人候、尉不食，其二人劾系。　　271·22（甲 1434）

　　　　吏员百…　　112·15

　　　　卒员三百七〔十□人〕　　112·16

这可能为某一时期甲渠候官吏、卒的总数。肩水候官所在的地湾所出简，则有以下记述：

　　　　凡吏八十一人，用谷百七十石　　387·15（甲 1807）

　　　　最凡吏卅…　　536·20

　　　　□候以下九十一人，其卅二人已得三〔月奉〕…　　118·3

则肩水候官吏员当为八、九十人。如《汉简考述》所述金关以南有东西两部百里塞，共有三候官，则肩水候官所属只能在百里塞上置隧。据上表，确属肩水的隧约 40 名，部约 5 名（其它 3 名不确属），大约相差不大。甲渠的部、隧所以较多，或由于它不止设隧于百里的塞墙上，塞内外也有；因为汉制塞为百里，而隧与隧的间距为三、四里，则百里塞上无法容 80 个隧[1]。甲渠、肩水是这条边塞上南北两个较重要的候官，规模应较大，其它的候官组织或许要小些。但居延、卅井、广地、橐他四候官部、隧名不足数，仓石、庾候官未见隧名，则由于没有发掘到。

　　九、兼行·调补·除授

　　居延简有很多记述官吏原任某职的升迁与兼行或除授某职的，可以说明官职的大小与隶属关系，分述于下。

---

1)　此说恐有问题。甲渠塞的专名隧和序数隧二者或有代用的可能，如此则此塞的隧数将减去一半。关于此事，因都缺乏直接的证据，不能肯定何者为是。

（1）行太守、丞、长史事

张掖长史延行大守事、肩水仓长汤兼行丞事　10·32（甲34）（地）

…〔肩水仓长〕汤兼丞事　37·21（金）

酒泉库令安国以近次兼行大守事、丞步迁　102·6（甲589），303·12（甲1584）
（大）元凤三年

酒泉库令安国以次行大守事、丞步迁　19·8（大）

张掖大守福、库丞承熹兼行丞事　4·1（甲11）（破）

张掖大守奉世、守郡司马行长史事、库令行丞事　303·21（甲1952）（大）

由上可知长史、库令以近次兼行大守事，仓长、库令、库丞兼行丞事，郡司马行长史事。比
较诸简，可见"兼"即"兼行"，"以次行"即"以近次行"。此丞是太守之副，不是都尉丞。

（2）行都尉、丞事

张掖肩水城尉谊以近次兼行都尉事　10·29（甲88），109·11（甲633）（地）

居延城司马□以秩次行都尉事　140·2（金）永始三年

居延城司马□以近次行都尉事　262·26（甲1363）（破）

张掖肩水司马德行都尉事、尹胜胡　558·3（地）

神爵元年四月癸未朔乙酉张掖肩水候以私印行〔都尉事〕306·4＋5·9（甲1618）
（地）

兼行都尉事，□官到，若有代，罢如律　509·11＋513·1（甲2042）（大）

张掖居延都尉旷、行丞事骑司马敏　16·10（A7）

张掖肩水都尉贤、司〔马□兼行丞事〕　7·29（甲58）（地）

…兼行都尉事、司马丞登行丞事　12·1（甲2554）（地）

肩水都尉政、千人宗兼行丞事　497·2（甲1886）（大）

将兵护屯田官都尉渭、城仓长禹兼行〔丞事〕　278·7（瓦）

居延都尉德、库丞登兼行丞事　139·13（甲788）（破）

〔觚〕得仓丞吉兼行丞事　12·1（甲2554）（地）

张掖肩水都尉□、兼行丞事□肩水北部都尉　502·10（甲1909）（大）

附　酒泉玉门都尉护众、候畸兼行丞事　《新获》14·3

〔敦煌中部〕司马□行〔都尉丞〕事　《沙氏》55

由上可知都尉出缺时可由近次的司马、城司马、城尉兼行，若有代即罢如律，则"兼行"或
"行"都尉事是暂时摄行都尉职。都尉丞出缺时，可由武职的候、千人、骑司马、司马、司马
丞兼行，亦可由文职的城仓长、仓长、库丞兼行。558·3简都尉下有"尹"胜胡，此字地位应
是"丞"，而马衡释尹，都尉丞下之尹犹玉门关候（《沙氏》317）下有候丞与尹。又破城简
（312·16）曰"初元五年四月壬子，居延库啬夫以小官印行丞事"，此或为库啬事兼行库丞
事，也有可能仍为都尉丞。

(3) 行候事

肩水候长长生以私印行候事　20·11(甲178)(地)元康二年

甲渠候长汤以私印行候事　82·38(甲482)(破)

甲渠候长放以私印兼行〔候事〕　224·2(甲1229)(破)

甲渠候长充以私印行候事　267·20(甲2422)(破)甘露四年

肩水士吏横以私印行候事　10·31(甲90)(地)

甲渠士吏疆以私印行候事　160·15(甲951)(破);57·1(甲2553)(破)永光二年

肩水关啬夫成以私印行候事　10·6(甲70)(地)

肩水关啬夫光以小官印兼行候事　199·1(甲1125)(地)甘露元年

关啬夫王光今调兼行候事　237·25(甲1266)(地)

肩水驿北亭长敏以私印兼行候事　29·7(地)

殄北隧长宣以私印兼行候事　206·9(甲1138)(破)

候行塞谓第七隧长由兼行候事　264·1(破)

·候诣府谓第七隧长由兼行候事一封　214·35(破)

逐胡隧长徐昌,今调守候　210·7(破)

第三丞定众以私印行候〔事〕　303·44(甲1606)(大)

□□以私印行候文书事　240·2+22(A21)参486·75(破)残辞

由上所述,则候出缺时可由候长、士吏、关啬夫、亭长及隧长兼行。候即塞候,一般出缺时常由塞尉试守,详上第六节。关、驿、置皆有候,故肩水关啬夫、驿北亭长兼行之候,也可能是关、驿之候。附"以私印行候文书事"于末。

以上是兼行,以下是调、补、除、授之例。

(4) 调尉从史

尉史富盖邑调为尉从史　206·20(甲1140)(破)

尉史王并二月甲辰调尉从史　254·3(破)

尉史张寻,文毋害,可补…　110·22(甲628)(破)

(5) 调尉史

谭欲补广地尉史,不长于□　49·11(甲336)(破)

义等补尉史、隧长、亭长、关佐　97·10+213·1(甲564)(地)

修行孔山里公乘范弘,年廿一,今补为甲渠尉史,代王辅　285·3(甲1534)(破)

尉史李凤自言故为居延高亭亭长　178·30(甲1013)(破)

庚申隧长武兼尉史问…　231·31(破)

(6) 调候长

…纪褒今调为第十候长,代邢忠　282.12(甲1521)(破)

居延甲渠士吏——窦敞能不宜其官,今换补靡谷候长,代吕修　203·33(破)

囊他移故士吏辅将射未备,谓不侵候长辅　178·9(甲 1005)(破)

…次迁为甲渠候长,今遣寿之官　40·2(破)

附　高望隧长贾苍,今守候长　《沙氏》377

　　止奸隧长䜌宣,今调守当会候长,代张彭　《马氏》45

由上可知候长多由隧长升任,士吏不能胜任其官的,则降为候长,可见士吏高于候长。

(7) 守士吏

乘要房隧长薛立秉,今守士吏　308·38(甲 1644)(瓦)

…二年十一月戊辰除为[守]士吏,[代]□年　339·17(地)

显美传舍斗食啬夫——谢横——今肩水候官士吏,代郑昌成　10·17(甲 78)(地)

附　玉门候造史龙勒周生萌,伉健可为官士吏　《沙氏》378

　　——李氏除为万岁候造史以掌领吏卒为职　《沙氏》574

所附敦煌两简中造史,是王莽时的尉史,详第五节。

(8) 补令史

移居延第五隧长辅,迁补居延令史,即日遣之官　40·21(甲 290)(破)

候史徐辅迁补城仓令史,即日遣之官,移城仓　142·34(甲 800)(破)

故乐哉隧长张中实——今中实见为甲渠令史　35·6(甲 247)(破)

万世隧长至,其六月甲子调守令史　15·2(金)

…今居延甲渠候令史,代段利　198·20(甲 1120)(破)

·右授补令史,除视事　262·25(甲 1349)(地)

[永]光二年六月丙戌除,迁缺令史　498·13(甲 1901)(大)

·甲渠言,吏迁缺,今居延备补,言府　33·2(甲 2416)(破)

(9) 调主官

令史范弘,今补主官　326·13+185·16(甲 1697)(破)

·右一人主官令史　71·43(破)

主官即主官令史,由令史升任。

(10) 调候史

第廿二隧长褒,调守临木候史　286·24(甲 1566)(破)

居延击胡隧长——乐喜——补甲渠候史,代张敝　3·19(甲 4)(破)

…愿复为候史　214·57(破)

(11) 补授亭长

第十八隧长郑疆,徙补郭西门亭长,移居延　258·15(甲 1356)(破)

…史宜其官以令授为囊他石南亭长　118·5(甲 685)(地)

(12) 除补隧长

周严愿徒补第五隧　　110·27(甲626)(破)

今徒补襄泽隧长,代田延年　　116·6(地)

今授为登山隧长,代功之明　　303·11(甲1816)(地)

二月癸亥除为肩水破胡隧长　　183·10(地)

以今年五月廿八日戊戌除卅井降胡隧　　163·7(布)

居成甲沟第三隧长——冯建——除补止北隧长　　225·11(破)天凤元年

第一隧长赵并,初除诣官　　287·22(破)

三燧隧长徐宗,自言故霸胡亭长　　3·4(破)

第六隧长徐审兼宁通　　103·9(甲590)(破)

收胡隧长田彭兼领第一　　133·11(甲764)(破)

(13)举通问官

　　…使第廿五隧长安世告…官不催援,举为通问官　　44·17(破)

(14)除骑士卒

　　今除为纍得骑士　　510.3(大)

　　甲渠士吏孙根自言,去岁官调根为卒　　157·11(甲910)(破)

(15)除田官

　　骍马田官,元凤六年三月辟除　　187·16(大)

根据上列诸简,可将兼行与调授的关系作成简表如下:

太守	长史、库令
太守丞	仓长、库令、库丞
太守长史	郡司马
都尉	司马、城尉、城司马
都尉丞	候、千人、司马、骑司马、司马丞、仓长、城仓丞、库丞
候	士吏、候长、隧长、关啬夫、亭长(以上兼行)
候官令史	隧长
城仓令史	候史
主官令史	令史
尉从史	尉史
尉史	亭长、修行
士吏	传舍斗食啬夫、隧长、(王莽)造史
候长	隧长、士吏(降)
候史	隧长
通问官	隧长
亭长	隧长

隧长　　　　　隧长、亭长(以上调补)

卒　　　　　　士吏(降)

由此可知以下诸事:(1)都尉以下各级官吏出缺时,由都尉系统内的官吏兼行或调补。(2)都尉、都尉丞、候秩为比二千石、六百石、比六百石,属于高级官吏,所以汉简上出缺时有以次兼行的记录;候以下为二百石以下低级官吏,汉简上只有调补、除授的记录。由此知比六百石以上由中央任命,兼行者临时兼摄,代者到即罢,律有规定;二百石以下则由都尉辟除,皆本郡人。汉制,郡国属吏皆自辟除,《百官志》曰"或曰汉初掾史辟皆上之,故有秩为命士,其所不言则为百石属。其后皆自辟除,故通为百石云"。亦见《汉旧仪》,又曰"旧制……郡国百石,二千石调"。都尉属吏,当亦如此。(3)候秩比六百,月奉三千钱,隧长不入秩而月奉仅六百钱,二者悬殊甚,但候出缺时间亦由隧长兼行,可见边郡官吏补充的困难。(4)城官、仓库的令丞,关啬夫和邮驿亭长可以兼行都尉、丞事,传舍斗食啬夫可以调充士吏,可见交通系统的关、驿,军备系统的仓、库,以及城官都是隶属于都尉府的。(5)兼行都尉事的,可以是武职也可以是文职,文武职的分别尚待研究,但汉简中候长、隧长和士吏皆有文有武。(6)吏不胜任其职,或迁或降,如士吏降为候长或卒。(7)官吏初除,须经试守一年的阶段,于职名前加"守"字。《汉旧仪》丞相刺举三科"皆试守,小冠,满岁为真,以次迁",《汉书·平帝纪》注"如淳曰诸官吏初除皆试守一岁乃为真,食全奉",《汉印文字征》3·5有"试守阴密令印"。(8)"以次"即"以近次""以秩次",《汉书·江充传》曰"令各以秩次输钱北军"。《汉书》又有"以功次"之语(见冯奉世、平当、薛宣、田广明等传),汉简有残辞:

　　　　…以功次迁为肩水候　62·56(金)

　　　　…利以功次迁…　478·11(破)

关于汉简所记秩次和奉例,详所作《汉简所见奉例》。

　　十、结语

　　综上所述,边郡太守兼理本郡的屯兵,故于其太守名衔上加称"将屯""将军",其所属长史专主兵马之事。史籍记载边郡被侵时,太守往往与都尉一同领兵往击。在其境内的属国、农都尉,虽在系统上属于中央典属国与大司农,当亦兼受所在郡的节制。至于部、郡都尉,则直属于郡太守。部都尉兼主屯兵、屯田之事,故其名衔上加称"将兵护屯田"。张掖郡的两个部都尉,各守塞四、五百里,凡百里塞设一候官,由候统辖而与塞尉直属若干部;部有候长、候史,下辖数隧;隧有隧长,率卒数人。候与塞尉共同管辖若干部,然塞尉是候的属官,凡候官下达文书至部、隧,皆经过塞尉。因此,都尉下虽为候·部·隧三级,而候·部之间实有塞尉为其中介,塞、部之间以驻部的士吏为其联系。百里之塞,以甲渠候官为例,约有20部、80隧,则此候官所辖吏员约百人,卒员约三百人。其它候官,或较小。都尉所在之城设城尉,其治所为城官,有城仓。都尉之下所属城官、千人官和司马官,均与候官并列而稍低，千人、司马可能为屯兵官，而另外又有田官为屯田官。城尉、千人、司马三官与都尉府的**仓库**及驿·置·关等同属于都尉系统，故与候官可以兼行都尉、丞、候之事。边郡官吏，二百石以上由中央任命，出缺时由都尉系统官吏兼行；二百石以下由都尉辟除、调补。

据上所述，试为简表如下。

（一） 张掖太守系属简表

太守——丞、长史

（1）太守府————┬——阁下
　　　　　　　　└——诸曹

（2）部都尉：居延都尉、肩水都尉——┬——阁下
　　　　　　　　　　　　　　　　　└——诸曹

（3）郡都尉：张掖都尉——（丞）、司马

（4）属国都尉——丞、司马、千长、百长

（5）农都尉

（6）仓·库

（7）县

（二） 张掖部都尉系属简表

都尉——丞

（1）候望系统　候————候长————隧长
　　　　　　　├—丞、掾、├—候史　　└—隧史、助吏、吏、伍百
　　　　　　　│令史、士吏、尉史、候文书
　　　　　　　└—塞尉——丞、从史、尉史、士吏

（2）屯兵系统　城尉——司马
　　　　　　　千人·骑千人——丞、令史
　　　　　　　司马·骑司马·假司马
　　　　　　　└—丞、令史

（3）屯田系统　田官

（4）军需系统　仓·库

（5）交通系统　驿·置·关……

本篇所述仅限于太守下的（2）—（4）和部都尉下的（1）—（2），其它别详它论居延职官之篇。

本篇所述居延边塞的防御组织，不外乎两事：一是张掖郡二都尉的结构及其所属、所关连的其它机构的分布位置，不同等级的机构之间彼此隶属的关系；二是各个机构的官吏职别，不同等级的官吏之间彼此隶属的关系。

上述二事中的隶属关系,王国维在《流沙坠简考释》中簿书类和烽燧类诸简下有所论述,他是第一个人首先初步论及都尉下候官、候长、士吏、候史和士吏的职别及其关系。他以为"汉制都尉秩视校尉,其下有二候官,盖视军候,则候官盖即校尉下之曲矣"。"都尉之下各置候官以分统其众,亦谓之军候,亦单谓之候。……斥候之候仅有候长、候史皆百石以下之官,候官则有候、有候丞,其下又有造史"。"隧候之官有士吏、有候长、有候史、有隧长,士吏者主兵之官,所辖亦不止一隧,故序于候长之上"。"又上诸简之名,或云隧,或云候,……则隧,候之事虽殊,其地则一也"。"候长、候史虽以候望为职,然亦司徼巡传书之事"。依王氏之说则都尉、候官(候、军候)、隧候(斥候、候长及隧长)为三级相统辖,候长与隧长乃职事的分别,并不相隶属。关于后者,劳干在其《考证》中修订之曰"候与隧实为相隶属之两级",又曰"边塞职官自都尉以下,凡有候官、候长、隧长三级";并作一表罗列了居延、肩水两都尉下候官、候和隧三级的隶属关系。汉简的候长与隧长应为上下隶属关系,他有所纠正是对的,但他又混淆了候官之"候"与候长之"候"为一,因此表中所列诸"候"有时指候官之候,有时指候长之候。后者在简上称"候长",不能单称为"候",单称为候者是候官之长的候,不是候长。《考证》表中三级的隶属关系,缺乏根据,甚多错误。后来伊藤道治在《汉代居延战线之展开》一文后[1],附有"居延烽燧表",企图修改劳表,但仍然因袭了以候长为候的错误。他和劳氏一样,皆不载序数的部名和隧名,都没有从出土地和简文本身上审慎的决定各级隶属关系,仅仅将劳表显然不足据的另列除开,因此仍然极多错误。本篇所附第八表,对于以上二表的错误,甚多订正与补足。

关于汉简中的官吏职别,王氏亦稍有论及,如关于千人之官、候史月奉等,皆甚简略。劳氏曾论及都吏、司马和文武吏等事。除此以外,藤枝晃所作《汉简职官表》[2]曾以索引的方式排列了居延、敦煌和罗布淖尔出土汉简的职官,分为郡太守、都尉、属国都尉、农都尉和县五部分,后三部分比较简略。他所分都尉之机构为四:一、都尉府(阁下、诸曹、库、武官),二、哨戒组织(候官、候、隧),三、兵站设施(仓),四、交通管理设施(关、亭、驿),尚为妥实。但该表所引资料未称完备,亦有误释之处,所录官职颇有遗漏。除引列简文外,缺少解述。其系属关系,与此篇有所不同。

一九六三年十月于北京

附记 居延出土汉简,大部分属于武帝末以来的西汉简。本文对东汉简和王莽简已尽可能的分别指出。自王国维以来,开始区别出王莽简,学者续有增定;最近森鹿三所作《居延出土之王莽简》[3],在此文写就后见到。该文除总述前人所已审定者外,亦有他增益之处。关于汉简之如何分期,除出土地外,还应从整个年历谱的排定、编册的复原等等,始能作好。

---

1) 《东洋史研究》第 12 卷第 3 号。
2) 京都大学人文科学研究所《创立廿五周年纪念论文集》,即《东方学报》第 25 册、《人文学报》第 5 册合并本。
3) 载《东方学报》京都第 32 册。该文第三节论"禄""斛"及数目字三(四)䒸(七)作为王莽简的特征,似可商榷。

下　篇

第一表　都尉府

张掖大守府　49·22＋185·3(甲352),49·33(甲353),157·14(甲916),317·27
(甲1691)(破);506·17(甲2007)(大)

居延都尉府　72·10(甲457),82·30(甲477)(破);502·9＋505·22(甲1914)
(大)

(居延府)　212·38(金)

(1) 殄北候官

(2) 居延候官

(3) 遮虏候官

(4) 甲渠候官

(5) 卅井候官

肩水都尉府　491·10(甲1853),502·1(甲1910),505·2(甲1951),506·6
(甲1992)(大);97·10＋213·1(甲564),280·25(地)

(肩水府)　495·13＋495·28(甲1874),503·3(甲1922)(大)

(6) 广地候官

(7) 橐他候官

(8) 肩水候官

(9) 仓石候官

(10) 庚候官

第二表　都　　尉

将兵护屯田官居延都尉渭　278·7(瓦)

将屯居延都尉德　40·2(甲286),227·101(破)

居延都尉德　139·13(甲788),159·14(甲941),267·5(甲1397)(破)

居延都尉万岁　276·6(甲1492)(破)

守张掖居延都尉旷　16·10(A7)

张掖居延都尉　188·21＋194·11(甲1081)(破);506·17(甲2007)(大)

居延都尉　128·1＋128·2(甲1)(查);45.28(甲329),283·49(甲1512),
285·23(甲2411)(破);495·13＋495·28(甲1874),502·9＋505·22(甲
1914),495·3(甲1918),505·3(甲1952),506·16(甲1999),513·19(甲

2151)(大)

张掖肩水都尉贤　7·29(甲58)(地)

张掖肩水都尉　502·10(甲1909),511·40(甲2110)(大);171·13(金)

肩水都尉张明　29·13(地)

肩水都尉政　495·9+503·7(甲1866)(大)

肩水都尉　11·6(甲109)(地)

第三表　候　官

(1) 居延殄北候官　420·2(博)

　　殄北候官　88·6(博);6·18,229·59(破)

　　〔殄〕北官　72·56(破)

(2) 居延候官　41·35(甲317)(地)

　　小居延候官　173·29(破)

(3) 遮虏候官　缺例

(4) 居延甲渠候官　312·13(破);甲附20

　　张掖甲渠候官　377·1(博)

　　甲渠候官　135·27(甲745)(破)等

　　甲渠候障　52·17+82·15(甲362),52·17,82·12(破)

　　甲渠障候官　271·21(破)

　　甲渠官　3·30,30·19,287·9,326·23(破)

　　甲沟官　39·3,39·4,39·5(破)

(5) 卅井候官　458·1(博)

　　卅井候官　428·4,437·7,465·5(博);3·8,156·4(破)

　　卅井官　395·3,401·2,401·4,428·1,430·9(博);181·12(A21)

(6) 广地候官　58·11(甲416),127·25(破);29·10(地)

(7) 橐他候官　263·14 C(地)

(8) 肩水候官　263·14 C,5·1(甲29),36·17(甲244),403·7(甲1815)(地)等

(9) 仓石候官　263·14 C(地)

(10) 庾候官　263·14 C(地);90·50(甲545),513·18(甲2150)(大)

　　张掖郡肩水庾候官　293·7(甲1571)(大)

第四表　候

(1) 殄北候　30·4(破);561·29(宗);77·28(金)

　　殄北守候　174·22(破);108·25(瓦)

殄北塞候　175·13(甲990)(破)

(2) 〔居〕延候　173·1(破)

居延部〔候〕　227·77(破)

(3) 遮虏候　145·32(破)

(4) 甲、张掖居延甲渠候　39·35(破)

甲渠候　76·62，129·22＋190·30，178·6，225·16，264·8，478·29，42·16
(甲297)，198·20(甲1120)(破)；182·49(甲1044)，216·9(甲1198)
(大)

甲渠候汉彊　3·12(甲6)，40·4(甲287)，159·14(甲941)，6·5，195·3，
261·19(破)

甲渠候杜君　3·8；《罗布淖尔》页220

甲渠候显　160·6(甲947)(破)

甲渠候杨君　229·1＋2(破)

甲渠候隆　214·30(甲1174)(破)

甲渠守候　27·26(甲209)，35·9(甲248)，317·22(甲1679)，229·10(破)

甲渠守候循　286·15(甲1565)(破)

乙、甲渠鄣候　270·20(甲1421)，33·28，46·5，68·6，285·2，311·15(破)；
16·5(A7)

甲渠鄣候汉彊　38·17(甲275)，261·19，282·10(破)

甲渠鄣候喜　159·17＋283·46(甲942)，267·10(甲1398)，甲附36，
68·14，136·41，139·36＋142·33，195·5、227·3，283·26＋
36＋65，485·30(破)

甲渠鄣候谊　28·15(甲215)，35·22(破)

甲渠鄣候光　220·19(破)

甲渠鄣守候　35·8(甲384)(破)

甲渠鄣守候望　283·44(甲1510)(破)

甲渠鄣守候宪　61·24(甲2418)(破)

丙、居延甲候　218·37(金)

丁、甲渠塞候　24·9(甲184)，40·2(甲286)，175·13(甲990)(破)

戊、甲沟鄣候　266·21(破)

甲沟鄣候放　312·23(甲1673)(破)

甲沟鄣守候君　95·4(破)

(5) 居延卅井候　233·33(A21)；214·51(破)

卅井候　478·8(破)

卅井守候　454·24(博)

卅井障守候　178·17(破)

卅井塞候　175·13(甲990)(破)

(6) 张掖广地候　214·12(破)

广地候　127·25(破);407·2+562·9(甲1824)(地)

(7) 橐他候　62·44(金);502·1(甲1910)(大)

橐他守候　506·9(甲1995)(大)

(8) 肩水候　10·35(甲97)、255·11(甲1340)，306·4+5·9(甲1618),560·17
(甲2345),236·2(甲2477),284·8(地);62·56,77·21(金)

肩水守候　536·5(地)

张掖肩水候房　564·17(甲2398)(地)

肩水候房　10·4(甲66)，10·35(甲97)，403·3(甲1813)，232·11(甲
2481);7·7(地)

肩水候月　284·8(甲1526),284·2(地)

张掖肩候　503·3(甲1922),505·2(甲1951)(大);**7·7(地)**

(9) 仓石候　510·32(甲2075)(大)

(10) 张掖庚候　516·37(甲2262)(大)

第五表　塞

(1) 居延殄北塞　561·2(宗)

殄北塞　3·14(甲9)(破)

辅平居成殄北候官塞　▲156·4(破)

(2) 居延塞　279·11(破)　(参112·10"居延□关塞",破)

(4) 张掖居延甲渠候官塞　×160·11,185·10(破)

张掖居延甲渠塞　×57·6(破)

辅平居成甲沟候官塞　▲156·4(破)

甲沟候官塞　▲110·18(甲627)(破)

(5) 卅井塞　95·14,143·30+39(破)

辅平属居成卅井候官塞　▲156·4(破)

(7) 广地塞　505·6(甲1955)(大)

(8) 肩水候官塞　×239·82(地)

东部北部塞　232·19(甲1261)(地)

附　三无塞　×62·27(金)

宜禾塞　《沙氏》567

平望塞 ▲《沙氏》592

平望隧塞 《沙氏》275

（以上▲王莽简，×东汉初简，其它西汉简。）

第六表 塞 尉

（1）殄北守候塞尉 157·5（甲902）（破）；108·25，534·30（瓦）

（2）居延塞尉 145·31（甲824），46·10，127·25，259·4（破）

（4）张掖甲渠塞尉 133·1（破）

甲渠塞尉 26·17（甲196），157·20（甲915），159·29（破）

甲渠障守候塞尉 35·8（甲384）（破），111·5（A14）

甲渠田塞尉 552·3+4（查）

（5）卅井塞尉 254·13（破）

（6）广地塞尉 50·30（金）

（7）橐他塞尉 505·31（甲1975）（大）

肩水守候橐他塞尉 100·2（甲559），536·5（地）；534·30（瓦）

（8）肩水塞尉 36·9（甲270），506·9（甲1995），253·14（地）；552·3+4（查）

塞尉 239·36，246·47，324·20（地）

第七表 部·候长·候史

殄北候官

［殄北候长］

殄北部 266·21（破）

居延候官

［居延候长］

居延部 89·24（破）；243·26（金）；495·3（甲1918）（大）

甲渠候官

居延甲渠候长 135·26（破）；甲附6

甲渠候长 4·9（甲23），35·5（甲246），57·7（甲398），143·19（甲808），145·30（甲827），157·28（甲921），160·16（甲952），224·2（甲1229），317·5（甲1674），267·20（甲2422），3·20，6·5，42·11，56·27，104·45，106·17，202·1，229·16，267·15，287·25，325·15（破）

甲渠守候长 229·10（破）

居延甲渠候史 507·4（甲2018），71·33（破）

甲渠候史　3·19(甲 4),45·16(甲335),135·26,267·15（五凤五年）（破）;111·7
（A14,地节二年）

甲沟候史　210·13(破)

［甲渠］吞远候长　127·27（甲 714）（建昭二年）,168·7,174·24,203·18,266·19,
484·29＋45(破)

吞远部　4·10(甲21),194·2(甲1126),311·35(甲1659),135·14(甲2538),484·1
（破）

吞远部候史　112·29(破)

甲沟吞远候史　203·28(破)

吞远候史　133·13(甲 755),143·31(甲 793),258·7(甲 1354),206·2(甲2434)
（破）

吞远士吏　279·17(破)

吞远仓　136·18（甲 775）（建昭二年）,136·16(甲 776)（建昭三年）,198·3（甲
1159)(建昭二年),133·13(甲 755)（破）;甲附 9(建始四年)

吞远　68·37＋42(破)

甲渠铒庭候长　4·9(甲 23)(破)

铒庭候长　160·6(甲 947)（河平四年、永始元年）,194·5(甲 1115),286·21（甲
1562),68·101,68·111,113·27,132·1,132·12,279·26(破)

铒庭守候长　206·25(甲1145)(破)

铒庭部　28·13(甲 214)（阳朔五年）,257·34(甲 2421),34·4,45·15,283·30(破)

铒庭候史　312·18(破);甲附 22(元延三年)

铒庭士吏　214·61(破)

铒庭　28·1(甲 211),45·15(五凤四年),231·17(破)

甲渠万岁候长　82·39(甲483)(破,五凤五年)

万岁候长　260·1(甲 1359),104·9＋145·14,156·51,173·6(破)

万岁部　55·24＋137·20(甲 394)（建平五年）,267·10(甲 1398),270·14(破)

万岁候史　286·30(破)

万岁士吏　174·16(甲 981),266·4(甲 1391),231·109(破)

甲渠毋伤候长　278·7(瓦)

毋伤候史　278·7(瓦)

临木候长　137·4（甲 779）（河平二年）,26·14,185·25,203·24,231·5（破）;乙
附12

临木部　101·26(甲 582),198·19(甲 1119)（破,五凤三年）

临木候史　286·24(甲 1566),72·40,137·17,490·4(破)

甲渠临木隧　见隧次表

城（诚）北候长　46·22（甲340），135·1（甲731），259·1（甲1366），137·3＋224·18（建平五年），265·11（鸿嘉元年）（以上诚）；61·15（甲437），68·64，71·4，乙附47（以上城）

城（诚）北部　101·26（甲582），311·21（甲1660），136·18（建昭五年），139·3（以上诚）；188·1（甲1073）（建平五年），224·1（甲1227）（绥和二年），203·15，283·24（元始三年）（以上城）

诚北部守尉萌、士吏区　231·91

城北　265·10，283·63

诚北候史　265·11

［城北］士吏　283·11　（以上均破城子出土）

甲渠诚（城）北隧　见隧次表

不侵候长　27·15（甲210），178·9（甲1005），33·7，123·10，139·36＋142·33，174·14（破）；261·33（金）

不侵守候长　58·11（甲416）（破）

不侵部　26·26（甲201），112·19（甲758）（黄龙元年），142·8（甲787），185·26（甲1055），262·14（甲1361），55·10，82·7，142·8（破）

不侵候史　193·15（甲1108）（破）

武贤候长　57·12（甲405）（破）　（有同名隧，属甲渠候官）

止害候长　260·13（破）　（有同名隧，属甲渠候官）

［万年候长］

万年部　206·29（甲1147）（破）　（有同名隧，见隧次表）

［俱起候长］

俱起士吏　283·26＋36＋65（破）　（有同名隧，属甲渠候官）

［收虏候长］

收虏士吏　68·87（破）　（有同名隧，属甲渠候官）

收虏仓　135·7（破，河平元年）

甲沟推木候长　48·2（破）　（王莽时，或即临木）

当南候长　178·8（甲1003）（破）；88·12（甲516）（瓦）　（以下据出土地推定）

当南部　127·4（破）

莫山候长　73·6（破）；乙附46　（有同名隧，见隧次表）

靡谷候长　203·33（破）；563·10（瓦）

东便候长　507·11（破）

使阳候长　225·138　（同简A有当曲隧）

安主候长 38·17（甲 275）（破）　　（属甲渠鄣候）

第四候长 27·26（甲 209），59·32＋59·33（甲 432），113·12（甲 642），甲附 1，
52·62，68·112，122·14，136·41，145·27，195·5，265·33，283·42，285·12，312·
21，484·28（破）

第四部 154·34（甲 898）（居摄元年），267·10（甲1398），185·18（破）

第四候史 46·19（甲 339），104·38（甲 604），214·10（甲1171），136·12，286·5
（破）

第七候长 73·29（破）；337·10（地）

第七部 71·50（破）

第七部候史 159·17＋283·46（甲 942）（破）

第七部士吏 159·17＋283·46（破）

第七士吏 210·5（甲 1155），267·10（甲 1398）（破）

第十候长 123·24（甲 677），214·30（甲 1174）（元延三年），258·17（甲 1360），
262·31（甲 1378），282·12（甲 1521），18·13，71·9，71·62，82·25，136·12，
258·17，480·2，483·3，484·28，525·10（破）

第十守候长 266·26（甲 2413），174·9（破）

第十部 70·16，71·50（破）；甲附 35（永光三年）

第十候史 123·24（甲 677），133·15（甲765），285·10（甲1533），120·37，180·38
（破）

第十部吏 95·12（破）

第十一候长 42·6，203·38，203·40（破）

第十一部 113·3（破）

第十七候长 28·1（甲211），161·7（甲958），254·15（甲1307），210·3，282·18＋
283·27，479·3，483·9

第十七部 113·3，122·1，168·3，214·78，231·67（破）

第十七部候史 123·33（破）

第十八候长 104·9＋145·14（破）

第廿三候长 176·38＋190·10＋193·7（甲 992）（原释作第廿二候长），28·4（甲
186），26·6（甲 189），35·4（甲 245），160·4（甲945），104·9＋145·14，214·77，
479·3（破）

第廿三部候长 157·29（甲 923）（破）

第廿三部 24·2（甲182），45·15（五凤四年），210·2，480·16（破）

第廿三候史 168·5＋224·13（甲 967），174·6＋174·10（甲 988），267·27（甲
1407）（破）

［第卅七候长］

　　第卅七士吏　174·31（破）

　　［第卅］七　160·5（甲946）（破）

卅井候官

　　卅井守候［长］　427·1（博）

　　遮要候长　458·2（博）　　（有同名隧,见隧次表）

　　　遮要　414·1（博）

　　井东候长　435·16（博）　　（有同名隧,见隧次表）

　　次东候长　155·15（A21）

　　　次东守候长　454·9（博）

　　　□东候长　240·24（A21）

　　累虏候长　428·5（博）;83·3,155·14,170·5（A21）

　　　累虏部　472·3（博）

　　卅井累虏隧　　见隧次表

　　城（诚）南候长　81·2（A21）;305·14（A22）;430·9（博）

　　　诚南　25·13（A21）

　　［南界候长］

　　　南界士吏　132·24（破）　　（卅井候官有同名隧）

　　肥东候长　233·1（A21）　　（以下据出土地推定）

　　胃百候长　233·1（A21）

广地候官

　　广地候长　146·60（甲836）（地）

　　广地南部候长　128·1＋128·2（甲1）（查）;232·33（甲1271）（地）

　　　南部　213·9（甲1162）;232·28（地）;75·9（金）;521·26（大）

　　北部候长　232·33（甲1271），255·2（甲1328），232·18（甲2465），141·2，

　　　246·35,306·12（地）

　　　北部守候长　97·1（甲553），248·2（地）

　　　北部　177·14（甲998），249·1（地）

橐他候官

　　橐他候长　5·11（甲36）（地）;77·29（金）

　　橐他中部候长　100·38（甲574），183·11（甲2414），183·11,199·21（地）

　　　中部　255·34（甲1339）（地）

　　　中部候史　甲附41（元寿二年）

肩水候官

肩水候长　20·11（甲178），329·1（甲1704），65·17，80·26＋141·8，248·29，
250·3（地）；247·32（甲2515）（大）；50·24，529·3（金）

肩水部　187·11（甲1054），511·14（甲2084），511·16（甲2090），514·29（甲
2190），515·38（甲2233），516·51（甲2260）（大）；34·8＋9（破）

肩水候史　117·1（甲660），236·39（地）

肩水候官左后候长　314·26（甲1677）（地）

肩水左后候长　15·25（金）

左后部　10·12（甲75），74·6（甲460）（地）

左前候长　10·34（甲95），346·34（甲1760），219·23，558·4（地）

左前　5·18＋255·22（甲37），213·37（甲1181），146·80（地）

左前候史　10·34（甲95）（地）

［右后候长］

右后部　562·20（甲2375）（地）

右后士吏　284·1（甲1523）（地）

肩水右前候长　329·1（甲1704），339·14（甲1743），237·10（地），212·26（金）

右前部　5·12（甲38）（地）

右前候史　117·27（甲637），339·14（甲1743）（地）

东部候长　20·12（甲179）（地）　　（以下据出土地推定）

东部　213·9（甲1162），232·31（甲2470）（地）

东部候史　20·12（甲179），564·19（甲2389）（地）

□始候长　232·12（地）

□和候长　562·2（甲2359）（地）　　（疑是临利或当利）

仓石候官

仓石候长　216·3（甲1188）（大）

仓石　433·3＋32（地）

仓石候史　192·16（甲1072）（大）

第八表　隧·隧长·隧卒（隧次表）

殄北候官

甲　居延殄北候官殄北隧　420·2（博）　　（有同名候长）

殄北隧　206·9，214·43（破）

殄北　89·2，161·6，254·17，285·1（破）

居延殄北察北隧　133·17（破）

　殄北望远　234·13(破)

　　望远隧　273·29,308·26(瓦)

　　望远　561·1(宗);88·7,148·40,278·1,278·7,308·25,557·1,563·1(瓦)

　殄北备寇〔隧〕　157·5(破)

　殄北石隧　157·5(破)

　殄北塞外渠井隧　3·14(破)

　殄北斩□隧　3·14(破)

　殄北第二隧　273·28,308·24(瓦)

　　通泽第二亭　148·1(甲838等)(瓦)

　殄北第十五　214·129(破)

丙　望熹隧　308·26(瓦)

　广田隧　561·1(宗);534·31,563·1(瓦);160·13(破)

　　广田　273·29,278·7(瓦)

　广利隧　308·15(瓦)

　要害隧　308·35(瓦)

　胇寇隧　273·1(瓦);6·6(破)

　止奸隧　169·5,448·4(宗)

　当北隧　275·8(瓦);214·43(破)

　备南隧　88·13(瓦)

　解东隧　88·11(瓦)(参甲303"南至泽解")

　要房隧　308·88(瓦)

　寇房隧　273·27(瓦)

　察房隧　561·17(宗)

　〔破〕胡隧　561·22(宗)

　□房隧　563·15(瓦)

　□建隧　563·15(瓦)

居延候官

甲　居延候官定居隧　41·35(地)

　居延击胡隧　3·19(破)

　居延收降卒　56·37,270·2(破)

　　收降卒　56·41,104·44,157·14,203·2,188·3+224·23,229·4,317·27(破)

　　收降隧　238·5(破);131·12(地)

　　收降　188·21+194·11(破)

　居延卒　113·11(破);116·40(地)　　　(有同名候长)

居延坞　15·18(金)

甲渠候官　　（以下除注出土地外,均出破城子）

甲　居延甲渠候官当曲隧　133·14(建平三年)

　　　当曲隧　46·6,46·34,59·36,61·25,133·25,161·2,188·3+224·24,225·13,
　　　272·35,479·9,507·9

　　　当曲卒　42·19,49·13+31,56·37,56·41,78·44,104·44,157·14,188·21+
　　　194·11,203·2,229·4,258·8,270·2,317·27

　　　当曲　231·114

　　甲渠止北隧　57·29(永始三年),73·7,76·14

　　　止北隧　52·19,35·16+137·13,133·25,225·11(天凤元年)

　　止害隧　27·11,28·9,133·25,220·2+11　　（有同名候长）

　　　止害　61·3+194·12

　　驷望隧　28·18,68·113,133·25,220·1

　　　驷望卒　6·18,89·5,157·11

　　化胡隧　68·113,110·37,123·1,217·15+19　　（字作化或代、弍）

　　　化胡卒　110·37　（以上五隧属止害部）

　　居延甲渠次吞隧　57·8(神爵二年),287·26

　　　次吞隧　57·15,67·1,145·16,157·15,206·2,285·1

　　吞远隧　123·1,217·15+19,254·13,262·32,276·17,279·20　　（有同名候长）

　　　吞远卒　56·41,104·44,317·1

　　　吞远　71·23,482·22

　　甲渠吞奴隧　45·19

　　吞北隧　112·29,190·31,193·14,312·22　　（以上四隧属吞远部）

　　甲渠俱南隧　175·10

　　　俱南隧　40·20,52·58,157·12,185·6,194·21,201·5,214·153,257·2,317·19

　　甲渠望房隧　262·2(神爵三年)

　　　甲渠望房　264·26

　　　望房隧　40·20,104·10,231·3

　　　望房　73·23

　　执胡隧　55·22,56·29,72·44,145·38,157·12,161·1,203·35,231·121,乙附46

　　　执胡卒　49·22+185·3,229·4

　　惊房隧　40·20,156·29,203·11,224·31,270·26,287·13,317·2

　　　惊房　73·23

　　武疆隧　284·15(地);40·20,136·10,231·28

　□疆卒　63·37,78·51

俱起隧　33·12,34·21,40·20,44·19,157·12,203·13,231·88,254·11,乙附46
　　（有同名候长）

　　（以上六隧属俱起部）

万年隧　38·19,40·23,112·29,206·2,231·116,265·39　　　（此属万年部）

居延甲渠临木隧　484·51　（有同名候长）

　甲渠临木隧　169·19(宗);68·63,89·21

　临木隧　163·15(宗);278·7(瓦);112·14,127·29,156·46,173·2,193·25（建昭
　　　二年）,188·3+224·23,483·23,484·8,484·34

　临木　27·19,33·11,63·12,78·8,231·91

居延甲渠却适隧　40·8

　却适隧　534·2+15(瓦);194·17,214·50,231·19,291·93,283·45+56

　却适　76·36

居延甲渠收虏隧　229·1+2　（有同名候长）

　收虏隧　40·27,133·11,143·7,214·116

甲渠武贤隧　61·1(建武五年),99·1　（有同名候长）

　武贤隧　143·28

　武贤卒　173·1,484·34　（据99·1,其北为诚北隧）

甲渠万岁隧　6·8(五凤二年),8·6　（有同名候长）

　万岁隧　49·13+31,174·7,217·22,231·6,254·2,261·3,264·3,265·29,326·23
　　　（建始元年）,484·2

　万岁坞　214·118

甲渠逆胡隧　312·9(五凤元年)

　逆胡隧　72·35

　逆胡卒　224·8

甲渠鉼庭隧　28·1　（有同名候长）

　鉼庭隧　4·4,24·15,28·1,33·22,49·7,123·46,161·6,486·23

　鉼庭　132·27,279·2

甲渠诚北隧　3·14　（有同名候长）

　诚北隧　84·21,99·1,214·126

　诚北卒　49·22+185·3,132·27,173·1

　城北隧　163·19(布);34·2,176·27+40,210·9,231·32,484·34

　城北卒　254·13

[甲渠]候官穷虏隧　89·24

穷房隧　39·36,40·24,44·22,145·20,478·2

穷房　454·6(博)

居延甲渠隧　485·64　　（有同名候长）

毋伤隧　132·3　　（有同名候长）

不侵隧　27·15,95·7,225·28,231·116,260·8,276·17,311·28

不侵卒　56·41,104·44,317·1　　（据27·15属甲渠不侵候长）

终古隧　85·5,282·5,317·19

终古　67·39　　（317·1与俱南并列）

察微隧　89·5,142·30　　（89·5与驹望并列）

延水卒　231·28　　（与武疆并列）

临之隧　508·18(大)；24·13,123·34,132·36,173·11,220·16,231·114,264·18,286·11,478·18,484·5,乙附21　　（231·114与当曲并列）

正戍隧　214·86　　（在临木之北）

不备卒　49·22+185·2　　（在执胡之北）

乙　第一隧　4·4,33·18,44·11,71·3,231·6,254·9,287·22,481·11,483·30,479·11

第一　133·11

第二隧　4·4,26·19+30,49·12,71·58,89·19,133·16,194·17,231·6,326·4(建昭二年),乙附17

第二卒　257·17

居成甲沟第三隧　225·11(天凤三年)

第三隧　71·1,214·118,231·6,257·3,482·24

第三卒　257·17,276·3

甲渠第四隧卒　264·27　　（有同名候长）

第四隧　6·7,55·20,101·19,104·18,133·20,159·4,180·2+3,194·20,267·21,484·28

第四卒　6·5(五凤二年),229·36

第五隧　27·12,40·21,71·71,89·2,110·27,112·23,132·10,203·3,210·6

居延甲渠第六隧　227·12,485·17

第六隧　502·14+505·38+43（大）；36·20,33·1+103·2,59·17,110·20,135·11,156·48,180·38,184·3,203·12,208·4,219·14,224·34,225·25,231·48,478·10

第七隧　57·14,82·1,132·16,161·4,214·35,214·62,257·23,258·21,264·1,285·12,478·10　　（有同名候长）

第七卒　30·17,185·17,257·8,264·33,272·25

第八隧　45·22,156·49,214·108,227·56,254·19,257·6,478·10,482·12

　　第八卒　88·14(瓦);38·7,58·30,76·8,178·1,214·107,264·22

第九隧　6·7,68·61,176·30,231·4,231·13,254·6,486·73,甲附32

　　第九卒　257·8

甲渠第十隧　33·30(永光四年)

　　第十隧　166·10(A6);28·2,57·22,112·1,154·27,178·16,210·3,262·30,
　　262·31,484·28,525·4　　(有同名候长)

　　第十卒　258·19,259·4,279·10

居延甲渠第十一隧　73·1　　(有同名候长)

　　第十一隧　56·33,206·19,231·117

居延甲渠第十二隧　38·35,101·33(五凤二年)

　　第十二隧　35·14,52·50,71·57,82·2,129·22+190·30,203·46,302·46,
　　486·58

　　第十二卒　211·6(宗)

第十三隧　35·22(河平五年),103·48,127·6,159·24,214·7,甲附25

　　第十三卒　484·10

第十四隧　89·11,104·42,143·15,220·8,272·34

居延甲渠第十五　67·15

　　第十五隧　39·41,59·5,110·11,206·27,231·105,272.40,480·9,481·17

第十六隧　166·1,166·6,166·7(A6);3·7,58·4,58·8,103·41,127·22,176·3
　　188·26,206·13,231·106

第十七隧　71·65,188·25　　(有同名候长)

　　第十七卒　63·27

第十八隧　38·1+103·2,82·14,214·47,258·15,283·11　　(有同名候长)

　　第十八卒　168·19

甲渠第十九隧　486·64

　　第十九隧　222·9

　　第十九卒　52·7,168·19

甲渠第廿隧　234·40

　　第廿隧　285·14,311·2,486·72

　　第廿卒　168·19

第廿一隧　33·25,104·20,132·7,145·33,264·10,271·17,478·4

　　第廿一卒　168·19

　　第廿一　52·54

第廿二隧　27·8,34·21,72·62,104·42,214·25,231·7,286·24

　第廿二　4·35(永始二年)

甲渠第廿三　28·21(建始二年)　　(有同名候长)

　第廿三隧　553·3(A3);30·5,78·46,203·16,257·31,317·13

　第廿三隧仓　176·38+190·10+193·7(河平四年),206·7,286·7(建平五年),
　　　　　317·93

　第廿三卒　24·2

第廿四隧　4·4,49·4,61·7+286·29,72·13,185·7,214·49,231·50,481·1

　第廿四卒　24·2

居延甲渠第廿五隧　38·21

　第廿五隧　57·28,78·53,157·5,173·10+23,244·16

　第廿五卒　24·2

　第廿五廿六仓　101·1(五凤五年,简作廿六廿五,作记以改倒之)

第廿六隧　104·42,160·5,180·38,317·16

　第二十六隧　27·25,95·6

　第廿六卒　24·2

居延甲渠候官第廿七隧　157·9(建昭四年)

　甲渠第廿七隧　139·2,194·7

　第廿七隧　49·5,193·9,285·18,326·18

　第廿七卒　24·2

居延甲渠第廿八隧　58·2

　第廿八隧　34·18,78·17,135·9,160·5,203·1,262·33,286·17,311·34

　第廿八卒　24·2

第廿九隧　214·8,486·15

　第廿九卒　24·2

第卅隧　24·15,33·22,136·12

　第卅隧　乙附20

　第卅卒　24·2

第卅一隧　4·4,49·6,82·44,104·42,160·5,甲附12

　卅一卒　70·20

第卅二隧　4·4,甲附12

第卅三隧　34·21,101·15+104·17,160·5

第卅四隧　34·21,67·26,68·36,89·22,136·7,160·5,180·19,214·15,283·38

　第卅四卒　49·10

甲渠第卅五隧　206·16

　　第卅五隧　393·5,393·8,393·9(A2);44·17,68·36,157·10,279·4

　　卅五吏　214·101

　第卅六隧　33·15,52·57,103·47,214·5,244·12,244·13,265·35

　　第卅六卒　260·20

甲渠第卅七隧　68·11,68·81　　　（有同名候长）

　　第卅七隧　4·4,142·12,180·32

　　第卅七卒　283·37

　第卅八隧　34·21,59·39,82·11,184·15,258·16,甲附22(元延三年)

　　第卅八卒　159·2

丙　　武成隧　38·16,63·11,203·7,254·17

　　制房隧　27·4,55·25,176·39,231·25,257·20

　　尺竟隧　169·3(宗);110·25,482·7

　　弘大隧　4·17

　　高沙隧　82·29

　　　□沙隧　226·48(地);191·11

　　　高沙卒　308·38(瓦)

　　　高沙吏　308·38(瓦)

　　三塢隧　3·4,24·1,46·29,71·39,72·5,73·15,142·16,143·9,168·18,178·25,
　　　　194·14,210·16,231·90,乙附46

　　　三塢卒　190·1

　　二塢隧　24·1

　　临桐隧　226·48(地);6·17,6·21,71·54,188·24,214·105,311·15（初元五年）,
　　　　482·2

　　　临桐卒　17·36,326·21

　　莫山隧　30·12,52·26,70·3,89·17,160·4,276·17,282·9(初元四年),乙附46

　　　□山隧　139·16

　　　莫山　145·17　　　（有同名候长）

　　孔山隧　8·10

　　乐哉隧　35·6

　　灭房隧　35·6

　　溪东隧　283·29

　　黄瓦隧　283·29

　　里庭隧　231·26

博〔望〕隧　393·1(A2)

　博望　478·12

河西隧　175·17

平虏隧　188·13,193·6

肾肾隧　283·62

望南隧　185·12

间居隧　276·2

临问隧　甲附32　（与第九隧在一简）

宜之隧　480·4

逐胡隧　210·7

　逐胡卒　224·20,276·8

辟徼卒　276·8

□虏隧　56·27,490·5

　□虏卒　276·8　（以上三隧并列）

　临泗卒　220·17

　邯会卒　35·7

　俄郅卒　4·12

　具丽卒　279·17

　螭瑟卒　103·14

　白门卒　52·55

　□胡隧　55·8,143·2

　□北隧　137·17

　□武卒　39·12

　□完卒　283·22

　宁通　103·9

　破胡　104·29,159·12

卅井候官

甲　卅井累虏隧　83·4,181·8(A21);214·87(破)　（有同名候长）

　累虏隧　25·4(居摄三年),155·2,233·6,233·12(A21);327·11(破)

　累虏　147·1,170·5(A21);163·19(布)

　卅井降虏隧　81·3,163·7,305·17(布)

　降虏隧　163·20　（布,永始三年);181·1(A 21)

使降隧　25·12(A 21)

　使降卒　60·4(A 21)

欢喜隧　25·12,83·5,170·5(A21);214·34(破);502+14+505·38+43(大)

　欢喜　233·32,240·8(A21)　　（以上四隧属累虏部）

卅井南界隧　163·19(布)　　（有同名候长）

　南界隧　408·1,412·5(博);227·63(破)

　南界　61·19,188·17(破)

卅井城埶北隧　163·19(布);　457·7（博）;　56·37,　78·44,　173·1,　203·2,　229·4,
　　　　　　231·91,484·34(破)

卅井辟非隧　305·14(布);271·9(破)

　辟非[卒]　229·4(破)

　辟非　25·5(A 21)

卅井隧　368·11,430·1+4(博);140·8(金)　　（有同名候长）

　卅井隧　428·6(博)

　卅井卒　455·8,457·4,465·5(博);127·25,157·14,185·21,270·2,317·27(破)

[诚]南隧　446·15(博)　　（有同名候长）

　诚南　25·13(A 21)

木中隧　214·34,216·13,483·10(破)

　木中　208·1(破)　　（据214·34属于卅井候官）

大中隧　240·19(A 21)

丙　井东隧　459·2(博)　　（有同名候长）

山东隧　427·2(博)

候虏隧　394·3+469·1(博,地皇四年)

下海隧　371·2(博)

毋忧隧　455·1(博)

累胡隧　457·3(博)

令虏[隧]　454·3(博)

纫东隧　454·3(博)

受降隧　290·2(A 21);305·11(布);238·5(破)

善哉隧　235·8(A 21);410·3(博)

灭寇隧　114·18(A 18)

　灭寇亭　114·20(A18,建昭二年)

□东卒　233·8(A 21)

海东　395·16,445·6(博)

珍胡　427·2(博)

望地　230·4(布)

遮要　414·1(博); 41·34(地)　　(有同名候长)

　广地候官

甲　广地候官广地隧　58·11(破)　　(有同名候长)

　　广地隧　504·14(大)

　　破胡隧　128·1(查)

　　　广地破胡亭　103·42(破)

　　涧上隧　128·1(查)　　(以上二隧属广地南部候长)

　　广地胜之隧　131·19(地)

　　广地北界隧　163·19(布)

　　　北界　13·2(地)

　　广地万年隧　112·27(破)

　　　万年　324·29(地)

　　广地□留　23·212(破)

丙　乐哉隧　196·8(A 25)

　茯他候官

甲　茯他隧　552·3+4(查); 149·5(大)　　(有同名候长)

　　茯他省卒　387·18(地)

　　茯他吞胡隧　29·2(地, 永光四年)

　　茯他延寿隧　29·1(地, 永光四年)

　　茯他诚敖隧　81·8(布)

　　茯他莫尚卒　288·30(金)

　　　莫当　117·1(金)

　肩水候官

甲　肩水候官执胡隧　179·4(地)

　　执胡隧　41·16, 117·30(地)

　　执胡卒　336·19(地)

　　肩水候官如意隧　239·78(地)

　　左后部如意隧　10·12(地, 元康四年)

　　如意隧　10·26, 14·19, 100·40, 213·18(地)

　　如意卒　7·7(地)

　　如意　75·17(金)

　　肩水候官并山隧　13·7(地)

　　并山隧　177·15, 268·23, 332·5, 387·5(地); 182·28, 502·3(大); 405·2(博)

　　并山　349·11, 433·25(地)

肩水候官乘山隧　339·8(地)

　　乘山隧　349·44(地)

肩水候官始安隧　37·57(金)

　　始安隧　232·16,332·15(地)

　　始安卒　142·42(破)

　　□安隧　218·40(金)

肩水候官斥竟隧　558·1(地)

　　斥竟隧　10·3,255·33(地)

肩水候官受降隧　242·2(地)

　　受降卒　433·3+32(地)

肩水要虏隧　10·22(地)

　　要虏隧　288·6,288·19,288·27(金);20·7(地);520·4(大)

　　要虏　515·49(大);288·6(金)

临莫隧　126·40+536·4,131·60,239·22(地)

　　临莫　288·6(金)

临利　288·6(金)

驷望[隧]　118·7(地)

　　驷望　288·6(金)

伏胡　288·6(金)

[要]害隧　232·17(地)

　　要害　288·6(金)　　　(据288·6以上六隧同属一部)

肩水临田隧　239·102(地)

　　临田隧　118·7,349·1(地)

肩水平乐隧　43·23(金)

　　平乐隧　503·6(大)

　　平□隧　74·10(地)

肩水破胡隧　387·4(地,地节二年)

　　破胡　11·10(地)

肩水当井隧　183·6(地)

　　当井隧　219·24,232·4,332·17,350·7+42(地)

　　当井卒　146·77(地)

　　当井　562·7(地)

肩水临渠隧　183·10(地)

　　临渠隧　10·16,242·5,346·11(地);502·3(大)

临渠　11·16(地);75·17(金)

左前万世隧　5·18+255·2(地,元寿二年)

万世隧　15·2(金);29·14,433·19(地)

右前部禁奸卒　5·12(地,元康四年)

禁奸隧　10·13,213·2(地)

禁奸坞　288·11(金)

禁奸卒　5·4,213·38(地)

禁奸　32·12(金)

肩水候〔官〕□□□前间置隧　36·4(地)

肩水隧　215·7(地)　　（有同名候长）

肩水望卒　192·54(大)

肩水卒　387·18,433·25,433·3+32(地)

昭武隧　20·11(地,元康二年)　　（属肩水候长）

乐昌隧　332·5,339·18(地);19·5(大)

乐昌卒　237·44(地)

乘胡隧　253·6,349·43,560·30, 564·26, 564·25, 584·3(地); 502·3(大); 405·2
　　（博）　　（以上二隧据332·5,502·3与并山并例）

登山隧　288·18(金);403·11(地);515·49(大)　　（515·49在要房西五里）

止房隧　126·40+536·4(地)　　（与临莫并列）

金关隧　31·1(地)

金关卒　5·19,10·34,332·1,403·7,562·14(地)

金关　参《汉简考述》

安竟隧　124·12+126·4,255·12(地)

安竟　562·7(地)

望城隧　50·25(金);250·11(地)

望城卒　562·7(地)

小竟　562·7(地)　　（以上四隧与当并并列）

辟非隧　341·17,346·41(地)

辟非　75·17(金)

玃胡　75·17(金)

完军隧　242·2(地)

完军　75·17(金)　　（以上三隧与如意、临渠、第六、第廿并列）

驿北隧　77·79(金)

驿北卒　14·3,54·25,239·85(地)

　　　　驿北　243·13,288·30(金)

　　　　肩水驿北亭　339·3(地)

　　　　　驿北亭长　29·7,255·27(地)

　　　　　驿北亭卒　14·2(地)

　　　　　驿北亭　51·1(金)

乙　　第一　37·19(金)

　　　第五卒　513·16(大)

　　　第六隧　255·4(地)

　　　　第六卒　41·9(地)

　　　　第六　36·16(地);75·17(金)

　　　第廿　75·17(金)

　　　第廿七　131·53(地)

丙　　驿马捕虏隧　255·38(地,本始三年)

　　　　　捕虏隧　14·21(地)

　　　强汉隧　141·5,253·3(地)

　　　安汉隧　138·7+183·2(地)

　　　　安汉　10·7(地)

　　　当谷隧　177·18+20,237·56,433·1,564·5(地)

　　　广谷隧　7·2,177·18+20,336·33,433·33+48(地);498·3(本始三年),506·28
　　　　　（大）

　　　　广谷卒　324·5(地)

　　　广渠隧　75·3(金)

　　　胡池隧　433·10(地)

　　　水门隧　14·25,253·10+284·14

　　　襄泽隧　10·36(本始三年),116·6,407·10(地)

　　　会泽隧　349·3(地)

　　　金城隧　146·4,339·32(地)

　　　穷寇隧　274·37,332·24(地)

　　　禽寇隧　10·9(地);50·6(金)

　　　击寇隧　324·9(地)

　　　夷胡隧　13·3,53·22,116·5,146·52,177·10,219·7,353·1(地)

　　　服胡隧　14·26(地)

　　　获胡隧　433·13(地,元康四年)

　　　执适隧　255·15,584·1(地)

小阳隧　284·31(地)

公乘隧　584·2(地)

先登隧　87·4(地)

　先登卒　87·10(地)

望泉隧　505·5(大);255·40(地)

通望隧　505·14(大)

东望隧　5·5,7·34,118·6(地);15·3(金)

安众隧　219·21(地)

安乐隧　117·17,332·14(地);509·17(大)

安世隧　505·24(大)

安农隧　585·7(地)

欢喜隧　7·8,7·20,53·3(地)

　□喜隧　346·43(地)

万福隧　213·13(地)

当利隧　288·22(金)

　当利　242·3(地)

外直隧　407·8(地)

□道隧　268·45(地)

　除道卒　87·7+8(地)

宽藩卒　513·27(大)

临前卒　7·30(地)

沙头卒　7·30(地)

诘普卒　80·2(地)

万岁　239·6(地);506·4(大)

破虏　219·5(地);505·39(大)

望虏　332·19(地)

□赏隧　560·4(地,元康四年)

美□隧　131·16(地)

□博卒　246·17(地)

第九表　部简表

珍北候官　珍北

居延候官　居延

甲渠候官　甲渠　吞远　鉼庭　万岁　毋伤　临木　城北　推木　不侵　莫山

武贤　万年　俱起　收虏　止害　第四　第七　第十　第十一　第十七　第十八
第廿三　第卅七　靡谷　东便　使阳　安主　当南

卅井候官　卅井　遮要　井东　次东　累虏　城南　南界　臆东　胃北

广地候官　广地　南部　北部

橐他候官　橐他　中部

肩水候官　肩水　左后　左前　右后　右前　东部　□始　□和

仓石候官　仓石

第十表　隧简表

殄北候官　殄北　察北　望远　备寇　石隧　渠井　斩□　第二　第十五　望熹
广田　广利　要害　胏寇　止奸　当北　备南　解东　要虏　寇虏　察虏　破胡
□虏　□建

居延候官　定居　击胡　收降　居延

甲渠候官　当曲　止北　止害　驷望　化胡　次吞　吞远　吞奴　吞北　俱南　望
虏　执胡　惊虏　武强　俱起　万年　临木　却适　收虏　武贤　万岁　逆胡
铫庭　诚北　穷虏　甲渠　毋伤　不侵　终古　察微　延水　临之　正戍　不备
第一至第卅八　武成　制虏　尺竟　弘大　高沙　三塓　二塓　临桐　莫山　孔
山　乐哉　灭虏　溪东　黄瓦　里庭　博望　河西　平虏　胥胥　望南　间居
临问　宜之　逐胡　辟徼　□虏　临泗　邯会　俶郅　具丽　螭瑟　白门　□胡
□北　□武　□完　宁通　破胡

卅井候官　累虏　降虏　使降　欢喜　南界　城勢北　辟非　卅井　诚南　木中
大中　井东　山东　候虏　下海　毋忧　累胡　令虏　红东　受降　善哉　灭寇
□东　海东　殄胡　望地　遮要

广地候官　广地　破胡　涧上　胜之　北界　万年　□留　乐哉

橐他候官　橐他　吞胡　延寿　诚敖　莫尚

肩水候官　执胡　如意　并山　乘山　始安　斥竟　受降　要虏　临莫　临利　驷
望　伏胡　要害　临田　平乐　破胡　当井　临渠　万世　禁奸　间置　肩水
昭武　乐昌　乘胡　登山　止虏　金关　安竟　望城　小竟　辟非　獾胡　完军
骓北　第一　第五　第六　第廿　第廿七　捕虏　强汉　安汉　当谷　广谷　广
渠　胡池　水门　襄泽　会泽　金城　穷寇　禽寇　击寇　夷胡　服胡　获胡
执适　小阳　公乘　先登　望泉　通望　东望　安众　安乐　安世　安农　欢喜
万福　当利　外直　除道　宽藩　临前　沙头　诘普　万岁　破虏　望虏　□赏
美□　□博

（原载《考古学报》1964年1期）

汉简所见太守、都尉二府属吏

居延、敦煌、酒泉和罗布淖尔出土汉简中，有关汉代职官制度的资料比较丰富。大致可分为三类：一为都尉府的官僚组织及候望、屯兵、屯田、军需、交通等系统，二为太守府的官僚组织及其所属，三为中央及其它郡、县。后者的资料最少而史书有较详的记载。此篇所述为太守及都尉二府的官僚组织（即阁下与诸曹）和属吏，史书虽有记述而不无阙失疏略，今以汉简为主而与史书相印证，并利用少数的汉代铜器、碑刻、封泥、印玺上的铭文稍加补充。它对于西汉晚期和东汉初期的边郡官制，提供了比较详备的系统。

以下分为五章叙述。

一、阁下与诸曹

（一）阁下

郡太守和都尉二府属吏，可分为"阁下"与"诸曹"两类。《百官志》[1]郡下曰"皆置诸曹掾史"，本注曰"阁下及诸曹各有书佐、干，主文书"。

所谓"阁下"当指府长官治事之所，有别于府所属诸曹。《说文》曰"阁，所以止扉也"（《尔雅·释宫》同），"阁，门旁户也"，《尔雅·释宫》曰"宫中之门谓之闱，其小者谓之闺，小闺谓之阁"。阁为小门，故说者均以为"阁下"之"阁"应以"阁"为正字。闺阁连言，似应指门，然史籍所载，阁实为治事居息之所：《史记·汲黯传》曰"卧闺阁内不出"（《汉书》无闺字）；《汉书·文翁传》曰"使传教令，出入闺阁"；《汉书·朱博传》曰"于是府丞[2]诣阁，博乃见丞掾曰……。阁下书佐入，博口占檄文曰……。召见功曹，闭阁数责以禁等事"。《汉书·王尊传》曰"直符史诣阁下从太守受其事"，师古注曰"直符史若今之当值佐史也"。

三公府之阁为黄阁，《百官志》太尉下有"黄阁主簿录省众事"，《汉旧仪》[3]曰"丞相……听事阁曰黄阁，无钟铃，掾有事当见者，主簿至曹请"。此可证黄阁与诸曹分设，列掾在诸曹而长官听事之所曰阁，黄阁主簿乃阁下属吏之长。沈约《宋书·百官志》曰"三公黄阁者，天子当阳朱门洞开，三公近天子，引嫌故黄其阁"。三公府除听事之黄阁外，又有南阁。《汉书·公孙弘传》曰"数年至宰相封侯，于是起客馆，开东阁从延贤人"，师古曰"阁者小门

---

1) 《续汉书·百官志》，下皆简称《百官志》。
2) 《后汉书·袁安传》曰"府丞掾史皆叩头争"。
3) 《平津馆丛书》本。

也，东向开之，避当庭门，以别于掾史官属也"。此"开东阁"似应据颜注释为开小门。然《补注》引姚鼐曰"盖公府及州郡皆得作阁室以居参伍，故有东西之称"，汉世无西阁，姚说不可从。许冲《上说文表》曰"臣父故太尉南阁祭酒"，《汉旧仪》曰"御史四科……第一科补西曹南阁祭酒"；南阁祭酒当为西曹之首领。段玉裁注云"谓太尉府掾曹出入南阁之首领也，……南阁即黄阁也"，其说不可从；因据《百官志》三公府之西曹与黄阁主簿分别为二，又据《汉旧仪》丞相府之听事阁与诸曹分列。

郡太守府有东阁祭酒，《后汉书·周磐传》汝南太守"韩崇召（蔡顺）为东阁祭酒"。

三公府黄阁除省录众事之主簿外，又有令史。《百官志》太尉下本注曰"阁下令史主威仪事，记事令史主上表章报书记，门令史主府门，其馀令史各典曹文书"。《百官志》郡下本注曰"诸曹略如公府曹……无令史，阁下及诸曹各有书佐、幹主文书"，此为东汉之制。主文书之幹见东汉碑传，未见班固《汉书》及汉简。汉简二府文书签署，有卒史、书佐而无令史，候官则有令史而无卒史、书佐（县令亦然）。[1]

郡阁下书佐，见《汉书·朱博传》。此为西汉制。又有"门下书佐"，见《魏志·董卓传》注引谢承《后汉书》、《隶释》七"沛相杨统碑阴"、《隶释》十六"北海相景君碑阴"等，则为东汉事。《汉书·朱博传》琅邪太守下有"门下掾"，当为阁下掾。然则门下书佐当即为阁下书佐。破城出土汉简(231·85)有"门下吏冯党"。

诸曹为官府分科治理政事的处所，同在一官署之内，于两旁分设诸曹。居延汉简(340·12)曰"府遣自持此书行诣曹"。《说文》曰"曹，狱之两曹在廷东"。汉代自三公、九卿下至诸县皆有曹，《蜀志·杜琼传》曰"古者名职不言曹，始自汉以来名官尽言曹，吏言属曹，卒言侍曹"。曹为属吏、掾史治事之所：《汉书·薛宣传》曰"贼曹掾张扶独不肯休，坐曹治事"；《后汉书·儒林（张玄）传》曰"尝以职事对府，不知官曹处"。

《百官志》三公府诸曹有西曹、东曹。太守府则有右曹，以为尊职：《汉书·朱博传》琅邪太守"右曹掾史皆移病卧"，师古注云"右曹，上曹也"；《后汉书·张酺传》述酺为东部太守，以郡吏王青一门忠义"遂擢为极右曹"，注引《汉官仪》曰"督邮、功曹，郡之极位"。又有后曹：《汉书·萧育传》曰"召茂陵令诣后曹"，注引如淳曰"贼曹、决曹皆后曹"，《百官志》注引胡广曰"岁诣郡课校其功……负多尤为殿者于后曹别责以纠怠慢也"。又有中曹：《隶释》四"阳孟文石门颂"曰"遣都察掾……案察中曹卓行造作石籍"。

《汉旧仪》曰"旧制……郡国百石，二千石调"，则属吏辟自太守。郡吏多用本郡之人，故《汉书·京房传》曰"元帝于是以房为魏郡太守……，房自请愿无属刺史、得除用他郡人"。《汉书·循吏（黄霸）传》注引如淳曰"三辅郡得仕用他郡人，而卒史独二百石，所谓尤'异者也"。汉碑可考。

---

1) 参《汉简所见居延边塞与防御组织》，《考古学报》1964 年 1 期。

（二）诸曹

汉制，中央与地方的官署开府者，俱列诸曹，分置掾、史。中央三公府如太尉，据《百官志》曰"掾、史、属二十四人"而以千石长史"署诸曹事"。所谓诸曹有以下各事：

"西曹　主府史署用；

东曹　主二千石长吏迁除及军吏；

户曹　主民户、祠祀、农桑；

奏曹　主奏议事；

辞曹　主辞讼事；

法曹　主邮驿科程事；

尉曹　主卒徒转运事；

贼曹　主盗贼事；

决曹　主罪法事；

兵曹　主兵事；

金曹　主货币、盐铁事；

仓曹　主仓谷事；

黄阁主簿　录省众事"。

此外，又有"令史及御属二十三人"。

郡国开府，《百官志》曰"皆置诸曹掾、史"，本注曰"诸曹略如公府曹。无东西曹。有功曹史，主选署功劳。有五官掾，署功曹及诸曹事。其监属县，有五部督邮掾一人。主记室史，主录记书催期会。无令史，阁下及诸曹各有书佐、干，主文书"。两《汉书》及碑刻颇录郡守诸曹名，而《隶释》五中平五年"巴郡太守张纳碑阴"题名最为详备，约如下列：

主簿一人

主记　　　掾一人

录事　　　掾一人

上计　　　掾一人

议曹　　　掾五人

文学主事　掾一人　史一人

从掾位四人（其一人行丞事在主簿前）

文学　　　掾二人　史一人

尉曹　　　掾一人

金曹　　　掾一人　左右史各一人

漕曹　　　掾一人　左右史各一人

法曹　　　掾一人　史一人

集曹　　　掾一人　右史一人

兵曹　　　掾一人　右史一人

比曹　　　掾一人　史一人

功曹　　　　史一人

待事　　　掾七人（其一人列前）

奏曹　　　　史二人

户曹　　　　史三人令史一人

献曹　　　　史一人

辞曹　　　　史二人

决曹　　　　史一人

仓曹　　　　左右史各一人

贼曹　　　　史四人　右史一人

督邮中部、南部各一人

监市　　　掾一人

领校安汉长一人

中部案狱一人

府后督盗贼一人

守属八人

右共七十二人。此碑所无而见于群书或碑刻者有以下各曹：

五官掾　见《百官志》，此碑行丞事之从掾位，或相当之。

纲纪　见《后汉书·文苑（张升）传》、《魏志·刘放传》及《梁习传》、《徐宣传》。

教化史，行义掾史　见《两汉金石记》十一"苍颉庙碑碑侧"、《隶释》一"鲁相韩敕造孔庙礼器碑"。

仁恕掾　主狱，属河南尹，见《后汉书·鲁恭传》注引《汉官仪》。

都水掾　见《后汉书·方术（许杨）传》、《隶释》二"西岳华山庙碑"、《隶释》一五"广汉太守沈子琚绵竹江堰碑"。

监都水掾、监水掾　见《华山庙碑》（京兆）、《百官志》注引《汉官》（河南尹）。

水曹掾史　见《谷水注》"建春门石桥记功柱铭"、《百官志》注引《汉官》、《隶释》一四"蜀学师宋恩等题名碑"、《隶释》一五"广汉太守沈子琚绵竹江堰碑"。

监渠掾　见《百官志》注引《汉官》（河南尹）。

监津掾　《百官志》注引《汉官》曰河南尹有"监津、渠、漕、水掾二十五人"。

道桥掾　《隶续》一一"武都太守李翕天井道碑"及"武都太守耿勋碑"有西部道桥掾；《隶释》一五"蜀郡属国辛通达李仲曾造桥碑"有领道桥掾军功卒史。

少府　见《汉书·循吏（文翁）传》。

督铸钱掾　见《后汉书·第五伦传》。

将作掾　见《两汉金石记》"三公山碑"、"建春门石桥记功柱铭"。

衡官掾、有秩　掾见《隶释》四"李翕析里桥郙阁颂",有秩见《隶释》四"武都太守李翕西狭颂"。

兵马掾　见《后汉书·独行(刘茂)传》、《东夷·高句丽传》。

监军掾、督烽掾　见《后汉书·西羌传》。

塞曹史　见《两汉金石记》十一曹全碑。

劝农　见《隶续》二一"某残碑"。

籍曹　见《百官志》司隶校尉本注。

以上皆属于教化、水利、修筑、边防等类。此外光和二年铜斛铭有"右仓曹"而权铭作"右库曹",史书所无。

都尉与郡守分治军民,亦开府置曹辟吏,其例如下:

主簿　见《后汉书·张奂传》安定属国都尉。

功曹、议曹　见《后汉书·循吏(延本)传》会稽都尉。

功曹　见《后汉书·郅恽传》注引谢承《后汉书》。

县道亦置曹辟史,《百官志》曰"各署诸曹掾、史",本注曰"诸曹略如郡员,五官为迁掾,监乡部,春夏为劝农掾,秋冬为制度掾"。

二、属吏及其秩次

每一官府的职官,大致可分别为官与吏两大类。官员是官署的主管正长及其副贰;吏即属吏,属于辅助的僚属。

属吏或僚属,在史籍上有以下的各类共名。

(1)掾史、掾史属、掾属　《百官志》载,太尉下有掾史属若干人,司徒、司空、将军下有掾属若干人;东汉碑刻中常有"历诸曹掾史"之语。凡此皆是共名。碑、传中分别系以人名的掾、史、属才是官名。

(2)丞史　《史记·汲黯传》曰"迁为东海太守……择丞史而任之",集解引"如淳曰:《律》太守、都尉、诸侯内史、史各一人,卒史、书佐各十人。今总言丞史"。《史记·郑当时传》曰"其推毂士及官属丞史……未尝名吏,与官属言若恐伤之"。

(3)官属　《史记·郑当时传》谓官属丞史,而《百官志》注引《汉官》谓河南尹有"官属掾史五人"。《汉书·朱博传》曰"又勅功曹,官属多襃衣大裾,不中节度,自今掾史衣皆令去地三寸";"博恐为官属所诬,视事召见正监典法掾史";"博皆召掾史,并坐而问……官属咸服博之疏略"。凡此官属与掾史为互文。《汉书·朱博传》述哀帝时诏大司马"置官属";《百官志》太子太傅下本注云"不领官属",太子少傅下本注云"悉主太子官属",《汉书·薛宣传》曰"官属善之"。

（4）属吏　《百官志》公主下本注云"其馀属吏增减无常"，敦煌汉简（沙氏381）曰"玉门都尉官属吏致籍"。

（5）曹史　《汉旧仪》曰"诏书下有违法令、施行之不便，曹史白封还，尚书对不便状"。《汉书·朱博传》曰"历曹史、列掾，出为督邮书掾"，又曰"乃召见诸曹史、书佐"。曹史应指诸曹属吏。《汉书·儒林传》注引"苏林曰：属亦曹史"；《汉书·陈胜传》"而遣故上谷卒史韩广"注引"张晏曰：卒史，曹史也"；《汉书·项羽传》"陈婴者故东阳令史"注引"苏林曰：曹史也"；《汉书·惠纪》注引"如淳曰：《律》有斗食佐史；韦昭曰：若今曹史、书佐也"。是曹史为书佐以上的属吏。

（6）府史　《百官志》三公府"西曹主府史署用"，府史当是属吏。汉简有以下诸例：

　　……□急软弱不任职，请斥免，可补者名如府史……　23·1·29（破）

　　……出府史……　131·5（地）

　　三月十六日遣府史孙蒋、养儿秋持角弓箭……　马氏149（酒泉T44d）

（7）主吏　《史记·高祖本纪》沛令廷中"萧何为主吏"，集解引"孟康曰：主吏，功曹也"，《史记·萧相国世家》谓何"以文无害为沛主吏掾"，《史记·曹相国世家》则谓"而萧何为主吏"。《隶释》一"雪台碑阴"所记五官掾、督邮、从事外有主吏若干人。东汉碑刻屡见主吏。

汉简所述主吏有下两条：

　　建昭二年十二月戊子朔戊子，吞远候长汤敢言之：主吏七人，卒十八人；其十一人省作校，更作校不难审，堠上不乏人。敢言之。127·27（甲710）（破）

　　……主吏行……　沙氏652

据甲200简，鄣有令史一人，尉史四人，鄣卒十人，施刑一人"□奉食吞远"，则甲710吞远候部所属主吏七人应指令史、尉史，乃候长的属吏。主吏若干人中，其一人为长，则为主官，汉简有其例：

　　主官尉史　266·34（甲1390）（破）

　　右一人主官令［史］　71·43（破）

　　令史范弘今调主官……　185·16＋326·13（甲1697）（破）

　　甲渠主［官］　范掾　157·10（破）

　　府记［室］遣主官诣府仓　乙附49

（8）直符　《汉书·王尊传》述五官掾张辅贪污不法"直符史诣阁下从太守受其事"，师古注云"直符史，若今之当值佐史也"。《后汉书·张禹传》注引《东观记》述功曹史"（戴）闰当从行县，从书佐假车马什物，禹闻知，令直符责问"。《汉旧仪》述夜漏时"传五伯官直符，行卫士周庐"。直符为当值日官，居延破城子汉简记其事：

　　五月戊寅尉史蒲敢言之：乃丁丑直符，仓库户皆完，毋盗贼发者。264·9（甲1375）

　　……日直符，仓库户封皆完，……　72·6

……乃壬申直符,仓库户封皆完,毋盗贼……　257·22

□□敢言之:乃壬子直符,谨行视……　231·12

……谨行视钱财物臧内户封皆完　266·16

……直符一日一夜,谨行视事,钱财物臧内户……52·45

□直符一日一夜,谨行视钱财物……　84·23

……乃乙酉直符一日……　265·30

由此可知轮值者或由尉史任之,值一日一夜,行视钱财物藏、仓库户封、有无盗贼。凡此诸简均有"敢言之"之语,乃系上报文书。

上述属吏的通称,而属吏是分为若干等级的。中央三公府及将军府的属吏,据《百官志》所述东汉制如下:

太尉　掾史属二十四人　　令史及御属二十三人

司徒　掾属三十一人《汉官月录》曰三十人　　令史及御属三十六人

司空　掾属二十九人《汉官月录》云二十四人　　令史及御属四十二人

将军　掾属二十九人　　令史及御属三十一人

《后汉书·东平宪王苍传》谓明帝即位"拜为骠骑将军,置长史、掾史员四十人,位在三公上"。又注曰"《汉官仪》将军掾属二十九人,中大夫无员,令史四十一人"。此可见属吏约分掾属与令史、御属两等。属吏高低,在服色上亦有差别。《太平御览》卷六九五引应劭《汉官仪》曰"司空骑吏以下皂裤,因秦水行,今汉家火行,宜绛裤"。《晋书·舆服志》曰"诸公开府属吏,主簿以下、令史以上皆绛服",此或本之汉制。《汉书·昭纪》元凤五年注引"张晏曰:《汉仪注》征事比六百石……绛衣奉朝服"。《汉旧仪》曰"御史员四十五人皆六百石,其十五人衣绛"。又曰"丞相车黑两轓,骑者衣绛"。

属吏的秩次,见于以下各注。

《百官志》太尉下本注　《汉旧注》东西曹掾比四百石,徐掾比三百石,属比二百石,故曰公府掾,比古元士三命者也。或曰汉初掾史辟皆上言之,故有秩比命士,其所不言则为百石属;其后皆自辟除,故通为百石云。《汉旧注》公令史百石。

《后汉书·铫期传》注引《汉官仪》　东西曹掾比四百石,徐掾比三百石。

《百官志》尚书下　令史十八人,二百石。本注曰曹有三,主书。

《汉书·昭纪》注　如淳曰:《汉仪注》丞相、太尉、大将军史,秩四百石;武帝又置丞相少史,秩四百石。

《汉旧仪》　丞相少史秩四百石,次三百石、百石,书令史斗食。……武帝元狩六年丞相吏员三百八十二人,史二十人秩四百石,少史八十人秩三百石,属百人秩二百石,属史百六十二人秩百石。

《通鉴》汉纪卷三十七注 《百官志》将军……掾属二十九人,秩比四百石至比二百石,令史及御属三十一人百石。

《汉书·薛宣传》 为大司农斗食属。

以上所述大致为西汉之制,为表如下:

〔四百石〕	〔比四百石〕	〔三百石〕	〔比三百石〕	〔二百石〕	〔比二百石〕	〔百石〕	〔斗石〕
丞相、太尉、大将军史丞相少史	太尉东西曹掾将军掾属	丞相少史将军掾属	太尉掾将军掾属曹掾	丞相属将军掾属尚书六曹令史	太尉属将军掾属	丞相属史、公令史将军令史、御属	丞相书令史大司农属

以上大约可分为三级:(1)史、少史、掾,秩四百石至比三百石;(2)属或掾属及尚书令史,秩二百石至百石;(3)令史、属史、御属及斗食属,秩百石至斗食。这三等级和汉简文书签署的三级,大致相应。

郡太守和都尉二府属吏的秩次,自应稍低于上述三公府的。但说者以为郡属吏通为百石,并引《百官志》太尉下本注所引"或曰"为证,是不正确的;因此段《太平御览》卷二四九引作《汉旧注》,所述并非郡事。《史记·儒林传》公孙弘奏曰"比百石已下补郡太守卒史……文学、掌故补郡属"。卒史、文学和掌故都是秩百石:《史记·晁错传》集解引"应劭曰:掌故百石吏",索隐引"服虔曰:百石卒吏";《汉书·儿宽传》"以射策为掌故,功次补迁廷尉文学卒史"注引"臣瓒曰:《汉注》卒史秩百石";《史记·儒林传》索隐引"如淳曰:《汉仪》……次郡国文学秩百石也"。郡卒史、文学和掌故皆百石吏,故百石已下补郡太守卒史,而百石的文学、掌故所补的郡"属"应不低于秩比二百石。郡掾史高于郡属,应不低于秩比二百石,当为二百石或二百石以上。郡卒史高于令史、书佐等,后者应为百石以下的斗食吏。

《汉书·淮南王传》注引"如淳曰《汉仪注》吏四百已下,自除国中",郡当亦如此。《汉旧仪》曰"旧制……郡国百石,二千百调"。《太平御览》二四九引《汉旧注》曰"其所不言则为百石属,其后皆自辟除"。《论衡·程材篇》曰"东海相宗详……设置三科,以第补吏,一府吏员,儒生什九"。《后汉书·公孙述传》注云"州郡有掾,皆自辟除之"。郡国属吏,例用本郡之人,详顾炎武《日知录》卷八"掾属条"。汉简所见名籍,可以为证。

三、汉简文书签署

出土汉简保存了若干上行或下行的公文书,它们皆具有一定的公文程式。其中关于"诏书"部分将另为专篇叙述外,本篇着重综理所有公文末尾签署的资料。

公文末尾签署的官吏,不外乎某个机构下经手主管的属吏和办理文书的书佐,按其等级序列其官名为私名。无论是文事或武事的机构,这些签署者多属文职吏。

由于出土汉简并不能保存完整,所以每一公文的首尾往往有残缺,因此大多数例子只能从零简上抄录下来。以下分别为二表。第一表是收发文机构可以确定或推定者,第二表则是不能推定者。

第 一 表

中央

丞相　　　　少史庆、令史宜王、始长　　10·30(甲89)(地)元康五年

掾□□、令史相　　18·5(破)永光四年

/丞相史……　　65·18(地)

少府　　　　掾未央、属顺、佐临　　18·5(破)永光四年

大鸿胪　　　掾勤、卒史钦、书佐□　　203·22(破)

大司空(?)　　属临、大司空属禁　　209·6(破)

太守

张掖大守府　　/守属宗助、府佐定　　10·32(甲34)(地)元康五年

掾习、属沈、书佐横　实　均　　16·4(A7)

掾延年、书佐光、给事[佐]□　　12·1(甲2554)(地)

/掾熹、属寿、给事佐明　　10·40(甲100)(地)

酒泉大守府　　/掾胜胡、卒史广　　303·12(甲1584)(大)元凤三年

安定大守府　　/掾贤　　266·27(破)

都尉

居延都尉府　　掾仁、卒史赏、书佐安世　　40·2(甲286);267·5(甲1397)(破)

掾仁、卒史……　　260·10(破)

掾仁、属宁　　175·13(甲990)(破)

兼掾丹、守属……　　16·10(A7)

肩水都尉府　　/兼掾丰、属佐忠　　495·9+503·7(甲1866)(大)

/卒史安世、属乐世、书佐延年　　甲2554(12·1)(地)

/守卒史义　　10·29(甲88)(地)元康五年

/属和　　558·3(地)

……书佐建　　20·7(地)

玉门都尉府　　掾安、守属贺、书佐通成　　沙氏451(簿书13)(敦煌T15)

/卒史山、书佐遂已　　沙氏137(簿书6)(敦煌T6b)

候官

甲渠候官　　/掾襄、令史汉、尉史宗　　160·6(甲947)(破)

/掾要、守属延、书佐定世　　42·20(破)

	/士吏宜、令史起	139·36+142·33(破)
	士吏强、令史宣	甲附 36永光元年
	令史博、尉史昌∨严	35·22(破)河平五年
	/令史……	68·6(破)初元五年
	/掾襃	229·36(破)
	/掾……	276·1(破)鸿嘉二年
	/令史庆	3·12(甲 6),40·4(破)五凤二年
	/令史充	160·15(甲 951),57·1(甲 2553)(破)永光二年
	/令史尊	282·10(破)
	/令史□□……	285·2(破)
甲沟鄣候	/尉史晋	312·23(甲 1673)(破)
〔甲渠候官〕	/掾昌、尉史恽	188·27(破)
	/掾云、尉史襃	61·9(破)
	掾并	267·25(破)
	/令史嘉	231·33(破)
	/令史胜	45·35(破)
	/令史□	203·48(破)
	/令史弘、尉史强	178·25(甲 1010),326·2(破)
	/令史弘、尉史强∨□	145·26(破)
	……令史□、尉史□	190·27(破)
殄北候官	/尉史定	206·9(甲 1138)(破)
〔殄北候官〕	/掾野临	273·28(甲 1464)(瓦)
〔卅井候官〕	/掾圆、令史……	340·47(A21)
	/掾宗、令史安世	340·28(A21)
	/掾宪、尉史并、守尉史临	430·7(博)
	掾相	240·2+22(A21)
肩水候官	/令史拓、尉史义	10·35(甲 97)(地)地节五年
	/令史临、尉史音	284·2(甲 1524)(地)河平四年
	/令史熹∨光∨博、尉史贤	29·7(地)
	/令史得	10·31(甲 90)(地)元康五年
	守令史禹	7·7(甲 45)(地)地节二年
	/守令史□	288·26(金)
〔肩水候官〕	/掾不害、令史应	36·3(甲 259)(地)
	掾宣、令史□□	212·63(金)

守令史岑　　　542·2(地)

/守令史凤　　　233·2(金)

/掾威、令史□　　212·69(金)

/掾□、尉史□　　212·82(金)

大煎都候官　　/令史尊　　沙氏142(敦煌T6b)

/令史偃　　沙氏138(敦煌T6b)

塞尉

珍北塞尉　　/尉史宣、博　　157.5(甲902)(破)阳朔元年

甲渠塞尉　　/尉史昌　　35·8(甲384)(破)阳朔三年

候长

甲渠候长　　/候史定　　267·15(破)五凤五年

左前候长　　/候史充国　　10·34(甲95)(地)元康四年

东部候长　　候史旁∨遂昌　　20·12(甲179)(地)元康元年

隧长　　/隧〔史〕临　　238·18(破)

县

居延令、丞　　/令史翊、佐襄　　170·3(A21)元延二年

……卒史充、佐襄　　240·3(A21)

/掾弘、属仁　　240·3(A21)

/掾承……　　218·2(金)

掾汤、卒史尊　　219·17(甲1221)(地)

/令史始……　　340·6(破)

觻得令、丞　　掾宗、守啬夫延年、佐就　　57·10(破)元始四年

/掾晏、令史建　　15·19(金)

掾充、令史武光　　560·17(甲2345)(地)地节三年

禄福丞　　/掾海齐、令史众　　495·12＋506·20(甲1873)(大)建平五年

县尉

肩水守县尉　　啬夫党、佐忠　　140·5(破)

关

肩水关　　/啬夫光、佐信　　253·4(地)

佐信　　199·1(甲1125B)(地)

第 二 表

兼掾—尉史—佐

兼掾□、尉史□、佐襄　　505·42(甲1986)(大)建平五年

丞—令史—曹啬夫

　　……大丞圣、令史临、曹啬夫安世　　43·30（地）

掾—属—令史

　　/掾□、属至、令史凉　　231·74（破）

属—令史

　　属尊、令史禹光　　沙氏 229（敦煌T6b）

掾—令史

　　掾宗、令史长　　59·10（破）

掾—令史—佐

　　/掾昌、令史偃、佐可　　271·20（破）　下行诏书

令史—佐

　　/令史宗威、佐殷　　15·8（金）

　　令史延寿、佐□　　341·17（地）

令史—仓史—佐

　　令史宣、仓史并、佐常　　38·20（破）

令史—啬夫

　　/令史殷、啬夫去疾　　41·27＋32（甲 306）（地）

　　令史奉元、啬夫久　　403·29（地）

掾　　/掾□、守……　　95·13（破）　　　　王莽诏

　　/掾……　132·38（破）　　　　下行诏书

　　/掾……　119·13（金）；212·83（金）；241·49（金）

啬夫

　　/啬夫居　　241·5（金）

尉史

　　/尉史遂临　　123·23（破）

　　……□尉史□□　　56·35（破）

　　尉史忠　　59·23（破）

　　/尉［史］……　　212·84（金）

佐

　　/佐东□　　435·24（博）

　　根据上述第一表,则自中央以至县文书签署的属吏约如下列：

中央　　　　**少史**　　令史

　　　　　　　史

	掾	卒史	书佐
		属	佐
太守	掾	属	书佐、给事佐
		卒史	
		守属	府佐
都尉	掾	卒史	书佐
	卒史	属	
	兼掾	守属	
		属佐	
		守卒史	
候官	掾	令史	尉史、守尉史
	士吏	守令史	
塞尉			尉史
候长			候史
隧长			隧〔史〕
县	掾	令史	佐
		卒史	
		啬夫	
县尉		守啬夫	
关		啬夫	佐

以上除塞尉、候长、隧长只有一种低级属吏签署外,其它中央三公府、太守、都尉、候官和县的文书签署,可以是高、中、低三级的属吏,也可以是高、中二级或中一级属吏。每一级,通常是一人,也可以是二、三人签署。属吏诸级在签署文书时,依级别高低为序。自中央至县,大致可分为三级:高级为掾和史、少史、士吏,中级为卒史、令史、属、守属、守卒史、守令史和啬夫、守啬夫;低级为书佐、佐、尉史和候史。给事佐在书佐之次,守尉史在尉史之次,此二者可能成为第四级。卒史通常在掾之次,应是第二级,但有时在属之前,似亦可作为第一级。

属吏文书签署,皆在文末,在官名、人名前,往往作一斜笔/作为记号:凡同一级有二、三人同署者,往往作∨以当逗号。以上所举之例,其有年号的多属于西汉武帝末以后,可以代表西汉之制。东汉亦当如此,《隶释》卷二"弘农太守樊毅复华下民租田口算碑"所记光和二年(179年)上书尚书,末署"掾臣条、属臣淮、书佐臣谋",与汉简相同而加一"臣"字。

各级官府的签署属吏,有相同的,如第一级为掾;也有不相同的,如尉史为候官、塞尉所特有,候官及其所属下级均无佐。由于此等区别,我们可根据出土地,对那些残简上没有表明发文机构的,加以推定。凡加方括弧的,皆属此类。

四、汉简属吏

郡太守和都尉二府属吏，应分为阁下与诸曹。汉简所记诸曹之事较少，而太守、都尉阁下属吏，二者因多相同而有不能分辨的。二府阁下，究应包括哪些属吏，史籍并无具体记述。前所述汉简文书签署，除中央和县以外，大部分是太守、都尉二府以及都尉所属下级的文书签署。签署者应为阁下主管之吏与主文书之吏。以下所列各名，系诸不属于诸曹而出现于二府的文书，它们大部分是主管之吏、主文书之吏与其它相近似之职。

(1) 掾

　　居延都尉北部掾　　127·12（破）

　　甲渠主□　范掾　　157·10（破）

　　□亥甲渠掾谭受誊家平明里高护就……　　154·5（破）

　　辞敌卅井候官令史，乃五凤三年中为候官……故甲渠候杜君掾廿□……

　　　　3·8（破）

　　府掾王县君　延长　　506·12（甲2002）（大）

以上诸例都是都尉和候官之掾，太守和县令亦有掾，详上"文书签署"。太守与都尉的阁下、诸曹均有掾。《汉书·朱博传》琅邪郡有门下掾，乃是阁下掾，犹阁下书佐之或作门下书佐。《隶释》一"史晨飨孔庙后碑"有"守庙百石孔赞、副掾孔纲"，皆卒史。

(2) 史

　　酒泉大尹史费……　　407·19（甲1817）（地）

　　……下居延都尉史□……　　317·25（甲1678）（破）

　　……都尉史谨……　　76·45（破）

　　兼行都尉事□官到，若有代，罢如律。

　　八月己亥，史长生以来　　509·11＋513·1（甲2042）（大）

以上诸例除第一例为王莽时酒泉太守之史以外，大率皆都尉府所属之史。《史记·汲黯传》集解引"如淳曰：《律》太守、都尉、诸侯、内史，史各一人，卒史、书佐各十人"。

东汉碑刻，掾皆一人而曹史或分左右，各一人。贼曹亦有称中史者，如《后汉书·岑晊传》有中贼曹吏，《隶释》一"韩勑碑阴"有中贼史，《两汉金石记》七"汉碑阴"有中贼曹史、右贼曹史。

(3) 属

　　属王广始元三年六月丁丑除　　19·21（甲147）（大）

《百官志》注及《太平御览》卷二四九引《汉旧注》曰"汉初掾史辟皆上言之，故有秩比命士，其所不言则为百石属；其后皆自辟除，故通为百石云"。《百官志》注引《汉书音义》曰"正曰掾，副曰属"。《汉书·儒林传》曰"择掌故以补中二千石属，文学、掌故补郡属"，注引

"苏林曰：属亦曹史，今县令文书解言属某甲也"。中央有属，如《汉书·谷永传》曰"除补御史大夫属"，《汉书·薛宣传》曰"为大司农斗食属"，《汉书·萧望之传》曰"免归为郡吏。及御史大夫魏相除望之为属"，《汉旧仪》丞相下有"属百人，秩二百石"。属之秩自斗属以至二百石，不等。

汉简文书签署，属为第二级，在掾史之下，书佐之上。《隶释》二"弘农太守樊毅复华下民租田口算碑"所载上书尚书，末署掾、属、书佐三人名；《隶释》四"司隶校尉杨君石门颂"载汉中太守颂辞，末行低二格署"五官掾南郑赵邵字季南，属褒中鼌汉强字产伯，书佐西成王戒字文宝主"。

(4) 守属

居延都尉守属朱恭　　　274·19（甲1471）（地）

《汉书·王尊传》曰"除补书佐，署守属监狱……。复召署守属治狱，为郡次曹史"。师古注云"署为守属，令监狱主囚也。"是守属低于曹史、高于书佐，在汉简文书签署中与属之地位相当。《汉书·平纪》注引"如淳曰：诸官吏初除，皆试守一岁乃为真，食全奉"，故官职前往往多一"守"字。但《王尊传》谓"署守属"即试用为守属，则"守属"或为一固定职名。《隶释》五"巴郡太守张纳碑阴"题名有守属八人，位在掾史之末，八人俱为守属当为固定职名。汉铜器如五凤三年莲勺官鼎及甘露四年池阳宫行镫均有守属乃郡之守属，义为"郡守属"犹汉简之大司空属、汉金之内史属（阳泉董卢）。

敦煌汉简（马氏85）有"移属丞种"，属丞之名待考。

(5) 卒史

卒史秩各百石，员二人　　　沙氏391（敦煌T14a）

……□工卒史禹、库长汤、啬夫□……　　　248·15（甲1290）（地）

余例见"文书签署"。《史记·萧相国世家》索隐引"如淳曰：按《律》郡卒史、书佐各十人也"，据上引《汲黯传》集解所引《律》则太守、都尉亦如此。卒史为百石吏，惟三辅或为二百石，如《汉书·黄霸传》曰"补左冯翊二百石卒史"。属国亦有卒史，《隶释》十一"蜀郡属国辛通达李仲曾造桥碑"有军功卒史领道桥掾。汉铜、漆器上"护工卒史"则为监作吏。

(6) 令史

《百官志》本注以为郡诸曹略如公府曹而无令史，东汉"张纳碑阴"题名有户令史，应是例外。汉简所见令史有以下各类：

候官令史　　　见"汉简所见居延边塞与防御组织"[1]候官节。

斗食令史　　　同上候官节；又见《汉官》洛阳令下。

主官令史　　　见上"属吏及其秩次"。

属令史　　　"右属令史寿光二十五人"　　　216·6（甲1195）（大）

司马令史　　　见"汉简所见居延边塞与防御组织"都尉属官节。

---

1)　《考古学报》1964年1期。

千人令史　　同上都尉属官节。

城令史　　　同上城官节。

城仓令史　　以下见另篇。

仓令史

库令史

厩令史

别田令史

□功令史　　351·1（A22）或为军功令史

门令史　　　268·6（甲1418）（地）

县令史

以上除最后县令史外，大部分都属于都尉所属各个官署。

《百官志》太尉下本注曰"阁下令史主威仪事。记室令史主上章表报书记。门令史主府门。其余令史各典曹文书"；又尚书六曹有"令史十八人，二百石"，本注曰"曹有三主书"。由此可知各曹令史典文书，而阁下令史和门令史主威仪和门卫。但令史最初应以主文书为其职事，所谓"史书令史"。《说文解字叙》引《汉尉律》曰"学僮十七已上始试，讽籀书九千字乃得为史；又以八体试之，郡移太史并课，最者以为尚书史"。《汉书·艺文志》则作"又以六体试之，课最者以为尚书、御史史书令史"。此谓课最者得除为尚书或御史之史书令史，即尚书令史或御史令史。《大唐六典》卷一及《太平御览》卷二一三引应劭《汉官仪》曰"能通《苍颉》、《史篇》补兰台令史，满岁补尚书令史"；《汉旧仪》丞相少史下有"书令史、斗食，缺试中二十书佐高第补，因为骑史"，又御史四科下有"选中二十书佐试补令史，令史皆斗食，迁补御史令史"。由此可知书佐可试补斗食的书令史或令史，令史可迁补为尚书令史或御史令史。后者应即《百官志》本注所引《汉旧注》"公令史百石"。

令史亦为县吏之称。《史记·项羽本纪》曰"陈婴者故东阳令史"，正义引《楚汉春秋》云"东阳狱史陈婴"，索隐引晋灼曰：《汉仪注》曰令吏曰令史，丞吏曰丞史"。

又工官中亦有令史，别详专篇。

（7）啬夫

庚戌北啬夫钦出　　116·2（甲650）（地）

三月己巳南啬夫入　　502·2（甲1911）（大）

甲子南啬夫常　　100·21（地）

……除南啬夫礼……　　268·47（甲1469）（地）

……啬夫宋汤九百　　407·6（甲1829）（地）

以上地湾肩水候官所出简，称南北啬夫，待考。汉简所见，关、厩、仓、库、传舍、城官、亭、县皆有啬夫，又见"文书签署"。《汉书》所记有以下各事：

《鲍宣传》为县乡啬夫，守束州丞。

《韩延寿传》重使贤长史、啬夫、三老、孝弟受其耻。

《田广明传》(圉县)厩啬夫江德、尉史苏昌……。

《朱邑传》少时为舒桐乡啬夫……迁补太守卒史。

《何武传》(郫县)市啬夫求商……武卒白太守,召商为卒史。

由后二例可知啬夫之位低于卒史。《汉官》雒阳市有百石啬夫,河南尹有斗食啬夫。西汉铜器、漆器铭刻所记考工、供工及蜀郡西工广汉郡工官,啬夫位在掾与令史之下而佐之上,汉简文书签署啬夫亦在令史后。但汉简所见月奉[1],令史与啬夫俱为九百钱,则其秩次约略相等。

(8) 佐

斗食吏〔三人〕……

佐一人……

凡四人……　　　76·17(破)

据破城子出土汉简(大约属于居延都尉府),佐在斗食吏之次。此与《百官志》所引《汉官》所述百石以下次序相同,《汉官》所述九卿属吏在百石以下者,有如下表:

百石—斗食—佐—有秩—学事　大宰、大祝

百石—斗食—佐—学事　太子乐令、卫尉、大行、执金吾

百石—斗食—佐—骑吏—学事　光禄勋、少府、大鸿胪

百石—斗食—佐—骑吏—假佐—学事　太仆

百石—狱史—佐—骑吏—假佐　廷尉

由此可知佐在斗食吏以下,有秩或骑吏以上。

郡曹亦有佐,《说郛》卷五八引《会稽典录》有功曹佐,《魏志·邴原传》注引别传曰“孔融在郡……乃以郑玄为计掾,彭璆为计吏,原为计佐”,是佐在掾、吏(应作史)之次。

汉简文书签署,县令属吏有佐在令史之次。其未能判明发文官署的签署,佐在令史、仓史、啬夫之次,应属于斗食以下的佐史之秩。居延汉简,仓长、关候、置候之下均有佐,另详专篇。

(9) 属佐

/兼掾丰、属佐忠　　495·9+503·7(甲1866)(大)

汉简肩水都尉文书签署有属佐,在掾之次,应与属相当。文献碑刻所未见。

(10) 佐史

察长史□百石吏十二人,斗食吏二人,佐史八十八人,钱万二〔千〕……　　　59·40

+220·12(甲424)(破)

百石吏二百,斗食吏二百,佐史百　　76·29(破)

·右佐史七十人,其四人病,六十六人所上　　265·27(甲1388)(破)

---

1)　参《汉简所见奉例》,《文物》1963年5期。

　　……调左史能不宜……　　　272·25（破）

　　佐史本是县令下斗食吏以次的属吏，是官秩中最低的一级：《百官表》县令下曰"百石以下有斗食、佐史之秩，是为少吏"；《汉书·惠纪》注引"如淳曰《律》有斗食佐史。韦昭曰若今曹史、书佐也"。《通鉴》汉纪五胡注引《汉官》云"斗食佐史即斗食令史"，《汉书·外戚传》师古注云"斗食谓佐史也"。凡此以佐史为斗食之秩，与汉简不合；汉简百石吏以下，斗食为一级，佐史为更低一级，二者有分别。斗食与佐史俱是官秩中最低两级，合称为"少吏"，即《后汉书·章纪》建初元年诏与"长吏"相对之"小吏"，注以为即前书斗食佐史之少吏。《百官表》曰"吏员自佐史至丞相十二万二百八十五人"，《汉书·朱博传》曰"汉自天子之号，下至佐史"，《汉书·平纪》曰"吏二千石以下至佐史"，《汉书·惠纪》曰"五百石、二百石以下至佐史"。由此可知佐史为中央至地方吏的最低一级。

　　《汉书·薛宣朱博传·赞》曰"薛宣、朱博皆起佐史"，而本传曰"薛宣……少为廷尉书佐、都船狱史"，"朱博……少时给事县为亭长"，可知佐史不限于县。《汉书·酷吏（赵禹）传》曰"以佐史补中都官，用廉为令史……。武帝时，禹以刀笔吏积劳迁为御史"，师古注中都官云"京师诸官为吏也"，可知佐史乃刀笔吏一类小吏。

　　佐史为县吏之一，故王充《论衡·程材篇》曰"一县佐史之材任郡掾史"。但郡曹亦有佐史，《后汉书·谢夷吾传》集解引《会稽典录》有功曹佐史。大湾出土汉简有以下诸例：

　　　　监渠佐史十人　　498·10（甲1893）

　　　　上计佐史诣卿、千人令史　　503·12（甲1935）

　　　　居延仓宰张立侯谨遣戌曹左史诣门下　　505·1＋4（甲1953）

左史应即佐史，犹破城子简（272·25）"调左史"。

　　（11）书佐

　　　　书佐樊奉始元三年六月丁丑除　　未得始元六年八月奉用钱三百六十　　　303·21
　　　　（甲1592）（大）

　　　　书佐孙临国始元四年六月丙寅除　　未得始元六年五月奉用钱三百六十　　　303·5
　　　　（甲1624）（大）

　　　　书佐糵得传圭里赵通年廿三长七尺四寸，已得代奉，正月辛未除　　　192·25
　　　　（甲1094）（大）

　　　　书佐五人……　　149·9（甲886）（大）

　　据如淳所引《汉律》，郡太守及都尉"卒史、书佐各十人"。《百官志》郡下本注曰"阁下及诸曹各有书佐、幹，主文书"。假佐、书佐、幹等职皆主文书，而书佐较为重要，故文书签署之末往往有书佐之名。

　　郡、县的阁下书佐，亦曰门下书佐。郡门下书佐，见《魏书·董卓传》注引谢承《后汉书》，《隶释》七"沛相杨统碑阴"和《隶续》十六"益州太守北海相景君相碑阴"均有门下书佐，而"杨统碑阴"题名门下书佐三人在决曹书佐之前。县门下书佐，见《后汉书·朱隽传》;《隶续》十九"尉氏令郑季宣碑阴"有主记书佐、门下书佐、记室书佐、录事书佐,位次均在记室史之下,骑吏之上。

《百官志》注引《汉官》河南尹、雒阳令分别有书佐五十人、九十人,位次均在循行之上。据《汉书·王尊传》书佐低于守属治狱,《汉书·薛宣传》廷尉书佐低于大司农斗食属,《汉旧仪》丞相少史下书佐高第得补斗食书令史,又御史下书佐得补斗食令史,是书佐乃斗食吏以下的小吏。

汉简文书签署,书佐属于第三级,与给事佐、府佐同位而次于属、卒史、令史,后者最低为斗食吏。西汉简书佐月奉钱三百六十,低于五百钱的属令史和四百八十钱的司马令史、令史和关佐。因此在《汉简所见奉例》篇,我们以为书佐是佐史以下的小吏,不入秩品。

汉简所见书佐有三类,即属于太守府的、都尉府的以及诸曹的,前二者见文书签署,后者如"兵曹书佐"。

(12) 府佐

10·32(甲 34)张掖太守文书签署,府佐在守属之次,其地位相当于给事佐。文献碑刻所未见。

(13) 给事佐

> 居延都尉给事佐居延始至里万赏善,年卅四岁,长七尺五寸,黑色。　　　　43·2+
> 77·81(金)
>
> 一人给事佐　　120·24(大)

张掖太守文书签署中,两见给事佐,12·1(甲 2554)给事佐在书佐之次,10·40(甲 100)给事佐在属之次。此可证给事佐低于书佐而非书佐,大约与府佐相当。据汉简名籍,居延都尉府亦有给事佐。文献碑刻所未见。

(14) 假佐

> ……央移甲渠候官假佐　　484·18(破)
>
> ·凡入假佐十六人　　209·1(破)

此为甲渠候官的假佐。《汉书·王尊传》曰"司隶遣假佐放奉诏书,白尊发吏捕人",注引"苏林曰:胡公《汉官》假佐取内郡善史书佐给诸府也"。《百官志》曰"州刺史皆有从事史、假佐",本注云"员职略与司隶校尉同"。《百官志》司隶校尉有假佐二十五人,本注云"主簿录阁下事,省文书。门亭长主州正门,功曹书佐主选用,孝经师主监试经,月令师主时节祠祀,律令师主平法律,簿曹书佐主簿书;其余都官书佐及每郡国各有典郡书佐一人,各主一郡文书,以郡吏补,满岁一更"。假佐似包括各类主文书的书佐和孝经、月令、律令诸师。

假佐为善史书者给事诸府,中央和县皆有之;县所属假佐,亦见汉简。《急就篇》曰"啬夫、假佐扶致牢"乃是县属吏。《百官志》引《汉官》雒阳令下有"斗食令史、啬夫、假",假应是假佐。据(8)佐所列表,假佐在佐、骑吏之下,是佐之副贰。《百官志》将军下曰"又有军假司马、假候皆为副贰",故知假佐亦然。

（15）骑吏

　　　骑吏千乘里王狗　　　15·24（金）

　　　……□□骑吏□　　　195·8（破）

《汉官》公卿所属骑吏，位次在斗食、佐之下而假佐、学事之前。详上（8）佐节。《唐六典》卷十四引《汉旧仪》曰"太常驾四马，主簿前车八乘有铃下、侍阁、辟车骑吏、五百等员"，卷十六引卫尉略同。《隶续》十九"尉氏令郑季宣碑阴"题名有骑吏三人在书佐之下、直事干、直事小史之前；《隶续》十六"益州太守北海相景君碑阴"题名有骑吏一人在门下书佐之下。《两汉金石记》十一"苍颉庙碑碑侧"题名，骑吏在功曹书佐之后而乡有秩之前。《汉官仪》曰"司空骑吏以下皂裤"，职位最贱。

《汉书·韩延寿传》曰"骑吏持戟，夹陛列立"，似是侍卫的武吏。《汉旧仪》丞相少史下谓书佐高第补为斗食书令史"因为骑史"，乃是文吏；《隶续》十七"鲁峻石壁残画像"有"骑史仆射"，吏亦作史。

（16）修行

　　　修行孔山里公乘范弘，年廿一　今除为甲渠尉史，代王辅　　　285·3（甲1534）（破）

　　　修行广里公乘卢利亲，年卅八　　　174·5（破）

　　　……以修行除……　　　485·43（破）

上列汉简中的修行，当属于甲渠候官。修行范弘除为尉史，则修行位次在尉史之下。《隶续》十六"益州太守北海相景君碑阴"题名有门下书佐二人，书佐十五人，修行十九人，干六人，小史二人，《百官志》引《汉官》河南尹有"书佐五十人，修行二百三十人，干、小史二百三十一人"，雒阳令有"官掾史、干、小史二百五十人，书佐九十人，循行二百六十人"。循行即修行，其次序是书佐—修行（循行）—干（幹）—小史。

《论衡·程材篇》曰"一县佐史之材任郡掾史，一郡修行之能堪州从事，然而郡不召佐史，州不取修行者，巧习无害，文少德高也"。此可证修行为郡属巧习无害之小吏。

（17）小史

　　　四月六日驿小史从尉史仲山取麦一石，前后二石，又石，凡三石　　　562.1（甲2358）（地）

　　　二月甲子日入时，卒宪使不今小史晏　　　505·6（甲1955）（大）

　　　……□官小史　　　131·51（地）

前二例中不今亦为邮驿名，小史乃是驿候下的小吏。

《百官志》注引《汉官》河南尹最后有"干、小史二百三十人"；《隶释》九"繁阳令杨君碑阴"列名者百三十四人，小史一人在门下佐之次，列于最后；《隶续》十九"尉氏令郑季宣碑阴"直事小史三人与门下小史一人，列于直事干四人之次，殿居最后；《隶续》十六"北海相景君碑阴"小史二人列于书佐、修行、干之后，居最末。

《汉书·谷永传》曰"永少为长安小史"。《隶释》十二"相府小史夏堪碑"有某曹小史。

以上十七名，大部分见于汉简文书签署（1，3—9，11—13）和属于主文书之吏（2，14，16）。其中有很大一部分应是两府的阁下属吏（1—6，9—13，15，16）和候官属吏（6，14，17），一小部分属于县和仓、库、关、驿、传、厩、置的属吏（1，5，6，8，17）。

以上十七类名，(9)属佐(12)府佐(13)给事佐三者，文献、碑刻所未见。

以上大致以秩级和性质为次第叙述。根据文献和汉简，它们的秩品大致可以推定为以下三大类

1. 百石吏及百石以上吏　掾、史、属、守属、卒史（关啬夫）
2. 斗食吏　令史、啬夫
3. 佐史及其它小吏　　①佐、属佐、书佐（以上文书签署）佐史

　　　　　　　　　　　②府佐、给事佐（以上文书签署）骑吏、假佐

　　　　　　　　　　　③修行、小史

据汉简，神爵三年益奉以前，百石吏月奉为 720 钱，斗食吏月奉为 600 钱，佐史至书佐为600—360，或更少。神爵三年以后，百石吏为 1000 钱，佐史为 900 钱。

除上述十七名外，汉简所见尚有以下十名，附述于下。

(18)门令史及府卒·门卒

　　　……门令史□卒张掖……　　268·6（甲1418）（地）

　　　府卒卅……　　433·20（地）

　　　府卒孙惠以来　　74·4（甲 456）（地）　张掖都尉致肩水候

　　　六月甲戌门卒同以来　　267·1（甲 1396）（破）　致甲渠官

　　　二月辛酉门卒赏以来　　132·32（破）　居延致

以上门令史见《百官志》太尉下本注，主府门；府卒、门卒当为府门卒，见《汉书·韩延寿传》。甲456之府卒则明白系都尉府卒。

(19) 伯史

　　　敢言之诣官伯史史汤草□……　　198·6（破）

　　　……省　佰史……　　124·25（地）

　　　工、歌人、佰史名　右歌人十九人　　511·23（甲 2096）（大）

伯史或佰史应为伯使。《宋书·百官志》曰"汉官中有伯使，主为诸官驱使辟路于道陌中，故言伯使"，《通典》职官部引《汉官》所述同，惟"诸官"作"诸候官"。《后汉书·钟离意传》注引"蔡质《汉官仪》曰：尚书郎入直臺中……［给］尚书郎伯使一人，女侍史二人"。伯使、女侍史乃男女侍御之史。汉简伯或作佰。

工歌人应为乐工与歌人。《汉书·韩延寿传》延寿为东郡太守时试骑士，曰"歌者先居射室，望见延寿车，嗽咷楚歌"。伯使与歌人，太守府中有之，都尉府或亦有之。

(20) 从军工官

张掖郡肩水庚候官　坐从军张工官……　　293·7（甲 1571）（大）

(21) 医

甲渠候长报官医张卿，卿前许为问事，至今未蒙教。　157·28（甲 921）（破）

为故第卅六隧长司马章所伤病，医宋昌治饮药，鉼庭隧长罢军主　　103·47（甲 599）（破）

甲 921 或当读作"甲渠候长报：官医张卿"，《百官志》引《汉官》有官医之名。

(22) 药长

本始五年五月戊辰朔丁丑药长……　　577·1（破）

以上三官当为从军之官。《百官志》大长秋下有"中宫药长一人，四百石，本注曰'宦者'，中尉下有"医工长"，本注曰"主选药"。安帝时有药长夏珍，见《后汉书·孙程传》。凡此药长、医工长与汉简所述，应有不同。

(23) 射师

……以丁酉令到令居延令武　书言谨案吏除射师茂陵……　　290·7（破）

此亦从军之官。《汉书·艺文志》兵书略有"护军射师王贺《射书》五篇"。

(24) 通问官

……候第廿五隧长安世告……官不催援，举为通问官……　　44·17（破）

此通问官，待考。

(25) 官狱征事官

……□□子郑安自言持牛车一两……

官狱征事官德　　218·48（金）

此简第二行据劳释，今所见照片无此，或在背面。汉世有丞相征事，见《汉书·昭纪》元凤五年及《冯奉世传》。《昭纪》注引《汉仪注》曰"征事比六百石"，与汉简官狱征事官恐不是一事，后者或属于都尉府的。

(26) 少使

具麃脯辨　少使张临谨具上　　262·25（破）

此少使疑为县少吏。使字或应释佐，神爵四年成山宫铜渠斜有繫县"少内佐"。

(27) 从史

从史广国　　247·36（甲 2519）（大）

传　从史成　　45·5（甲 323）（破）

……长从史史言　　124·20（地）

从史霸陵□□　　146·68（地）

此从史，待考。

在此附述属吏的尊称。

《汉旧仪》曰"丞相、刺史、侍御史皆称卿,不得言君"。此与汉简不合,汉简各级属吏往往称卿而不名,其例如下:

丞相史王卿　　　7·7（甲45）（地）

御史李卿　　206·2（甲2434）（破）

都吏郑卿　　194·17（破）

都吏郝卿　　505·19（甲1963）（大）

都吏葛卿　　罗布18

仓曹孙卿　　279·17（破）

□曹史王卿　　495·5＋7（甲1868）（大）

兵曹书佐　　沙氏684（敦煌T11）

医张卿　　293·7（甲1571）（大）

尉卿治所　　270·21（甲1419）（破）

府张卿　　236·1（甲1264）

苏卿门下　　325·14（甲1684）（破）

第四候长徐卿　　285·12（破）

橐他候长章卿　　5·11（甲36）（地）

令史王卿　　287·15（甲1564）（破）

令史张卿　　258·4（破）

尉史李卿　　161·12（甲961）（破）

可见自中央丞相史、御史以下,曹吏、府吏、候长及令史、尉史等俱得以卿为其尊称。至于称君之例,则刺史可以称君,而长史、候官亦可,其例如下:

□□刺史杜君　　214·37（破）

中旦,长史君行中亭　　58·7＋254·12（甲1302）（破）

甲渠候任君　　85·24（破）

甲渠官□君以平旦入　　286·10（破）

甲渠候杨君　　229·1＋2（破）

故甲渠候杜君掾　　3·8（破）

此外,汉人在官衔后通常举名而不系以姓,但汉简所见,诸掾之前则称姓而不名,其例如下:

张掖太守府牛掾在所　　157·14（甲916）（破）

肩水府左掾门下　　288·16（金）

左掾私印诣肩水候官　　506·19（甲2014）（大）

李凤书再拜奏　甲渠苏掾门下　　61·26（甲434）（破）

　　奏甲渠主□范掾　　157·10（破）

　　奉尹掾夫人　　74·2（甲 455）（地）

　　诣清塞掾治所杨掾　　马氏 135

可见太守府和都尉府诸掾，或称其姓而不名如某卿之例。

五、汉简诸曹

　　汉简所记二府诸曹，为数较少，约有以下各项：

　　（1）功曹

　　　　·二事一封　正月丙辰功曹……　　283·16（破）

　　　　其（永始）三年四月中，宗偿肩水府功曹受子元责　　229·1＋2（破）

　　　　肩水左后候长樊襃诣府对功曹　二月戊午平旦入　　15·25（金）

　　　　……守移大守府功〔曹〕……　　131·20（地）

　　以上前三例为都尉府功曹，末例为太守府功曹。诸曹以功曹最尊，东汉碑记习见"历诸曹掾史、主簿、督邮、五官掾、功曹"，而碑阴题名多以功曹、五官掾、督邮、主簿居首。《论衡·遭虎篇》曰"其意以为功曹，众吏之率"，《后汉书·张酺传》注引《汉官仪》曰"督邮、功曹，郡之极位"。其职事，《百官志》本注曰"主选署功劳"。

　　（2）五官掾

　　　　建始三年五月甲辰，主官掾昌取……　　30·8（破）

　　　　……府五官掾　　455·17（博）

　　　　……〔五〕官掾魏……　　68·49（破）

　　　　·魏掾将卒卅……　　68·12（破）

　　第一例五作王，疑当释主。汉简有主官，不知与此同否。其职事，《百官志》本注曰"署功曹及诸曹事"，位仅次于功曹。春秋祀飨，居诸曹之首，见《隶释》一"史晨飨孔庙后碑"及《隶释》二"桐柏淮源庙碑"。《金索》五有"郡五官佐"印。

　　（3）都吏·督邮掾

　　　　永光元年六月丙申朔甲渠鄣候喜敢言之府移大守府都吏书　　甲附 36

　　　　且遣都吏循行　　10·40（甲 100）（地）

　　　　……毋得赍卖衣物，大守不遣都吏循行　　213·15（地）

　　　　各遣都吏督赋课蓄积少不……　　213·43（地）

　　　　告肩水候=官=所移卒不与都吏移乡，所举籍不相应　　183·15（甲 1049）（地）

　　　　遣都吏与县令以下逐捕　　179·9（甲 1016）（地）

　　　　都吏郑卿　　194·17（破）

　　　　都吏郝卿　　505·19（甲 1963）（大）

都吏葛卿　　　罗布 18

十一月丙戌宣德将军大守苞、长史丞旗告督邮掾…… 16·4（A7）

都吏即督邮。《汉书·文纪》曰"二千石遣都吏循行，不称者督之"。注引"如淳曰：《律》说都吏，今督邮是也，闲惠晓事，即为文无害都吏"，"师古曰：循行有不如诏意者，二千石察视责罚之"。《百官志》郡下本注曰"秋冬遣无害吏案讯诸囚，平其罪法，论课殿最"，注云"案《律》有无害都吏，如今言公平吏"。都吏即"督邮掾"，见《汉书·冯野王传》；或简称"督邮"，见《汉书》孙宝、尹翁归及循吏黄霸等传；又称"督邮书掾"，见《汉书·朱博传》。《百官志》郡下曰"其监属县有五部督邮曹掾一人"，曹是书之误，《后汉书·方术（高获）传》曰"急罢三部督邮"，注引《续汉书》曰"监属县有三部，每部督邮书掾一人"。

上述都吏诸简，多属于西汉。最后一简有"长史丞"之名乃东汉初制，《百官志》注引《古今注》建武"十四年罢边郡太守丞，长史领丞职"。此东汉初简称"督邮掾"而无都吏之称，但据《汉书》所载，西汉时已有督邮书掾、督邮掾、督邮之称，其名不始于东汉。

（4）主簿

主簿马三匹，□佐一人，徒四人　　　3·33（破）

……主簿　　　176·46（破）

……［主］簿史成里朱缫　　　192·47（大）

以上皆残简，就其出土地，似应属于都尉府。主簿之下有史，文献无征，待考。□佐或系书佐。

（5）记室

府记［室］遣主官诣府仓　　　乙附 49

《百官志》郡下有"主记室史，主录记书催期会"，府记室应为太守府之主记室史。《后汉书·袁安传》注引谢承《后汉书》曰"主记史丁子嗣，记室史张仲然"，记室史即主记室史，与主记史不同。县亦有主记与记室，《隶续》十九"尉氏令郑季宣碑阴"记室史之下有主记书佐及记室书佐，亦可证记室与主记不同。《隶释》五"巴郡太守张纳碑阴"主记掾在主簿之下而录事之上，其位仅次于主簿。

（6）计曹

计曹许建……　　　236·5（甲 2487）（地）

上计佐史郝卿诣卿千人令史　　　503·12（甲 1935）（大）

居延计掾卫丰　　　505·13（甲 1959）（大）

以上前二例当为郡或都尉计曹，末例或为居延都尉计曹。汉制，郡国岁上其计簿于京师，西汉以长史、守丞代郡守、国相赴京师，见《汉旧仪》、《汉书·循吏（王成、黄霸）传》。东汉制则如《百官志》所说"岁尽遣吏上计"，故称"上计吏"，《后汉书·应奉传》注引谢承《后汉书》曰"奉少为上计吏，许训为计掾，俱到京师"。熹平六年钟铭曰"熹平六年犍为国上计王翔奉"。《魏志·邴原传》注引别传曰"孔融在郡，教选计当任公卿之才，乃以郑玄为计掾,彭璆为计吏(应作史),原为计佐",可知掾、史、佐乃常设之官,而上计吏则为赴京师临时所举遣。《华阳国志·汉中士女志》曰"程苞……南郑人也,光和二年上计吏",而同书卷十二《士女目录》有筹画计曹史程苞,则苞平时为计曹之史。

(7) 金曹·钱曹

　　金曹调库赋钱万四千三[百]……　　　139·28(破)

　　……钱曹……　　218·63(金)

　　十一月主钱令史　　31·16(地)

据《百官志》金曹主货币盐铁事,而汉简又有钱曹及主钱令史。《后汉书·第五伦传》有督铸钱掾,或即钱曹。又《史记·田叔传》褚先生补曰"任安笞辱北军钱官小吏"。

(8) 仓曹

　　出吞远士吏平四月奉,四月庚戌令史博付仓曹孙卿偿具丽卒陈……　　　279·17
　　(破)

　　八人输罪十二付仓曹丞时……　　18·2(破)

　　兼仓曹、塞曹史　　155·14(A 21)元始三年

　　……请仓曹……　　146·84(地)

东汉碑刻,仓曹多与户曹金曹并列。《隶释》十四"学师宋恩等题名碑"无仓曹而有谷曹史。

(9) 小府

　　三月丙午张掖长史延行大守事、肩水仓长汤兼行丞事,下属国、农、部都尉小府、
　　县官承书从事下当用者如诏书　　10·32(甲 34)(地)

　　言小府当偿责,小府下所移以君仲拜召　　145·24＋145·36＋317·4(甲 828)
　　(破)

　　候长龙辅千二百衰九百卅,小府　　68·73(破)

以上小府当为郡或都尉之少府。郡有少府,《汉书·循吏(文翁)传》曰"减省少府用度",师古注云"少府、郡掌财物之府以供太守者也"。1962 年山西右玉出土西汉铜器,有一盘铭曰"上郡小府"(《文物》1963 年 11 期),亦作小府。汉简(甲 651)广德国亦有小府。汉铜器铭文京师少府作少,郡国作小,是少、小虽相通而有别,郡国称小府。

(10)[户曹]

　　·户吏张赋名籍　　265·28(破)

汉简未见户曹,惟此简称户吏。《隶释》五"巴郡太守张纳碑阴"有户令史,在户曹史之后。

(11) 兵曹

　　兵曹书佐蓬卿　　沙氏 684

兵曹二字据王国维所释(《流沙》器物类五十四)。

（12）兵马掾

五年正月癸未守张掖居延都尉旷，行丞事骑司马敏告劝农掾、兵马掾……

16·10（A7）

郡有兵马掾，《后汉书·独行（刘茂）传》曰"元初中，鲜卑数百骑寇渔阳，太守张显率吏士追出塞……。兵马掾严援……殁于阵"。又《后汉书·东夷（高句丽）传》曰"（辽东太守）蔡讽等追击于新昌……功曹曹耗、兵曹掾龙瑞、兵马掾公孙酺以身扞讽，俱殁于阵"。是兵马掾与兵曹掾是二。

（13）塞曹

元始三年八月朔丁巳累房候长详，塞曹史 155·14（A21）

此为习书之简，但西汉时都尉府应已有塞曹史。《两汉金石记》十一"曹全碑碑阴"有塞曹史杜苗、吴产二人。《魏志·东夷传》辽东带方郡有"塞曹掾史张政"。

（14）督烽掾

必须加慎毋忽，督烽掾从珍北始度以□□到县索关 加慎毋忽方循行 如律令 421·8（博）

居延左尉义、游徼左裹、督烽史郑宗、南界士吏张放 132·24+39（破）

珍北督烽隧史延年五月癸亥…… 148·8（甲843）（瓦）

大烽燧史延年、守候塞尉奉…… 534·30（瓦）

督烽不察，欲驰诣府，自出言状，宜禾塞吏敢言之 沙氏 567

司马王□、督烽□□□□ 沙氏438

高沙督烽印 马氏135

此与以上兵马掾、塞曹及下戍曹皆居塞边郡特设的曹掾。《后汉书·西羌传》述元和三年秋号吾"入寇陇西界，郡督烽掾李章追之"，是陇西郡亦有之。督烽掾简称督烽，犹督邮掾简称督邮。汉简又有督烽燧史、大烽燧史、督烽史，或为督烽掾之副。

（15）戍曹

居延仓宰张立侯　谨遣戍曹左史寻诣门下 505·1+4（甲1953）（大）

左史，甲编释为卒史；左史即佐史，非左右曹史之左史。文献碑刻不见戍曹，此当边郡尉曹的别称，"主卒徒转运事"。《汉旧仪》曰"亡新命长曰宰"，此简称"仓宰"当在王莽时。

（16）劝农掾

见上兵马掾下。《百官志》郡下本注曰"凡郡国……常以春行所主县，劝民农桑"。《隶续》二十一"某残碑"有南阳郡南北中三部劝农，此犹郡督邮分为数部。

（17）监渠掾

监渠佐史十人　十月行一人 498·1（甲1895）（大）

《百官志》引《汉官》河南尹有监渠掾，与监津、水、漕并叙，则是另一官职。此与上计佐史、戍曹左史皆汉简诸曹设佐史之证。

　（18）水官

　　书一封,张掖水官□□　　　299·17（地）

　　此张掖太守府水官,犹衡官之例,称官不称曹。传西安出土封泥"张掖水长章"(吴兴沈氏旧藏),《汉印文字征》2·1有"新前胡水长"。

　　以上所有十八曹,并不是边郡的诸曹的完整体系。其中如兵马掾、督烽掾、塞曹、戍曹则为沿边诸郡所特设。除肩水都尉府功曹和居延都尉府计掾外,其余大致皆属张掖太守府而上计和太守府功曹仍属于郡。据汉简所见,各曹主吏和属吏,约如下列:

　　掾　　五官、督邮、计、兵马、劝农

　　史　　仓曹、塞曹、督烽、主簿(?)

　　佐史　　上计、戍曹、监渠

　　书佐　　兵曹、主簿(?)

　　令史　　主钱(?)

而文献碑刻所见掾史以下属吏有四:

　　计曹佐　　《魏志·邴原传》注引别传

　　功曹佐　　《说郛》五十八引《会稽典录》

　　功曹佐史　　《后汉书·方术(谢夷吾)传》集解引《会稽典录》

　　功曹书佐　　《两汉金石记》十一"苍颉庙碑碑侧"

　　决曹书佐　　《汉书·萧育传》、《隶释》七"沛相杨统碑碑阴"

　　户令史　　《隶释》五"巴郡太守张纳碑阴"

较之汉简多"佐"一职。

一九六二年作于北京,一九六五年秋重订。

西汉都尉考

《百官表》曰"郡尉,秦官,掌佐守典武职甲卒,秩比二千石。有丞,秩皆六百石。景帝中二年,改名都尉"。又曰"关都尉,秦官;农都尉、属国都尉皆武帝初置"。又典属国下曰"武帝元狩三(应作二)年昆邪王降,复增属国,置都尉、丞、候、千人"。《汉旧仪》曰"边郡……置部都尉、千人、司马、候、农都尉,皆不治民"。《百官志》注引《汉官仪》同,惟"部都尉"作"部尉"[1],《汉书·咸宣传》称"诸部都尉"。《百官志》曰"典兵禁,备盗贼,景帝更名都尉。武帝又置三辅都尉各一人,讥出入;边郡置农都尉,主屯田殖谷,又置属国都尉,主蛮夷降者。中兴建武六年省诸郡都尉,并职太守,无都试之役,省关都尉,唯边郡往往置都尉及属国都尉,稍有分县,治民比郡"。"典兵禁"之前,应有一"尉"字,《后汉书·桓帝纪》注引《汉官仪》曰"秦郡有尉一人,典兵禁,捕盗贼,景帝更名都尉,建武七年省,惟边郡往往置都尉及属国都尉"。志当本此。

以上所述,可分别为都尉(部都尉)、农都尉、属国都尉、关都尉四种。此诸种都尉见于《汉书·地理志》者约如以下所述。

京兆尹

补　京辅都尉　《百官表》中尉下有"左、右、京辅都尉";主爵都尉下曰"武帝太初元年,更名右扶风……与左冯翊、京兆尹,是为三辅。……元鼎四年,更置二辅都尉。"左辅、右辅、京兆三都尉,合称三辅都尉,《史记·酷吏传》作"诸辅都尉"。居延简甲1933曰"比三辅",《张敞传》曰"吏追捕有功效者,愿得一切比三辅尤异"。

左冯翊
高陵,左辅都尉治。

右扶风
郿,右辅都尉治。

弘农郡

补　弘农都尉　《汉书·高纪》元年"可急使守函谷关",注引"文颖曰是时关在弘农衡岭";《汉书·武纪》元鼎"三年冬,徙函谷关于新安,以故关为弘农县"。太初四年"徙弘农都尉治武关"。《封泥考略》4·30有"弘农都尉章"。

河东郡

补　河东都尉　见《史记·酷吏传》周阳由传,《汉书·薛宣传》。

---

1)　《史记·大宛传》"北置居延、休屠以卫酒泉"集解引"或曰置二部都尉也"。

太原郡　广武,都尉治。

上党郡

河内郡

　　补　　河内都尉　　《史记·酷吏传》义纵"迁为河内都尉"。

河南郡

　　补　　河南都尉　　《汉书·酷吏传》田广明"功次迁河南都尉",居延汉简甲918建昭二年简有河南都尉。

东郡　　东阿,都尉治。

陈留郡　外黄,都尉治。

颍川郡

汝南郡　王莽时"分为赏都尉"女阴,都尉治。都尉见《成纪》。

南阳郡　邓,都尉治。

南郡　　夷陵,都尉治。《封泥考略》4.30,3.31有"南郡都尉章"。

江夏郡

庐江郡

九江郡　历阳,都尉治。

山阳郡　单父,都尉治。

济阴郡

沛郡　　蕲,都尉治。

魏郡　　魏,都尉治。

钜鹿郡　下曲阳,都尉治。《封泥考略》4.31有"钜鹿都尉章"。

常山郡　南行唐,都尉治。

清河郡　贝丘,都尉治。《封泥考略》4.32有"清河都尉章"。

涿郡　　安平,都尉治。

勃海郡　高成,都尉治。

平原郡　乐陵,都尉治。《封泥考略》4.32,43.3有"平原都尉章"。

千乘郡　蓼城,都尉治。

济南郡　于陵,都尉治。

泰山郡　卢,都尉治。

齐郡

北海郡

东莱郡

琅邪郡　姑幕,都尉治。《齐鲁封泥集存》22.2有"琅邪都尉章"。

东海郡　费,都尉治。

临淮郡　盱眙,都尉治。

会稽郡　钱唐,西部都尉治。

　　　　回浦,南部都尉治。《封泥考略》4·33 有"会稽都尉章"则是郡都尉。

　补　东部都尉　《汉书·扬雄传·解嘲》曰"东南一尉",注引"孟康曰会稽东部都尉也"。《太平御览》卷二四一引"《临江记》曰汉元鼎五年立都尉府于候官,以镇抚二粤,所谓东南一尉也"。《三国志·吴志·虞翻传》注云"元鼎五年除东越,因以其地为治,并属于此,而立东部都尉,后徙章安,阳朔元年又徙治鄞,或有寇害,复徙句章"。《越绝书》卷二曰"汉文帝前九年,会稽并故鄣郡,太守治鄣,都尉治山阴;前十六年,太守治吴郡,都尉治钱唐"。《后汉书·顺帝纪》阳嘉元年海贼"攻会稽东部都尉"。《宋书·州郡志》曰"临海太守本会稽东部都尉,前汉都尉治鄞"。《吴志·虞翻传》曰"到东部候官,候官长闭城不受",候官长即候,候官即《续汉书·郡国志》会稽郡之"东部候国",国应作官,参王先谦《集解》。

丹扬郡　歙,都尉治。

豫章郡　新淦,都尉治。补注引《名胜志》云"清江县有清江镇,镇北有汉都尉城"。

桂阳郡

武陵郡

零陵郡

汉中郡　褒中,都尉治汉阳乡。《元和郡县志》"汉阳关,在褒中县北九十里,汉都尉治"。

广汉郡　绵竹,都尉治。《齐鲁封泥集存》22·3 有"广汉都尉章"。

　　　　阴平道,北部都尉治。(东汉改为广汉属国都尉。)

蜀郡

　补　西部都尉、北部都尉　《后汉书·西南夷传》曰"元鼎六年以为沈黎郡;至天汉四年并蜀为西部,置两都尉,一居旄牛主徼外夷,一居青衣主汉人"。"以为汶山郡……宣帝乃省并蜀郡,为北部都尉"。《续汉书·郡国志》"广汉属国都尉"注云"故北部都尉,属蜀郡";蜀郡属国注云"故属西部都尉",领汉嘉(故青衣,阳嘉二年改)、旄牛等四城。《两汉金石记》十一"曹全碑"有蜀郡西部都尉。《封泥考略》4·34,35 有"蜀郡都尉章"

犍为郡　汉阳,都尉治,山阘谷。

越巂郡　定莋,都尉治。

益州郡

牂柯郡　夜郎,都尉治。

　　　　进桑,南部都尉治,有关。

巴郡　　鱼复,江关都尉治。

武都郡

陇西郡　临洮，南部都尉治。

金城郡

　　补　　〔金城〕都尉　《河水注》曰"湟水又东南径小晋兴城北，故都尉治，阚骃曰允吾县西四十里有小晋兴城也"。广武都尉《河水注》曰"湟水又东径枝阳县……又东南径广武城西，故广武都尉治"。

　　　　西部都尉　《赵充国传》曰"遂西至西部都尉府"，注引"孟康曰在金城"。《后汉书·西羌传》和帝时曹凤"为金城西部都尉"。见《两汉金石记》十一"曹全碑"。治龙支，详"汉武边塞考略"。

　　　　护羌校尉　详"汉武边塞考略"。

天水郡　勇士，属国都尉治满福。

　　　　豲道，骑都尉治密艾亭。

武威郡　休屠，都尉治熊水障。北部都尉治休屠城。

张掖郡　日勒，都尉治泽索谷。

　　　　番和，农都尉治。

　　　　居延，都尉治。

　　补　　肩水都尉　见居延汉简，《盐铁论·复大篇》作扇水都尉张掖居延都尉，见《两汉金石记》十一"曹全碑"。

　　　　张掖属国都尉　《汉书·匈奴传》昭帝时"张掖太守、属国都尉发兵击。……属国都尉郭忠封成安侯"。《汉书·景武昭宣元成功臣表》曰"成安严侯郭忠，以张掖属国都尉匈奴入寇与战、斩黎汙王，侯七百二十四户。（元凤）三年二月癸丑封"。《续汉书·郡国志》张掖属国注云"武帝置属国都尉"，《两汉金石记》十一曹全碑有"张掖属国都尉丞"。

　　　　居延属国都尉　见居延汉简（216·1＝甲1199；65·18）。

　　　　张掖都尉　见居延汉简（54·25＝甲386，74·4＝甲456，103·17＝甲595；54·25，74·4），或即治于日勒之都尉，乃郡都尉。

　　　　张掖农都尉　见居延汉简（4·1＝甲11），或即治于番和之农都尉。《汉印文字征》3·6有王莽时的"设屏农都尉"，即此。

　　　　居延农都尉　见居延汉简（65·18）。

酒泉郡　会水，北部都尉治偃前障，东部都尉治东部障。

　　　　乾齐，西部都尉治西部障。

敦煌郡　敦煌，中部都尉治步广候官。

　　　　广至，宜禾都尉治昆仑障。

　　　　龙勒，有阳关、玉门关，皆都尉治。

安定郡　参䜌，主骑都尉治。

三水,属国都尉治。

北地郡　富平,北部都尉治神泉障,浑怀都尉治塞外浑怀障。

　　补　　上河农都尉　《汉书·叙传》班况"积劳至上河农都尉",《冯奉世传》阳朔中,"参
　　　　擢为上河农都尉",《河水注》曰"又北径上河城东,世谓之汉城,薛瓒云上河在西
　　　　河富平县,即此也。又北径典农城东,俗名为吕城,皆冯参所屯"。

上郡　　匈归都尉治塞外匈归障。

　　　　高望,北部都尉治。

　　　　龟兹,属国都尉治。

　　　　望松,北部都尉治。(案一郡二北部,其中之一必西字之误。)

西河郡　南部都尉治塞外翁龙埤是。

　　　　美稷,属国都尉治。

　　　　增山,有道西出眩雷塞,北部都尉治。

　　　　虎猛,西部都尉治。

朔方郡　西部都尉治窳浑。

　　　　渠搜,中部都尉治。

　　　　广牧,东部都尉治。

五原郡　东部都尉治稒阳。

　　　　蒲泽,属国都尉治。

　　　　成宜,中部都尉治原高,西部都尉治田辟。

　　补　　受降都尉　《酷吏传》治塞外受降城。

云中郡　陶林,东部都尉治。

　　　　桢陵,西部都尉治。

　　　　北舆,中部都尉治。

定襄郡　武进,西部都尉治。

　　　　武皋,中部都尉治。

　　　　武要,东部都尉治。

雁门郡　沃阳,西部都尉治。《河水注》曰"县北十里有都尉城,地理志曰西部都尉治者也,
　　　　北俗谓之阿养城"。

　　　　平城,东部都尉治。

代郡　　高柳,西部都尉治。

　　　　马城,东部都尉治。

　　　　且如,中部都尉治。

上谷郡　宁,西部都尉治。

　　　　女祁,东部都尉治。

渔阳郡　要阳,都尉治。

右北平　赘,都尉治。

辽西郡　柳城,西部都尉治。

　　　　交黎,东部都尉治。

辽东郡　无虑,西部都尉治。

　　　　候城,中部都尉治。《后汉书·陈禅传》为玄菟候城障尉。

　　　　武次,东部都尉治。

玄菟郡

乐浪郡　昭明,南部都尉治。

　　　　不而,东部都尉治。

南海郡

郁林郡　领方,都尉治。

苍梧郡

交趾郡　麊泠,都尉治。

合浦郡　朱卢,都尉治。

九真郡　无切,都尉治。

日南郡

以上共八十三郡,志记九十六都尉于五十九郡; 其未记都尉之二十四郡,据《汉书》纪、传、表及其它文献可以补足者七郡,无可补者十七郡。此外,有先为郡、后为国者,志不载其都尉而见于列传的,有以下诸例:

淮阳都尉　《史记·酷吏传》曰"尹齐亦以淮阳都尉病死"。

广平都尉　同上曰王温舒"迁至广平都尉"。

大河都尉　《汉书·韦玄成传》曰"迁大河都尉";《地理志》曰"东平国……武帝元鼎
　　　　　元年为大河郡,宣帝甘露二年为东平国"。《封泥考略》卷四有大河都尉章

盖诸侯国不设都尉,《百官表》诸侯王下曰"中尉如郡都尉"。

《地理志》所载九十余都尉,大致可分为以下七类:(1) 部都尉,(2) 郡都尉,(3) 属国都尉,(4) 农都尉,(5) 关都尉,(6) 骑都尉,(7) 三辅都尉。(1)—(4)占数最多;(5)—(7) 为数少,而且是一些特种性质的都尉。兹分别述之如次。

《地理志》所载,凡是一郡只有一都尉而在县名下注"都尉治"的共三十三郡,这些都是郡都尉。举见于《汉书》之例证如下:

东郡　　　东阿,都尉治　《吾丘寿王传》、《翟义传》均有东郡都尉

汝南郡　　女阴,都尉治　《成纪》有汝南都尉

南阳郡　　邓,都尉治　　《翟义传》有南阳都尉

济南郡　于陵,都尉治　《宁成传》有济南都尉

汉中郡　襃中,都尉治汉阳乡　《艺文志》有汉中都尉丞

清河郡　贝丘,都尉治　《沟洫志》有清河都尉

泰山郡　卢,都尉治　《韦玄成传》有泰山都尉

凡一郡而有一以上都尉者,其单称都尉者应是郡都尉,如武威郡休屠下曰"都尉治熊水障,北部都尉治休屠城"。但张掖郡除农都尉外,尚有"居延,都尉治;日勒,都尉治泽索谷",二者中何者为郡都尉?《郡国志》以居延属国为故郡都尉, 是不对的。因为西汉简中,已有"张掖居延都尉"、"居延属国都尉"和"张掖都尉",则"张掖都尉"应是治于日勒县泽索谷的郡都尉,不是居延都尉。《史记·大宛传》太初三年"北置居延、休屠以卫酒泉",集解引或说以为"置二部都尉",是正确的,因休屠为北部都尉所治,乃是部都尉。《汉书·匈奴传》绥和中夏侯藩说单于曰"窃见匈奴斗入汉地,直张掖郡,汉三都尉居塞上,士卒数百人",王先谦补注以为三都尉是居延、日勒都尉和番和农都尉。成帝时汉简已有肩水都尉,故三都尉应有肩水而去番和。《汉书·赵充国传》谓"日勒皆当北塞"。

据《地理志》所列,大致说来,凡一郡只有一都尉(郡都尉)的俱属内部,而边郡则多有二或二以上的都尉。北边边塞西自敦煌、东至乐浪凡二十一边郡,它们的都尉数字如下:敦煌四(中部,宜禾,玉门关,阳关);酒泉三(北、东、中部);张掖三(居延,日勒,番和农);武威二(郡,北部);金城无;陇西一(南部);天水二(骑,属国);安定二(主骑、属国);北地二(北部,浑怀);上郡四(匈归,北部,属国,北部);西河四(属国,南、北、西部);朔方三(西、中、东部);五原四(中、西、东部,属国);云中三(西、东、中部);定襄三(西、中、东部);雁门二(西、东部);代郡三(西、东、中部);上谷二(西、东部);辽西二(西、东部);辽东三(西、中、东部);乐浪二(南、东部)。

上述二十一边郡的都尉,少部分是属国、骑、农都尉和郡都尉,大部分是称为某东、西、南、北、中部都尉的,就是《汉旧仪》所说边郡的"部都尉",《汉书·咸宣传》的"诸部都尉"。居延汉简232·19(甲1261)曰"东部北部塞",可知塞也是以方位分部的。这些都尉,就其处于塞墙的方位而说,有在塞外的,《汉书》所记如下:

《地理志》　北地郡,浑怀都尉治塞外浑怀障

　　　　　　上郡,匈归都尉治塞外匈归障

　　　　　　西河郡,南部都尉治塞外翁龙埤是

《李陵传》　"李绪本汉塞外都尉,居奚侯城"

《酷吏传》　"出塞,至受降城,受降都尉前死"

《叙传》　　"上乃出放为边都尉"

塞外都尉治于一条边墙外的孤立的城障内。《地理志》上郡、西河郡塞外都尉都记于郡名下,朔方郡"西部都尉治窳浑",不记于县名下而记于郡名下,也由于它是塞外之故。至于其他凡称东、西、南、北、中部的都尉,都是塞上的"诸部都尉",沿塞墙而设,但不称某部者

如张掖郡的居延、肩水都尉,敦煌郡的玉门都尉,就其设于塞上而言,也应属于塞上的部都尉。西南徼的蜀、广汉、牂柯三郡和东南会稽郡,也有一以上的都尉,其中也有称部都尉的。称为部都尉的,虽通常在塞上,也间有在塞外的,如西河郡南部都尉,可知二者分别也不是很严。

《地理志》所记农都尉仅一见,据《汉书》可补上河农都尉,据汉简可补居延农都尉。《百官志》曰"边郡置农都尉",则应不止张掖、北地两郡有之。居延汉简 214·30(甲 1175)曰"〔敦煌〕以东至西河十一农都尉官"。此简是西汉元帝永光二年(公元前 42 年)所下诏书,十一农都尉当指北边塞敦煌以东至西河十一郡,即敦煌、酒泉、张掖、武威、金城、陇西、天水、安定、北地、上、西河等相连接的十一郡。十一郡中,张掖、北地有农都尉,其它九郡亦应有之,志失载。

汉武帝以前,已有属国之官,《汉书·文纪》曰"属国悍为将屯将军"。《史记·卫将军骠骑传》述元狩二年(公元前 121 年)秋浑邪王来降,"乃分徙降者边五郡故塞外,而皆在河南,因其故俗为属国";《汉书·武纪》谓"置五属国以处之",《百官表》误作元狩三年。《汉书·宣纪》曰"神爵二年(公元前 60 年)置金城属国以处降羌","五凤三年(公元前 55 年)置西河、北地属国以处匈奴降者"。金城、北地两属国,《地理志》失载,而张掖郡两属国则见录于《续汉书·郡国志》:

> 张掖属国　武帝置属国都尉,以主蛮夷降者。安帝时,别领五城。……候官,左骑千人〔官〕,司马官,千人官。

> 张掖居延属国　故郡都尉,安帝时别领一郡(城字之误)。……居延,有居延泽,古流沙。献帝建安末立为西海郡。

此二属国,置于武帝时,《汉书·匈奴传》述昭帝时匈奴"入日勒、屋兰、番和,张掖太守属国都尉发兵击",当指张掖属国都尉。"左骑千人官",据《郡国志》武威郡下"左骑千人官",应补官字。今本既遗"官"字,又将"左骑"与"千人"分隔为二,中空一格,以求符合于五城之数,是不对的;四官加都尉官为五城。

元狩二年在河南地所置五属国,应在河套之内,所属边五郡有不同之说。《史记·卫将军骠骑传》正义以为"五郡谓陇西、北地、上郡、朔方、云中,并是故塞外,又在北海西南"。《通鉴》汉纪十一胡注略同。《通典》以为"安定、上郡、天水、西河、五原为五属国"。陈汉章《缀学堂初稿》卷二"汉置五属国考"以为陇西、北地、上郡、西河、五原。据《宣纪》,西河、北地两属国置于五凤三年,不当在五属国之列。边五郡在故塞外、河南地的只有五原、上郡、安定、天水四郡,而此四郡皆有属国都尉。[1]据《地理志》,安定郡置于元鼎三年,当是从陇西或北地析出者。今亦此四郡属国都尉当五属国,但亦有疑问。上郡属国都尉治龟兹,师古注云"龟兹国人来降附者,处之于此,故以名云"。《汉书·冯奉世传》记元帝初"上郡属国归义降胡万余人反去"。上郡匈归都尉治塞外匈归障,师古注云"匈归者言匈奴归附",此在

---

[1] 另一属国或是居延,但它不在河南地。

塞外,可能为五属国之一而不以属国名。北地郡亦有属国,其浑怀都尉治塞外浑怀障,似亦同此类。

据以上所述,则西汉的属国都尉与属国约有以下各项。

(1)—(4)河南五属国　元狩二年置　(据《武纪》)

　　　天水郡　勇士,属国都尉治满福

　　　安定郡　三水,属国都尉治

　　　上郡　　龟兹,属国都尉治

　　　五原郡　蒲泽,属国都尉治　(以上《地理志》)

(5)张掖居延属国都尉　征和三年以前置　(据汉简)

　　　居延汉简148·1+148·42(甲838+839)是征和三年简,出土弱水下游,是时已有属国。居延汉简65·18是昭末宣初简有居延属国都尉。

(6)张掖属国都尉　武帝时置　(据《郡国志》)

　　　居延汉简53·8(甲370)有张掖属国,《汉书·匈奴传》昭帝元凤时有张掖属国都尉。《汉书·赵充国传》曰"入穷水塞,南抵属国",或即张掖属国。

(7)金城属国　神爵二年置　(据《宣纪》)

(8)西河属国　五凤三年置　(据《宣纪》)

　　　《地理志》西河郡"美稷,属国都尉治"。《汉书·冯奉世传》曰"初昭(应作宣)帝末,西河属国胡伊酋若王亦将众数千人叛"。

(9)北地属国　五凤三年置　(据《宣纪》)

以上九个属国,除金城、北地外,都设都尉。《汉书·百官公卿表》曰"武帝元狩三年昆邪王降,复增属国,置都尉、丞、候、千人",则凡属国必有都尉。但东汉之制,似稍不同。《续汉书·百官志》谓属国都尉"稍有分县,治民比郡";《续汉书·百官志》曰:"其属国都尉。属国,分郡离远县置之,如郡差小,置本郡名"。又曰:"安帝又命属国别领比郡者六。"此六属国抄列于下:

(1)广汉属国都尉　注云"故北部都尉,属广汉郡,安帝时以为属国都尉,别领三城"。《后汉书·安帝纪》永初二年"广汉塞外参狼羌降,分广汉北部为属国都尉"。《金索》五有"广汉蜀国都尉章",《隶释》九有熹平二年"广汉属国候李翊碑"。

(2)蜀郡属国　注云"故属西部都尉,延光元年以为属国都尉,别领四城"。《后汉书·西南夷传》曰:"延光二年春,旄牛夷叛……益州刺史张乔与西部都尉击破之。于是分置蜀郡蜀国都尉,领四县,如太守。……灵帝时,以蜀郡蜀国为汉嘉郡"。《隶释》十五有"蜀郡蜀国辛通达李仲曾造桥碑",《隶释》十七"赵相刘衡碑"有蜀郡属国。

(3)犍为属国　注云"故郡南部都尉,永初元年以为属国都尉,别领二城"。二城是朱提、汉阳,《汉书·地理志》曰:"汉阳,都尉治",无南部,此误。《后汉书·安帝纪》永初元年正月"蜀郡徼外羌内属,戊寅,分犍为南部为属国都尉"。又《西南夷传》

延熹四年"犍为属国夷寇郡界"。

（4）张掖属国　注云"武帝置属国都尉，以主蛮夷降者。安帝时，别领五城"。《隶释》十七中平四年"赵相刘衡碑"有张掖属国都尉。《两汉金石记》十一"苍颉庙碑"碑侧题名有"尹叔字子明，官张掖属国"。

（5）张掖居延属国　注云"故郡都尉，安帝别领一城"。

（6）辽东属国　注云"故郻乡，西部都尉。安帝时以为属国都尉，别领六城"。《汉书·地理志》辽东郡西部都尉治无虑，郻乡或是无虑县界内一乡名。《隶释》十七中平四年"赵相刘衡碑"有辽东属国都尉。

　　由此可知此六属国均置都尉。此安帝时别领比郡的六属国，其中张掖两属国是武帝已置而安帝时别领城县者，其它四属国是安帝所置。但安帝时或并不止此六属国，《后汉书·西域传》延光二年敦煌太守张珰上书曰"今以酒泉属国吏士二千人集昆仑塞"，袁宏《后汉纪》作"可发张掖、酒泉属国之吏义从合三千五百人集昆仑塞也"。然则安帝时更有酒泉属国。东汉时，西汉所置属国有废置、重置之例。《后汉书·和帝纪》永元二年"复置西河、上郡属国都尉官"。此在安帝前。《后汉书·张奂传》桓帝"永寿元年，迁安定属国都尉"，亦见《后汉书·南匈奴传》，此在和帝后。《隶续》十二中平二年刘宽碑阴门生名有安定属国都尉。《后汉书·光武纪》建武二十一年"夏四月，安定属国胡叛，屯聚青山"，《郡国志》北地郡"参䜌，故属安定"，注云"有青山，谢沈书：属国降羌胡数千人，居山田畜"。《后汉书·冯异传》"并领北地太守事，青山胡率万余人降异"。注云"青山在北地参峦界，青山中水所出也。《续汉书》曰安定属国人，本安定属国降胡也，居参峦青山中，其豪帅号肥头少卿"。西汉安定属国都尉治三水，骑都尉治参䜌，后者或亦是属国所居。

　　《地理志》上郡属国治龟兹，《郡国志》上郡十城，最后二城为"龟兹属国、候官"，疑当作"龟兹，属国候官"，否则体例不合。《后汉书·张奂传》桓帝永寿元年南匈奴寇美稷，奂"进屯长城……因据龟兹"。和帝复置上郡属国都尉，至此或降为候官。

　　西汉都尉，到了东汉时一定有所不同，惟因《郡国志》除属国外，不记都尉，偶见于纪、传，知其有所增省。如《后汉书·顺帝纪》阳嘉二年"复置陇西南部尉官"，则此前已省；又如《后汉书·西南夷传》永平十二年"割益州郡西部都尉所领六县"，注引《古今注》曰"永平十年置益州西部都尉，居嶲唐"。《地理志》益州无都尉，东汉增置而领六县如属国都尉，凡此皆东、西汉制不同之处。

　　西汉函谷关都尉，见《汉书》杜周、辛庆忌、魏相、张敞诸人传中，《地理志》失载。居延汉简 56·7 诏书残辞，次在郡太守之前，其位甚尊。《地理志》所载玉门、阳关都尉，玉门似为部都尉。西汉文献称关都尉，皆指函谷关。

　　以上所记部、农、属国都尉和少数骑都尉都是边郡防御的重要设置，它们的分布和兴废都有关两汉边守的盛衰，故为之考述。　　　　　　一九六一年六月初稿，一九六五年一月改作。

汉简所见奉例

汉代奉给制度的更革,在一定程度上反映了当时社会经济生活的变化。文献上关于它的记录,很不完备;河西走廊出土的汉简,虽然也很零散,但可以部分地补充文献之不足。本文试结合此两种资料,作初步的探索。

两汉吏禄制度之见于文献者有以下四类记载: 一、西汉的律文和《汉书》,二、王莽的"吏禄制度",三、东汉建武时的"百官受奉例",四、东汉延平时的奉例。分别述之于下。

"汉律"见于如淳注所引的,有以下各条:

"律:真二千石奉月二万,二千石月万六千"。(《史记·汲黯传》集解)

"汉律:真二千石奉月二万"。(《史记·外戚世家》索隐)

"律:丞相、大司马、大将军奉钱月六万,御史大夫奉月四万也"。(《汉书·成帝纪》绥和元年"益大司马、大司空奉如丞相"注)

"律:百石奉月六百"。(《汉书·宣帝纪》神爵三年注)

"律有斗食佐史"。(《汉书·惠帝纪》元年注)"诸侯王相在郡守上,秩真二千石"。

(《史记·汲黯传》集解,此条疑亦律文)

汉初因秦制,以石数为秩名。《汉书·高帝纪》十二年"赐其吏六百石以上爵各一级","吏二千石徙之长安"。《汉书·惠帝记》元年赐给丧事者钱与金,分别二千石,六百石以上,五百石二百石以下至佐史,五百石以下至佐史,与《汉书·百官公卿表》(下简称百官表)所述大致相近。因秩别而定奉钱数,著为律令,至迟在武帝元朔以前。《汉旧仪》曰:"元朔三年(公元前126年)以上郡、西河为万骑太守,月奉二万,绥和元年省大郡万骑,员秩以二千石居";此真二千石月奉二万,同于律文,故知如淳所述有关吏禄之"律",乃是西汉所定。《汉书·贡禹传》初元五年(公元前44年)上书曰"拜为谏大夫,秩八百石,奉钱月九千二百,廪食太官。……又拜为光禄大夫,秩二千石,奉钱月万二千"。此二千石应作比二千石,《百官表》云"太初元年更名中大夫为光禄大夫,秩比二千石",《汉官仪》、《汉旧仪》及《续汉书·百官志》(下简称百官志)均作比二千石。比二千石月奉万二千,与律二千石月奉万六千,正相衔接,故知"汉律"关于奉钱数的创制甚早,而元狩至初元八十余年的奉例,大致上按照一种律令的规定。

所谓奉给或吏禄制度,其内容是秩别(秩级)、奉禄数量、官职和奉禄性质;即哪一种官职属于哪一秩级,每年或每月应得多少奉禄(所谓岁禄或月奉),用什么物资作奉禄(如钱、谷或二者各半)。此四者,在两汉时期中不是一成不变的。

关于秩别，至迟在惠帝元年(公元前 194 年)已经有了二千石至佐史的诸等秩名,而且分别"六百石以上"作为高级。西汉大约二十个上下的秩级,后来又大致分为四个大等级。《百官表》规定,比二千石以上银印青绶,比六百石以上铜印黑绶,比二百石以上铜印黄绶;而二百石以下当用五分见方的小官印即半通,《汉旧仪》说"二百石以上皆为通官印"。汉初最高秩为二千石,此上三公、大将军和御史大夫没有秩名,东汉建武制亦如此。二千石秩,后来增中,真,比为四等,而《百官表》无真二千石。如淳曰"诸侯王相在郡守上,秩真二千石",当出于汉律;《汉书·外戚传序》元帝时"傛华视真二千石";《汉书·朱博传》"前丞相(翟)方进奏罢刺史,更置州牧,秩真二千石",此在绥和元年(公元前 8 年)。真二千石见存于西汉,到东汉犹存,详下。《百官表》无八百石,而阳朔前实有此秩:《汉书》宣帝以黄霸为颍川太守,元帝以京房为魏郡太守,元帝以贡禹为谏大夫,均秩八百石,各见本传;又《汉书·外戚传序》述元帝时"七子视八百石,……良人视八百石"。《百官表》说"元狩五年初置谏大夫,秩比八百石",是改制后追述前制。《汉书·成帝纪》阳朔二年(公元前 23 年)"夏五月,除吏八百石、五百石秩"。注引"李奇曰除八百就六百,除五百就四百"。由此知阳朔二年前原有八百、五百两秩。又李奇说除八百就六百,则亦无比八百,或同时除去。

关于奉禄数量的增减。两汉对于低级官吏曾两次益奉。一为少吏之益奉,《汉书·宣帝纪》神爵三年(公元前 59 年)八月诏曰"吏不廉平则治道衰。今小吏皆勤事而奉禄薄,欲其毋侵渔百姓难矣。其益吏百石以下奉十五",注引"韦昭曰若食一斛,则益五斗",是增原奉十分之五。《通典》卷三十五应劭注《汉书》曰:"张敞、萧让之言曰,夫仓廪实而知礼节,衣食足而知荣辱,今小吏俸率不足,常有忧父母之心,虽欲洁身为廉,其势不能,请人什率增天下吏俸什二"。宣帝之诏系本此议而改什二为什一。二为长吏之益奉,《汉书·哀帝纪》绥和二年(公元前 7 年)六月诏曰"益吏三百石以下奉"。亦当为十五之益,详下。东汉时曾一度减奉,《后汉书·安帝纪》永初四年正月丙午"诏减百官及州郡县奉各有差"。六年五月丙寅诏"一切秩复"。

关于某类官吏秩级的升降,其例最多。一、由《成帝纪》,则益大司马、大司空,奉如丞相,始于绥和元年,此以前他们的奉秩应少于月奉六万。《百官表》,绥和二年更名御史大夫为大司空,禄比丞相,而据律文御史大夫月奉四万。是年,省诸侯王内府,更名刺史为牧等,吏制多有更改。二、据《汉旧仪》,绥和元年省大郡万骑,月奉由二万(真二千石秩)改为二千石秩(月奉万六千),故《百官表》郡守秩作二千石。但在绥和以前的宣、元时期,太守秩有作八百石者,此或大郡、常郡的太守秩有所异。三、《百官表》和《百官志》,都尉秩比二千石,而《汉书·元帝纪》"建昭三年(公元前 36 年)夏令三辅都尉及大郡都尉秩皆二千石";据西汉简推之,都尉秩比二千石。此或如大郡、常郡之例。四、《汉书·盖宽饶传》宣帝时为司隶校尉"奉钱数千",而《百官表》司隶校尉秩二千石,奉当为万二千,是升司隶校尉为二千石当在宣帝以后。

关于奉禄所用,西汉以钱为主,王莽最后六年以谷为主,东汉半钱半谷,详下。

西汉以钱为奉，亦见于西汉简。这种制度一直施行到王莽天凤中。居摄元年汉简131·4、336·30（甲726）仍记奉钱；《汉书·王莽传》中始建国四年二月"授诸侯茅土，……且令受奉都内，月钱数千"；破城子简（231·38）记"奉钱三百"而在天凤五年之后。王莽第一次吏禄的改订，在始建国元年，"更名秩百石曰庶士，三百石曰下士，四百石曰中士，五百石曰命士，六百石曰元士"。破城子出土汉简曰：

　·右庶士＝吏、候长十三人　　　210·27（甲1149）

　　甲渠候□□始建国天凤上戊二年年月吏□□至下士秩别名　　　210·34

可知新制推行至于边郡。此次改订的是秩别名，恢复了五百石，减少了"比"。如上所述，此时更订秩名，而奉仍以钱。第二次更改订，在天凤三年五月，下吏禄制度曰："……其以六月朔庚寅，始赋吏禄，皆如制度。四辅、公卿、大夫、士，下至舆、僚、凡十五等，僚禄一岁六十六斛，稍以差增，上至四辅而为万斛云"。此改奉钱为谷斛；乃东汉建武制之所本，是西汉到东汉奉例的过渡。但天凤五年后居延仍有奉钱的记录，则新制之施行如何，尚待研究。

东汉建武时的"百官受奉例"，见于以下诸书。一、《后汉书·光武纪》建武二十六年（公元50年）正月"诏有司增百官奉。其千石已上，减于西京旧制；六百石已下，增于旧秩"。李贤注引《续汉志》云即奉例。二、刘昭补注本《续汉书·百官志》所载"百官受奉例"，与李贤注所引大致相同，惟比六百石、四百石、比四百石各少五斛。补注云"古今注曰建武二十六年四月戊戌，增吏奉如此，志例以明之也"。据朔闰表，四月有戊戌，纪误作正月。三、《百官表》标题下师古注引"汉制云云"，略同前二者，惟多"比千石者八十斛"，比六百石较一、二多数斛，又不记斗食、佐史之秩。四、《百官表》县令下师古注引"汉官名秩簿"所举斗食、佐史二秩，与一、二同。五、《唐六典》一，《史记·外戚世家》索隐引《汉官仪》大保、中二千石、二千石月奉，同于一、二。六、《初学记》十一"秦汉秩有中二千石、真二千石，凡四等。……真二千石月得粟百五十石"，其所述中二千、二千、比二千石月得粟，与一、二同。七、《汉书·外戚传序》师古注云"真二千石月得百五十斛"，与六同；同序所注中二千及二千石斛数，同一、二。八、《百官志》补注引"古今注曰永和四年（公元138年），初与河南尹及雒阳员吏四百〔石〕二十七人，奉月四十五斛"，四百指四百石，省石字，韦昭误读为427人；据《汉官》，雒阳令下四百石者18人。

以上一至三是完备的奉例，三者稍有差别，应以李贤注为正，因它和延平制相符合。三者斛数差次，各成系统，不能说为文字之误。东汉和西汉在秩别上不同之处，无真二千、比二千、八百、比八百、五百、五等。后三者当是阳朔除去的。真二千石见于师古注及《初学记》亦见于延平制，应补入。比千石秩，惟见师古注，亦暂时列入。此外，《通典》三十六所述"汉官秩差次""后汉官秩差次"，系将建武制分列两汉，殊不可据，而内容并收一至三所述，故不录。《册府元龟》五〇五所述汉奉禄制，同于李贤注，惟"比六百石者六十斛"及"是时三公号称万石"皆本诸师古注。又《玉海》一三五，四石为八十斛，同李贤注。

建武奉例述"某秩奉,月若干斛",于其末曰"凡诸受奉皆半钱半谷"。刘昭补注引荀绰《晋百官表注》所述延平中(公元 106 年)奉例,实为建武奉例的具体说明,惟仅举九秩。荀注述延平中"某秩奉,钱若干,米若干斛",分别半钱半米,而将谷折为米。其所述可分为二类:(甲)六百石以下,将建武制谷斛数平分为二,而加以折合。半谷之数,以百钱抵一斛,作为半钱之数。半谷之数,以一斛谷折为六斗米作为半米之数。如建武制"六百石奉,月七十斛",抵钱 7000 或折米 42 斛,半之则为钱 3500 与米 21 斛。六百石以下,均同此例,惟"二百石月钱一千",似为"千五百"之误,始合建武谷 30 斛之数。此制施行至于东汉末,《后汉书·崔寔传》桓帝初除为郎,卒于建宁中(公元 147—169 年),其《政论》曰"夫百里长吏……一月之禄得粟二十斛,钱二千"(《群书治要》四十五引)。(乙)千石以上,荀注延平中例的半钱是建武谷数抵百钱而半之,与六百石以下同;惟真二千石半钱 6500 折成谷而倍之为 130 斛,而《初学记》、师古注作 150 斛似有错误。至于半谷,不能如六百石以下六折为米,且无一定比例,此中或别有原故。

荀绰所述延平例,是半钱半米形式,实质上是建武的半钱半谷,因此东汉末崔寔所述仍同建武之制。此种制度应确立于永平四年(公元 61 年),即建武定制后十年以前,敦煌汉简可证:

> 入七月奉穊麦八斛,建武廿九年七月丁酉高望隧长代张满受万岁隧长赦　　沙
> 565(流沙,廪给 10)

> 入七月奉麦四斛,永平四年七月乙亥　　沙 566(流沙,廪给 13)

此出 T 27,在今敦煌县东北、西安县西,乃敦煌中部都尉万岁候官所属。第一简在建武二十六年定制以后,隧长月奉八斛乃佐史之秩,可见此时边郡已行此制,唯所受或系全谷。至永平四年所受四斛,当系隧长半谷之数。王莽元凤三年六月以后至建武廿六年五月以前,似乎曾试行全谷之制,敦煌汉简曰:

> 入正月奉穊麦三石　　建武廿六年正月甲午安汉隧长孙忠代王育受音　　沙 563
> (流沙,廪给 9)(T 27)

> 入五月奉秔麦三斗　　建武廿六年五月戊寅安汉隧长代孔充受卒□　　沙 564
> (流沙,廪给 8)(T 27)

> 入正月穊麦一斛　　建武廿二年闰月廿六日癸巳平望朱爵隧长宋力右受尉史仁
> 沙 484(流沙,廪给 7)(T 15 a)

第一例的麦三石,倘为小石麦米,则原麦当为五石,此与王莽僚(佐史)禄岁 66 斛、月 5.5 斛相近。与上述沙 565 简相参考,似乎建武廿六年前曾有过以全谷为奉的过渡。

本文末将四种文献和西汉简所述,汇列为"两汉月奉例表"。由此表中的延平例与西汉例相比较:千石以上,延平的半钱少于西汉的半月奉;六百石以下,延平的半钱多于西汉的半月奉。延平例就是建武奉例,所以建武廿六年定制时诏曰"其千石已上减于西京旧

制,六百石已下增于旧秩"。比较两汉奉例,所增所减俱在十分之五以内,则西汉奉例所举钱数应为奉禄的全部,此外别无谷物;而官吏的口粮则取诸公仓,所谓"廪食太官",汉简所谓"月廪"、"月食"。张掖汉简(甲 20)有"一月奉用钱若干、一岁奉用钱若干",亦可以作西汉以钱为奉的助证。

汉代张掖郡的边塞在额济纳河流域,在长约 250 公里长的河岸上设立了许多亭障。北段为居延都尉府,治所在破城子;南段为肩水都尉府,治所在大湾。两都尉下各辖五个左右候官。都尉府和候官的档案中皆有"奉名籍",其簿检见于以下各简:

> ……年闰月吏受奉名籍　　254·4
>
> □□元年十二月吏奉[名籍]　　123·17
>
> 第四部居摄元年十二月尽二年正月吏受奉名籍　　154·34(以上破城子)
>
> 本始三年八月戊寅朔癸巳张掖肩水都尉……受奉赋名籍　　511·40
>
> ……奉名籍　　491·9(以上大湾)
>
> 元始二年正月受吏奉名籍　　458·3(博罗松治)
>
> 元康三年七月尽四年九月吏已得奉一岁集赋　　126·42
>
> 建昭二年吏奉赋名籍　　236·1
>
> 居摄元年十月·凡奉三千九百八十　　131·27+47(甲726)(以上地湾)

破城子、博罗松治和地湾分别为甲渠、卅井和肩水候官所在,这些奉名籍应属于候官所保存的,而大湾出土者为肩水都尉的奉赋名籍,出土破城子者也属于居延都尉的。

这些奉名籍的簿子,出土后已经散乱,有的或许出土时本已残缺了的。以下主要的记录张掖汉简(即居延汉简)中的有关奉钱诸条,间亦附录一、二条敦煌汉简,按奉钱多少顺序排列如下:

> 6000　始元六年十一月奉用钱六千　　90·34+44(甲543)(大)
>
> 3000　候一人　未得七月尽九月积三月奉用钱九千　　127·28(破)
>
> 　　　一岁奉用钱三万六千　　270·12(破)
>
> 　　　出钱三千　七月丁巳令史临付出 300·11+350·27+350·32(地)
>
> 2000　·右塞尉一人秩二百石　已得七月尽九月积三月奉用钱六千　　282·15(甲1509)(破)
>
> 　　　出钱四千　给尉一人四月、五月奉　　18·20(甲 2419)(破)
>
> 　　　……八千给尉外人　　521·13(大)
>
> 　　　……月奉　出钱四千……　　237·12(地)
>
> 1800　第四候长夏侯放三月奉钱千八百,已前出　　甲附 1
>
> 　　　出赋钱千八百　　212·39(金关)
>
> 　　　出钱千八百　　250·9(甲1310)(地)

1600　东便候长柏明取还重取奉钱千六〔百〕　　　507·11(破)

1200　居延甲渠候长张忠未得正月尽三月积三月奉用钱三千六百，已赋毕　　　35·5

（甲246）（破）

铚庭候长王疆三月奉钱千二百　　　279·26(破)

……〔三月〕奉钱千二百，四月奉钱千二百，五月奉钱千二百　　河平二年五月辛

酉掾常付士吏宗　　　178·19(破)

其它　破城简：4·26，84·30，180·25；地湾简：300·4，407·12(甲1806)；大湾简：

514·19(甲2159)

1000　移乡左所负卒史斡卿钱千，唯卿=以十月奉钱千付斡卿，以印为信

282·4+11(甲1508)(破)

900　出赋钱八万一百，给佐史八十九人十月奉　　　161·5(甲957)(破)

斗食吏三人　一月奉用钱二千七百　一岁奉用钱三万二千四百　　　4·11

（甲20）（破）

出赋钱二千七百　给令史三人七月积三月奉　　　104·35+326·12(甲611)(破)

啬夫宋汤九百　　　407·6(甲1829)(地)

尉史李卿六月尽八月奉二千七百　　　161·12(甲961)(破)

第廿三候史淳于良　十一月奉钱九百　　　267·27(甲1407)(破)

第廿二隧长史丰　七月禄钱九百　　　214·25(甲1206)(破)

其它　破城简：286·17（甲1561），89·17（甲511），267·13（甲1402），4·20

（甲26）

720　…(肩水关)啬夫王光　十一月奉钱七百廿　十二月辛酉自取　　　31·8(地)

（或误作3·18）

百石吏　　　90·56+303·30(甲547)，见下禄帛节

700　元年十二月尽二年正月积二月奉钱千四百十二月丙辰自取　　　95·10(破)

……十一月尽二月积四月直二千八百　　　226·17(地)

600　广谷隧长韩昌　元凤元年六月辛丑除　未得本始三年正月尽三月积三月奉用

钱千八百　已得河内赋钱千八百　　　498·8(甲1894)(大)

出赋钱六百　以给广谷隧长安世元康三年三月奉　　　433·33+48(甲1836)(地)

居延甲渠次吞隧长徐当时　神爵二年正月庚午除　未得七月尽九月积三月奉

用钱千八百　已得赋钱千八百　　　57·8(甲399)(破)

□赏隧长鱳得富□里牛庆　元康四年正月己亥除　未得元康四年三月十四日

用钱三百八十　已得三月十四日奉　　　560·4(地)

出十月尽十二月奉钱千八百　神爵三年四月辛未甲渠候官庆付□□候破胡隧

159·22(破)

出十二月吏奉钱五千四百，候长一人，候史一人，隧长六人　五凤五年正月丙
　　子尉史寿王付第廿八隧长商奉世、卒功孙辟非　　311·34(甲1658)(破)

其它隧长　破城简：220·2+11(甲1226)，33·1+103·2，6·17，26·19+30
　　(甲198)，160·5(甲946)；地湾简：564·5，433·19，585·7，332·15，350·7+42
　　(甲1788)；金关简：15·3；A25简：196·8

居延甲渠候史王武　未得正月尽三月积三月奉用钱千八百，已赋毕　　507·4
　　(甲2018)(破)

广昌候史敦煌富贵里孙毋忧未得二月尽五月积四月奉用钱二千四百　　沙62
　　(敦煌T6b)

出临木候史钱千二百　　72·40(破)

尉史李凤　自言故为居延亭长——取四年正月奉六百　　178·30(甲1013)(破)

出二千四百□(尉史)校之，辅各二月奉　　173·15(甲980)(破)

其它　破城简：174·19，40·19，82·33，101，15，264·34；地湾简：564·21(甲2395)，
　　336·16，350·14，350·16；大湾简515·12+13+18(甲2111)，511·24，521·23

570　入都内赋钱五千一百卅　给甲渠候史利上里高何商　地节二年正月尽九月积
　　九月奉　　111·7(A14)

500　·右属令史寿光廿五人　未得积三月二十九日奉用钱万一千九百四钱
　　216·6(甲1195)(大)

480　司马令史行伦始元六年七月甲子除　未得始元六年十月奉用钱四百八十
　　90·2+12+60(甲536)(大)

令史覃赢始元二年三月乙丑除　未得始元六年九月奉用钱四百〔八十〕
　　305·45(甲1616)(A22)

……〔四〕百八十　给关佐邦霸　　116·24(甲657)(地)

……未得始元六年十一月奉用钱四百八十　　513·38(甲2175)(大)

……未得始元六年九月奉用钱四百八〔十〕　　513·40(甲2168)(大)

400　见下禄帛节

360　书佐樊奉始元三年六月丁丑除　未得始元六年八月奉用钱三百六十
　　303·21(甲1592)(大)

书佐孙临国始元四年六月丙寅除　未得始元六年五月奉用钱三百六十
　　303·49(甲1624)(大)

使史　303·5(甲1583)，见下禄帛节

300　……□光六月奉钱三百　……〔天凤上〕戊五年十月丁丑除……　　231·38
　　(破)

……弘曰若即取彊十月奉钱三百　　317·26(甲1694)(破)

初元四年正月壬子莫山隧长明敢言之赵子回钱三百唯官　以二月隧钱

三〔百〕……282·9（破）

出钱三百　三……　　350·6（地）

200　……奉钱二百……　　54·8（甲 417）（地）

100　奉百以上闰月廿五日见去前居延肩水后□□　　81·11（A22）

以上诸简，最多的出于破城子，其次是大湾和地湾，只有很少几条出于 A22 和 A14。前三者是甲渠候官（亦居延都尉府）、肩水都尉府和肩水候官所在。这些简中，虽有极少数（如 231·38）属于王莽时代，大部分属于武帝末至西汉末，可以代表西汉之制。它们虽分出于两个都尉，在制度上大致是没有多大差别的。但是它们不能代表武帝以后的一成不变的西汉制，也不能说边郡的制度和内郡完全一样。

以上所列奉钱数共有 19 级，并不是同时的。候长月奉有 1200 和 1800（也有 1600）两种；元凤三年百石吏月奉 720 而它简百石的卒史月奉 1000；本始三年至神爵三年隧长月奉 600 而它简有作 900 的；地节二年候史月奉 570，五凤五年月奉 600，而它简有作 900 的；尉史月奉为 600 或 900。这五种吏，都有两种月奉，而第二种月奉较第一种多十分之五，这就是前所述神爵三年（公元前 59 年）"益吏百石以下奉十五"的说明。神爵三年的益奉，限于百石吏以下，百石吏、隧长、候史等级应属于益奉的范围之内。有年号的汉简，只能说明神爵四年以前的隧长月奉为 600，而隧长月奉 900 者皆未见年号。我们倾向于这三级吏是神爵三年益奉十之五的。但甲 1658 一简，以 5400 钱给候长、候史各一人和隧长六人的月奉，则隧长、候史各为 600，候长为 1200，此在五凤五年（公元前 53 年），当神爵三年益奉后六年，似乎此时尚未益奉。那末另外一种可能，绥和二年"益吏三百石以下俸"，不但这三级吏应该益奉，较高的候长一级也在益奉之例。由于出土汉简记述月奉而有年号者较少，我们只能作如此的推测，说明西汉月奉曾有改易，隧长等月奉之有 600 与 900 之别，由于益奉前后的差别。

元凤三年百石吏月奉 720，是在神爵三年益奉之前，可证秩百石月奉 720，此与如淳所引汉律"百石奉月六百"不同。汉简神爵四年前隧长月奉 600，相当于汉律的百石奉，而隧长秩次实在百石以下，据前引敦煌建武简应是佐史。此可见边郡的都尉所属吏的月奉较高于内郡。内郡属吏的升迁是顺序而进的，而边郡则往往以低级小吏代行上级之事。汉简候秩比六百石，月奉 3000，而候长、士吏、关啬夫可以兼行候事，隧长、亭长亦可以兼行候事。

汉简的月奉钱称为"奉用钱"，亦作"奉钱""用钱""禄用钱"或"禄钱"。月奉以钱，偶亦以布帛代替，称为"奉帛""禄帛""禄用帛"或"用帛"，其例如下：

始元三年九月四日以从受物给甲帛若干匹，直若干以给始元三年正月尽八月积八月

奉　　509·19（甲 2048）

出河内廿两帛八匹一丈三尺四寸大半寸，直二千九百七十八，给使史一人天凤三年正

月尽九月积八月少半月奉　　　303·5（甲 1583）

出广汉八稷布十九匹八寸大半寸,直四千三百廿,给吏秩百〔石〕一人元凤三年正月尽

　　六月积六月〔奉〕　　　303·30＋90·56（甲 547）

已得五月廿日奉一匹三丈三尺三寸,直七百……　　　187·22（甲 1087）

……年四月尽六月积三月奉用钱……廿六两帛 五匹 二尺 直千……　　　522·2（以上

　　大湾）

入布一匹直四百,絓絮二斤八两直四百　凡直八百给始元四年三月、四月奉　　　308·7

　　（甲 1617）（瓦因托尼）

……越就　正月禄帛一匹,二月癸巳自取　　　394·1（博罗松治）

凡吏十人　用帛廿二匹　　　137·21（甲 781）

候史靳望　正月奉帛二匹直九百　　　89·12（甲 2428）

……禄用帛十八匹　　　480·11

四月禄帛一匹直四……钱四百一十……　　　39·30

右庶士士吏、候长十三人　禄用帛十八匹二尺少半寸,直万四千四百四十三

　　210·27（甲 1149）（以上破城子）

以上诸简,需加说明。303·5 "使史" 之使,所释不确,但此吏积八个月又少半月（约十天左右）奉钱为 2978,则月奉为 360,与书佐同。303·30＋90·56 "秩百石" 遗一 "石" 字,参同地所出简 509·7（甲 2057）可知,百石吏用奉为 720,与关啬夫同。308·7 未言何吏,月奉400。89·12 候史月奉 900,与它简同。凡此可见用布帛之价折合现钱,而此折合的钱数即该吏应得的月奉钱数。甲 1149 是王莽时简,秩百石为庶士,据此简,百石的士吏和候长十三人的月奉为 1111 钱,较西汉简之作 1200 者为少。此为新制,月奉即少而以士吏、候长秩为百石,亦不同于西汉。《汉书·王莽传》中天凤三年五月莽下吏禄制度日述当时 "国用不足,民人骚动,自公卿以下,一月之禄,十稷布二匹或帛一匹",则当时也曾以奉帛代奉钱。是年,始制定以谷为奉。

　　边郡屯戍官吏的月奉,来自内郡的赋钱,因内郡财政支绌,赋钱有时不到,不能发奉。地湾简 53·19（甲 378）日 "元始五年九月吏奉赋钱不到,未得五年十一月二十六日以来奉"。汉简屡记 "未得某月奉",当由于赋钱未到,最多的见于始元六年（公元前 81 年）五月至十一月诸简,也见于本始元年十月和三年三月诸简。上述以布帛代奉钱诸简,只有始元三年、四年和元凤三年等年号,汉简于此诸年尚无赋钱未到未得奉的记录,故不能直接证明以布帛代奉钱与赋钱不到的直接关系。但由天凤三年之例,可知由于国用不足,才发布帛。然王莽天凤中公卿以下月禄为布二匹或帛一匹,一律用整数,则是当时权宜之计,和西汉的以帛代钱不同。汉简所示,以布帛时价折合月奉,所以布帛尺寸分裂有零数。但在汉元帝时,确曾有人主张以帛代钱,《汉书·食货志》述贡禹言 "除其贩卖租铢之律,租税禄赐皆以布帛及谷,使百姓壹意农桑。议者以为交易待钱,布帛不可尺寸分裂,禹议亦寝"。

汉简所见 19 级奉钱数,是可以归并为较少的等级的。这些等级应与秩级相联系。汉简所见西汉秩别有以下诸例:

(1)·右比二千石百一十一人　　　53·20(甲 380)（地湾）

(2)·建始元年九月吏六百石□□□簿　　　145·3(甲 804)

(3)·右鄣候一人秩比六百石　　　259·2(甲 1367)

(4)·右塞尉一人秩二百石　　　282·15(甲 1509) 尉一人秩二百石,书佐七人　　尉三
　　人秩各二百石,候史廿人　　　199·11(甲 1178)

(5)·右百石吏四人　　　132·5

　　百石吏二百,斗食吏二百,佐史百　　　76·29

　　出百石吏二…　　　78·16

　　察长史□百石吏十二人,斗食吏二人,佐史八十八人,钱万二〔千〕……　　　59·40
　　+220·12(甲 424)

　　……等吏秩皆百石,移簿书事以俟就为常官　　　285·20(甲 1546)（以上破城子）

　　卒史秩各百石,员二人　　　沙 391（敦煌T14a）

　　……给吏秩百石二人元凤三年四月尽九月积十四月奉　　　509·9(甲2059)（大湾）

(6)·右斗食斗吏二人　　　52·61（第二斗字衍） 斗食吏三人　　　4·11(甲 20)

(7)·右佐史七十人,其四人病,六十六人所上　　　265·27(甲 1388)
　　·最凡吏百石以下七十四人　　　214·76(甲1193)（以上破城子）

以上有·号者皆簿检。此七秩分别说明如下:

(1) 疑指全国都尉。《百官表》郡都尉秩比二千石,而《元帝纪》建昭三年令三辅及大郡都尉皆秩二千石。汉简无都尉月奉的记录。

(2) 据《百官表》都尉丞秩六百石。《汉官仪》记武帝时度辽将军下“长史、司马皆六百石”。汉简月奉 6000 者当是都尉丞、司马之属。

(3) 据简,候秩比六百石,月奉 3000。《百官表》西域戊己校尉下有“候五人,秩比六百石”,与简合。《百官志》大将军营五部“部下有曲,曲有军候一人,比六百石; 曲下有屯,屯长一人。比二百石”。曲候相当于军候或鄣候,则其下屯长相当于汉简的候长,候长应为比二百石。据简候长及士吏,月奉初为1200,后为1800,少于二百石之尉。

(4) 据简,塞尉或尉秩二百石,月奉 2000。《百官志》“诸边障塞尉,诸陵校尉长,皆二百石”,与简合。

(5) 据简,元凤三年百石吏月奉 720,始元六年某吏月奉 720,啬夫王光月奉 720。此关啬夫王光于甘露元年十一月以小官印兼行候事（甲 1125）,小官印乃半通,秩在二百石下,《汉旧仪》曰“二百石以上皆为通官印”,可证。所以月奉 720 的关啬夫当秩百石,与卒史同。《汉书·儿宽传》注引《汉注》曰“卒史秩百石”,与汉简合。武帝后元元年简(95.10)有月奉 700 者,当亦百石吏; 至无年号卒史月奉 1000 者,当在益奉十五之后。

（6）《百官表》曰"百石以下有斗食、佐史之秩"，《汉书·惠帝纪》注云"如淳曰律有斗食、佐史。韦昭曰，若今曹史书佐也"，《通鉴·汉纪五》胡注引《汉官》云"斗食佐史即斗食令史"，《汉书·外戚传序》师古注云"斗食谓佐史也"。据韦昭注、《汉官》及师古注，斗食佐史是一级；据汉简则分别斗食吏与佐史为二，同于东汉之制。汉简虽分别斗食吏与佐史为二，但二者月奉皆为900，则此二等虽有高下之分而月奉相同。破城子简42·16（甲297）"居延甲渠候斗食令史"，地湾简10.17"显美传舍斗食啬夫"，则令史与啬夫皆为斗食吏；《汉官》雒阳令"斗食令史、啬夫、假五十人"；《汉旧仪》丞相少史下有"书令吏，斗食"，御史四科下有"令史皆斗食，迁补御史令史"，与简合。汉简尉史，职与令史相近，今暂入斗食吏。

（7）佐史一级，在内郡包括书佐、狱史及亭长。《汉书·薛宣朱博传赞》曰"薛宣、朱博皆起佐史"，而本传曰"薛宣……少为廷尉书佐、都船狱史"，"朱博……少时给事县为亭长"。敦煌汉简（沙565）"建武廿九年隧长月奉八斛，据建武廿六年制，应是佐史之秩"。汉简亭长，职与隧长相近，今与候史并暂入佐史。大湾简又有戍曹佐史（甲1953）上计佐史（甲1935）和监渠佐史（甲1893），则是肩水都尉府所属诸曹的佐史。

以上所述七秩，斗食、佐史于汉简又称为"吏百石以下"。然汉简尚有月奉500至100者，应属佐史以下。综上所述，将汉简所见西汉武帝以后不同等级月奉列表如下：

秩级	官吏	益奉以前月奉钱	益奉以后月奉钱
比二千石	都尉		
六百石	都尉丞、司马	6000	
比六百石	鄣候、候	3000	
二百石	塞尉、尉	2000	
比二百石	候长	1200（五凤五）	1800,1600
	士吏	1200（河平二）	
百石	百石吏	720（元凤三、始元六）	
	卒史		1000
	关啬夫	720（甘露元）	
	××	700（后元年）	
斗食	斗食吏	〔600〕	900
	令史	〔600〕	900
	啬夫	〔600〕	900
	尉史	600	900
佐史	佐史	〔600〕	900
	隧长	600（本始三至神爵三）（五凤五）	900
	候史	570（地节二）600（五凤五）	900
	亭长	600	
佐史以下	属令史	500	
	司马令史	480（始元六）	
	令史	480（始元六）	
	关佐	480	

秩 级	官 吏	益奉以前月奉钱	益奉以后月奉钱
	××	400	
	书佐	360（始元六）	
	使史	360（元凤三）	
	××	300	
	××	200（或200＋）	
	××	100	

以上有方括弧号者，未见汉简，推定为益奉前应作的钱数。若不如此解释，则斗食、佐史月奉900，反而高于百石吏，是不合理的。若照此解释，则益奉后斗食、佐史月奉900低于益奉后百石卒史月奉1000。佐史以下，还可分为若干级，汉简"奉百以上"，似乎100是最低的奉钱。《汉书·东方朔传》曰"令待诏公车，奉禄薄，……亦奉一囊粟，钱二百卌。与朱儒同"；褚少孙补《史记·滑稽列传》说"诏拜（朔）以为郎"。是汉武帝时之郎，月奉钱240，粟一囊为常人所食的廪食，当为大石二石。

西汉时又有"有秩"一级，介于百石与斗食之间，与"比百石"似未曾正式列于秩别名之中。汉简所见"有秩候长"（62·27，160·11，185·10，484·76）和"有秩士吏"（57·6，239·82），不同于王莽制的"庶士士吏、候长"（甲1149），似属建武初之简，兹不详论。

以上略述汉简奉例，汉简中有少数记载某处奉给总数或大宗者，有以下诸例：

 ·凡吏 百卌四人 十二万二千三百 504·7（甲1943）大湾

 甲渠候官吏奉钱十五万七百 264·11（破城子）

 甲渠官吏□入六百七人 □魏将军一月禄用钱十万八千八百五十 286.10
 （破城子）

 ……奉钱三万八千一百卅□…… 34·28（破城子）

第一例为肩水都尉府所出简，余皆甲渠候官所出。

综上所述，两汉奉例的变化可分为以下诸期：（一）汉高祖末及惠帝初，因秦制以石为秩，粗具二千石至佐史诸秩等第。（二）武帝末至西汉末以钱为奉，间代以布帛，其间秩名减除、官职秩级有升降，三百石以下两度益奉什五。（三）王莽（新）承西汉奉钱之制，最后六年曾企图以谷物代钱为奉，建武二十六年以前似受其影响。（四）东汉建武二十六年四月创立半钱半谷奉例，施行至东汉末，未有变更，延平例中所见半谷为半米。以上论述结果，具见文中的"西汉简奉例表"和文末的"两汉月奉例表"。由此可知班固《汉书·百官公卿表》所代表的，往往是班固当时理解的西汉之制，不尽符合不同年代稍稍改易的地方，其例与《地理志》相同。作者初治汉书，很不熟悉，而汉简材料又尚待系统整理，因此本文所涉论的必有不少错误，希望读者指正。

（本文所引居延简文，凡未注明甲字者，皆引自中国科学院考古研究所编辑中的《居延汉简甲乙编》）

一九六一年夏初作，一九六三年清明录毕。

两汉月奉例表

	西汉律文（单位钱）	西汉简（单位钱）	建武百官受奉例③（单位谷斛）	延平受奉例 〔钱〕（单位钱）	延平受奉例 〔米〕（单位斛）
丞相、大司马大将军④	60000①		360④		
御史大夫⑯	40000①				
中二千石			180④⑤⑥	9000	72
真二千石	20000①		'150'⑤⑥	6500	36
二千石	16000①		120④⑤⑥		
比二千石	12000②		100⑥	5000	34
千石			80,(90)⑧	4000	30
比千石			(80)⑧		
八百石⑮	9200②				
比八百石⑮					
六百石		6000	70	3500	21
比六百石		3000	55,(60)⑧⑨,[50]⑩		
五百石⑮					
四百石			50　[45]⑩⑪	2500	15
比四百石			45　[40]⑩		
三百石			40	2000⑦	12⑦
比三百石			37		
二百石		2000	30	"1500"⑬	9
比二百石		1200,1800	27		
百石	600①	700 720,1000	16	800	48
斗食	①	600,900	11⑫		
佐史	①	600,900	8⑫		
（佐史以下）		500—100			

表注　①如淳引汉律　②《汉书·贡禹传》　③左第一行光武纪李贤注引《续汉志》　④《汉旧仪》　⑤《汉书·外戚传序》师古注　⑥《初学记》十一　⑦崔实《政论》　⑧《百官表》标题下师古注，余同李贤注而无斗食、佐史之秩　⑨《册府元龟》505，余同李贤注　⑩刘昭补注本百官志"百官受奉例"正文，余同李贤注　⑪百官志补注引古今注　⑫《百官表》县令下师古注引《汉官名秩簿》　⑬原作"月钱一千"今改正　⑭此据律，"百官受奉例"作"大将军三公奉"，《百官表》标题下师古注作"三公号称万石"　⑮阳朔二年除　⑯绥和元年改御史大夫为大司空，禄比丞相

（原载《文物》1963年5期）

关于大小石、斛

石与斛 此二者本是不同的计数单位，汉以四钧为一石，重百廿斤；十斗为一斛。秦代官秩以石计，即以谷物奉禄的重量计算，如百石、千石之类，汉因之，所以官秩皆称若干石。西汉以钱为奉，故称秩若干石，月奉若干钱。东汉半谷半钱为奉，而以谷数为标准，所以称秩若干石，月奉若干斛，建武"百官受奉例"、"汉官名秩簿"，师古引"汉制"，《唐六典》、《史记·外戚世家》索隐引《汉官仪》，《汉书·外戚传》师古注"真二千石、二千石"，《续汉书·百官志》刘昭注引《古今注》所述永和制，皆如此；惟《初学记》卷十一述秦汉秩之二千石作"月得粟若干石"，此石字乃唐人语。《史记·滑稽列传》述淳于髡之语曰"臣饮一斗亦醉，一石亦醉"，审其下文，一石即十斗，是以重量之石代容量之斛，由来已久。汉简记廪食，亦往往以石代斛。《说苑·辨物篇》："十斗为一石"。我们以为，官文书上关于秩禄的条文上，"石"和"斛"是有区别的，"石"称秩级而"斛"称奉禄之数。但在通常记量之时，则可以石代斛。

粟与米之比率 谷或粟是未舂的原粮，舂成米则其重量与容量皆有耗折。《九章算术·粟米篇》曰："粟率五十，米率三十"，破城子汉简110·14云："粟一斗得米六升"，则知一斗粟折为六升米，其比率为10:6或5:3。

大石与小石的比率 瓦因托尼汉简148·15（甲858）云："凡出谷小石十五石为大石九石"，则大石与小石的比率和粟米的比率一样，也是10:6或5:3。《说文》："秙，百二十斤也，稻一秙为粟二十升，禾黍一秙为粟十六升大半升。"《说文》又云："糲，粟重一秙为十六斗大半斗，舂为米一斛曰糲。"重一石（秙百廿斤）、容十六斗大半斗之粟（原粮），舂后得容十斗之米，而十斗米的重量并不是百廿斤粟的十分之六，因米实重而谷皮轻。一石是人可担起的一担重量（百廿斤），故石亦称担。一石重的粟，去了皮以后所得的米实，稍轻于百廿斤粟的重量，仍由一人担起，所以有小石之名。此小石之米实，不是大石粟的重量的十分之六，而是大石粟的容量的十分之六，故大小石之称起于粟米的比率，而大小石不代表重量，只代表一种容量的"大单位"；大石容十斗，小石容六斗。大小石既是一种容量单位，虽其产生由于粟米的比率，但不能说大小石分指米与粟[1]。按理一大石（十斗）的粟折成一小石（六斗）的米，应该以大石称粟，以小石称米，然汉简中却有如下诸例：

---

[1] 此说见杨联陞《汉代丁中、廪给、米粟、大小石之制》（《国学季刊》7卷1期），并引姚鼐谓"古人大抵计米以石权，……计粟以斛量"（见《汉书·食货志上》补注所引）。

（1）用大石计

出廪大石一石八斗……　　488·5（甲1833）（瓦）

凡出谷大石九石　其一石五斗麦七石五斗糜……　　88·25（甲530）（瓦）

□入粟大石七十五石　　52·23（破）

入粟大石廿五石……　　33·3（甲225）（破）

出秫□大石二石……　　269·12（地）

出麦大石七石八斗　　503·2（甲1925）（大）

（2）用小石计

出麦小石五石四斗……　　88·20（甲525）（瓦）

五月丁巳粟小石百卅石　　509·28（甲2051）（大）

入廪小石十二石　　563·2（甲2378）（瓦）

（3）若干小石为大石若干石

入廪小石十二石为大石七石二斗　　148·41（甲849）（瓦）

凡出谷小石十五石为大石九石　　148·15（甲858）（瓦）

（4）用石计而指大石

出粟二石　廪候长扬禹六月食　　177·13（甲994）（地）

最　凡吏卒廿人用谷卅石　　332·6（甲1713）（地）

出麦二石　以廪水门隧卒王缲五月食　　253·10＋284·14（破）

（5）用石计而指小石

万岁隧长郅音　三月食粟三石三斗三升少……　　217·22（甲1200）（破）

第十三隧□□□食榜程三石三斗三升少　卒全弓始食榜程三石……

103·48（甲600）（破）

（6）用斛计

谷二斛　　299·20（地）

由以上可知原粮之粟，可以用大石、小石、石和“小石若干石为大石若干石”种种之例计之，所以不能说小石是专用以计粟的。特别是“出廪”、“入廪”的记载较多，或用大石，或用小石，并无一定。但此中似有界限，即谷、粟、糜、榜程及麦有大小石之称，而米、黄米、粱米则无之。

十斗斛与六升斗　从秦孝公时的商鞅量（升），经秦始皇时代的量器，直到西汉量器，都是同一的以2000毫升的容量为一斗，但亦有例外：

（1）故宫藏“万年县官铜斗河平二年考工冯教省造”的斗，其容量为1200毫升[1]，即小石的一斗，大石的六升。

（2）1959年武威汉墓所出方木斗和铜撮，就其体积推算出木斗容量为2507毫升，铜

---

1)　高自强《汉代大小斛（石）问题》，《考古》1962年2期。

撮容量为 2·64 毫升[1]）。此木斗，就大石来说是一斗二升半，就小石来说近乎二斗，即万年官斗的倍数，我们倾向于后者（推算可能有出入）。这说明，西汉时既有十升为一斗、十斗为一斛的量器，也有六升为一斗的量器，前者用以计算大石，后者用以计算小石。大石的一斗为 100 合（合为 20 毫升），小石的一斗为 60 合（合为 20 毫升），所以大小石的"斗"的内容不同，而其基数是相同的。《三国志·魏志·武帝纪》裴注引《曹瞒传》："行小斛，盗官谷，斩之军门"，此小斛可能是六斗之斛，也可能指非法的不足量的斛量，犹后世的小秤。若曹操军中所用的是合法的官斛，无论是十斗的或六斗的，都不可能引起军中的不满。两汉时代是否已有大小斛的名称，是难以肯定的。《汉书·货殖传》："漆千大斗"，师古注曰："大斗者，异于量米粟之斗，今俗犹有大量。"《史记·货殖列传》但作"漆千斗"，索隐曰："《汉书》作'漆大斗'。案：谓大斗，大量也，言满量千斗，即今之千桶也。"此所谓大斗，不知是否指大石之斗。

　　大斛与大斗　由上所述，大小石的产生虽由于粟、米的比率，但其成为两种"单位"后，不限于专为区别粟、米而用。为了计算方便计，汉代用此两种单位计算，也可能有两种量器（大石用 2000 毫升的斗，小石用 1200 毫升的斗），但它们都是一合（20 毫升）的倍数。汉简中有称大斛与大斗者：

　　　　……凡大斛二百五十六斛　　　306·2（地）

　　　　……为大斛二斗六升……　　　77·24（金关）

　　　　……大斗五斗二升　　　534·7（甲 2301）（瓦）

至于大小石，在汉简中除分别指明为大小石的以外，其泛称"石"的可以指大石，也可以指小石。建武奉例上六百石以下的斛是指大石的粟，前述延平奉例上的斛是指大石的米，一斛粟折为六斗米；在此粟和米都用大石计，也足以说明姚鼐"米以石权，粟以斛量"之不确。

一九六三年二月

---

1)　甘肃省博物馆：《甘肃武威磨咀子汉墓发掘》，《考古》1960 年 9 期，页 22—24。

汉代烽燧制度

汉代烽燧制度的考证，王国维根据一部分敦煌汉简在《流沙坠简·烽火类》最初有所阐明。其后劳干与贺昌群又据居延汉简作了专文的论述。此篇所述，除了蒐集较多的汉简材料外，对诸家之说也作了修正和补充。

此篇所述根据以下的资料：(1) 出土于居延、敦煌和玉门的所有汉简的有关部分，(2) 近人对于汉烽燧台遗址的考察记录，(3) 《墨子·备城门》篇以下并其后汉、唐间文献，(4) 唐代的烽式和其它记载唐代烽制的文献。

以下分六部分叙述：

一、烽台的建筑

二、烽火记录

三、烽具

四、烽火品

五、烽燧的设置

六、烽燧的职责

一、烽台的建筑

凌胡隧坞乙亥己戌，谨罢卒。候长候史传送卫。 沙 66（烽 41）

一人草涂□内屋上，广丈三尺五寸，长三丈，积四百五尺 沙 102（戍 27）

二人第人一□□□草涂内屋，广丈三尺五寸，积四百五尺，率人二百二尺五寸
沙 103

一人马矢涂□内地，广一丈 沙 104 与 109 系一片（沙氏无图）沙 104 长 7.7，
109 长 16.5 厘米，相加为 24.2 厘米，正为其它简的长度。

…〔广丈一〕尺，长三尺，积三百三尺 沙 109

四人马矢涂□□，长四丈九尺，广六尺，积二百九十四尺 沙 105

三人马矢涂□上内地，广七尺，长十丈四，积七百廿八尺 率人二百卅〔二〕尺□
□〔七寸〕 沙 106

一人马矢涂亭户前地二百七十尺 沙 107（戍28）

高四丈二尺，广丈六尺，积六百七十二尺，率人二百廿三尺〔五寸〕 沙 108

……三尺,积二百一十二尺　　　沙 110

二人削除亭东面,广丈四尺,高五丈二尺　　　沙 111(戍 29)

卒王成　主坞户　　　沙 185　以上 T6B

户关戍各二　　　沙 606(杂 46)

户关二,楼楪四,木椎一,户戍二　　　506·1(甲 1951)

门关戈随,坞户穿　　　68·109

外坞户下□,内坞户毋一□　　　68·63

坞陛坏败不作治

户与戍不调利　　　沙 433(戍 30)　T4B

服胡隧不□符坞户上　　　沙 457(4B)

□积薪东顷第十四隧长房,井坞上北面新伤不补　　　104·42 B

坞上不验除,不马矢涂　　　264·32(甲 1383)

坠长更生垒亭簿　　　54·23 A

肩水戍亭二所,下广二丈八尺　　　54·23 B

长十丈七尺坞

坞高丈四尺五寸,按高六尺,衔□高二尺五寸,任高二丈三尺　　　175·19 A

□高三丈□　　　310·15

五凤二年八月辛巳朔乙酉□,甲渠万岁隧成,迺十月戊寅夜堕坞徒伤要有廖,即
　　日视事敢言之。　6·8(甲 44)

第三坠(中略)治万岁坞　　　214·118

由上可知亭台之下有坞,分为内坞、外坞。坞垣高丈四尺馀,故有堕而伤腰者。内外坞的出入口,皆置门户,有卒主之;户有关、戍(牡)以闭之。坞在台下,故上升于亭台有坞陛,《说文》"陛,升高阶也","阶,陛也"。台下坞内及坞外亭户前之"地",皆以马矢涂之;坞内"内屋"则用草涂。《说文》曰:"隝,小障也,一曰庳城也",《后汉书·马援传》注云:"字林曰隖,小障也,一曰小城,字或作隝。"《后汉书·西羌传》曰"缮作坞候六百一十六所","筑冯翊北界坞候五百所",《马援传》曰"缮城郭,起坞候",候者即《汉书·武帝纪》注"师古曰:汉制每塞要处别筑为城,置人镇守,谓之候城,即此障也"。候城或障大于坞而同类。《后汉书·樊準传》曰"修理坞壁",《西羌传》曰"于扶风、汉阳、陇道作坞壁三百所",《顺帝纪》永和五年作"坞三百所,置屯兵"。是坞壁即坞,以居兵卒。《后汉书·皇甫规传》曰"覆没营坞",《一切经音义》卷十一引服虔《通俗文》曰"营居曰坞"。坞为小障,故障壁连称,居延简曰"诣近所亭隧障辟(上下略)"(甲 2285)文献称坞见于《后汉书》,然甲 44 五凤二年简已有坞名,是西汉已有坞。汉简屡称"坞上",坞上之亭如许慎所释乃是隧而亭下周围坞壁以其内屯兵居屋则称为坞,故万岁隧亦可称为万岁坞,隧长亦可称为坞长:

(上略)肩水金关居延坞长(下略)　　　15·18

《说文》曰"高，崇也，象台观高之形"，"亭有楼，从高省丁声"。《释名·释宫室》曰"楼谓牖户之间有射孔楼楼然也。台，持也，筑土坚高能自胜持也。櫓，露也，露上无屋覆也"。由此可知台上有楼的整体结构为亭，而台与楼亦分别可以名为亭。汉烽台上有两个附属建筑，一为台上的方屋，一是台旁跳出之櫓，《释名》所谓露上无屋者。《汉书·刘屈氂传》师古注云"一说櫓，望敌之楼也"，《文选》卷八《上林赋》"泰山为櫓"注云"櫓望楼"，《广韵·姥部》曰"櫓城上守望楼"。汉简称之为候楼或候樐：

　　　候楼不垂涂墍　　　214·5

　　　堠樐不堪　　　214·8（甲 1169）

　　　楼楪四　　　506·1（甲 1991）

堠樐即候櫓，《后汉书·袁绍传》注云"候櫓者露上无覆屋也"，櫓之作樐，犹舟櫓之或作艪。《史记·魏公子传》集解引汉末文颖述烽火之制谓"作高木櫓，櫓上作桔槔"者即此候櫓。候櫓亦即候楼，《墨子·备城门篇》曰"三十步置坐候楼，楼出于堞四尺，广三尺，广四尺（两广，一当作长），板周三面，密傅之，覆盖其上"；《通典》卷152引《守拒法》曰"邻敌上建堠楼，以版跳出为櫓，与四外烽戍昼夜瞻视"，"城门扇及楼堠以泥涂原备火"。候櫓候楼亦名楼櫓：《太白阴经》卷四"楼櫓，城上建堠楼以板为之跳出为楼櫓"（《太平御览》卷336引《卫公兵法》略同）；《太平御览》卷336引周迁《舆服杂事》曰"汉世祖造大战车，驾数牛，上设楼櫓，置疆塞之外以拒匈奴"，又引韦昭《吴书》曰"楼櫓临城"，又引《陶公故事》曰"其城楼櫓攻具备设"，则指攻具之车上楼櫓（即望楼）。候楼涂墍防火，犹《通典》所述之以泥涂厚及《墨子》之密傅之。

　　唐代烽台之制，详李筌《太白阴经》卷五烽燧台篇（亦见引于《武经总要》前集卷五），《太平御览》卷335李靖《卫公兵法》及《通典》卷152《守拒法》所述略同。《守拒法》曰"烽台于高山四顾险绝处置之，无山亦于孤回平地置，下筑羊马城。高下任便。常以三五为準。台高五丈，下阔二丈，上阔一丈，形圆，上建圆屋覆之。屋径阔一丈六尺，一面跳出三尺，以板为（《太白阴经》有之字）上覆下栈。屋上置突灶三所，台下亦置三所，并以灰（《太白阴经》作石灰）饰其表里。复置柴笼三所，流火绳三条。在台侧近上下用屈膝（《太白阴经》作软梯）梯，上收下乘。屋四壁开觇贼孔及安视（《太白阴经》作置）火筒"。

　　此唐制于汉制有同有异，试分别言之。（1）台高，《墨子·杂守篇》"筑邮亭者圉之，高三丈以上"。《通典》述唐制台高五丈，不能视作定制，因地势高下任便而有所异。王氏引敦煌汉简亭"高五丈二尺"以为相当于《通典》的台高五丈，是不恰当的。汉尺（约23.3厘米）小于唐尺（约30厘米），二者既不可比拟，而同为汉代的烽台亦有高下之差别。阎文儒《河西考古杂记》所记敦煌西北汉烽台高度，自4米至7.7米（汉三丈三尺半）不等，（斯氏《行记》所记略同），而唐烽台若为唐五丈（约15米）则高于汉制。汉烽台高下既不一，故其宽亦不一，自4.5—8.0米不等，但大率皆上窄而下宽，其横剖面大率作四方形。（2）台上屋，唐制为圆屋，汉制多为正方形屋，如《杂记》所记 T 14 A（2.6×2.6米），T 23 E（2.9×2.9

×1米)。又所记 T 25（沙石墩），高为7.6米，台基每面为7.6米，台上方屋四面各为4.5米，台南有垣；其长度，东垣24.7，南垣25.5，西垣28.4，东垣距台东南角8.4，西垣距台西南角10.7米。案此即坞。斯氏记此台谓台高20英尺（=6.1米），台上屋高残存约12英尺（=3.6米），门向南，小屋四围有土坯垒成的矮垣，阶在西，尚残存阶梯栈孔（Ruins of Desert Cathay 下册 P.46，fig 162）。又记 T9 高20英尺，台顶屋已坍塌，有土坯矮垣（同上 P.93，fig 170）。（3）堠楼即台旁以栈木伸出，上铺木板的木橹，三面围板，夏日上有覆盖。居延简守御器簿中之"楼楪四"，当为楼板，三为围板，一为底板。《方言》卷五床，其上版"卫之北郊赵魏之间谓之楪"，《广雅·释器》"楪，版也"，楪即楪版。木橹上置夒干，故居延简（104·42 A)曰"蓬干展置毋盖"。堠楼常需涂墍，故居延简（214·5）曰"候楼不垂涂墍，又曰"烽火□□上盖墍不鲜明"（104·24)。（4）坞陛，即升降之阶级，汉制多为土阶[1]或以栈木为之。《通典》所说"屈膝梯"《太白阴经》作"软梯"，则是木梯或绳梯。（5）觇贼孔及视火筒，《通典》所述，《太白阴经》作"四壁开孔望贼及安置火筒"，火筒似不如视火筒为胜。因台顶方屋四壁开孔，所以望贼情烽火，并非放烟的火筒。汉制或亦有之，居延简曰："洞皆毋肩冒"（214·5）或为视火筒。（6）灶，《墨子·号令篇》曰"按一鼓，聋灶"，汉烽台上有灶一具而已。劳曰"今从汉代烽台之制察之，凡现存诸烽台，其上常有灶口，灶即在台顶，上施烟突。其较完整者，灶突尚黔，以草爝其中尚可以孤烟直上也"（考证上28）。唐制台上下各三灶。敦煌 T 6 B烽台，据斯氏所作平面图（《行纪》下册145页，附图184），在坞内东北角有炉灶一所，此或为炊饭取暖之灶，不是放烟所用。（7）内屋，居延简所谓内屋，作长方形（约3×7米），应是坞内戍卒居住之屋，后汉坞称营居，所以屯兵，必有居室[2]。唐制未见记录。（8）坞壁，居延简记坞长十丈七尺（=24米），坞高丈四尺（=3.26米），其尺度约相当于T 25的一边，其高度则同于《墨子·备城门篇》"百步一亭，高垣丈四尺，厚四尺，为闺门两扇，令各可以自闭"。唐制不详，台"下置羊马城"。

汉代一个烽台的布局及其尺度，可利用敦煌简所记和烽台实侧图[3]相比较。沙98—101记作墼，沙102—111记涂治坞亭，凡此皆即沙66所谓"凌胡坞乙亥已成，"诸简同出于T 6 B，乃凌胡隧所在。斯氏曾作了 T 6 B 的平面图，附有比例尺。应用此图和简文，受到三种限制：（1）图太整齐，恐不甚正确；（2）简所记乃某一戍卒涂墍的总计，所述广、长可能只是所涂墍的建筑物的某一部分；（3）图是烽台最后留存的尺度，中间应有修改。但我们试为比拟如下（单位米，先列图中尺度，次列简文尺度）：

1. 亭 底部6.40×6.40 亭东面广1.4丈，高5.2丈=3.26×12.11 高4.87(沙111)

---

1) 斯氏《行纪》下册附图 T8=171 T6B=184。《杂记》T13；《西征小记》"室旁砌土级上墩"。

2) 《行纪》下册 P13 记 T12A台下有数屋（fig 177)，又参 T6B 平面图 (fig 184)，P94 记 T8 (fig 171) 发掘台下小屋。《杂记》T13 东南两面，T14A 东，T15 东，T21 东，T24 东皆在屋。《西征小记》"墩下侧有小室方丈许，隔成四间"。

3) 《行纪》下册 P.145 fig 184=Serindia Ⅲ, plater 37；T 6 A 的记述见 Serindia Ⅱ p.644—645。

2. 东屋　内部 3.65×5.18(包括墙厚度，南北长 7.01) 内屋上广 1.35 丈、长 3 丈＝3.13×6.99(沙 102，103)

3. 户内地　2.74×6.1　口内地广 1.1 丈、长 3 丈＝2.56×6.9(沙 104＋109)

4. □□长 4.9 丈、广 6 丈＝11.41×1.39(沙 105)

5. □上内地，广 7 丈、长 10.4 丈＝1.63×24.23(沙 106)

6. 亭户前地 270(平方)尺

7. 高 4.2 丈、广 1.6 丈＝9.78×3.72(沙 108)

"亭东面"高五丈二即 12.11 米，而此台下基宽 6.4 米，其高度残存 4.87 米，按一般烽台的高度往往近于台基宽度，所以它最高只能是六、七米。然则 12.11 高度应包括台上的楼，可证明所谓"亭"是指楼和台而言的。沙 108 高四丈二、广丈六似指亭的别一面。凡此广丈四、丈六都是某一戍卒所涂亭面的一部分。此亭台下广 6.40 米，折汉尺约为二丈七尺四寸，而居延简曰"肩水戍亭二所下广二丈八尺"(54.23 B)，此下广二丈八尺(6.52 米)应指台基，则所谓亭即台与楼。王国维《流沙坠简考释》根据戍役类 29 简(即沙 111)的亭高五丈二尺也认为此"亭即烽燧台"，他的判断是对的而论据是错误的：第一，他据《通典》所述唐烽台高五丈为证，不知汉、唐丈尺不同；第二，他以为亭即烽台之台，而简所指乃包括台上的楼的高度。

"内屋"当指东面大屋，此屋内面积为 3.65×5.18 米，但南北长径若包括墙厚度则为 7 米。简言"内屋上"6.99 米当指屋上平顶的长径，正相符合。又内屋之西，内坞西南角一室有炕占有其半，亦是一住室，简文未及。

内屋之西，坞户内狭长之地，广为 0.61 米，南北长在 2.74 米以内，近于简"□内地广一丈一尺长三丈"＝2.56×0.69 米。但此门道之南、内屋之西一长方形地，其东西为 2.74 米。亦近于一丈一尺而稍长。

内坞四垣，南与北各为 8.53 米，西为 7.92 米，东为 7 米。简文"□□长四丈九尺(11.41 米)广六尺""□上内地广七尺长十丈四"(24.23 米)，其长不能容于内坞，似乎皆指外坞内地。

亭户前地 270 尺，乃是平方尺，当在坞外。

汉烽台以马矢涂地，以草涂屋，以白土涂屋。

　　……长单威，六月癸未受橄载堊，以己丑到……　　　　173·3(甲 976)

　　第廿五坠长张奉世　六月癸未受橄堊，以己丑到爨得堊十五石　　　173·23
　　　　＋173·10(甲 975)

《说文》"堊，白涂也"，《释名·释宫室》堊，亚也次也，先泥之，次以白灰饰之也，"《尔雅·释宫》墙谓之堊"注"白饰墙也"。以上均释堊为白灰饰之，即汉简之"涂堊"。但载堊，得堊十五石之堊乃是名词，乃指白灰。《文选·子虚赋》"其土则丹青赭堊"注引张揖、《穀梁》庄廿三释文并谓"堊，白土也"，《西山经》"大次之山，其阳多堊"注"堊似土色甚白"。

可知垩乃天然的白土。

二、烽火记录

(1)烽　　　□午下铺时使居延烽一通,夜食时堠上苣火一通,居延苣火……　　　332·13(甲 1695)

　　　　　　到北界举坞上旁烽一通,夜坞上……　　13·2(甲 116)

　　　　　　……橄坞上旁烽一通　349·27(甲 1782)

　　　　　　……坞上旁烽一通,同时付并山,丙辰日入时　349·11(甲1770)

　　　　　　……旁烽一通,夜食时……　349·14(甲 1777)

　　　　　　居延地烽一会　116·41

　　　　　　……烽再……　68·103

　　　　　　……旁再烽一……　455·5

(2)表　　　临莫燧长留入戊申日西中时使迹房燧坞上表再通,……坞上苣火三通……
　　　　　　126·40+536·4(甲 719)(通、坞之间有缺文,照片误接)

　　　　　　乐昌燧长己戊申日西中时使并山燧坞上表再通,夜人定时苣火三通,己酉日
　　　　　　……　332·5(甲 1705)

　　　　　　阳朔三年(中略)十一月丙寅……〔甲〕渠饼庭隧以日出举坞上〔〕(空未书)一表
　　　　　　一,既下铺五分过府,府去饼庭隧百五十二里二百〔步〕　28·1(甲 211)

　　　　　　…表至,第二燧,燧长不举　203·46　此从贺、劳作"表至第十二隧长不举"

　　　　　　七月乙丑日出二干时表一通至,其夜食时苣火一通自东方来,杜充见　　流沙
　　　　　　(烽 38)＝沙 85

(3)烽火　　出坞上烽火一通　元延二年七月辛未　　39·20

　　　　　　……〔中〕昼烽火一〔通〕　马 136

　　　　　　……中昼举……　沙 233(烽 36)

　　　　　　沙上燧和宜禾烽火　马 64

　　　　　　……烽火　118·16

　　　　　　一立和使烽火不起　225·21

(4)燔薪　　燔一积薪　列燧……　108·18

　　　　　　……□燔一积薪,夜入燔一积薪　279·12

　　　　　　(上略)蚤食时临木燓……举烽燔一积薪,房即西北去,毋所亡失,敢言之。(下
　　　　　　略)　278·7　觚(据劳释,《考证》1·40惟燔原释烟　参甲 2409)

　　　　　　……积薪,日入三分饼庭燓长周安付殄北　161·6(甲 963)

(5)苣火　　出堠二苣火一通　486·49

……〔苣〕火一通,人定时使坞上苣火一〔通〕……　　536·3＋349·29(甲 1781)

……一苣火一通,〔坞〕上一苣火一通,〔卒〕尹庆　　112·25 A

□一苣……　　140·20

二十日晦日举堠上一苣火一通酒　　中卅井燧　　428·6

……在界中叩头死罪敢言之

……见珍胡举二苣火、燔一积薪

……传言举二苣火、燔一积薪

……中昼受,铺时付山东隧　　427·2(博)觚

六月丁巳,丁亥第二百一十,苣火一通从东方来。十月丁亥莫夜未半,苣火一通
　　从东方来。　　沙 86

以八月十日辛丑□□□〔夜人定〕时苣火从东方来。　　沙 87

北尺竟燧举堠上离合〔苣〕　　482·7

苣火更申完　　255·31(甲 1327)

(6)火　　明火当以夜大半五分付累庑　　305·15

乙夜一火和木辟,卒光;丙夜一火,和临道,卒章;丁夜一火和木辟,卒通。 88·19
　　(甲 526)

不使复举火,火以故留　　482·21

……火四所大如积薪,去塞百余里,臣熹愚……　　403·19＋433·40＋564·28
　　(甲 1805)

(7)和　　·宜禾第八即举行诸□□　　108·10

·宜禾第八独和金城·都……　　108·11

(8)烽火札检　·望禁奸隧坞上薀火　　288·11

㊣望大积薪　　81·7

■望第二十二燧　　553·3

望步广烽　　沙 625(木楬)

大威关烽　　沙 278(烽 9)有穿

出火　　456·1

由上各简可知以下诸事:(1) 汉代所举烽燧有以下的类别:(a) 举于昼的有烽,表,烽
火,烟(见烽火品);(b)举于夜的有火,苣火,离合苣火;(c) 燔于昼夜的有积薪。(2) 放烽
多少之数(即一次一个烽台同时放举之数),据《烽火品》,烽与苣火皆自一至三为极数,记
录中只有一苣火,二苣火;《烽火品》及记录积薪只有一积薪。(3) 放烽持续时间或应灭次
数,有一通,再通、三通。(4)同一烽台设置不同的烽表(烽火架), 可分为 (a) 亭上烽
(见《烽火品》),(b) 坞上旁烽,(c) 地烽以及坞上、堠上。(5) 有始举烽之所,有应烽
之所。

　　以上各事,实际上乃烽火品中重要内容的一部分。但是,出土的烽火品简很少而又不齐备,有些烽火条例可能是口传而未见明文的。因此,根据汉简烽火记录可以补足已见《烽火品》以外的各种条例。但这些条例,可能因时间、地区不同而有差异。

　　白昼所举,烽、表、烽火、烟和燔积薪[1],其名称当有重复的,需加甄别。敦煌《烽火品》"虏守亭障,燔举,昼举亭上烽"(马42),居延《烽火品》则作"虏守亭障,不得燔积薪,昼举亭上烽一烟"(甲117)。此可证积薪与烟有分别。居延烽火札检"望禁奸坞烽火"(288·11)"望大积薪"(81·7)虽非出于一地,似亦可以推定积薪与烽火有别。烟与烽火不出自积薪,又与布表之表无涉,则只有放于烽头的兜零或灶突。烽火与烟当是一事,唐李颀诗《从军行》"白日登山望烽火",所望当是唐代通行的火筒中放出的烟。《汉书·匈奴传》曰"北边自宣帝以来数世不见烟火之警",烟火亦即烽火。由上所论,则汉制白日所放有三:(1)燔积薪,(2)放烟(兜零上或烟突上),(3)举表(布烽或布表)。

　　夜间所放的除积薪外,离合火与离合苣火乃是一事。《烽火品》有离合苣火而无一苣火,烽火记录中多作一苣火,两者或是一事。但二苣火、三苣火无称离合苣火者,似有分别。离合苣火可以称为离合火,则单称"火"的可能即是苣火的省称,一火即一苣火。

　　同一个烽台须同时放三烽、三苣,则必同时具三架烽表(烽火架)。在台顶上的,称为亭上烽。在坞外地上的,称为地烽,表曰地表。在坞上的旁烽,乃架于台旁跳出的橹楼或堠楼上。至于坞上可能即坞上旁烽,其表曰坞上火表。堠上或指堠楼上。《墨子·杂守篇》所称孔表、牧表、捶表,亦分别为三表,犹汉制之有地表、坞上大表。

　　烽燧之职在谨候望、惊烽火,前者是伺望敌情,后者是举和警报。简所谓"出堠二苣火一通","出坞上烽火一通",疑当属于始举烽之所;所谓"和"某之隧,当是应烽;所谓"表至","苣火一通自东方来"当是记所望。烽火札检之"望禁奸坞烽火"是望它隧烽火,"出火"疑指本燧所放。

三、烽 具

(1)烽　　　布烽三,一不具;布表一;鼓一　　　506·1(甲1991)守御器簿

　　　　　　布烽六　　　227·18

　　　　　　八月甲子买赤出缯蓬一完　　　284·24

　　　　　　烽绢不调□　　　68·63

　　　　　　烽布索皆小,烽皆白　　　311·31 A

　　　　　　烽皆白　　　214·82

　　　　　　今月余赤蓬一　　　517·11(甲2270)大湾

　　　　　　杆辟一呼哹,钩一不事用,烽一不任事　　　214·49(甲2431)

---

1)　《汉书·西域传》车师后城长国条"胁诸亭令燔积薪,分告诸壁日匈奴十万骑来入"。

烽一不事用　214·5

小烽一币一〔销〕不利　68·95

·即欲取烽,烽在万力隧长徐卿所,欲……　231·13 A

烽不可上下(下略)　127·24(甲 715)

·具木蓬一完　553·4

烽久(火)?用□咔呼　258·16(甲 1352)

烽火固函柈呼　214·47

烽火□□上盖埵不鲜明　104·24

索一绳一丈,烽火已到　214·14

(2)表　坞上大表一古恶　264·32(甲 1383)　贺 264·23

地表币,地表染埃　68·109

表二,不事用　82·1(甲 475)

表一,直三百八十　258·7(甲 1354)

守何表二,不鲜明　214·47

布二宜□时有表三□　67·13

阳城坞宽高,表厚上下举　175·19 B

(3)烽竿　地烽干顷　214·82

烽干展置毋盖　104·42 A

不侵部建平四年十一月亭隧烽干、转射、沙　□□〔直数〕簿　55·10

□〔上〕下烽,灭火,烽干长三丈　沙 694

儿部都尉烽□□夏时难灭火　沙 695

烽主四　沙 257(器 4)　主,王不释,劳释呈。疑当是柱。

(4)烽承索　▨烽承索八　49·3(甲 347)簿检

烽承十六个各一寸　3·27(甲 15)

(5)烽索　烽索　6·56(《考证》引,释文 194 引作 68·56)

▨第卅五隧烽索长三丈一完　元延二年造　393·9 A、B

烽索一币·已易　112·23(甲 636)

(上略)烽索□□干四小不任用,以承□举烽破绝　206·6

……□兰平毋□索二,地藁索三　145·15(释文 44,集刊 18:508)

下索长四丈五尺　354·4

(6)鹿卢　第卅四隧地烽鹿卢不调　136·7

紊举烽鹿卢　227·31

〔鹿〕卢不调利　139·9

(7)灶　灶一　68·40

　　为亭燧灶所四　　512·5(甲2117)

(8)鼓　　鼓一　　506·1(甲1991)守御器簿

　　　　鼓一□　　沙433(戍30)

(9)柝　　木柝二不事用　　89·21

(10)出火具　出火遂二具　　506·1(甲1991)守御器簿;505·10(甲1977)

　　　　卅井降庐爨出火椎钻　　305·17A　簿检

(11)薪苣　苣二帀　　68·95

　　　　苣百　　沙393(器32)

　　　　大苣廿　　沙131

　　　　大小积薪薄坠,烽苣少卅七　　82·1(甲475)

　　　　芳　　马矢橐各一毋,蒲薪、木薪各二石,沙、马矢各二石　　小苣三百　　柱(?)苣九

　　　　大积薪三　　506·1(甲1991)守御器簿

　　　　蒲薪十束,乾马矢三石　　213·50(甲1170)

　　　　蒲薪十束　　沙124(器49)

　　　　积薪八毋将絜不涂墆,大积薪二未更积,小积薪二未更,毋乾马牛矢内毋屋,毋

　　　　角火苣五十　　264·32(甲1383)

　　　　大积薪廿七,小积薪十二　　127·22

　　　　积薪四小□　　112·23(甲636)

　　　　积薪四所　　36·12(甲2449)

　　　　积薪八皆无石所　　142·30(甲797)

　　　　小积薪一上住顷,大积薪二上住顷　　214·8(甲1169)

　　　　小积薪,一上僵顷,卒张田取马矢不在署山　　214·108

　　　　小积薪一上便顷　　214·47

　　　　小积薪二便顷　　214·49(甲2431)

　　　　□积薪东顷(下略)　　104·42

　　　　积薪八毋得　　143·18

　　　　□一石,马矢二石　　沙393

　　以上各项大率皆属于守御器簿中的。有些简皆属于检,即守御器的标签。唐代烽台的设置,如《通典》卷152守拒法所载,则有突灶六所,柴笼三所,流火绳三条,"屋四壁开觑贼孔及安视火筒,置旗一口,鼓一面、弩两张、抛石、礌木、停水瓮,乾粮、麻蕴,火钻,火箭,蒿艾,狼粪,牛粪"。(李筌《太白阴经》卷五烽燧台篇略同,《武经总要》前集卷五所引无旗至礌木,牛粪作牛羊粪。

　　由简所记,布烽与布表并列,则烽与表皆有为布制者,但不是一物。烽用布绢,或赤白缯所制,故言"皆白"是已褪色。烽一不任用、不事用、不利以及欲取于爨长徐卿所之"烽",

皆指悬垂于烽竿上的"兜零",它只是整个"烽架"或"候表"上的一个主要零件。布烽三,则一个烽台可置三具。"烽不可上下","烽火已到"(倾倒)或柝呼(裂罅),则指构成整个烽架的表柱和横木等件,即成为桔槔形的,乃系木制。所谓"木蓬",或指木表,或指木制的兜零。《说文》曰"烽,烽燧候表也,边有警则举火",是以烽为候表。简云"亭上烽""坞上旁烽""地烽",乃指在台顶屋上、在坞上或堠楼上以及坞外平地上的候表(即烽架)。

简记"表二""表三"和布烽一样,一个烽台可置三具。"坞上大表"用于坞上旁烽,"地表"用于地烽,"守何表"不知何所指,或是亭上表。与烽相似,表亦有零件与整体两义:布表指候表上悬挂的表帜,"表原上下举"犹"烽不可上下"乃指整个候表。"地表染埃"则指表帜已污,亦可能指整个候表。表有表帜、表木二义:《墨子·号令篇》曰"候出越陈表,遮坐郭门之内立其表",而《杂守篇》作"候出置田表,斥坐郭内外立旗帜";《晋语》韦注"表,旌旗也";《汉书·翟方进传》"建表木,高丈六尺",《淮南厉王长传》"树表其上"注云"表者竖木为之,若柱形也",《汉书·酷吏传》注云"如淳曰旧亭传于四角面百步筑土四方,上有屋,屋上有柱出高丈余,有大板贯柱四出,名曰桓表。县所治夹两边各一桓。陈宋之俗言桓声如和,今犹谓之和表,师古曰即华表也"。崔豹《古今注》云"以横木交柱头状若华,形似桔槔……或谓之表木"。以上之表皆非候表,然可以知候表构制如桔槔。

一具烽架的构成部分有五:(1)直立的烽柱(即烽竿),(2)可以上下举的横木,(3)横木一端的兜零(即烽)或表,(4)横木上所系用以上下举的烽索,(5)起落烽索的鹿卢。烽表已述于上,所余三事,烽竿与烽索亦见载于简。烽干长三丈,而横木缚于干端之下,故烽索亦长三丈。鹿卢又称举烽鹿卢地烽鹿卢,乃是辘轳即滑车。汉代井架上所用,所以汲水;用于烽竿当在竿首,可能地烽上专用之。兹将三类烽式及其相应的物事列表于下:

烽之横木,疑即214·49(甲2431)之杆臂,故与烽、钩并列,钩所以系臂于竿首。

灶与鼓都是守御器(汉制一台一灶在台上;唐制,台上下灶各三具而有

烽别	表别	烽架结构			烽歆	
亭上烽 坞上旁烽 坞 上 堠 上 地 烽	守何表(?) 坞上大表 地 表	 地烽干	 地烽索	 地烽鹿卢		
		烽干	烽索	鹿卢	布烽 烽	布表 表
		烽主(柱)?	烽承索		小烽	

放烟之火筒四,台上置鼓一面)。汉简鼓、表并用,似限于报时报平安。但《周本纪》曰"周幽王为烽燧大鼓",《墨子·备城门》以下烽、鼓并用,帜、鼓并用,司马相如《子虚赋》曰"击灵鼓,起烽燧",《太平御览》卷335引晋蔡谟与弟书曰"军之耳目当用烽鼓",沈约《齐故安陆昭王碑》曰"烽鼓相望,多时不息"。居延简则有鼓下卒:

　　戊午鼓下卒十人,徒二人　　509·16(甲2045)

　　　　乙卯鼓下卒十人,徒一人　　　　513·29(甲 2179)

　　　　应皆署鼓下(下略)　　19·33A(甲 145)

凡此或为屯戍军中之鼓卒,与报警之鼓恐有分别。

　　木柝为报更之具,暂附于此。

　　"出火燧"即阳燧,《左传》文十杜注云"燧,取火者",释文云"燧,取火具"。乃取火于日的洼形圆镜:《淮南子·天文篇》曰"阳燧见日,则燃而为火";《古今注》曰"阳燧以铜为之,形如镜,向日则火生,以艾承之则得火也";《周礼·司烜氏》"掌以夫隧取明火于日"注云"夫遂,阳燧也";《太平御览》卷 717 引魏高堂隆奏曰"隧符一名阳燧,取火于日,阴符一名阴燧,取水于月,并以铜作镜,名曰水火之镜"。居延简载元康五年丙吉奏曰"先夏至一日,以阴隧取火",阴作阴,劳误释为除。不知何故作阴燧,或抄写笔误。"出火椎钻"即木燧、钻燧。《论语·阳货篇》曰"钻燧改火"正义云"钻木出火谓之燧";《续汉书·礼仪志》曰"冬至钻燧改火";(《隋书·王劭传》曰"劭以古有钻燧改火之义)《礼记·内则》曰"左佩……金燧,右佩……木燧"注云"木燧,钻火也"。出火椎钻即唐《烽式》及《太白阴经·烽燧台篇》之"火钻"。

　　薪苇的采集贮备,是烽台戍卒执役之一。《墨子·旗帜篇》曰"凡守城之法……樵薪有积……藿苇有积……蓬艾有积……"。凡此除作为炊事燃料外,又为举烽火之用。唐《烽式》曰"在烽贮备之物,要柴藁木材。每岁秋前别采艾蒿、茎叶、苇条、草节,皆要相杂为放烟之薪,及置麻蕴、火钻、狼粪之属"。《太白阴经·烽燧台篇》则有"蒿艾、狼粪、牛羊粪"。汉简记录伐苇蒲者如下:

　　　　廿三日戊申卒三人,伐蒲廿四束,大二韦,率人伐八束,与此三百五十一束。

　　　　161·11(甲 960)

　　　　十一月丁巳卒廿四人,其一人作长,三人养,一人病,二人积苇,右解除七人。凡十七人伐苇五百十束,率人伐卅,与此五千五百廿束。　　133·21(贺作 B-T-427.2)

　　　　丁酉卒六人,其一人养,一人病,四人代苇百廿束。　　317·31

　　　　(上略)戍戌令积蒲八人　　沙 263(簿书 51)

　　　　(上略)其二人积薪十日(下略)　　沙 555(戍役 13)

伐蒲伐苇所以积薪、制苣。积苇积薪即将所伐之苇束、蒲束堆积之。堆积甚高,故有"上住顷""上便顷""薄隧"皆谓其倾坠。不涂墼谓不墁以泥,积薪通常涂泥,《墨子·备城门篇》曰"五十步积薪,毋下三百石,善蒙涂"。此类堆积成所的"积薪",尚有存在于今者,多在烽台旁,整齐的排成数列(详斯书及《杂记》)。

　　汉简中用于烽火的燃料有以下三类:(1)薪类,有蒲薪、木薪等;(2)苇类,用以制苣,《说文》曰"苣,束苇烧",《后汉书·皇甫嵩传》注引作"束苇烧之";(3)畜粪类,有马矢、干马矢,干牛马矢等。但苇束亦用于建筑城塞,马矢亦用于涂地。此外烹食和取暖,亦用燃料。

苣火除举烽外亦用于照明与燃烧,汉简有大苣、小苣、烽苣、角火苣、口苣等等,或由于功用而分,如角火苣可能为燕尾炬或爑火。积薪分为大小,大积薪当是燔烧报警之用,故札检有"望大积薪"。

"烽承十六,小各一寸""烽承索八",凡此烽承疑是烽苣。承假为蒸,乃是细薪(《周礼·委人》注,《管子·弟子职》注),《广雅·释器》曰"蒸,炬也",《说文》曰"蒸,析麻中幹也"。唐代烽苣有一定长度,此谓小各一寸,则不足法度,烽承索则是束苣之用。

汉简与守御器并列者尚有转樐:

转樐皆毋柅　　　214·8(甲1169),258·16 (甲1352), 285·18 (甲1541) 214·5,
　　214·47

转樐毋柅　　　乙 578·1

转弩毋柅　　　214·49(甲2431)

堠上摶樐少二　　　264·32(甲1383)

劳幹曰"樐者楼橹,无顶之屋可以四望,故曰转也"(考证2·27)。《释名·释宫室》"橹、露也,露上无屋覆也","楼谓牖户之间有射孔楼楼然也"。《汉书·刘屈氂传》"以牛马为橹"注师古曰:"一说橹望敌之楼也",《文选·上林赋》注"橹,望楼",《广韵·姥部》"橹、城上守御望楼"。214·5 转樐与"堠楼不堪"并见于一简, 214·5 转樐与 "候樐不垂涂堄"并见于一简,堠楼、候樐乃是望敌之橹,故转樐应别是一物。贺昌群曰"转樐殆即文颖所谓高木橹,所以置桔槔悬兜零者也……是烽橹即烽之木橹或转橹之类也。举表于转樐则用绳"《烽燧考》。高木橹即堠樐,不是转樐;他以为转樐是附属于烽干之物。后者似有可能,《广韵·姥部》橹作"艃,所以进船",《释名·释船》曰:"在旁曰橹",古文字鲁、旅通用,卜辞旅字象旗杆之形,一柱一橹略同桔槔。桔槔上可以上下的横木,如舟之安橹,可以名橹。但转樐又作转弩而转弩即是转射:

坞上转射二所,深目中不辟除,一所转射空小不承长臂。

坞上转射二所,深目中不辟除,一所转射毋橜　　　　89·21

橜、柅俱从劳释。此转射(亦见 55·10 与烽干并列)即《墨子·备城门篇》之"转射机"。但因诸有"转樐"各简字小而影片不清晰,难以决定其所释之是否正确。

四、烽火品

望见虏一人以上入塞,燔一责薪,举二蓬;夜二苣火。见十人以上在塞外,燔举如
　　一人,须扬。望见虏五百人以上,若功亭障,燔一责新,举三蓬;夜三苣火。不
　　满二千人以上,燔举如五百人同品。

虏守亭障,燔举,昼举亭上蓬,夜举离合火,次亭遂和,燔举如品　　　马42(T22C)

•虏守亭障,不得燔薪,举……　　　马154(玉门44)

• 房守亭障,不得燔积薪,昼举亭上烽一烟,夜举离合苣火,次亭燔积薪如品约。 14·11(甲 117)

匈奴人入塞及金关以北　塞外亭隧见匈奴人,举烽燔积薪　五百人以上能(应作燔)举二(应作三)蓬　288·7(甲 2409)

燔三积薪……　351·8＋351·6

……失亡母燔薪……　351·2

……夜见匈奴入……　351·5

（以上简疑相联接）

□时毋燔薪　马 48

□□晨时鼓一通　日食时表一通　日中时表一通……　马 47(722C)

戍卒三人以候望为职。戍卒定济阴郡定陶羊亏里魏贤之死。夜直候谁? 夜半纪时不? 谁□(得)伎戍卒除?　183·7(甲 1035)

□竟卒三人,一人病,二人见。卒符归月廿三日病伤汗,卒范前不知爨火品。 46·9 A

卒三人以迹候　73·39 A

……吏在诸候□毋离,皆明蓬表,达□隧,毋令□……　537·1

县承塞亭,各谨候北塞燧,即举表,皆和,昼南端亭,亭长以札暑表到日时……　沙 278(烽 35)

……在时表火课常在内未曾见,故不知约放候言……　269·8(甲 1417)

曰吏卒更写为烽火图(似圃字)板,皆放辟非燧书佐啬失……　199·3(甲 1128)

具烟表如上庹? 就加报　《汉晋》57·6(T 23·1、11·09)

坞上望火头三,不见所望,负三算;坞上望火头二,不见所望,负二算。　52·17＋82·15(甲 362)

望房百余骑者得益爵　马 61

亭隧第远,昼不见烟,夜不见火,士吏、候长、候史、□相告□燔薪以□□□□　沙 552(烽 39)

以上汉简所述,多属于"烽火品"。马 42 乃草书的较完整的烽火品一章,马 154、甲 117 皆工整隶书誊录。唐代有《烽式》,见录于《武经总要》前集卷五烽火门,共九项,白氏《六帖》所引有节略。《倭名类聚抄》卷四灯火部引作唐式。《武经总要》曰"唐兵部有《烽式》,尤为详具。……以唐式录为前而今法次之,庶参考用焉"。其九项为: 1.烽相距里数,2.每烽组织,3.置烽法与用烽法,4.应烟火法,5.放烟火法,6.放烽多少之法,7.传警,8.烽号,9.更番。《唐六典》卷五,烽候之事属于兵部之职方郎中,故《唐律疏议》卷八曰"放烽多少,具在《别式》","依《职方式》: 放烽讫而前烽不举者,即差脚力往告之。""依式: 望见烟尘,即举烽燧。放烽多少,具在式文,其事隐秘,不可具引,如有犯者,临时据式科断"。其所引式文,皆在兵部《烽式》内。此等式文乃军事保密,故不流传。因此,汉代烽火品条文,只可见之于汉简。汉简于放烽多少既有明文的规定,可以表之如下:

入 寇 之 数	燔 薪	昼 举 烽	夜 举 火
1—10 人入寇	燔一积薪	举二烽	二苣火
10—500 人近塞	燔一积薪	举二烽,须扬	二苣火,须扬
500—1000 人攻亭	燔一积薪	举三烽	三苣火
虏守亭障	不得燔积薪	举亭上烽(一烟)	举离合(苣)火

此表以马 42 为据:积薪作责薪,责旧误释炷;燔作㷭从《说文》古文番省田,五百人,旧误释为贰百人,二千人旧误作二十人,均正。圆括弧系据居延简14·11(甲117)补。其所述燔一积薪在举烽之前,实兼昼夜而言,因居延汉简记"举二苣火,燔一积薪",乃在夜间。又马 42 及甲 117 均为"虏守亭障"之烽式,而一作"昼举亭上蓬",一作"昼举亭上烽一烟",一烟似是亭上烟突所放烟,以代燔薪。或当读作"烽、一烟"乃分别烽与烟突之烟。

汉代三烽三苣之制,是有所承受的。《墨子·备城门》以下有三篇涉及信号之制。(1)《旗帜篇》曰:"寇傅攻前池外廉,城上当队鼓三,举一帜;到水中周,鼓四举二帜;到藩,鼓五举三帜……到女垣,鼓七举五帜;到大城鼓八、举六帜;乘大城半以上,鼓无休。夜以火如此数。"(2)《号令篇》曰望见寇,"举一垂;入竟,举二垂;狎郭,举三垂;入郭,举四垂;狎城,举五垂。夜以火皆如此。(3)《杂守篇》曰"望见寇,举一烽,入境,举二烽;射妻(案当是堞),举三烽、一蓝;郭会,举四烽、二蓝;城会,举五烽五蓝。夜以火如此数。"凡此皆守城所用信号而其五垂、五烽乃由于入侵者距城远近而有所异,与汉制之因寇塞人数而有所异;稍稍不同。

唐制举烽表之制分为四类。第一类为边塞烽火。唐《烽式》曰"凡寇贼入境马步兵五十人以上不满五百人,放烽一炬;得蕃界事宜及有烟尘知欲南入,放烽两炬;若余寇贼则五百人以上不满三千人,亦放两炬,蕃贼五百骑以上不满千骑审知南入,放烽三炬;若余贼寇三千骑以上,亦放三炬;若余蕃贼千人以上不知头数,放烽四炬;若余寇贼一万人以上,亦放四炬"。(此据《武经总要》所引,《六帖》所引简略。)夜放四炬,昼放四烟。《唐六典》卷五职方郎中员外郎条下注云"其放烽有一炬、二炬、三炬、四炬者,随贼多少而为差焉"。此制当本于隋制,《隋书·长孙晟传》曰"我国家法,若贼少举二烽,来多举三烽,大逼举四烽,使见贼多而又近耳"。

第二类为行军中所置行烽或爟烽。《通典》卷 157 及《太平御览》卷 335 引李(靖)《卫公兵传》曰"诸军马拟停三五日即须去军一二百里以来安置爟烽。……每二十里置一烽应按……。如觉十骑以上,五十(《御》无十)骑以下放一炬火,前烽应讫即灭火。若一百骑以上,二百骑以下即放两炬火,準前应灭。贼若五百骑以上、五千骑同即放(《通典》作"五千骑同即放")三炬火,準前应灭,前烽应讫即赴军……既置爟烽,军内即须应按,又置一都烽应按四山诸烽"。以上据《通典》,《御览》"二十里"作"三十里""五十骑"作"五骑""一炬火"

作"火炬火""同即放"作"以下即同放"。《武经总要》前集卷五"行烽"门所述略同,惟"安置"作"权置"又作"十骑以下即举小炬火""若不及百骑至二百骑即放一炬,若三百骑至四百骑即放二炬,若五百骑至五千骑即放三炬"。此行军权置的爟烽,亦当为唐代《烽式》之一,疑与《封禅书》的"权火"相类。乃属行军临时设置。

第三类为平安火。《武经总要》前集引李筌《太白阴经·烽燧台篇》曰"每旦夜平安举一火,闻警鼓举二火,见烟尘举三火,见贼烧柴笼"(版画丛刊本),文渊阁本作"每昼夜平安举一烽",《通典》152 守拒法作"每晨及夜举一火,闻警因举二火"。《唐烽式》曰"若依式放烽至京讫贼回者放烽一炬报平安。凡放烽告贼者三应三灭,报平安者两应两灭"。此条所述,除举平安火外,其二火、三火及烧柴笼俱与唐《烽式》有所不同。平安火为一烽,与告贼一烽的分别在于应灭的次数。

第四类为城守举表之法。《通典》卷 152 引《守拒法》曰"城上立四队,别立四表以为候视。若敌欲攻之处,则去城五六十步即举一表,橦梯逼城举二表,敌若登梯举三表,欲攀女墙举四表。夜即举火如表。城上四队之间各置八旗"。此所述与《墨子·旗帜篇》相近。

以上四类,惟第一类为边塞常设之制,与汉简相类,都以入寇人马多少而定举烽举苣之数。

汉代是否应有平安火?王国维据沙 84"六月丁巳,丁亥第二百一十,苣火一通自东方来"以为汉有平安火之证。此实不可据,此简与沙 86、87 同出 T6B,乃同时之简,而后者乃记某时所望见之火,不是平安火。但马 47"晨时鼓一通"及日食、日中各"表一通",似乎是报时或报平安者。《太白阴经》卷五《严警鼓角篇》曰"夹城军野营行军在外,五更初,日没时捶鼓一通,三百三十捶为一通,鼓音止则角音动,吹角一十二声为一叠,角音止鼓音动,如此三鼓三角而昏明毕"。《武经总要》前集卷五漏刻法略同。

汉制"戍卒三人以候望为职",与《墨子·号令篇》"表三人守之"同。其所以三人守之者,因共有三烽、三表。唐制四苣火、四烟筒,故唐《烽式》曰"每烽置烽子六人……烽子五人分更刻望视,一人掌送符牒,并二年一代,代日须教新人通解,始得代去。"(《太白阴经·烽燧台篇》及《通典》152《守拒法》略同)。又曰"烽子则昼分为五番,夜分持五更,昼候烟,夜望火"。汉制戍卒三人,分番守更望火,如居延简 88·19(甲 526)乙、丙、丁三更由三卒分别应火。凡此戍卒,"皆明烽表""知烽火品"。烽燧长则"以札暑表到日时"。凡望火头不见者,一火头罚一算;望见虏骑满百者得益爵,晋、唐亦有罚款的规定。《太平御览》335 引"晋令曰误举烽燧罚金一斤八两,故不举者弃市"。《唐律·禁卫篇》曰"诸烽候不警、令寇贼犯边,及应举烽燧而不举、应放多烽而放少烽者,各徒三年。若放烽已讫而前烽不举、不即往告者,罪亦如之。以故陷败户口军人城戍者,绞。即不应举烽燧而举,若应放少烽而放多烽,及绕烽二里内辄放烟火者,各徒一年"。(见《唐律疏议》卷八)。律文定罪各条,皆由于违反《烽式》的规定,参见《疏议》。

放烽多少乃指同一烽台同时并举数烽或数苣,此由入寇人数而有差别,烽火品与《烽式》都有严格的规定,误者有罪。至于每一烽火应持续多少时间,则唐《烽式》曰"看放时,若无事尽一时,有事一日。若昼放烟,至夜中放火,无事尽一夜。若夜放火,至天晓还续放烟"。无事尽一夜,疑有脱误,应作"无事尽一时,有事尽一夜"方与上文合。汉简一苣火,二苣火,乃指放烽多少之数,至苣火、烽火、烽表之一通、再通、三通则有两种可能:一或指所放之时间,一通相当于一时;二或指应灭的次数,唐《烽式》"凡放烽告贼者三应三灭,报平安者两应两灭",一通似应即灭,二通、三通乃二应灭与三应灭。

唐《烽式》曰"若昼日阴晦雾起,望烟不见,原放之所即差脚力人速告前烽",又曰"后烽放讫,前烽不应,烟尽一时,火尽一炬,即差脚力人走问,探知失堠或被贼掩捉"。《唐律疏议》卷八引《职方式》"放烽讫而前烽不举者,即差脚力往告之"。《唐律》规定,凡应举而不举及放烽讫而前烽不举不即往告者,同为徒三年。在汉代,似亦如此。居延简有"表至第十二隧,隧长不举"(203·46)的记录,而沙552所记,似属烽燧相距远,昼不见烟,夜不见火,则士吏、候长应相告以燔薪。表间举苣,本为《烽火品》所规定,但天气阴晦,亦可白日放苣,如居延简曰"二十日晦日举堠上一苣火"(428·6)。又居延简曰"传言举二苣火燔一积薪"(427·2 C)当系前烽不应故使人传告。

唐《烽式》曰"凡烽火一昼夜须行二千里"。汉代规定可能短于此数。居延简28·1(甲211)曰"甲渠铺庭隧以日出举坞上□一表一,既下铺五分过府,府去铺庭□百五十二里",凡十一小时左右而行数百里而已。

唐《烽式》曰"凡边城候望每三十里置一烽",此与汉制三、五里设一隧,亦不相同。

唐《烽式》曰"凡掌烽火直帅一人,副一人,每烽置烽子六人",《唐六典》卷五"凡烽候所置大率相去三十里,其逼边境者筑城以置之,每烽置帅一人,副一人"。据《烽式》。汉制一隧大率为十人,隧有长,无副。其一台人数多于此者,则为候长、或一候官治所。

唐《烽式》曰"凡烽号隐密不令人解者,惟烽帅烽副自执"。烽号当指上述以外利用烽火变化所作的信号。譬如,甲211记铺庭去府数百里,日出举表而下铺五分到府,而府知此表来自铺庭燧,此必传表之际附带始举燧的番号。居延诸隧往往用数字相称,敦煌烽第亦称第一第二,凡此都所以便于传递。

《烽火品》寇入塞一人以上与十人以上皆举二烽、二苣,其分别在后者"须扬"。此所谓扬者即《墨子·杂守篇》所谓"其事急者引而上下之"。此或亦属于烽号之一。

以上就已出土的为数有限的《烽火品》和唐代兵部的《烽式》作一些比较。但是汉代烽式应不止此,可以由汉简中有关烽火放应记录加以补充。并且,烽火条例不但因时间先后有所不同,也可能出地区不同而小有所异。因材料稀少,还未如此划分。

五、烽 燧 的 设 置

汉代以前,已有烽火的设置。《史记》首记西周末和战国晚期举烽之事:《周本纪》曰

"幽王为烽燧大鼓,有寇至则举烽火,诸侯悉至";《魏公子传》信陵君与魏安厘王博"而北境传举烽"(《太平御览》335引作烽火)。战国末、秦前后甘氏《天文星占》提到烽火架的结构,而《墨子·备城门》以下有三篇论及烽火设置,应属于这个时期的。《号令篇》曰"士候无过十里。居高便所树表,表三人守之。比至城者三表,与城上烽燧相望。昼则举烽,夜则举火"。《杂守篇》曰"筑邮亭者圜之,高三丈以上。……亭一鼓寇,烽、惊烽、乱烽,传火以次应之,至主国止。其事急者引而上下之。烽火以举,辄五鼓传,又以火属之,言寇所从来者少多,且弇还,去来属次烽勿罢"。又曰"有惊举孔表,见寇举牧表,守表者三人,更立捶表而望"。凡此所述,虽不同于汉制而有相近之处。

燧燧二字,六朝以后作烽燧。汉简烽作燹、燨、䥫、蓬等,燧作队、隧、燧、燧。《说文》燹在火部,燧在阜部,正文从燧,篆文作燧。许慎谓燹为燹燧候表也,边有警则举火,故列于火部;谓燧为"塞上亭守燹火者",故次于阜部之后。烽燧的初义当为可燃之草薪与火:《说文》曰"蓬,蒿也";《左传》定四"王使执燧象以奔吴师",杜注云"烧火燧系象尾使赴吴师惊却之",正义引"贾逵云燧,火燧也",《周本纪》集解云"夜举燧以望火光也……燧,炬火也",《说文》曰"苣、束苇烧"。《后汉书·皇甫嵩传》注引《说文》作"束苇烧之"。《文选》卷二《西京赋》"升觞举燧"薛注云"燧、火也,谓行酒举烽火以告众也",而取火之阳燧汉简作阶隧或出火隧。典籍与汉简中"烽燧连举者有两义:一指烽火,一指亭隧。这需要分别。一、烽燧指烽火的:《周本纪》曰"幽王为烽燧、大鼓",又曰"为数举烽火",《墨子·号令篇》曰"与城上烽燧相望,昼则举烽,夜则举火",《史记·司马相如传》引谕巴蜀檄曰:"闻烽举燧燔",举烽与焚燧并言,燧即火炬;《汉书·贾谊传》曰"斥候望烽燧不得卧",司马相如《子虚赋》曰"击灵鼓,起烽燧"。二、烽燧即指烽火,故或即作"烽火"。《史记·匈奴传》曰"烽火通于甘泉、长安",《史记·李牧传》曰"谨烽火",《汉书·匈奴传》曰"是时汉边郡烽火候望精明",又侯应曰"省亭燧,乃裁足以候望通烽火而已"。[1]汉简曰"望禁奸坞烽火","通烽火","督烽火","警烽火","明烽火";汉简谓士吏之职主"通烽火"而又称之为"督烽燧士吏","督烽燧史"即督烽掾之史。汉简的"烽火治所"当指"烽燧长"所在的"烽隧"(亭或烽台)。三、烽燧指亭隧:《史记·韩长孺传》载元光中匈奴寇马邑"攻烽燧",《匈奴传》作"乃攻亭";《汉书·匈奴传》侯应曰"建塞徼,起亭燧",《后汉书·西羌传》曰"于是障塞亭燧出长城外数千里",汉简的"主亭隧候望"(456·4),"塞外亭隧"(288·7=甲2409),"与扁书亭隧显处"(沙262),皆指烽燧台。行塞烽燧即行塞亭隧。居延简120·71"……亭守乘燹",乘烽即乘塞,《太平御览》335引蔡邕徙朔方上书曰"既到徙所,乘塞守烽,职在候望"。(《广雅·释诂》一"烽,望也",《方言》十二"烽、虞,望也。")

汉唐注疏对于警备的烽、燧有以下的解释:

1. "文颖曰:作高木橹,橹上作桔槔,桔槔头兜零,以薪置其中谓之烽,常低之,有寇即火然举之以相告。"①《史记·魏公子传》集解。②《汉书·贾谊传》颜师古注引文颖

---

1) 《汉书·西域传》渠犁国条桑宏羊奏"严敕太守都尉明烽火……谨斥候",又武帝诏曰"辛苦而烽火乏失"。

说,首句作"边方备胡寇作高土橹,"末句相告下多"曰烽",又多"积薪,寇至即燃之以望其烟曰燧",橹作皋;颜注又曰:"张晏曰昼举烽,夜燔燧也。师古曰:张说误也,昼则燔燧,夜则举烽"。

2. "《汉书音义》曰:烽如覆米薁,县著桔槔头,有寇则举之;燧、积薪,有寇则燔燃之。"①《史记·司马相如传》集解。②《汉书·司马相如传》颜师古注引孟康曰,同此,惟作"契皋",末多"也"字。

3. 《汉书音义》曰边方备警急,作为土台,台上作桔皋,桔皋头有兜零,以薪草置其中,常低之,有寇即燃火举之以相告曰烽;又多积薪,寇至即燔之,望其烟曰燧。昼则燔燧,夜乃举烽。《广雅》曰"兜零,笼也"。①《后汉书·光武纪》建武十一年章怀太子注。②《太平御览》卷335引作"《汉书音义》曰高台上作桔槔,头置兜零,常悬之,有寇则火然举之曰烽;下多积薪,寇至则燔之,望其烟曰燧。昼则燔燧,夜乃举烽。《广雅》曰"兜零,笼也"。

4. 张守节:"峰遂二音。昼日燃烽以望火烟,夜举燧以望火光也。烽,土橹也;燧,炬火也。皆山上安之,有寇举之。"《史记·周本纪》《正义》。

5. 司马贞:"(晋颜延之)《纂要》云薁,浙箕也。烽见敌则举,燧有难则焚;烽主昼,燧主夜。"《史记·司马相如传》《索隐》。

以上五说,实际上只有四说。宋裴骃所引汉末文颖和魏时《汉书音义》最为可据,唐章怀和宋《太平御览》所引《汉书音义》实乃颜师古注所引文颖说,并误将颜师古案语"昼则燔燧,夜则举烽"引入。颜注于《贾谊传》所引文颖说较之裴骃所引多出关于"燧"的解释;颜注于《司马相如传》所引孟康说则同于裴骃所引《汉书音义》。颜引文颖改"高木橹"为"高土橹",章怀改为"土台",《御览》改为"高台"。今据汉简,引诸说之可取者如下:

(1) 烽者以薪置于桔槔头兜零中,桔槔建于高木橹上(文说),兜零即笼(《广雅》),形如覆米薁(《音义》),如箕(《纂要》),县著桔槔头(《音义》)。

(2) 烽县著桔槔头常低之(文、《音义》),有寇则举之(文、《音义》、《索隐》);文颖及张守节以为燃而举之。

(3) 《音义》以为燧是积薪,有寇则燔之;张守节以为燧是炬火,烽是烟火。

(4) 烽主昼、燧主夜(张晏、张揖、张守节、司马贞)。《文选》卷44《谕巴蜀檄》李善注引"张揖曰昼举烽,夜燔燧"。

以上大致和汉简所记相合,但也有些问题。

王国维在《流沙坠简》烽燧类,曾作了如下的考释。他引述《贾谊传》注以为"烽用火,燧用烟,夜宜火,昼宜烟",因此认颜说"昼则燔燧,夜乃举烽"为卓识,并从而推论汉代烽距远于燧距。(考释2·15—16)。他以为"汉时塞上告警烽燧之外,尚有不然之烽",引《汉书音义》为证,说盖浑言之则烽表为一物,析言之,则然而举之谓之烽,不然而举之谓之表,夜则举烽,昼则举表,烽杆三丈上著兜零举之足以代燔燧矣。"(考释2·20—21)。王氏提出表是不然之烽，是很敏锐的推测。颜注因文颖之说称燃积薪而望其烟曰燧，因谓"昼则燔燧"，王氏以为卓识，实未必然。因为汉制昼夜皆可燔积薪。不然之表，只能举于白昼，而白昼所用的信号不限于表：

举一帜……夜以火如此数　　《墨子·旗帜篇》

举一垂……夜以火皆如此　　《墨子·号令篇》

举一烽……夜以火如此数　　《墨子·杂守篇》

昼则举烽，夜则举火　　《墨子·杂守篇》

昼不见烟，夜不见火　　敦煌简

白日放烟，夜则放火　　唐兵部烽式

凡此皆主夜以火而昼所举为烽、烟及帜（表），与汉简所述相同。夜以火乃指燔积薪与举苣火，即是燧——燧之初义为火。白日所举的烽、表、烟可以总称为烽，夜间所燔的积薪与苣火，可以总称为火或燧，所以烽火、烽燧乃兼日夜而言。

举烽之制与桔槔形制有关。文颖和《汉书音义》皆述"烽"县于桔槔头，名为兜零，形如籢、箕。桔槔为汲水取土之具，现在河西走廊当地人叫它为"称竿"因其形同"称"。先汉记述亦同。

甘氏《天文占》曰权举烽、远近沉浮，权四星、在辕尾西。边地警备，烽候相望，虏至则举烽火十丈，如今之井桔槔，大锋其头，若惊急燃火放之。权重本低则末仰，人见烽火。——《太平御览》卷335引。

《广雅·释器》"爟、炬也"。《吕氏春秋·本味篇》"爝以爟火"，注云"置火于桔皋，烛以照之"。

张晏曰："权火、烽火也，状若井絜皋矣，其法类称，故谓之权。"《索隐》曰"权如字解如张晏。一音爟"。案权火可能即爟火，乃行军时临时权置之火，详唐制。《史记·封禅书》"秦以冬十月为岁首，故常以十月上宿郊见，通权火"，集解引，《汉书·郊祀志》注同。

权火为秦制。占星之甘公，《史记·天官书》以为齐人，《正义》引"七录"云楚人，战国时作《天文星占》八卷，《汉书·艺文志》术数略序曰"六国时楚有甘公"。《史记·张耳传》"耳之楚，甘公曰汉王之入关，五星据东井，……楚虽强，后必属汉"，《太平御览》235引应劭《汉官仪》以甘、石为汉人，则楚之甘公固及汉初。由《天文占》所述，则桔槔横木之两端，一端末为烽，一端本为权，权重则烽举，烽火乃见。烽火然于桔槔横木的一端，和文颖所说相同，后者以为一头是薪置于兜零中而然之。

烽架之状若井桔槔，其法类称。古代之称作天平式，在柱之上横一横木竿，等距离两端，一系所称物，一系法码即权、铨、锤。《月令》郑注，《汉书·律历志》注，《玉篇》并以为称锤即权。但《天文占》的比拟，以权四在辕"尾"，而"大锤其头"应指辕"头"，权重本低是辕尾向下而辕头（末）上举。"燃火放之"的"之"应指"大锤其头"的"头"，则所燃为锤即在头上的一团薪草。如此则未举火以前的桔槔，其本或尾上系权在高处，而其末或头系低处，可能用绳索引下之，放索则权重而头举。文颖所说烽在桔槔头，常低之，有寇则举之。汉代如何举法，可有两种可能：一平时兜零低下而它端系索向上，有事则向下引之；一平时它端置重物向上而系索于兜零头并低之，放索则它端坠落而烽头举起，如《天文占》。似后者更可能些，至于鹿卢用于地烽，乃是滑车。

烽头汉世称为"兜零"，据《御览》和章怀注引《广雅》是"笼也"，今本广《广雅·释器》作"笭，囊也"（《说文》训饮马器也，《方言》五训飤马橐），"籝、笭、笼也"。（《说文》"笼，举土器也，一曰笭也"）。桔槔本为汲水取土之用，所以有饮马器，举土器之训；张守节"烽土橹也"，橹是簏的借字，乃指土筐。但烽火所用乃是籧笼之属。《说文》"籧，笭也，可熏衣"，《方言》五注"籧，今熏笼也"，《史记·龟策列传》"即以籧烛此地"《集解》引徐广曰：籧，笼也，盖然火而笼罩其上也。音构"。《陈涉世家》曰"夜籧火也"。《说文》曰"篮，大籧也"，《墨子·杂守篇》曰"举三烽一蓝"，"举四烽二蓝"，"举五烽五蓝"，凡此蓝均是大籧之篮。籧、笼、篮皆是竹编而可以笼罩然火的，如文颖之说以薪置其中而然之谓之烽。

在桔槔头的烽，《墨子》书中又称之为"垂"。《号令篇》曰"望见寇，举一垂，入境举二垂……"，《杂守篇》曰"望见寇，举一烽，入境举二烽……"又曰"其事急者引而上下之"。由此可证垂即烽而可引而上下之。此垂即"大锤其头"之锤，而《杂守篇》的"捶表"，由于表为举垂。孙贻让从王引之说谓垂当为表，俞樾改捶表为邮表（详《墨子闲诂》），皆改不当改字。然"垂"与燃烽应有分别。《号令篇》举一垂至五垂的条件全同于《杂守篇》举一烽至五烽，但后者"举三烽一蓝""举四烽二蓝""举五烽五蓝"则举烽以外兼记所举之"篮"，是垂、烽和然火之篮笼有所不同而皆举于昼，则垂、烽为不然之表而篮为然火之烽。但烽最初为燃火之薪束，其成为不然之薪束或兜零时，只有表的作用。

汉末文颖以为烽是然火于兜零中的薪草，而唐代张守节的"燃烽以望火烟"并未说明烟出自何物。"兜零"为籧笼，故有可能于其中置薪燃火出烟。但是汉代的"烽"是否然火颇有疑问：（1）汉烽燧台上设有放烟的突灶；（2）汉代布烽用赤白两色的布、缯等织物包蒙，显然有表帜的作用；（3）汉简烽火品，曰："昼举亭上烽一烟"可能指亭上灶突放一烟。汉边塞烽燧台设置甚密，相距三、五里而已，所以举不然之烽与表是可能的。

至于隋、唐之世，白日放烟于突灶，夜间放苣火于火台，明见《唐兵部烽式》。《烽式》曰"置烽之法，每烽别有土筒四□……其烟筒各高一丈五尺……下有乌炉……"。土筒又称为烽筒。《隋书·长孙晟传》"城上然烽"，唐李颀《从军行》"白日登山望烽火"，皆指烽烟。

由上所述，然火之烽经历了下述过程：

1) 原始的"烽"，然蒿艾之束而举之。

2) 秦并其前的"权火"，县于桔槔头而然之。

3) 秦以前的"篮"，然火于篮中县于桔槔头。

4) 汉代的"烽"，然火于"兜零"（籧笼），县于桔槔头。

5）汉代的"烟"而放于突灶者。

6）隋唐的"烟"而放于"烟筒"、"烽筒"者。

是汉代白日所用警备的信号除燔积薪外有：（1）不然的烽，（2）不然的表，（3）烽所放的烟，（4）灶所放的烟。其中（1）、（3）是不能肯定的。

汉代夜间的炬火是否悬于桔槔或置于兜零中，而然举之，很难加以确定。火炬起源于手执：《墨子·备城门篇》"人擅（据孙诒让校）苣长五节，寇至城下，闻鼓燔苣，复鼓，内苣爵[1] 穴中照外"；《六韬·敌强篇》"人操炬火"。在攻守之际，它不但用于照明，也可以用以纵火或焚烧敌人战具，如《后汉书·皇甫嵩传》"束苣乘城"，纵火，《太白阴经》卷四"燕尾炬，缚苇草为炬，尾分歧如燕尾状，以蜡灌之，加火从城上堕下，使骑木驴而烧之"。将燕尾炬用桔槔縆之下烧攻城者，见《武经总要》前集卷十二，名曰飞炬。唐代用作警备信号的火炬则分别为应火炬及橛上火炬：《唐兵部烽式》曰"置烽之法，每烽别有土筒四口，筒间置火台，台上插橛，拟安火距，各相去二十五步"，又曰"用烽火之法，应火距长八尺，橛上火炬长五尺，并二尺围；乾苇作薪，苇上用乾草节缚，缚处周迴插肥木"。《倭名类聚抄》卷四灯火部引"唐式云诸置燧之处置火台，台上插橛"。（唐式即《唐兵部烽式》之简称，亦见《武经总要》前集卷五）。唐烽燧台无桔槔的设置，所以五尺火炬安于橛上。汉简有大小苣、烽苣、角火苣等等，其中可能有用作抛掷者，有些可能为手持者（如离合苣火），有些可能为置于兜零中者（如烽苣、烽承）。

汉、唐烽台因桔槔之有无，而有放烟、放火的方法的差别。唐制烽火信号不用不然之表（但唐守城之法仍有举表之法，见《通典》152 引守拒法）。此由于汉唐烽燧距离有远近。

六、烽 燧 的 职 责

（1）烽第　　宜禾部烽第：广汉第一，美稷第二，昆仑第三，角泽第四，宜禾第五　　　沙60（烽 7）

日吏卒更写为烽火图板，皆放辟非燧，书佐蔷夫…　　　199·3（甲 1128）

…三隧十三里二百卌步　　马 65

第廿二燧南致七十燧廿一里　　188·25

登山燧东到要虏五里　　515·49（甲 2243）

（2）职责　　状辞居延肩水里上造年卌六岁姓匽氏除为卅井士吏，主亭燧候望、通烽火、备盗贼为职。　　456·4

（上略）诏书清塞下，谨候望、督烽火、虏即入（下略）　　12·1 A（甲 2554）

1）《庄子·逍遥游》"日月出矣而爝火不息"释文本作燋，字林云，燋所以然持者，《淮南子·道应》"爝火甚盛"注"爝，炬火也"。

……写移,疑房有大众不去,欲并入为寇。檄到,循行部界中,严教吏卒警烽火,明天田,谨迹候=望,禁止往来行者,定烽火,辈送便兵战斗具,毋为房所辜梾,已先闻知,失亡重事,毋忽如律令。　278·7A觚(参273·33＝甲1436,308·30＝甲1646,308·18,273·19,273·29)

……吏卒谨候望,已先闻知失亡……　213·40(甲1168)

……□候望以行部……　71·48

……□吏卒□燧不以候望为意,尚行边丞相御史当……　227·91

……候望病不□为职,遣燧长书行亭……　229·6

(上略)谨候望(下略)　283·38A

……卒候望为职,不……　224·6(甲1214)

(上略)其令车骑惊试□候望,惊烽火,清塞下毋……　沙172

……□和,谨候望,明昼天田,察塞外动静,有闻见辄……　沙262

扁书亭燧显处,令尽讽诵知之,精候望,即有烽火　亭燧回度举,毋忽。　沙432(烽37)

A　□望房百余骑者得益爵

B……行道者驾载,明烽火,谨候望,逢……

C……行道者　马61

且明烽火,尉、士吏、候长、候史惊戒便兵如诏书法律……　206·26

(3)督烽　功令第卌五:士吏、候长、烽隧长常以令秋射,以六为程,过六赐劳矢十五日　285·17(甲1542)(参45·23＝甲331)

甲渠部候(上略)府书因蘩燧长秋故令尉□及县试泉……〔都〕尉府谨都燧长偃如牒谒以令赐偃劳十五日敢言之　28·15(甲215)

(上略)候长、士吏、〔烽〕燧长以令秋射　6·5

置燧北烽燧长晏　119·55

候农令、督烽燧士吏远　516·26(甲2255)(参520·13＝甲2293移会水都尉、候农……)

……年四月己亥士吏彊付督燧长贵　214·113(参536·5肩水守候橐他塞尉鉴)

〔居〕延烽火亭表贾少翁　67·23

烽火治所　273·1(甲1431)

……居延都尉行塞烽燧移过所　45·28(甲329)

必须加慎毋忽,督烽掾从珍北始广以□□到县索关加慎毋忽方循行如律令　421·8

督烽不察,欲驰诣府,自出言状,宜禾塞吏敢言之　沙567(烽40)

大烽燧史延年守候塞尉奉……　534·30B

殄北督烽燧史延年五月癸卯……　　　148·8(甲 843)

司马王□、督烽〔掾〕□□□　　　沙 438

……殿居延左尉义、游徼左襄督烽史郑宗、南界士吏张放□　　　132.24＋39

高少督锋印　　　马 135

四月甲戌甲渠候官告尉谓士吏、候长写移檄到督　　　42·18(甲 320)

汉代烽燧的距离，史无明文。《史记·封禅书》集解引张晏曰"汉祀五时于雍，五里一烽火，"《汉书·郊祀志》引作五十里一烽火。《后汉书·马成传》"皆筑保壁，起烽燧，十里一候"。汉简所表示者则烽与烽之间相距远数十里，如宜禾都尉五烽第，分设于五个候官治所；而玉门都尉仅见步广烽、大威关烽二名。燧与燧之间则相距三至五里，如敦煌简三隧十三里许，则隧与隧之间为四里多，居延简登山燧至要虏燧为五里，而第廿二燧至第十七燧廿一里则燧与燧相距三里多。而汉代烽燧台之遗留至今者，其相距亦皆近乎此，约二、三英里。

唐世置烽曾有一定的里数规定，《唐兵部烽式》曰"唐法：凡边城候望每三十里置一烽"，《唐六典》卷五亦曰"凡烽候所置，大率相去三十里"，《太平御览》卷 335 引《卫公兵传》略同。但《烽式》又说"若有山冈隔绝，地形不便，则不限里数，要在烽烽相望"。(《唐六典》卷五职方郎中员外郎条注文略同)。敦煌唐写本《沙州图经》曾记山阙、白山、神威、曲泽、白亭、长亭、阶亭等烽名，凡与亭同名之烽皆有驿。《图经》所记，白亭与长亭两烽相距 40 里而白亭与阶亭相距 50 里，而"白山烽去州卅里"，"神威烽去州卅七里"，未明方向。唐慧立《大慈恩寺三藏法师传》卷一记玉门"关外西北又有五烽，候望者居之，各相去百里"。

由于汉代燧距较近，故可举不然(烽)表相望，因有桔槔之设置。唐制烽烽相距数十里，惟有突烟与苣火，无桔槔之设置。其放烟火由四人操之，详见《唐兵部烽式》曰"凡白日放烟，夜放火，先须看筒里至实不错，然后相应时将火炬就乌炉灶口里，焚热成焰即出。为应：一炬火一人、应，二炬火二人、应，三距火三人、应，四距火四人、应。若应灭时，将火炬插乌炉灶口里，不得火焰出外。应灭讫，别捉五尺火炬安着土台橛上。烟相应时，一炉筒烟一人开闭，二筒烟二人开闭，三筒烟三人开闭，四筒烟四人开闭"。(此据《中国古代版画丛刊》明刊本《武经总要》，文渊阁本钞遗"即出至火焰"一段。)因此，唐《烽式》规定每烽除烽帅、烽副各一人外"每烽置烽子六人"，五人伺候望通烽火，"一人烽卒知文书符牒传"(《太白阴经·烽燧台篇》)。汉烽台三表，所以一般小燧可以少至三、四人。

烽燧吏卒的职责有三：(1)谨候望，即窥伺塞外敌情动静；(2)通烽火，即举和烽火；(3)惊戒便兵，即对入寇及盗贼作防御和应付。

在都尉编制之下，其直系长官为都尉——候官——候长——燧长，另有属官。但在汉代《功令》第四十五，则有"烽燧长"之名，居延汉简有"督燧长"之名，凡此皆是燧长。燧长可以称为烽燧长、督燧长、犹士吏亦称为"督烽燧士吏"。士吏的职位可由汉简中所见每月奉钱见其高下：

候官	塞尉	候长	士吏	候史 尉史、斗食吏	关啬夫	书佐
3000	2000	1200	1200	900 1800	720	360

可知士吏稍低于候掾长而高于候史。

简中称为"督烽"者为郡"督烽掾"。汉制边郡有督烽掾,其佐或即汉简的"大烽燧史"。《后汉书·西羌传(滇良传)》记元和三年秋号吾"入寇陇西界,郡督烽掾李章追之"。至于汉简单称"督烽"者或即督烽掾,犹督邮掾之省称督邮。

一九六一年二月十五日至三月十五日作于北京

参 考 文 献

王国维:《流沙坠简》卷二烽火类考释。

劳 干:《居延汉简考释》考证 4。

　　　《释汉代之亭障与烽燧》集刊 19。

　　　《从汉简所见之边郡制度》集刊 8/2。

贺昌群:《烽燧考》北京大学四十周年纪念论文集乙编上。

泷川政次郎:《上代烽燧考》,(日本)《史学杂志》61 编 10 号,1952。

　　　《唐兵部烽式》,《武经总要》前集卷五,《中国版画丛刊》影印弘治正德间本,《四库全书珍本》影印文渊阁本。

李 筌:《太白阴经》,《守山阁丛书》。

阎文儒:《河西考古杂记》,《文物参考资料》1953 年 12 期(总 40)。

河西四郡的设置年代

汉世河西四郡设置年代,《汉书·武纪》所载是有错误的,而《地理志》与《武纪》又不相一致。《武纪》以为元狩二年以匈奴昆邪王、休屠王地"为武威、酒泉郡",元鼎六年"乃分武威、酒泉地置张掖、敦煌郡";《地理志》则以为张掖、酒泉是太初元年所开,武威是太初四年开,武帝后元年分酒泉置敦煌郡。近世学者对此四郡设置,多致疑于武威建于元狩之说,主张应迟至昭末、宣初的,共有二说:甲说见"汉河西建置年代考疑"(《中国文化研究汇刊》第二卷,1942 年,成都);乙说见《居延汉简考释》(考证卷一,页 2—7,1944 年,南溪石印本)。兹分述于次。

甲说以为汉武先置酒泉,武威后置。《史记·大宛传》、《匈奴传》、《卫将军骠骑传》和《西域传·序》,但记河西最初置郡,有酒泉而无武威。据《大宛传》,张骞说汉武以连乌孙事在元狩四年,元狩四年之后骞所见河西"故浑邪地空无人",而《武纪》述元狩四年移民不及河西,是当时犹未置郡。《大宛传》述骞还自乌孙后"拜为大行"在元鼎二年,故推定酒泉置郡在元鼎二、三年间[1]。武威置郡更在此后,其证有二。一为《汉书·昭纪》始元六年"取天水、陇西、张掖各二县置金城郡"而不及武威,且金城有县十三无一在张掖者,则所言分张掖二县当属武威东部之地。二为武末、昭初《史记》、《汉书》述匈奴事,多举酒泉、张掖而不及武威。武威之名始见于《汉书·赵充国传》述"屯兵在武威、张掖、酒泉",当神爵元年用兵西羌时,则此以前已有武威郡。因推定武威置郡在昭帝元凤元年(《汉书·匈奴传》单于窥边酒泉、张掖而不及武威)之后,宣帝神爵元年之前。

乙说以为《武纪》直采官家记注,最为可据;《地理志》杂采图经,不如纪文之可信。酒泉置郡仍应据纪在元狩二年,惟纪文"元狩二年秋……以其地为武威、酒泉郡"之"武威"二字,乃班氏以意增入或经后人窜入者。《史记》一书凡论及西域事,《平准书》言及张掖,《大宛传》、《匈奴传》言酒泉,皆不及武威。《汉书·昭纪》始元六年置金城郡亦不及武威。《盐铁论·西域篇》曰"先帝推让,斥夺广饶之地,建张掖以西、隔绝羌胡",亦不及武威,而盐铁之议亦在始元六年。居延汉简 303·12(甲 1584A)曰"元凤三年十月戊子……丞行事金城、张掖、酒泉、敦煌郡……",河西四郡数金城而不及武威,是武威置郡尚在此后。至宣帝初的居延汉简之骑士名籍簿中,张掖所属县俱有其人而武威所属则无人,则其时武威已立郡,故其正卒戍武威之缘边而不戍张掖属之居延。据此推之,武威建郡当在元凤三年十月之后而地节三年五月张敞视事山阳郡之前。

---

1) 《通鉴》汉纪十二元鼎二年"乌孙王既不肯东还,汉乃于浑邪王故地置酒泉郡"。

甲、乙两说都主张武威置郡于昭末、宣初,这是正确的,因此《史记》就不提到它。对于张掖、敦煌置郡年代,并维持《武纪》元鼎六年说,与《通鉴》同。两说虽同以酒泉置于元鼎六年前,但甲说定在元鼎二、三年而乙说维持《武纪》元狩二年说。他们在大体上仍然以《武纪》为主而加以局部的修订,在修订中只注意到《史》、《汉》之间以及《史》、《汉》与汉简的矛盾,而比较少看到《史记》本身一致性的方面。司马迁的《孝武本纪》今已不存,因此无从看到司马迁对于四郡建置所系的年代。但其《大宛传》、《匈奴传》、《卫将军骠骑传》和《平准书》中分散的记录,若加以连串排比,还可以推出《史记》原来的安排。我们以为四郡建置有三种说法:(1)上述《史记》的系统,《汉书》张骞、匈奴、卫青霍去病等传和《食货志》,皆本之《史记》;(2)《汉书·武纪》和《西域传》序,虽本之《史记》而作了不同的解释与安排;(3)不同于以上两种的《地理志》的说法。

我们若能正确的排列出《史记》有关此事的顺序,就不能尽用《汉书·武纪》的安排来作为《史记》错误的证据,而反过来可用《史记》的顺序来对《武纪》另作安排以寻求它的根源,并从而评定二者之间究应以何者为可据。以下史料的排比,天汉以前以《史记》为主,天汉以后以《汉书》为主,并插入了必要的汉简与其他文献资料。

元狩二年(121) 及浑邪王以众降数万,遂开河西、酒泉之地,西方益少胡寇。 《卫将军骠骑传》

　　　　　　尽降其众渡河,降者数万,号称十万。……乃分徙降者边五郡故塞外而皆在河南,因其故俗为属国。 同上。

　　　　　　浑邪王率其民降汉,而金城、河西西并南山至盐泽,空无匈奴,匈奴时有候者到而希矣。 《大宛传》

　　　　　　浑邪王杀休屠王,并将其众降汉凡四万馀人,号十万。于是汉已得浑邪王,则陇西、北地、河西益少胡寇。徙关东贫民、处所夺匈奴河南、新秦中以实之,而减北地以西戍卒半。 《匈奴传》

　　　　　　降浑邪休屠王,遂空其地。 《汉书·西域传·序》

元狩四年(119) 其后二年,汉击走单于于幕北。……骞既失侯,因言曰:……今单于新困于汉而故浑邪地空无人(《汉书·张骞传》作昆莫地空)。 《大宛传》

　　　　　　骠骑封于狼居胥山,禅姑衍,临翰海而还〔卫将军骠骑传述此于元狩四年〕。田官,吏卒五六万人,稍蚕食,地接匈奴以北。 《匈奴传》

　　　　　　置是后匈奴远遁而幕南无王庭。汉渡河自朔方以西至令居,往往通渠,

元鼎二年(115) 令居县,……汉武帝元鼎二年置,王莽之罕虏也。 《河水注》卷二

元鼎五年(112) 西羌众十万人反,与匈奴通使,攻故安(《后汉书·西羌传》作安故),围枹罕,匈奴入五原,杀太守。 《汉书·武纪》

元鼎六年(111) 乌维单于立三年,汉已灭两越,遣故太仆贺将万五千骑出九原二千馀里,

至浮苴井而还,不见匈奴一人;汉又遣故从骠侯赵破奴万馀骑出令居数
千里,至匈河水而还,亦不见匈奴一人。 《匈奴传》

骞还到,拜为大行(《汉书·百官公卿表》在元鼎二年)。……岁馀卒(表在
元鼎三年)。……其后岁馀(元鼎四、五年)骞所遣副使通大夏之属者皆
颇与其人俱来, 于是西北国始通于汉矣。……而汉始筑令居以西(《汉
书·张骞传》 注: 臣瓒云筑塞西至酒泉也),初置酒泉郡以通西北国。
……是时汉既灭越而蜀西南夷皆震, 请吏入朝。于是置益州、越嶲、牂
牁、沈黎、汶山郡,欲地接以前,通大夏。 《大宛传》

会越已破……遂平南夷为牂牁郡,……为越嶲郡,……为沈犁郡……为汶
山郡,……为武都郡。 《西南夷传》

元鼎六年冬……南越已平矣,遂为九郡。 《南越传》

其明年,南越反,西羌侵边为桀。于是天子为山东不赡,赦天下。因南方楼
船卒二十馀万人击南越,数万人发三河以西骑(《汉书·武纪》作发陇西、
天水、安定骑士)击西羌,又数万人渡河筑令居,初置张掖、酒泉郡,而上
郡、朔方、西河、河西开田官, 斥塞卒六十万人戍田之。……汉连兵三
岁,诛羌,灭南越、番禺以西至蜀南者,置初郡十七;且以其故俗治,毋赋
税。《平准书》

其后骠骑将军击破匈奴右地,降浑邪、休屠王,遂空其地,始筑令居以西,
初置酒泉郡;后稍发徙民充实之,分置武威、张掖、敦煌,列四郡、据两关
焉。 《汉书·西域传》

及武帝征伐四夷,开地广境,北却匈奴,西逐诸羌,乃度河湟,筑令居塞,初
开河西, 列置四郡,通道玉门,隔绝羌胡,使南北不得交关,于是障塞亭
燧,出长城外数千里。……汉遂因山为塞,河西地空,稍徙人以实之。
《后汉书·西羌传》

自是之后,用事者争言水利,朔方、西河、河西、酒泉皆引河及川谷以溉田。
《河渠书》

玉门关,县北一百六十里,汉武帝元鼎九(?)年置,并有都尉,西域传东即
限以玉门、阳关也。 敦煌写本《晋天福十年寿昌县地境》[1]

元封二年(109) 而北道酒泉抵大夏。 《大宛传》

元封二年……于是以为益州郡。 《西南夷传》

元封三年(108) 元封三年夏,尼豁相参乃使人杀朝鲜王,右渠来降。……以故遂定朝鲜为
四郡。 《朝鲜传》

汉使杨信使于匈奴(《汉书·武纪》遣使在元封四年)。是时汉东拔秽貊、朝

---

1) 见向达《唐代长安与西域文明》。

　　　　鲜以为郡,而西置酒泉郡以鬲绝胡与羌通之路。　《匈奴传》

　　　　武都氐人反,分徙酒泉郡。　《汉书·武纪》

　　　　酒泉玉门都尉护众、侯畸兼行丞事……　《新获》敦 14:3

元封四年(107)　封(王)恢为浩侯(汉书功臣表第五在元封四年),于是酒泉列亭障至玉门
　　　　矣(《汉书·张骞传》同,西域传则作于是汉列亭障至玉门矣)。《大宛传》

　　　　(李陵)教射酒泉、张掖以备胡。数年(太初元年),汉遣贰师将军伐大
　　　　宛。　《汉书·李陵传》

元封六年(105)　效谷,本鱼泽障也。桑钦说:孝武元狩六年济南崔不意为鱼泽尉,教力田,
　　　　以勤效得谷,因立为县名。　《汉书·地理志》敦煌郡颜师古注

　　　　自是之后,单于益西北,左方兵直云中,右方直酒泉、敦煌郡。　《匈奴传》

太初元年(104)　是岁太初元年也,而关东蝗大起,蜚西至敦煌。　《大宛传》

　　　　是岁,汉使贰师将军广利西伐大宛,而令因杅将军敖筑受降城。　《匈
　　　　奴传》

太初二年(103)　贰师将军……引兵而还,往来二岁,还至敦煌,士不过什一,使使上书……
　　　　愿且罢兵。……天子闻之,大怒,而使使遮玉门(《汉书·李广利传》作玉
　　　　门关)曰:"军有敢入者辄斩之"。贰师恐,因留敦煌。其夏,汉亡浞野之
　　　　兵二万馀于匈奴(亦见《匈奴传》)。　《大宛传》

太初三年(102)　赦因徒材官,益发恶少年及边骑,岁馀而出敦煌者六万人。……益发戍甲
　　　　卒十八万,酒泉、张掖,北置居延、休屠以卫酒泉(如淳曰:立二县以卫边
　　　　也,或曰置二部都尉以卫酒泉),而发天下七科适及载糒给贰师,转车人
　　　　徒相连属至敦煌。……初贰师起敦煌西,以为人多,道上国不能食,乃
　　　　分为数军从南北道。　《大宛传》

　　　　后贰师击大宛,匈奴欲遮之。……时汉军正任文屯兵玉门关,为贰师后距,
　　　　捕得生口,知状以闻。上诏文便道引兵捕楼兰王。　《汉书·西域传》(《通
　　　　鉴》在太初四年)

　　　　是岁,太初三年也。……使强弩都尉路博德筑居延泽上。其秋,匈奴大入定
　　　　襄,云中……又使右贤王入酒泉、张掖,略数千人,会任文击救,尽复失
　　　　所得而去。　《匈奴传》

　　　　强弩都尉路博德筑居延……。匈奴……又入张掖、酒泉,杀都尉。《汉书·
　　　　武纪》

　　　　武帝使伏波将军路博德筑遮虏障于居延城。　《汉书·地理志》注引阚骃
　　　　(《十三州志》)

　　　　汉居延县故城在甘州张掖县东北千五百三十里,有汉遮虏障,强弩都尉路
　　　　博德之所筑。　《匈奴传》正义引《括地志》

休屠,都尉治熊水障,北部都尉治休屠城。 《汉书·地理志》武威郡

日勒,都尉治。居延,都尉治。 同上,张掖郡

延寿廼太初三年中父以负马田敦煌,延寿与父俱来,事已。 居延汉简
303·39+513·23(甲 1598)

太初四年(101) 是岁,贰师将军破大宛……太初四年也。 《匈奴传》

贰师之伐宛也……军入玉门者万馀人,军马千馀匹。 《大宛传》

(李陵)与轻骑五百出敦煌,至盐水,迎贰师还,复留屯张掖。《汉书·李陵传》

元汉元年(100) 岁馀,而敦煌置酒泉都尉(一本作敦煌酒泉置都尉)[1],西至盐水往往有亭
而仑头有田卒数百人。 《大宛传》

自贰师将军伐大宛之后……于是自敦煌西至盐泽,往往起亭,而轮台、渠
犁皆有田卒数百人。 《汉书·西域传》

会水,北部都尉治偃前障,东部都尉治东部障。乾齐,西部都尉治西部障。
《汉书·地理志》酒泉郡

敦煌,中部都尉治步广候官。广至,宜禾都尉治昆仑障。龙勒,有阳关、玉
门关,皆都尉治。 同上,敦煌郡

天汉二年(99) 其明年,汉使贰师将军广利以三万骑出酒泉击右贤王于天山。……又使骑
都尉李陵将步骑五千人出居延北千馀里,与单于会合战。 《匈奴传》

诏陵以九月发,出遮房障,至东浚稽山南龙勒水上。……陵于是将其步卒
千人出居延北行三十日至浚稽山止营。 《汉书·李陵传》

五天汉三年十月队长遂除居平望…… 《流沙》廪给类第六简

大始三年(94) 大始三年闰月辛酉朔己卯,玉门都尉护众谓千人尚、尉丞襟署就……
《流沙》簿书类第十二简

征和二年(91) 其随太子发兵以反,法诛;吏士劫略者皆徙敦煌郡。 《汉书·刘屈氂传》

征和三年(90) 春,贰师将军李广利出朔方,以兵降胡;重合侯莽通出酒泉,御史大夫商丘
成出河西击匈奴。 《汉兴以来将相名臣年表》

匈奴入五原、酒泉,杀两都尉。三月(《汉书·西域传》作征和四年),遣贰
师将军广利将七万人出五原,御史大夫商丘成二万人出西河,重合侯马
通四万骑出酒泉,成至浚稽山……。 《汉书·武纪》

朕发酒泉驴、橐驼负食,出玉门迎军,卒吏起张掖。 《汉书·西域传》

后元元年(88) 至征和五年……匈奴使人至小月氏传告诸羌曰:……张掖、酒泉本我地
……。 《汉书·赵充国传》

始元二年(85) 调故吏、将屯田张掖郡。 《汉书·昭纪》

---

1) 集解于置下曰"徐广曰一本无置字",于都尉下曰"徐广曰一云置都尉";是今本"而敦煌置酒泉都尉",徐广所
见本或作"而敦煌酒泉置都尉"。

……谨案属丞始元二年戍田卒千五百人为骓马田官写泾渠，乃正月己酉淮阳郡…… 居延汉简 513·17＋303·15)(甲 1590)

始元六年（81） 以边塞阔远，取天水、陇西、张掖郡各二县，置金城郡。 《汉书·昭纪》

元凤元年（80） 明年，单于使犁汙王窥边，言酒泉、张掖兵益弱，出兵试击，冀可复得其地。 《汉书·匈奴传》

元凤三年（78） 元凤三年十月戊子朔戊子……取丞从事金城、张掖、酒泉、敦煌郡……。 居延汉简 303·12（甲 1584）

本始二年（72） （汉书匈奴传五将军兵十馀万人出西河、云中、五原、酒泉、张掖击匈奴、而无武威。）

地节二年（68） 地节二年六月辛卯朔丁巳，肩水候房谓候长光以姑臧所移卒被候，本籍为行边丞相王卿治卒被候…… 居延汉简 7·7（甲 45A）

神爵元年（61） 时上已发……金城、陇西、天水、安定、北地、上郡骑士羌骑，与武威、张掖、酒泉太守各屯其郡者合六万人矣。酒泉太守辛武贤奏：……屯兵在武威、张掖、酒泉万骑以上……。 《汉书·赵充国传》

武威置郡后 八月庚寅武威北部都尉□光在行塞敢言之太守府…… 居延汉简 42·6A
武威、金城郡农田……〔居〕延都尉令曰南田…… 居延汉简 175·12

自元狩二年浑邪王及其所属降汉东迁于河套内河南地，受到环河套的边五郡的监督。河西走廊的故浑邪、休屠地空无匈奴，少胡寇。此时并无徙罪人、移贫民以充实之的记载，而张骞曾提出招请乌孙东居浑邪故地以断匈奴右臂之议，但此议未为乌孙所接纳。元狩四年以后，汉渡河自朔方郡至永登境的令居，始置田官和吏卒五、六万人。元鼎二年置边县令居，出于《水经注》，似本之《地理志》，今本无此句。如此为元鼎六年筑令居以西的长城准备了人力和物力的条件。自元狩二年至元鼎二年约六、七年间，河西、酒泉并未置郡而只是开地的阶段。

酒泉、张掖和武威三郡，介于匈奴与西羌两大族之间，所以后来昭帝神爵元年用兵西羌时，发三郡屯兵并陇西、天水、安定等郡骑士。元鼎六年伐西羌时，只有陇西、天水、安定三郡骑士，而据《地理志》安定置于元鼎三年。此可知元鼎六年伐西羌之前，酒泉、张掖尚未置郡，武威更未置郡。既平西羌后即设置酒泉、张掖二郡，据司马迁说，置此二郡一则"以鬲绝羌与胡通之路"，一则"以通西北国"之路，故元封二年"北道酒泉抵大夏"。《汉书·西域传·赞》概括之曰"孝武之世，图制匈奴，患其兼从西国，结党南羌，乃表河曲，列西郡，开玉门，通西域，以断匈奴右臂，隔绝南羌、月氏，单于失援，由是远遁，而幕南无王庭"。《地理志》亦曰"初置四郡以通西域，鬲绝南羌、匈奴"。《汉书·韦玄成传》刘歆等议谓武帝"南灭百粤，起七郡。北攘匈奴，降昆邪十万之众，置五属国，起朔方以夺其肥饶之地。东伐朝鲜，起玄菟，乐浪以断匈奴之左臂。西伐大宛并三十六国，结乌孙，起敦煌、酒泉、张掖以鬲婼羌，裂匈奴之右臂"。这可以说明设置西郡的多方面的作用：修筑令居以西的亭障长城，一则为了防御，也开了通西的道路；二郡隔绝了匈奴与南羌，孤立了匈奴，遂使通西域的企图得以展开；兴水利、置田官，使屯戍吏卒有了经济的保障，兵农结合以便于持久开发河西。《河渠书》述河西等郡兴水利于汉武作《瓠子歌》（《武帝纪》在元封二年）之后，而《汉书·沟洫志》续《河渠书》，于此节后曰"自郑国渠起，至元鼎六年百三十六岁而兒宽为左内史，奏请穿凿六辅渠"，则似班固以为《河渠书》终于元鼎六年。

元鼎六年的大事开郡，乃当时三大战役的结果。其前一年，南越反，因发南夷兵征南越而南夷反，至西羌之反则与匈奴相通连。张掖、酒泉在地理上足以隔绝匈奴与南羌，其置郡是平羌的结果。《史记》于平西羌反，仅《平准书》寥寥数语而已，《汉书·武纪》和《后汉书·西羌传》记述较详。《平准书》曰"初置张掖、酒泉郡"，《集解》引《徐广曰元鼎六年"。《平准书》又曰"汉连兵三岁，诛羌，灭南越、番禺以西至蜀南者，置初郡十七。且以其故俗治，毋赋税"。此谓初郡十七，乃连兵三岁诛羌、灭南越、平西南夷的结果；而"初郡"也者指非汉族地区的新开之郡。三岁者，据《史记》始于元鼎五年之伐南越，终于元封二年之置益州郡。三地区分置十七初郡，俱见《史记》。（1）诛羌后"初置张掖、酒泉郡"，见《平准书》，而《大宛传》曰"初置酒泉郡"于"始筑令居以西"之时。（2）灭南越后于元鼎六年置苍梧等九郡，《南越传》曰"元鼎六年冬……南越已平矣，遂为九郡"。《汉书·武纪》元鼎六年"遂定越地，以为南海、苍梧、鬱林、合浦、交阯、九真、日南、珠厓、儋耳郡"，而《地理志·后叙》曰"武帝元封元年，略以为儋耳、珠厓郡"。《汉书·西域传·赞》曰"则建珠厓七郡"，七当为九之误。（3）平西南夷后先立五郡，后立益州郡，见《西南夷传》，赞曰"卒为七郡"者并前建元六年所置犍为郡而言。《大宛传》曰"初置酒泉郡。……是时汉既灭越而蜀、西南夷皆震，请吏入朝。于是置益州、越嶲、牂柯、沈黎、汶山郡，欲地接以前，通大夏。乃遣使柏始昌、吕越人等岁十馀辈出此初郡，抵大夏。……昆明复为寇，竟莫能得通，而北道酒泉抵大夏"。所记初置五郡，有益州而无武都，《西南夷传》及《汉书·武纪》五郡有武都而益州置于元封二年。

由上所引《史记》，南越九郡与南夷六郡之建置年代，《史记》可考，而河西二郡则但述于南越反后击西羌、筑令居以西的同时，未系年代。据《南越传》，南越之反在元鼎五年，其秋路博德往讨之，六年"冬"破之。据《西南夷传》平南夷于破越以后，是在元鼎六年"冬"以后。据《大宛传》初置酒泉郡时汉已灭越而南夷请吏入朝而置五郡。由此可推定十七初郡的建立年代如下：

张掖、酒泉——《史记》在元鼎六年"冬"以后；徐广在元鼎六年；《汉书·武纪》征西羌在是年"冬十月"，平之，而张掖置于元鼎六年秋。

南越九郡——《史记》在元鼎六年"冬"灭越以后；《武纪》元鼎六年"冬十月"以后、春以前破南越置九郡，《地理志》儋耳、珠厓置于元封元年。《后汉书·南蛮传》"至武帝元鼎五年遂灭之，分置九郡"。

　　南夷六郡——《史记》五郡置于元封二年以前破南越（元鼎六年冬）之后，一郡（益州）

　　　　置于元封二年；《武纪》五郡置于元鼎六年春、秋之间，益州置于元封二年；《后汉

　　　　书·西南夷传》同。

太初以前，汉承秦制用颛顼历，以冬十月为岁首，故《史记》元鼎六年冬班固一律改为"冬十月"即岁首，是正确的。然则灭南越、平西羌俱在元鼎六年岁首，张掖、酒泉置郡当在是年秋。其它南越九郡与南夷六郡之先后置，《汉书》可从。此十七初郡，儋耳、珠崖、沈黎、汶山四郡先后省罢[1]，故不见于《地理志》。其它十三郡，《地理志》皆称某年"开"而不曰某年"置"，"开"表示是初郡之开辟。《汉书·食货志》注引晋灼注，十七初郡数犍为、零陵而无张掖、酒泉两郡，是错的。犍为开于建元六年，零陵置于元鼎六年，前者虽为初郡而不在三役之列，后者则不是初郡。《后汉书·西羌传》曰"及武帝征伐四夷，开地广境，北却匈奴，西逐诸羌，乃度河、湟，筑令居塞，初开河西，列置四郡"。综述汉武河西的建置，虽不无错误，但分别开地与置郡，则胜于班书。《史记·匈奴传》曰"汉使杨信于匈奴，是时汉东拔涉貉、朝鲜以为郡，而西置酒泉郡"。据《汉书·武纪》杨信使于匈奴在元封四年秋，拔朝鲜在元封三年；而置酒泉郡应在元鼎六年，早于拔朝鲜及杨信使于匈奴三、四年，故所谓"是时"者指元封四年时，追记置酒泉郡于此前。

　　张掖、酒泉初置于元鼎六年，既可确定，则敦煌置郡当在此后。太初二次用兵大宛，出入玉门而以敦煌为据点。太初二年，李广利首次伐宛不利，回师敦煌，汉使使遮贰师于玉门，表示当时玉门是西域的东境而为汉廷西极的大门。李陵于伐大宛前"数年"，教射敦煌、张掖，当在元封的后数年间。据班固《地理志》本注元封五年已有鱼泽尉，地为敦煌置郡后效谷县所在，故知元封五年以前敦煌县东的效谷县地方已有亭障。玉门在汉敦煌县之西，《大宛传》谓元封四年自酒泉已列亭障至玉门。此段工程，当作于元鼎六年酒泉置郡以后三数年，即元封的前三年。至元封六年，单于益西方而匈奴"右方置酒泉、敦煌郡"，则敦煌置郡不能晚于此年。然则敦煌置郡当在元封四、五年间。

　　敦煌置郡前后，有数事须加说明。第一，在置郡以前玉门已有都尉，称为"酒泉玉门都尉"，见于新获敦煌汉简，出土于玉门故址。《流沙坠简》簿书类第六简曰"二月庚午敦煌玉门都尉子光，丞万年"，则在置郡以后。玉门关的设置，据《寿昌县地境》所述在"元鼎九年"，但元鼎只有六年，故"九"可能是"六"之误。元鼎改元后第九年是元封三年，此年实为最恰当的置玉门之年。又汉简只有"玉门都尉"，没有"玉门关都尉"。玉门都尉之置当在敦煌置郡之前；未立郡前，自酒泉至玉门皆属于酒泉郡所管，敦煌郡乃是分自酒泉而置的。第二，酒泉至玉门的筑亭障、置都尉，乃为太初中伐大宛所作的军事准备。李广利两次伐宛，大军"起敦煌西"，"出敦煌"，"还至敦煌"，"遂留敦煌"，乃作为屯兵之所，当时给养或仍自酒泉，如征和三年汉武诏所述。酒泉至玉门的亭障，完成于元封前三年中，而令居至酒

---

[1] 始元五年，罢儋耳郡，见《昭纪》。地节三年，省汶山郡，见《宣纪》。初元三年，罢珠崖郡，见《元纪》。天汉四年省沈黎郡，灵帝时复分蜀郡北部为汶山郡，均见《后汉书·西南夷传》。

泉一段亭障更长于此，因此可推测元鼎六年"始筑令居以西"或是完成于是年而是始于元鼎二年既置令居以后，也经营了三、四年之久。所谓"数万人渡河筑令居"，不能解释为筑令居的障塞而应该是筑令居以西的长城，因汉代的障或城较小，用不着数万人力。天汉元年，敦煌西至盐泽有亭而无障，在太初伐大宛之后。至此，令居至酒泉，酒泉至玉门，玉门至盐泽三段亭障次第告成，而边塞的长城乃粗具规模。第三，太初间用兵大宛，为了保卫酒泉抵御匈奴入侵，张掖郡"北置居延、休屠"而使路博德筑于居延泽上。张掖北所置者，如淳以为二边县，或说以为二"部都尉"，或者较胜。居延汉简"乃太初三年"，即筑居延泽上之年，追记了延寿及其父负马田敦煌，则当时敦煌已经开田。第四，敦煌置郡后，效谷属于敦煌，居延汉简甲 1958（505·12）曰"敦煌效谷宜王里琼阳年廿八 轺车一乘马三 闰月丙午南入"。效谷置县以后，原来的鱼泽尉依然存在，《流沙》簿书类第六十一永平十八年简尚见其名。

自置敦煌郡以后，令居以西至盐泽的河西走廊的边郡，已经开辟，此后金城、武威的分置，乃从已建的三郡及其邻郡分出一部分。在敦煌置郡后，金城、武威置郡前，西郡的建树有两大端。一是军事防御的建置，太初元年筑受降城，三年筑居延塞，置居延、休屠（都尉），天汉元年置敦煌、酒泉都尉。一是徙民与屯戍，元封三年徙反氏于酒泉，太初三年发天下七科适至敦煌，征和二年徙叛吏于敦煌，而太初三年发戍田卒十八万于酒泉、张掖北，天汉元年西至盐泽有田卒数百人，始元二年调故吏、将屯田张掖。《地理志》概括四郡移民曰"其民或以关东下贫，或以报怨过当，或以讁逆亡道，家属徙焉"。《昭纪》始元二年"调故吏、将屯田（动词）张掖郡"，即居延所出始元二年简所记戍田卒千五百人并有田官。故吏是一种人，"将屯"疑即属于将屯将军所管的屯卒。

有了以上这些建树以后，还需要健全边郡组织。河西的武威介乎河套五边郡与河西三郡之间，是一薄弱地点，尚待加强以巩固防御匈奴的北边，而金城郡的分置则为了抵御西羌。后者于始元六年，由于"边塞阔远"而分置，史有明文。至于武威置郡于金城之后，则是近人所推定。

据居延元凤三年简，则武威置郡不能早于此年；据《汉书·赵充国传》，神爵元年以前已置郡。我们以为，武威置郡当在宣帝初，不在昭末。《汉书·宣纪》本始二年五将军大举出击匈奴，《汉书·匈奴传》记二十余万人出西河、云中、五原、酒泉、张掖而无武威。居延地节二年六月简，记张掖肩水候官告候长核对姑臧戍卒名籍以待行边丞相史的校阅，则后来作为武威郡治的姑臧，当时尚属张掖管辖。若此时武威已置郡，则姑臧戍卒当戍于休屠而不在居延。此说如可成立，则武威置郡于地节二年以后，置郡前的姑臧原是属于张掖的一县。

《汉书·赵充国传》记载神爵元年伐西羌事，较详于《宣纪》。传述宣帝发太常徒弛刑、三河等地材官"并金城六郡骑士羌骑与武威、张掖、酒泉太守各屯其郡者合六万人矣"，而酒泉太守辛武贤奏"屯兵在武威、张掖、酒泉万骑以上"。充国言"又武威县、张掖、日勒皆当北塞",似指武威郡的武威县和张掖、日勒三县。(荀悦《汉纪》作"又武威、张掖皆当北塞"。)所以神爵元年武威已置郡,可无问题。然则武威置郡在地节三年至元康四年的六年间。亦即在神爵元年征西羌之前,则武威之置与防备胡羌也有一定关系。

武威郡之置,与敦煌郡之置有相似之处,即是从一地域广阔的"初郡"分置出来的,故在新郡地境内先已有了县和都尉。太初三年"置居延、休屠",如淳以为立边县不如或说置二都尉的正确,因此时张掖置郡已十年,此所置者为都尉,故曰"以卫酒泉"。武威建郡后,休屠属之,《地理志》曰"北部都尉治休屠城",居延汉简(42·6A)曰"八月庚寅武威北部都尉□光在行塞敢言之太守府",此犹居延汉简(44·16)"酒泉北部都尉"指酒泉郡治于会水的北部都尉。休屠县乃就休屠王故都而县之,《水经注·禹贡山水地泽篇》曰"本匈奴休屠王都,谓之马城"。武威县在北塞上(今民勤县境),可能原是一障名,故赵充国以武威县与张掖、日勒并举,后者有都尉。居延汉简(39·35)有"武威、居延甲渠",而居延简习见"张掖居延甲渠"乃张掖郡居延都尉甲渠候官之省称。居延从不属于武威郡,则此"武威、居延甲渠"似是武威、甲渠并举的两个候官,在武威置郡前。

武威郡治的姑臧,见于居延地节二年简及居延汉简(68·9,248·18)等,前者可能为武威置郡前属于张掖郡的姑臧县[1]。它和休屠城同为匈奴旧城,《通典》卷一七四姑臧下曰"汉旧县,《西河旧事》曰:昔匈奴故盖臧城也,后人音讹名姑臧"。(亦见引于《后汉书·窦融传》,文稍异。)《水经注·禹贡山水地泽篇》引"王隐《晋书》曰:凉州有龙形,故曰卧龙城,南北七里,东西三里,本匈奴所筑也"。张掖县于武威置郡后属之,见《地理志》,故《流沙坠简》杂事类第二十三简曰"武威郡张掖长□里"。居延汉简(119·67)又有"小张掖"之名,此犹"沛郡治相县而沛自为县,时人谓沛县为小沛"一样。(见《通鉴》汉纪五十四建安三年胡注。)汉张掖县至唐时为张掖守捉,《旧唐书·地理志》凉州武威郡"南二百里有张掖守捉"。在今武威南。

始元六年曾以张掖郡二县入金城郡。汉金城郡北境在今永登县北,故取于张掖之二县应在汉武威郡之南(今古浪之南)。《地理志》金城十三县中惟令居、枝阳、允街三县在永登境,而允街是神爵二年平羌后新置,故始元六年属于张掖而分入金城的二县应是令居与枝阳。如此则属于武威郡的武威、休屠、张掖三县原属于张掖,而分于金城的二县在后来武威郡南,则分置武威郡以前的张掖郡实奄有《地理志》张掖郡、武威郡的西部分及金城郡的北二县。

河西四郡与金城郡的北二县,在元鼎六年后统属于未分置敦煌、武威以前的张掖、酒泉两郡。它包括了以令居为起点的河西走廊的长城以南和祁连山以北地区。此地区于元狩二年以前在匈奴左、右、中的分地中的"西方"。《匈奴传》曰"右方王将居西方,直上郡以西,接月氏、氐羌",又曰"单于怒浑邪王、休屠王居西方",《卫将军骠骑传》记浑邪降后"西方益少胡寇"。《汉书·赵充国传》记匈奴之言曰"张掖、酒泉本我地"。未分置前的张掖、酒泉两郡应分别约略占有休屠和浑邪故地,《通鉴》汉纪十二元鼎二年曰"汉乃于浑邪王故地置酒泉郡",是正确的。《地理志》因休屠属于武威郡,因谓武威郡是休屠王故地而张掖郡是昆邪王故地,似不可据。

《史记》所述天汉以前河西置郡与匈奴、西羌等事,多为《汉书》所本。班固西州人,叙事小有增易处,但大致上直钞《史记》,如《匈奴传》、《卫青霍去病传》、《张骞传》等和《食货志》、《沟洫志》等。惟班固于《武纪》,则作了一些不同的安排,其所依据者仍为《史记》史料,不过重加以解释与编次而已。《武纪》元狩二年"秋,匈奴昆邪王杀休屠王,并将其众合四万余人来降,置五属国以处之,以其地为武威、酒泉郡"。其原史料皆出《史记》,所不同者:《史记》以为元狩二年开河西、酒泉之地,班氏以为置武威、酒泉二郡,如此便与《平准书》初置张掖、酒泉郡于灭南越、平西羌之年相刺谬。《史记》分别开地与置初郡为二事,故《史记》自序曰"为秦开地益众……建榆中,作蒙恬列传",《河水注》卷一曰"昔蒙恬为秦北逐戎人,开榆中之地";班氏以为开地即置初郡,故《史记》以为元狩二年所开者为河西与酒泉之地,而班氏以为所置者为武威与酒泉二郡。

《汉书·武纪》元鼎六年"秋,又遣浮沮将军公孙贺出九原,匈河将军赵破奴出令居,皆二千余里不见虏而还,乃分武威、酒泉地置张掖、敦煌郡"[1]。是年二将出巡不见匈奴一人,见《史记·匈奴传》,但不与置郡之事相联系。《史记》是年初置张掖、酒泉郡,班氏既已误武威、酒泉置于元狩,故以此年置张掖为分自武威,恰好倒置。但班氏《西域传·序》则曰"其后骠骑将军击破匈奴右地,降浑邪休屠王,遂空其地,始筑令居以西,初置酒泉郡,后稍发徙民充实之,分置武威、张掖、敦煌,列四郡,据两关焉"。此与《武纪》不同处在于:(1)初置酒泉于筑令居之年而非浑邪降年;(2)武威之置晚于酒泉。此两点和《史记》一致。但序以为张掖也后置,则因班氏只引用了《大宛传》"而汉始筑令居以西,初置酒泉郡"而疏忽了《平准书》"又数万人渡河筑令居,初置张掖、酒泉郡"。由此可见班氏利用《史记》原材料时常在矛盾之中。过去学者看到《武纪》、《西域传·序》和《食货志》之间的矛盾,思有以弥补,所以王先谦补注以为《食货志》"初置张掖酒泉郡"应是张掖、敦煌郡的误字,而《通鉴》以为酒泉郡置于元鼎二年"乌孙王既不肯还"之后,都没有充足的理由。

至于《汉书·地理志》关于四郡建置年代的错误,由前所编列的史料,可以证明。但《地理志》以为张掖、酒泉置于一年,以为武威、敦煌之置在后,以为敦煌为"置"而其他三郡为"开",虽年代都错,尚有可取之处。

根据以上所述,则河西四郡的建郡年代约如下表所示:

[四郡]	[今定]	[武纪]	[地理志]	[甲说]	[乙说]
酒泉郡	元鼎六年	元狩二年	太初元年	元鼎三年	元狩二年
	(111)	(121)	(104)	(114)	(121)

---

1) 敦煌石室所出《沙州都督府图经》古塞城下引"《汉书》武帝元鼎六年将军赵破奴出令居、析酒泉置敦煌郡"。

张掖郡	元鼎六年 (111)	元鼎六年 (111)	太初元年 (104)	元鼎六年 (111)	元鼎六年 (111)
敦煌郡	元封四、五年 (107—106)	元鼎六年 (111)	后元元年 (88)	元鼎六年 (111)	元鼎六年 (111)
武威郡	地节三 元康四间 (67—62)	元狩二年 (121)	太初四年 (101)	元凤元 神爵元间 (80—61)	元凤三 地节三间 (78—67)

一九六〇年终,北京。

附录一　关于"将屯"

"将屯"一词是"将兵屯田"的省称,在文献中和汉简中所指的意义有时并不完全一样。《史记·傅宽传》曰"徙为代国相将屯",索隐引"孔文祥云边郡有屯兵,宽为代相国兼领屯兵,后因置将屯将军也"。《史记·孝文本纪》"属国(徐)悍为将屯将军",《汉兴以来将相名臣表》作捍;《史记·韩长孺传》曰"大行王恢为将屯将军"正义引"李奇云监主诸屯",传又曰"卫尉(韩)安国为材官将军屯于渔阳……将屯又为匈奴所欺,失亡多"。《汉书·李广传》曰"程不识与广俱为边太守将屯",与将屯亡失多之将屯,不是将屯将军而是将屯将军或太守所属将屯的兵卒,相当于《昭纪》屯于张掖郡的"故吏、将屯"。《汉书·赵充国传》曰"迁中郎将,将屯上谷",注引"师古曰领兵屯于上谷也",此将屯犹"徙为代国相将屯",乃是动词;可知太守、将屯将军、中郎将等凡以兵卒军屯于外者皆可称将屯。由上所述,文献中的将屯可以是(1)将屯将军、太守、中郎将的形容词,(2)可以是故吏以下屯田的兵卒,(3)可以是领兵屯田的动词作用。汉简上的"将屯"亦可分别为二类:

(甲)将屯张掖太守　　居延汉简 227·43

　　　将屯居延都尉德　　居延汉简 227·101,40·2(甲 286)

　　　将屯稗将军　　居延汉简 169·13

(乙)其假候如品司马以下与将卒长吏将屯要害处　《流沙坠简》簿书类第一简

甲类相当于上述的(1),将屯加于太守、都尉、稗将军之前,是形容词。乙类相当于(3),作为动词。

一九六○年十二月,北京。

附录二　河西开地的经过

《史记》所记元狩二年以来二十年间事,数次提到地名"河西",有以下诸例:

(1)《匈奴传》　于是汉已得浑邪王,则陇西、北地、河西益少胡寇。

(2)《大宛传》　浑邪王率其民降汉,而金城、河西西并南山至盐泽[1]空无匈奴,时有候者到而希矣。

(3)《卫将军骠骑传》　及浑邪王以众降数万,遂开河西、酒泉之地,西方益少胡寇。

(4)《平准书》　又数万人渡河筑令居,初置张掖、酒泉郡,而上郡、朔方、西河、河西开田官,斥塞卒六十万人戍田之。

---

1)　此句似可读作"而金城、河西,西并南山至盐泽"。

(5)《河渠书》 自是之后,用事者争言水利。朔方、西河、河西、酒泉皆引河及川谷以溉田。

(6)《汉兴以来将相名臣表》 征和三年,春,贰师将军李广利出朔方,以兵降胡;重合侯莽通出酒泉、御史大夫商丘成出河西击匈奴。

以上六条,(1)—(3)是元狩二年事,(4)(5)是元鼎六年事,(6)是征和三年事。(1)—(5)是司马迁原作,(6)是成帝时人补作。

诸条中"河西"与陇西、北地、上郡(秦置)、朔方(元朔二年开)、西河(元朔四年置)、张掖、酒泉(元鼎六年开)等郡名并列,似乎也是郡名,其实不然。(2)系元狩二年事,当时金城应只是县,置郡在昭帝始元六年。(3)是元狩二年事,而酒泉郡初置于元鼎六年,故此"遂开河西、酒泉之地"指开发匈奴故地,酒泉与河西都是地区名。所谓"地"犹《匈奴传》所述"于是遂取河南地筑朔方",《卫将军骠骑传》作"遂以河南地为朔方郡",河南或河南地原是匈奴地。据(4)(5),在元鼎六年时,河西已不包括张掖郡,它介于朔方、西河与酒泉之间,应是未分置的酒泉、张掖两郡之东而河套之西的地区(后来为武威郡)。(2)所记是酒泉、张掖置郡以前事,所谓"河西"西并南山至盐泽应指后来的武威郡以西直至罗布淖尔一大片地区。比较(1)(3),则"河西"是"西方"的一部分。

《匈奴传》所述汉初冒顿时匈奴疆域曰"诸左方王将居东方,直上谷以往者东,接秽貉、朝鲜。右方王将居西方,直上郡以西,接月氏、氐、羌。而单于之庭,直代、云中。各有分地"。匈奴与汉约以北纬40°—41°为界,匈奴左方所居之东方约为东经115°—125°,南对汉上谷郡以东;中央单于所居约为东经115°—110°,南对汉代郡、云中郡,在上谷郡以西而上郡以东;匈奴右方所居之西方约为东经95°—110°,南对汉上郡以西。匈奴西方占地最广,可分为两大段:河套内一段(东经105°—110°)为楼烦王、白羊王地,即所谓"河南地";河套西一段(东经95°—105°)为休屠王、浑邪王地,即所谓"河西西"。此两段皆于汉武帝时开为汉郡。《匈奴传》曰"卫青复出云中以西至陇西,击胡之楼烦、白羊王于河南……,于是汉遂取河南地,筑朔方……。是岁汉之元朔二年也"。《卫将军骠骑传》曰"遂以河南地为朔方郡",《汉书·武纪》作"收河南地,置朔方,五原郡"。《匈奴传》又曰"其(元狩二年)秋,单于怒浑邪王、休屠王居西方……。浑邪王杀休屠王,并将其众降汉。……河西益少胡寇"。河西西所置酒泉、张掖两郡,乃匈奴故地,故《汉书·赵充国传》征和五年匈奴告诸羌曰"张掖、酒泉本我地",《汉书·匈奴传》元凤二年单于"言酒泉、张掖兵益弱,出兵试击,冀可复得其地"。《汉书·地理志·序》曰"自武威以西本匈奴昆邪王、休屠王地"。《汉书·西域传·序》曰"其后票骑将军击破匈奴右地,降浑邪、休屠王,遂空其地"。

由上所述匈奴西方(右地)西段自汉初迄开置四郡,"河西"一词的涵义约如下表所列:

汉初	匈奴西(右)方	西段(河套西)	《匈奴传》
元狩二年前	浑邪王居西方	休屠王居西方	《匈奴传》
元狩二年	河西西	河西、金城	《大宛传》

	酒泉地	河西地	《卫传》
	西方、少胡寇	河西少胡寇	《卫传》、《匈奴传》
元鼎六年	初置酒泉郡	初置张掖郡、河西	《平准书》
元封四、五年	（酒泉郡）分置敦煌郡	（张掖郡）	推定
征和三年	酒泉	河西	《史表》
地节三年后	（酒泉郡、敦煌郡）	（张掖郡）分置武威郡	推定

由此可见在元鼎六年置酒泉、张掖郡以前，河套西浑邪王、休屠王故地分为东西两段。西段浑邪王故地，后来成为酒泉、敦煌郡，是"酒泉地"或"河西西"；东段休屠王故地，后来成为张掖、武威郡，是"河西地"或"河西"。元鼎六年既置张掖郡，"河西"即指张掖郡以东，河套以西较小区域，即昭帝时所置武威郡的大部分。

前述《史记》六条，其（1）—（5）五条分别重见于《汉书》的《匈奴传》、《张骞传》、《卫青霍去病传》、《食货志》和《沟洫志》，仍存"河西"之名。但元狩二年浑邪王既降，《汉书·武纪》作"以其地为武威、酒泉郡"。班氏误开地为置初郡，已经是错误了；而又直接称"河西"为武威郡，也不是完全正确的。《汉书·地理志·序》曰"自武威以西本昆邪王、休屠王地"，其"武威以西"相当于"河西西"，也是以武威郡代"河西"。（6）"商丘成出河西"，《汉书》于《武纪》和《匈奴传》并记其事而作"出西河"，显然改"河西"为西河郡。此事需加辨明。

《汉书·武纪》征和三年曰"匈奴入五原、酒泉，杀两都尉。三月遣贰师广利将七万人出五原（《史表》作朔方），御史大夫商丘成出西河（《史表》作河西），重合侯马通四万骑出酒泉，成至浚稽山，与虏战，多斩首"。以地望来看，商丘成所出者是河西而非西河，西河郡在朔方、五原郡之东而河西在朔方郡之西、酒泉郡之东。成所至的浚稽山，亦直河西地。据《汉书·李陵传》，匈奴有东西浚稽山，在武威县或居延县北。《史记·匈奴传》曰"汉使浞野侯破奴将二万余骑出朔方西北二千余里期至浚稽山而还"，索隐引"应劭云浚稽山在武威县北"，即今民勤县北，故在朔方郡西北。《汉书·李陵传》曰"诏陵以九月发，出遮虏障至东浚稽山南龙勒水上，徘徊观虏，即亡所见，从浞野侯赵破奴故道抵受降城休士"。此应是赵破奴所至之浚稽山，在居延遮虏障之（东）北，汉武威县之正北。《汉书·李陵传》又曰"陵于是将其步卒五千人出居延北，行三十日至浚稽山止营"，《史记·李陵传》作"出居延北可千余里"。此或是西浚稽山，在居延海正北。

武威郡之设置，据我们推定，在宣帝时（公元前67—62年），上距征和三年尚二、三十年。征和三年商丘成出河西击匈奴，则河西当为屯戍的重镇。自浑邪王降汉至此时已二十余年，河西地区已次第开发，《史记》所述如下：

元狩二年（121年）开河西地。 《卫将军骠骑传》

元狩四年（119年）朔方至令居通渠，置田官、吏卒。 《匈奴传》

元鼎二年（115年）置令居县。 《河水注》卷二

元鼎六年（111年）始筑令居以西塞。 《大宛传》

河西等地开田官、斥塞卒。　《平准书》

河西等地引河谷溉田。《河渠书》

太初三年（102年）置休屠（都尉或县）以卫酒泉。《大宛传》

征和三年（90年）商丘成出河西至浚稽山，击匈奴。《史表》

可知征和三年时，令居以西的边塞早已筑成，塞上已有都尉屯卒，塞内土地已通渠引水开田，与"河西"相邻的张掖已置郡十年。

汉武帝时，经数大战役，在南北拓扩疆域，都经过开地与置初郡的两个阶段。但开地的时间，有长有短。有取地与置郡于一年的，如元朔二年之置朔方郡，《史记·匈奴传》曰"于是汉遂取河南地筑朔方"，《卫将军骠骑传》曰"遂以河南地为朔方郡……使（苏）建筑朔方城"。有置初郡于开地十年后的，如《史记》所述元狩二年开酒泉之地而置初郡于元鼎六年。有置郡于开地五十余年后的，如开河西地于元狩二年，十年后即元鼎六年初置张掖郡于"河西"西段，五十余年后分置武威郡于"河西"东段。因此之故，元狩二年至元鼎六年的"河西"指后来的张掖、武威郡，即休屠王故地；元鼎六年至宣帝初分置武威郡以前的"河西"指后来的武威郡的中部和东半部（武威郡的西部原属张掖郡）。宣帝初以后，四郡已次第建立，所谓"河西四郡"的河西又回复了以前泛指河套以西。

《汉书·匈奴传·赞》曰"虽开河南之野，建朔方之郡"，《武纪》元朔二年"收河南地，置朔方、五原郡"，是以朔方之收地、开地、置郡于一年，是正确的。但班固《武纪》元狩二年"以其地为武威、酒泉郡"则是误会了司马迁"遂开河西、酒泉之地"，以开地为置郡，并误开地之年为置郡之年，以河西为武威。这种误解，导致了有关河西四郡的设置年代。

四年前考定河西四郡的设置年代，对于《史记》所述"河西"，曾一度疑其为张掖、武威郡以前的郡名。此说之所以不能成立，已详于上。后来看到日比野丈夫所作"河西四郡之成立"[1]一文，也引用了前述(2)—(5)的《史记》资料，以为曾有"河西郡"的设置。为了澄清这个问题，遂取旧稿重加整顿，改写如上。

一九六四年终，北京。

---

1)　京都大学人文科学研究所《创立廿五周年纪念论文集》（即《东方学报》第二十五册）

玉 门 关 与 玉 门 县

一、玉门关设置的时间与地点

西汉以来，河西称为玉门与玉门关的约有四个地点：一、汉玉门都尉和玉门关　玉门都尉见敦煌汉简，《汉书·地理志》敦煌郡龙勒县有"阳关、玉门关，皆都尉治"，正西关外有白龙堆。《大宛传》正义引《括地志》云"沙州龙勒山在县南百六十五里，玉门关在县西北百一十八里"，《旧唐书·地理志》同。敦煌石室所出《沙州地志》（伦敦 S788）和《寿昌县地境》并谓玉门关在寿昌"县北一百六十里"。二、汉玉门县　《汉书·地理志》属酒泉郡，注引阚骃《十三州志》云"汉罢玉门关屯，徙其人于此"。《元和郡县志》记汉至唐的玉门县距肃州(今酒泉县)二百二十里。《清一统志》曰"《(陕西)通志》今赤金所(今赤金堡)去肃州二百三十里，与古玉门县道里相仿，盖即古玉门县也"。《辛卯侍行记》卷五曰"十三里赤金湖……，有驿……，驿西南至赤金营堡二十里，汉玉门县地"；又曰"汉玉门县非玉门关也，关在敦煌西"。三、隋唐玉门关　《元和郡县志》卷十瓜州晋昌县下曰"玉门关在县东二十步"，唐晋昌县在今安西县西双塔堡附近。四、今玉门县　清初东达里图城设治后改称，在隋、唐玉门县之东，汉玉门县之西，详《辛卯侍行记》卷五。

汉玉门关在龙勒县，《续汉书·郡国志》、《括地志》、《元和郡县志》、两《唐书·地理志》、《太平寰宇记》和《舆地记》等无不以为在今敦煌县西北。道光的《敦煌县志》，以敦煌西北的小方盘城为玉门关。其正确地点即斯坦因所作地图[1] 在东经九十三度五十四分左右、北纬四十度二十二分的"古城"（地图上作 T14，《流沙坠简》称敦十四；《申报地图》作玉门关）。沙畹据《大宛传》以为太初以前玉门关应在敦煌之东，故武帝使使遮玉门，李广利乃留敦煌，不敢东向以入关；又以为发现玉门都尉版籍的 T14 小方盘城遗址乃太初二年以后改置的玉门关。王国维《流沙坠简》序，赞同沙氏之说，并进一步以为太初以前的玉门关即今玉门县。对此说法，学者表示怀疑而加订正的，共有三说。甲、劳干《两关遗址考》以为旧玉门关在今赤金峡，汉代冥安具(今玉门县附近)之东。太初二年以后西迁至敦煌西北。

---

1) 参看 A. Stein: Innermost Asia《亚洲腹部考古记》卷三所附地图第 35,38,39 诸幅。王国维：《流沙坠简》卷末所附图，系据斯坦因 Ruins of Desert Cathay《中国沙漠考古记》所附略图，不甚完整，尤其是小方盘城上下两翼外廊及城西一带，不如详图的准确。

乙、向达《两关杂考》以为"汉代玉门关自始置以至终汉之世俱在敦煌",太初二年自西迁至敦煌之东说是不可据的;但他又以为"使使遮玉门"之玉门指玉门县(赤金)而言。丙、夏鼐《新获之敦煌汉简》根据在敦十四新获"酒泉玉门都尉"一简,"知其地于敦煌未置郡以前……玉门关即已在敦煌西之小方盘城";"敦煌建郡当在太初二年以前,则玉门关在太初二年以前亦已必在敦煌之西"。乙、丙二说并以为敦煌置郡在元鼎六年。

《史记·大宛传》三见玉门,而无玉门关之名。传曰"于是酒泉列亭障至玉门",指自酒泉西至玉门都尉的亭障;《汉书·张骞传》注引"臣瓒曰筑塞西至酒泉也";李广利伐大宛后"军还,入玉门"犹敦煌汉简(《沙氏》507)"入玉门",亦指小方盘城的关口;然则"汉使使遮玉门"不许军入之玉门,亦当在此而不在玉门县。《汉书·西域传》述伐大宛时"汉军正任文将兵屯玉门关,为贰师后距",此玉门关亦应在敦煌西北,否则无以捕得匈奴生口,亦无以便道捕楼兰王。此任文,于时曾击败侵张掖、酒泉的匈奴。任文为"汉军正",而据《大宛传》贰师军中"赵始成为军正",则任文屯兵玉门一方面为贰师后距,一方面代表汉廷监督贰师,所以奉诏遮玉门的汉使应即此任文。广利首次伐大宛,"士不过什一二"乃引兵而还,上书"愿且罢兵",武帝闻之大怒而下诏"军有敢入(玉门)辄斩之"。此处应如夏氏所推论,贰师不待答诏已入玉门,故闻诏而"恐,因留屯敦煌",不作东归之计。若如王氏所说玉门在敦煌之东,贰师既留敦煌未尝入关,又何必恐?

《汉书·李广利传》"遮玉门关"和《西域传》"将兵屯玉门关",此所记太初中事而有玉门关之名。《李广利传》本之《史记》而增一"关"字,则《西域传》任文屯兵或在玉门。《地理志》、《郡国志》都说"龙勒有玉门关",而《文选》卷四十五《解嘲》注引"如淳云《地理志》曰玉门、阳关有候也",作玉门而无关字。《汉书·西域传》的序和赞亦只称"玉门、阳关"。敦煌汉简有"阳关都尉府"(《流沙坠简》簿书类第五十九简)而无玉门关都尉之称。此可知武帝置于敦煌西北的是"玉门都尉"而非玉门关都尉。敦煌西北的玉门都尉在出土汉简中因时代先后而有所异:

元封元至三年 (前110—108)	(1) 酒泉玉门都尉护众、候畸兼行丞事	《新获》敦14·3
大始三年 (前94)	(2) 大始二年闰月辛酉朔己卯玉门都尉护众谓千人尚、尉丞糕署就 《流沙》簿书类第十二简,《沙氏》305(T14)	
敦煌置郡后	(3) 玉门都尉官属吏致籍 《流沙》杂事类第四十三简正背,《沙氏》381(T14)	
敦煌置郡后	(4) 二月庚午敦煌玉门都尉子光、丞万年谓大煎候写移书到完部 《流沙》簿书类第六简,《沙氏》137(T6b)	
敦煌置郡后	(5) 十一月壬子玉门都尉阳、丞罗敢言之 《流沙》簿书类第十三简,《沙氏》451(T15a)	
永光五年	(6) 永光五年六月辛卯敦煌大守丞禹谓玉门都尉毋取事 《流	

（前 39）　　　　　　　沙》廪给类第二十四简，《沙氏》428（T4）

建武十九年　　　（7）建武十九年四月一日甲寅玉门障尉戎告候长宴到任　　《流

（后 43）　　　　　　　沙》簿书类第四十三简，《沙氏》483（T15a）

（1）是新获之简，称"酒泉玉门都尉"属于酒泉郡，是在敦煌置郡以前，当在元鼎六年酒泉置郡后而元封四、五年敦煌置郡前（110—108 年）。这是敦煌出土最早的一简[1]。名护众之都尉，至大始三年仍为玉门都尉，约十五年以上。此后敦煌既已置郡，则（2）（3）（5）三简的玉门都尉应同于（4）的"敦煌玉门都尉"。（4）（5）二都尉名子光与阳者当在（2）护众之后，假设护众联任未去。（6）之玉门都尉属敦煌，简文自明。似终西汉之世，玉门皆置都尉。《后汉书·光武纪》建武六年"初罢郡国都尉官"，九年"省关都尉"，十九年"复置函谷关都尉"；《后汉书·百官志》六年"省诸郡都尉"、"省关都尉，唯边郡往往置都尉"；又曰"边县有障塞尉"。王国维据《郡国志》，以为（7）为"建武十九年事，故玉门关但有障尉无都尉"。但西汉玉门所置乃是都尉，非关都尉。（7）之玉门障尉可能是候官（即玉门候官）在东汉之称，亦即是障塞尉。玉门障疑即在小方盘城，其形制同于额济纳河沿岸甲渠候官与肩水候官的治所，而此二候官于居延汉简亦称为甲渠障、肩水障。所以玉门障即玉门候官。

玉门都尉如其它都尉一样，下属候官、候长与隧长等，《流沙坠简》及《沙氏》释文中所见者有以下各条：

玉门候官——《沙氏》458（T15a）

玉门候史敦煌□——《沙氏》459（T15a）

五凤二年七月壬子朔壬申玉门候尤延泰——《沙氏》399（T13）

四月乙巳玉门候畸移递所——《沙氏》315（T14）

玉门候造史龙勒周生萌——《流沙》烽燧类第四简，《沙氏》378（T14）

---

[1]　别详专篇《河西四郡的设置年代》，未刊。《汉书》所述四郡建立年代约如下述：

	《武纪》	《地理志》
酒泉	元狩二（121）	太初元（104）
张掖	元鼎六（111）	太初元（104）
敦煌	元鼎六（111）	后元元（88）
武威	元狩二（121）	太初四（101）

近人对于酒泉和武威建郡年代，曾有所更订。张维华"汉河西建置年代考疑"（《中国文化研究汇刊》第二卷）以为酒泉置于元鼎三年（采用《通鉴》之说）而武威置于元凤元年至神爵元年之间（80—61 年）。劳干《居延汉简考证》卷一以为武威置郡于元凤三年至地节三年之间（78—67 年），余同《武纪》。我们根据《史记》、《汉书》和汉简，重加考定，其结果如下：

酒泉　元鼎六年（111）

张掖　元鼎六年（111）

敦煌　元封四、五年（107—106）

武威　地节三年至元康四年（67—62）

　　□□与讯守丞况、玉门关候蒲、候丞兴、尹君所举史宜执关籍诣官——《流沙》烽
燧类第三简,《沙氏》317(T14)

　　□□书三封公玉门关候谕书言……——《沙氏》316(T14)

　　玉门关亭——《沙氏》357(T14)

以上各简除五凤一简外,俱不记年,因此难以判定玉门候、玉门关候与玉门候官三者的关
系。王氏以为玉门候有掌领吏卒的造史,故为候官。[1]玉门候畸于新获简作"候畸兼行丞
事",则候当为候官。新获简与五凤二年简表明武帝元封初至宣帝五凤初五十年间玉门候
即玉门候官。建武十九年简之障尉相当于候官,故候长为其下属。玉门关候的地位亦应
与候官为一级。玉门关亭犹《流沙》杂事类第五简"大始元年十二月辛丑朔戊午煎候亭"
为候长的治所;即居延地节二年汉简(7·7)所述"隧候所在亭"。

　　"玉门关候"诸简出土于玉门都尉治所(T14),应隶属于玉门都尉,是守关口的一候
官,下属有候丞及关尹。在文献上其地位较高。《后汉书·西域传》述阳嘉四年(135 年)
"乃令敦煌太守发诸国兵及玉门关候、伊吾司马……救……"车师,是玉门关候有屯兵可
调。又《隶续》卷十二"刘宽碑阴门生题名"(东汉中平二年,185 年)亦有玉门关候之名。
由此可见玉门关候到了东汉还是存在的。

　　敦煌西北的玉门或玉门关,终两汉之世,并无可以证明其曾有东迁之事者。《后汉书·
西域传》永平中"北虏乃胁诸国共寇河西,郡县城门昼闭"(《班超传》作再攻敦煌,河西诸
郡,城门昼闭);元初六年"入寇河西","议者因欲闭玉门,阳关以绝其患"(《班超传》作云卿
多以为宜闭玉门关),又曰"自建武至于延光,西域三绝三通",而阳嘉四年玉门关候救车师
以及中平二年刘宽碑阴有玉门关候,则直至顺帝、灵帝玉门关尚有候。《后汉书·班超传》
所述"不敢望到酒泉郡,但愿生入玉门关",不能作为玉门关在敦煌东之证。《汉书》只有酒
泉郡玉门县之置,亦从无玉门关西迁、东迁之说。据《汉书·地理志》,西汉酒泉郡已置玉
门县,而《十三州志》以为由于"汉罢玉门关屯,徙其人于此,故曰玉门县"(《太平寰宇记》卷
一五二陇右道引)。作者北魏名儒,世居敦煌,应有所本。征和三年贰师败降匈奴,武帝下
诏陈悔,罢屯田西域之议,不复出军(见《汉书·西域传》);罢玉门屯兵,可能即在此时。但
至东汉顺帝阳嘉时,玉门关尚有屯兵,则罢玉门关屯兵当为西汉时一度有过的事。

　　前述玉门都尉、玉门候官诸简出土 T14、T15a 故址。T14 乃一古城,今名小方盘城,
周垣犹存,尚完整,版筑成四方形,北、西两面有门。据《西行小记》及《两关杂考》所记,高
约 10 米,每面长 30 米,《沙州都督府图经》(巴黎 P.2695)所记"周回一百二十步,高三
丈"。城北稍东 100 米一土阜似废墩,T14 汉简出于此;城北土阜如墩者合此骈列为三。
东南距城约 200 米亦有数土阜。城之北、西两面俱有长城遗迹,自小方盘西行三十里为西
湖,有高达 3 米版筑的长城,十里之间一六角形墩,下有方丈小室,隔成四间。自小方盘至

---

1) 此说不确,造史是王莽之制,相当于西汉的尉史,详《汉简所见居延边塞与军事组织》候官节,载《考古学报》
　　1964 年 1 期。

西湖,城直如矢,过此而西仅有烽燧。[1] 此方城,王氏推为西汉玉门都尉、东汉玉门障尉的治所,大致可信从。T4d 出土汉简(《沙氏》436)曰"大煎都隧长尉良持器诣府柴月戊子日下铺时入关",大煎都候官属于玉门都尉,故其下属持器诣府为至玉门都尉府,诣府而入关,则府在关内。《流沙》簿书类第七、八简"出入关"亦指玉门而言。据斯氏地图,小方盘西一段长城自 T13 至 T4a,北一段长城自 T13 折而东北经 T14a 东至 T20,而小方盘在 T15a 之南 100 余米、T13 之西约 4 公里,乃在关内,关口当在两段长城之间。至 T15a,在小方盘之北,系在土阜上的一烽台,并有房舍及井的残迹,王氏以为玉门候官治所。有人以为候官治所在小方盘而 T15a 为玉门候长治所。方盘城向北(稍偏东)和向南(稍偏东)皆有一段外廓,北端为 T15a,南端为 T14c,成为古城向西的两翼,对着关口。玉门都尉下设二候官:玉门候官约占古城西南 T8(显明隧)、T12a(广新隧)、T13(当谷隧)等点;大煎都候官在其西,约占 T4b(富昌隧)、T5(广武隧)、T6a(步昌隧)、T6b(凌胡隧)、T6c(厌胡隧)、T6d(广昌隧)等点。在 T15 以东则属于中部都尉诸候官所辖。由诸隧分布情况来看,也只有 T14 最适合于作玉门都尉治所,而玉门关口只能在 T14 古城之西或西北,即 T11—12 之间或 T13—14a 之间。

最后附述鱼泽候一事,足以说明玉门候为候官并以推定玉门修筑的年代。《流沙》凡三见鱼泽之名:(1)烽燧类第七简(《沙氏》61,T6b)曰"宜禾部燧第:广汉第一,美稷第二,昆仑第三,鱼泽第四,宜禾第五",此为宜禾都尉下的五个烽所在的五个候官,其中昆仑障是中部都尉所治,见《汉书·地理志》,则鱼泽当是障,《地理志》本注云"效谷县,本鱼泽障也"。《后汉书·明帝纪》称敦煌昆仑塞。(2)牍简类第三十六简(《沙氏》398,T13)曰"敦煌鱼泽候守丞王子方",此为鱼泽候官,故《汉书·孙宝传》谓尚书仆射唐林"左迁敦煌鱼泽障候"。(3)簿书类第六十一简(《沙氏》614,T28)曰"入西簿书一,吏马行,鱼泽尉印,十三日诣府",此为东汉明帝永平十八年(75 年)入西簿书,鱼泽尉当为鱼泽障尉,又都尉下亦有所属城尉或尉。《汉书·地理志》注引"桑钦说孝武元封六年济南崔不意为鱼泽尉,教力田,以勤效得谷,故立为县名",敦煌石室本《沙州都尉府图经》引作"济南崔意不为鱼泽都尉","都"是"障"之误。《沙州都督府图经》又曰"古效谷城,周回五百步,右在州东北三十里,是汉时效谷县,本是渔泽障"。鱼泽障当在 T28 之东。此障已见存于元封六年,而玉门都尉为长城的最后一段,列亭障至玉门亦当在元封六年以前。据《后汉书·西域传》明帝永平中匈奴侵扰河西四郡白日闭城门;据《后汉书·明帝纪》十六年出击北匈奴,十七年出敦煌昆仑塞击白山房,至十八年有鱼泽尉入西簿书的简札。《流沙》簿书类第二十三简有

<hr>

[1] 以上所记城垣长庲,与下述者不同。1944 年 11 月夏鼐和阎文儒曾作测量,城垣脚每面长 26.2,高 7.5 米;垣顶每面长 24.8、宽 3.8 米;西门宽 2.5、高 2.7 米;北门宽 3、高 4 米。北门外不及 100 米即疏勒河,西距 T 13 约 4 公里(《文物参考资料》1953 年 12 期 57 页)。1963 年罗哲文的测量,则东西长 23 米,南北长 23.6 米,垣顶厚 2.8 米;下基已被破坏,尚存 3 米厚左右,原来约为 5 米左右;垣高 10.9 米。垣墙系用黄土夯筑,夯层平均约厚 8 厘米左右。此城在疏勒河流经此处而汇成小湖泊的南岸,长城在其北约 2.5 公里的东方向东西伸展(《文物》1964 年 6 期 49 页)。案唐 120 步为 1/3 里,约长 177 米,与上述诸说周回长度不相符合。

永和二年"玉门官隧次行"之简,则公元 137 年玉门犹有屯兵。

由上所述,虽然《史记》以为元鼎六年始筑令居以西,元封四年以前亭障西至玉门,但出土汉简说明玉门都尉之置在元鼎六年置酒泉之后,元封四、五年置敦煌之前。因此玉门亭障及都尉之置应在公元前 110—108 年间。敦煌西北的小方盘城,是玉门都尉所辖烽隧的东端,向西沿长城故址数十里是玉门都尉所辖二候官的烽隧。小方盘城应是玉门都尉治所,玉门障尉、玉门关候可能是不同时代的名称,或仍以小方盘城为治所。玉门候官治所,可能和都尉在一城。此城障就其地势而言,北、西两面皆有长城,恰当入关以后的口内。关口在其西门外之正西。终两汉之世,玉门都尉(部尉、关候)设治于此,把守玉门关,从未东迁,也不是从东边迁来的。进一步对此地区长城和烽隧遗址的勘查与发掘,当能对玉门关的设置得到彻底的解决。

敦煌石室所出两个写本,所记玉门关设置年代都有误字。晋天福十年《寿昌县地境》曰"玉门关,县北一百六十里,汉武帝元鼎九年置,并有都尉,《西域传》东即限以玉门、阳关也"。伦敦 S.788《沙州地志》曰"玉门关,县北一百六十里。《地理志》汉武帝后元康中置。《西域传》云东则接汉,以玉门、阳关是也"。今本《汉书·西域传》作"东则接汉,扼以玉门、阳关"。元鼎只有六年,元康是昭帝年号,故"汉武帝元鼎九年"与"汉武帝后元康中"显然有误。今本《汉书·地理志》敦煌郡本注曰"武帝后元年分酒泉置",《沙州地志》所引是《地理志》,"汉武帝后元康中"是"汉武帝后元年"之误。但元鼎元年后第九年正是元封三年,若玉门关设置于此年,和我们以上所推定者相符合。

二、酒泉汉简与北塞三都尉

1913—1915 年,斯坦因曾在今安西县以西、毛目以东的汉长城遗址的烽火台中采获了若干汉简。这批材料由马伯禄整理编写为《斯坦因第三次中亚考古勘察所获中国古文书》,迟至 1953 年才在伦敦出版,附有释文[1],编号 1—168。根据斯氏《亚洲腹部》及卷四所附地图[2],这批汉简应分别隶于敦煌、酒泉两郡的不同都尉之下。

《马氏》所编汉简 168 简,有 63 简出土于敦煌县西北、哈拉湖东端湖南的 T22d.e.f,T23b.c.f.l 等七处,应属于敦煌郡中部都尉所辖。有 105 简出土于安西县以西疏勒河北岸塞上和酒泉县西北的,应属于酒泉郡西部都尉和北部都尉所辖;其出于北大河上一段的,应属于酒泉郡东部都尉所辖。详下。

今毛目以西、安西以东地区,东西相距约 320 公里,横跨汉代的乾齐、玉门、禄福和会水四县,今安西、玉门、酒泉和金塔四县,属于汉代的酒泉郡。禄福是酒泉郡治,今酒泉县。

---

1) 简称《马氏》。张凤《汉晋西陲木简汇编》二编,亦有释文。但张氏对出土地所记,颇多错乱。

2) 参考斯坦因《中国沙漠考古记》卷一附地图。又《亚洲腹部》卷四所附地图的大部分,曾于 1934 年由前中央大学地理系制为《河西新疆五万分一地图集》,附有汉文地名,可以参照。

《汉书·地理志》会水下曰"北部都尉治偃前障,东部都尉治东部障",乾齐下曰"西部都尉治西部障"。据《一统志》,禄福故城今肃州(即酒泉县)治,玉门故城今玉门县东(县东南赤金堡),乾齐故城今玉门县西南,会水故城今高台县镇夷城西北。今酒泉县应是汉代酒泉太守府所在,故酒泉汉简曰:

> 五月丙戌南书一封,都尉印,诣太守府,日且七分…… 《马氏》115

此是邮书课,南书之"南",马释来,张释柬,均误。此简出于 T43k,在营盘堡北,"都尉"可能为北(或西)部都尉。北部都尉致书于禄福(今酒泉县)的太守府,故称南书。

北部和东部二都尉都在会水县境,而汉代会水故城所在,约有二说。一以为在今金塔县南的临水驿,《元和郡县志》曰"酒泉县东北四十里有白亭海,一名会水,以众水所会,故曰会水"。一以为在今镇夷营西北,金塔县东南。《史记·夏本纪》索隐曰"案《水经》云弱水出张掖删丹县,西北至酒泉会水县入合黎山腹",又曰"《水经》云合黎山在酒泉会水县东北,郑玄引《地说》亦以为然"。陶葆廉《辛卯侍行记》卷五述弱水经"高台县北折西北二十余里过永丰堡","又西北六十余里经镇夷营南,又四十余里出乾粮山东(原注:即合黎山峡,在肃州东北),《水经》所云至会水县入合黎山腹者也;又北一百三十里过毛目城西北,亦称额济纳河"。又曰"高台县北十里,合黎山自抚彝入境,至镇夷营折西北,其尾与毛目城东西斜对,相距六十里"。"五里镇夷营,又北逾合黎山峡,俗名石门口,极崎岖,出峡六十里清流墩,十里双树屯,三十里芨芨墩,四十里毛目城"。据陶氏亲历所述,合黎山峡在高台县西北一百二十余里,镇夷营西北四十余里,毛目城南一百三十余里。东汉郑玄引《地说》谓合黎山在会水县东北,则会水应在合黎山峡西南,约在北纬40°上下,黄堡子之西而金塔县之东,此《一统志》所说在镇夷城西北。以上两说,或在镇夷西北,或在临水驿,俱属今金塔县境,在酒泉县东北。肩水都尉府所在的大湾所出汉简曰:

> 出钱千三百卅七　赋就人会水宜禄里兰子房一两　506·27(甲 2015)
> ……粟会水　514·47(甲 2202)
> 到会水而不交难亭留侍难　甲附 4(无出土地)

盖肩水与会水为邻县,故有会水县的就人(佣)。

酒泉郡西、北、东部三都尉,由于乾齐和会水地望,亦可约略推定其分属地段。所谓东、西部显然指酒泉郡北塞的东、西两段,即分别在疏勒河北岸和北大河北岸的;其中部称为北部者或者由于它在禄福酒泉太守府之西北。西东两端,大约可以今安西县和毛目(旧鼎新县)为标准。据《汉书·地理志》所述,敦煌郡各县在今安西之西,故敦煌和酒泉郡当以安西分界,今安西县恰在东经 96°之西。据居延汉简所述,张掖郡肩水都尉所辖最南一塞为毛目以上沿额济纳河两岸的肩水候官塞,则北大河与额济纳河相交会处的毛目应是酒泉和张掖郡的分界,今毛目在东经 99°30′以东。今安西以西是汉乾齐县境,西部都尉治此;今毛目西、金塔北是汉代会水县境,北部和东部都尉治此。自今安西以西至毛目以东 320 公里,约为东经 96°—99°30′以东,在北纬 40°30′上下,曾有一道汉塞;据斯坦因踏查结果，在疏勒河北岸、北大河北岸以及两者之间（今玉门县西北三道沟至今金塔县东北三墩之间），断断续续还保存这条边塞的遗址。今将此条塞平分为三段，据斯氏地图所记，约述如下：

1. 西段　T39c-a，T40a-c，T41a-r　东经 96°—97°10′，北纬 40°30′之北，疏勒河北岸，今安西县以东、玉门县西北，南对小王堡、双塔堡、布隆吉和三道沟。汉代乾齐县境。

2. 中段　T42a-j　今玉门县东北、十二墩西北。

　　　　T43a-l　今营盘堡西北。

　　　　T44a-f　今营盘堡东北。

　　　　东经 97°10′—98°20′，今玉门县东北、酒泉县西北。汉代玉门、会水县境。

3. 东段　T45h-a，T46a-m

　　　　东经 98°20′—99°30′ 以东，北纬 40°30′ 之南，今酒泉县北、金塔县北与东北、毛目以东。汉代禄福、会水县境。

据以上所述，则《马氏》所录出于酒泉郡的一〇五枚汉简约如下述。

1. 西部都尉　《马氏》84(T40c)；《马氏》85(T41a)；《马氏》86(T41f)

2. 北部都尉　《马氏》87—89 (T43a)；《马氏》90(T43g)；《马氏》3, 91—104(T43h)；《马氏》8,105—110(T43i)；《马氏》1,4,9—24,111,112(T43j)；《马氏》113—128(T43k)；《马氏》129(T44)；《马氏》130—133(T44a)；《马氏》134—146(T44c)；《马氏》148—153,167,168(T44d)

3. 东部都尉　《马氏》27(T46b)；《马氏》154—165(T46h)

这些简中有年号的，有以下各简：

公元前 39 年　永光五年　《马氏》 91

　　　 21 年　阳朔四年　　　　　114

公元后 13 年　始建国五年　　　　 96

　　　 60 年　永平三年　　　　　161

　　　 62 年　永平五年　　　　　137

　　　 64 年　永平七年　　　　　148

　　　 69 年　永平十二年　　　　160

　　 112 年　永初六年　　　　　139

它们具有西汉、新和东汉三个时期，而较多东汉年号，与敦煌简相同，可知酒泉郡的北塞自西汉晚期到东汉中期始终有屯戍。一〇五简中有若干屯戍的文书，也有其它文籍：如《马氏》1 是字书，3 和 4 是律书，8 是历谱，9—24 是星宿谱，28 是诸子，154 是烽火品。较之敦煌或居延汉简，酒泉所出简多杂简，很少有能说明防御组织的，也很少较早期的资料。

据史书所记，汉武帝时，酒泉开发的经过，约如下述：

元狩二年(121 年)　开酒泉地。　《史记·卫将军骠骑传》

元鼎六年(111 年)　初置酒泉郡以通西北国。　《史记·大宛传》

自令居筑塞至酒泉。　《史记·平准书》,《汉书·西域传》

酒泉引河谷溉田。　《史记·河渠书》

元封二年(109 年)　西北道酒泉抵大夏。　《史记·大宛传》

元封三年(108 年)　徙武都反氐人于酒泉郡。　《汉书·武纪》

汉简有酒泉玉门都尉。

元封四年(107 年)　酒泉已列亭障至玉门关。　《史记·大宛传》

元封五年(106 年)　此年或上年分置敦煌郡。

太初三年(102 年)　甲卒八十万戍酒泉、张掖,置居延、休屠（都尉或县）以卫酒泉　《史记·大宛传》

匈奴又入张掖、酒泉,杀都尉。　《汉书·武纪》

天汉元年(100 年)　敦煌、酒泉置都尉　《史记·大宛传》集解引徐广本。

由此可知酒泉郡境内的北塞筑于公元前 111—106 年数年间,而公元前 111 年酒泉已由开地置为初郡,在公元前 111—106 年的酒泉郡包括了后来分出的敦煌郡,故在敦煌郡的玉门都尉,最初称为"酒泉玉门都尉"。酒泉北塞既筑成,应随之而置都尉,当在元鼎六年后、元封三年前。《大宛传》又记天汉元年酒泉置都尉,恐只能是郡都尉。但太初三年匈奴入酒泉杀都尉,似郡有都尉在天汉前二年。

额济纳河下游出土汉简,曾提到酒泉北部都尉,其例如下:

其一封居延都尉府章,诣酒泉北部都尉府　居延 44·16(破城子)

……乃以戊午宿酒泉北部[都尉]……　居延 484·20(破城子)

十二月丙寅酒泉北[部都尉]……　居延 308·35B(瓦因托尼)

又地湾所出简(居延甲 1261)所谓"东部北部塞",也有可能是指酒泉郡的东部和北部的候官塞,简文残缺,无以确定。

三、酒泉汉简与玉门县

如前所考述,西汉和东汉的玉门关一直在敦煌县之西,并不曾东迁或先在敦煌之东而后西迁者。西汉时敦煌郡的玉门关与酒泉郡的玉门县,两地同时并存。这是和《汉书·地理志》相符合的,志曰"玉门,莽曰辅平亭",可证王莽时改西汉玉门县为辅平亭,则西汉时自有一个玉门县。由于酒泉汉简的出土,更能证成此说。下列四简,可以为证:

隧长玉门富昌里丸崇……　《马氏》92(T43h)

玉门丞掾□□王防移书□当用从吏□　《马氏》90(T43g)

告东番亭长政炗到召男子□

急将诣玉门会□日□有男赍……　《马氏》134(T44b)

令玉门屯田吏高□□田七顷给负弛刑十七人　《马氏》155(T46h)

前三简出于北塞中段，推定为北部都尉所属，后一简出于东段，当为东部都尉所属。前三简出土地，皆在今赤金堡（汉玉门县）之北方，相去不远，后一简出土于赤金堡东北方。

此四称"玉门"都是玉门县。汉简所见名籍，里名前皆是县邑名，故第一简富昌里前之玉门是玉门县。汉制，凡候长、隧长例由都尉府选本地人充任，故此丸崇其人，职为隧长，籍为酒泉郡玉门县富贵里人。"玉门丞"是玉门县丞。第三简是玉门县告亭长的文书。第四简是令玉门屯田吏拨田于弛刑，则玉门有田官。《太平寰宇记》卷一五二陇右道下引阚骃《十三州志》曰"玉门县，汉置，长三百里，石门周匝，山间才径二十里，众泉流入延兴〔海〕。汉置（应依师古注作罢）玉门关屯，徙其人于此，故曰玉门县"。《汉书·地理志》玉门县下师古注引"阚骃云汉罢玉门关屯，徙其人于此"，较为简略。据所述，则先有玉门关，后有玉门县，但《十三州志》称其地"石门周匝"，则似得名于地形。延兴海即今赤金湖。《辛卯侍行记》卷五曰"十三里赤金湖……。有驿……，驿西南至赤金营堡二十里，汉玉门县地"。又曰"赤金峡驿东稍南二十里至赤金堡，旧名西吉木，居民数十家，东南有红山，南二里为上赤金"。又曰"《秦边纪略》又云县在赤金卫北四十里，亦误。《元和志》玉门县，汉旧县，东至肃州二百二十里，则当在今赤金堡稍东"。陶氏所考定，大致可信。

酒泉汉简中的玉门是县名，与敦煌汉简中的玉门不同，后者是玉门都尉、候官或玉门关之省。《史记·大宛传》三见玉门，也指关而言。敦煌汉简如"玉门都尉""玉门候""玉门某某隧"是玉门都尉、玉门候官或玉门候官塞上的某隧；又有"玉门关候""玉门关亭"是玉门关口的候官或亭。关即关门，故称玉门即指玉门关。据《汉书·地理志》所述，敦煌郡北边塞上共有三个都尉，在东的是宜禾都尉，在中的是中部都尉，在西的是玉门关都尉（汉简作玉门都尉）；另外在此北塞西端向南的是阳关都尉。据敦煌汉简，玉门都尉府所属至少有大煎都、玉门和玉门关三候官。扬雄《解嘲》所谓"西北一候"或指玉门关候。玉门都尉、玉门候官与玉门关候诸简均出于敦煌县以北边塞障隧遗址中，则西汉时代的玉门关应在敦煌之西，玉门县应在敦煌之东、酒泉郡治禄福的西北。

我们曾考定在小方盘城所出"酒泉玉门都尉"之简应属于元封元年至三年间，即初治酒泉郡以后、分置敦煌郡以前之简。可证敦煌西的"玉门"很早即已成立。至于玉门县置于西汉何年，尚无法考定；酒泉所出有关玉门县诸简，有些也不能确定是否西汉简。

酒泉自元狩二年开地以后，至元鼎六年置郡已有水利，则玉门县屯田应该很早，可惜酒泉汉简无记年简可资证明。《马氏》145简曰"永平七年正月甲申朔……春秋治渠各一通"，所记是东汉明帝时事。此简出于T44d，在汉玉门县东北。

以上约略考定西汉时代玉门县所在，与敦煌西的玉门可以是同时存在的。

（原载《考古》1965年9期）

汉武边塞考略

至迟在公元前五世纪末，六国俱有防边的长城。《秦策》所谓"齐有长城巨防足以为塞"。（亦见《史记·苏秦列传》）。《史记·匈奴传》述赵武灵王"筑长城自代并阴山下至高阙为塞"，《魏世家》述魏"筑长城塞固阳"，《始皇本纪》三十三年"城河上为塞"，三十四年"筑长城及南越地"，《匈奴传》谓蒙恬"悉收河南地，因河为塞……因边山险，堑溪谷，可缮者治之，起临洮至辽东万余里"，《蒙恬传》则谓"收河南，筑长城，因地形，用险制塞，起临洮至辽东延袤万余里"；又赞曰"吾适北边，自直道归，行观蒙恬所为秦筑长城亭障，堑山堙谷"。汉时称秦代的"长城"为"长城"而称汉代的边防为塞。《史记·大宛传》曰"匈奴右方居盐泽以东至陇西长城"，《后汉书·西羌传》曰"初开河西，列置四郡……于是障塞亭燧出长城数千里"。《史记·匈奴传》文帝遗匈奴书曰"先帝制，长城以北引弓之国，受命单于；长城之内冠带之室，朕亦制之"。凡此长城皆指秦之故长城，亦称为"故塞"，如《史记·匈奴传》曰"与中国界于故塞"，"与汉关故河南塞"，《史记·卫将军骠骑传》曰"乃分徙降者边五郡故塞外"。汉代所筑，皆称为塞而不以长城名。其称名亦有所不同，列举如下：

(1) 塞 《汉书·高纪》二年六月"兴关中卒乘边塞"。《汉书·匈奴传》述侯应语"臣闻北边塞至辽东外有阴山，东西千余里"，"起塞以来百有余年，非皆以土垣也，或因山岩石、木柴僵落，溪谷水门，稍稍平之，卒徒筑治"。《汉书·赵充国传》曰"窃见北边自敦煌至辽东万一千五百余里，乘塞列隧"。《史记·匈奴传》曰"单于既入汉塞"。

(2) 障塞 《史记·朝鲜传》曰"为置吏筑障塞"，《汉书·匈奴传》曰"中国四方皆有关梁障塞"，《汉书·地理志》曰"自日南障塞"。《后汉书·马援传》曰"援乃将三千骑出高柳，行雁门、代郡、上谷障塞"，《后汉书·西羌传》曰"于是障塞、亭燧出长城外数千里"，《后汉书·马成传》曰"又代骠骑大将军杜茂缮治障塞"。（《光武纪》及《杜茂传》述杜茂"筑亭候"。）《续汉书·百官志》五引《汉官仪》曰"〔边〕郡太守各将万骑行障塞烽火追虏"。《盐铁论·本议篇》曰"故修障塞，饬烽燧，屯戍以备之边"，《世务篇》曰"罢关梁除障塞"。

(3) 城障、列城、外城 《史记·匈奴传》述太初三年"汉使光禄徐自为出五原塞数百里，远者千余里，筑城障列亭至庐朐……。行破坏光禄所筑城列亭障"。《汉书·匈奴传》无城列二字，余同。《史记·卫将军骠骑传》曰"将军韩说……太初三年为游击将军，屯于五原外列城"。《汉书·武纪》作"筑五原塞外列城西北至庐胸……。行坏光禄诸亭障"。《汉书·匈奴传》侯应谓孝武"筑外城"又谓"前以罢外城"。

（4）亭障　《史记·秦始皇本纪》三十三年"又使蒙恬……筑亭障以逐戎人，徙谪实之"。又《蒙恬传》赞曰"行观蒙恬所筑秦长城亭障"。《大宛传》曰"于是酒泉列亭障至玉门矣"。《后汉书·王霸传》曰"堆石布土，筑起亭障，自代至平城三百馀里"。《汉书·匈奴传》曰"行攻塞外亭障"。

（5）亭塞、亭徼　《汉书·贡禹传》曰"代关东戍卒乘北边亭塞候望"。《史记·平準书》曰"新秦中或千里无亭徼"，集解引"晋灼曰徼，塞也"。

（6）亭候　《后汉书·光武纪》建武十二年"筑亭候，修烽隧"，二十二年"诏罢诸边郡亭候吏卒"。《南匈奴传》曰"大筑亭候，修烽火"；《杜茂传》曰"筑亭候，修烽火"。

（7）亭传　《后汉书·卫飒传》曰"飒乃凿山通道，五百馀里，修亭传，列邮驿"。

（8）亭隧　《汉书·匈奴传》述侯应语称孝时"建塞徼，起亭隧，筑外城，设屯戍以守之"，"前以罢外城，省亭隧"，"障塞破坏，亭隧灭绝"。《汉书·西域传》（渠犁国）曰"欲起亭隧"。《后汉书·西羌传》曰"障塞亭隧"，"西海之地初开以为郡，筑五县边海，亭隧相望焉"（《河水注》卷二略同）。

（9）堡壁　《史记·匈奴传》曰"侵盗上郡葆塞蛮夷"。《后汉书·西域传·序》曰"居车师前部高昌壁"，《西域传》"司马丞韩玄领诸壁，右曲侯任商领诸垒"。《汉书·匈奴传》侯应语"近西羌保塞"。《后汉书·马成传》曰"皆筑保壁，起烽燧，十里一候"。《汉官仪》曰"世祖中兴……鄣塞破坏，亭隧绝灭，建武二十一年始遣中郎官马援谒者，分筑烽候堡壁"。《罗布》第十四简有"交河壁"[1]）。

（10）列亭　《史记·大宛传》曰"西至盐水，往往有亭"。《史记·匈奴传》徐自为"筑城障列亭"。《汉书·西域传》记征和中桑弘羊奏"诣故轮台以东……稍筑列亭，连城而西……"，而武帝下诏曰"今请远田轮台，欲起亭燧……"。

（11）列隧　《汉书·赵充国传》曰"窃见北边自敦煌至辽东万一千五百馀里，乘塞列隧"。

（12）坞候、坞壁、坞　《后汉书·西羌传》曰"缮作坞候六百一十六所"，"筑冯翊北界坞候五百所"。《马援传》曰"缮城郭，起坞候"；《樊準传》曰"修理坞壁"；《西羌传》曰"于扶风、汉阳、陇道作坞壁三百所"，《顺帝纪》永和五年作"坞三百所置屯兵"。

由上所述，除塞外其它各名或单称或相联称，其关系如下：

1）　关于壁与垒，可参看《史记·白起传》及注文。

此城、障、坞乃代表大小相次的具有圈墙的防御建筑。《史记·白起传》"取二鄣四尉"索隐曰"鄣、堡城，尉、官也"；正义引"括地志云赵鄣故城，一名都尉城……"。《文选·北征赋》注引《苍颉》曰"鄣，小城也"。《史记·匈奴传》正义引"顾胤曰鄣，山中小城。"《汉书·武纪》注师古曰"汉制每塞要处别筑为城，置人镇守，谓之候城，此即障也"；《张汤传》注略同；《李陵传》注师古曰"障者，塞上险要之处，往往修筑，别置候望之人，所以自障蔽而伺敌也"。是障为小城，亦即候城；小城即保，《晋语》九"抑为保障乎"注"小城曰保"。小障为坞，《说文》曰"坞，小障也，一曰庳城也"，"壁，垣也"。但训诂上障又有防堤之义，所以《说文》塞和障二字同训为"隔"，塞与障塞乃指一条或一段长城。《史记·朝鲜传》曰"渡浿水居秦故空地上下障"，《汉书·地理志》乐浪郡"有云障"，乃是长城之名。

据秦代缮治长城及西汉侯应语，则长城边塞的构成部分为：(1) 人工修筑的土垣（堆石布土，(2) 山川谿谷的自然阻险，(3) 临时修筑的木栅，(4) 谿谷水门，以及 (5) 在此边塞上的列城、列障、列亭及具有围墙的建筑。木栅即所谓"木柴僵落"，劳干以为即虎落。《汉书·朝错传》曰"为中周虎落"注曰"郑氏曰虎落者外蕃也，若今时竹虎落也。苏林曰作虎落于塞要下，以沙布其表，且视其迹以知匈奴来入，一名天田。师古曰苏说非也，虎落者以竹蒆相连，遮落之也"。三说皆有对有不对的。居延简 239·22(甲 1276)曰"…来□□临莫燧彊落、天田"，天田与彊落并列应非一物。僵落以木柴并举，不尽竹连。所谓木栅实系代替土垣的建筑，《太白阴经》卷四曰"木栅为敌所逼不及筑成垒，或山河险隘，多石少土，不任版筑，且建木为栅。……立阑干竹于栅上，悬门拥墙，濠堑拒马，一如城垒法"。（《通典》卷一五二《守拒法》略同，阑干下无竹字。）此虽唐制，但汉代的彊落也应该是如此。所谓水门当是近水的边塞越过水道而筑的水关，居延简(236·32)曰"复越水门"。自居延至玉门关的边塞，大部分是傍额济纳河、临水和疏勒河而修筑的，只有酒泉北北大河南流三墩西北至玉门县北一段无河可傍。

汉简中关于边塞亭障的有以下名称。

(一)塞　塞外　居延 564·13，229·1，288·7(甲 2409)；沙氏 262

　　　　出塞　居延 49·20；沙氏 67，219

　　　　清塞　居延 12·1(甲 2554)；马氏 135，沙氏 172

　　　　行塞　居延 42·6，45·28（甲 329），168·6，198·13，285·4，403·15；沙氏 37，51，553

　　　　边塞　沙氏 536

　　　　北塞　沙氏 273

　　　　燧塞　去河水二里，去燧塞……七十二里［百］廿二［步］　居延 433·4

　　　　　　　市阳里张延年阑度肩水要房燧塞天田入　居延 10·22

　　　　　　　一封中部司马诣平望燧塞　沙氏 275

　　　　关塞　居延 102·10

(二)障　障辟　…畜产诣近所亭燧、障辟、收葆止行　居延539·2(甲2285)

　　　　　　　□□郭壁　居延238·3

　　　　亭障　居延14·11(甲117);马氏42,154

(三)亭　亭燧　居延232·6(甲1247),232·26(甲1254),239·22(甲1276),303·11
　　　　　　　(甲1586),329·1(甲1704),511·14(甲2084),512·5(甲2117),
　　　　　　　539·2(甲2285),565·6(甲2403),288·7(甲2409);沙氏172,432,552

　　　　北塞燧　沙氏273

　　　　塞亭　沙氏273

　　　　隧亭　沙氏195

　　　　望亭　沙氏202

　　　　戍亭　居延54·23

　　　　玉门关亭　沙氏357

以上出塞、塞外、边塞、北塞、关塞等均见汉代文献,乃指一道长城。其障辟,亭隧等亦见汉代文献,乃指边塞线上用于候望、烽火的独立防御建筑。汉文献上某某塞皆指一段长城,其例如下:

　　乃以十万骑入武州塞……单于既入汉塞……是时雁门尉史行徼……。　《史记·匈奴传》

　　单于穿塞将十余万骑入武州塞……于是单于入汉长城武州塞……攻烽燧,得武州尉史……。　《史记·韩长孺传》

　　武州塞水出故城东　《水经注·漯水注》

　　又北蓝田至眩雷为塞　《史记·匈奴传》

　　有道西出眩雷塞,北部都尉治　《汉书·地理志》西河郡增山县

　　遂西定河南地,按榆溪旧塞　《史记·卫将军传》(索隐曰"榆谷,旧塞名也。案《水经》云上郡之北有诸次水,东经榆林塞为榆溪,是榆谷旧塞也"。)

　　汉使光禄徐自为出五原塞……　《史记·匈奴传》(正义曰"即五原郡榆林塞也"。)

　　呼韩邪单于款五原塞　《汉书·匈奴传》(又见《宣纪》甘露二年)

　　愿留居光禄塞下　《汉书·匈奴传》

　　有道西北出鸡鹿塞　《汉书·地理志》朔方郡窳浑县1),又见《匈奴传》

　　送单于出朔方鸡鹿塞　《汉书·匈奴传》

　　宪……出朔方鸡鹿塞……出捆阳塞　《后汉书·窦融传》

---

1)　窳浑在今河套西巴彦高勒市、沙金套海公社,古城名古城子。1963年北京大学侯仁之等曾去调查,见有障塞及烽台。

　　度辽将军邓鸿出稒阳塞　　《后汉书·和帝纪》永元元年

　　出敦煌昆仑塞　　《后汉书·明帝纪》永平十七年

　　乃渡河湟筑令居塞　　《后汉书·西羌传》

　　固……出居延塞……出高阙塞……出平城塞　　《后汉书·窦融传》

　　云、当遣人之西河虎猛制虏塞下　　《汉书·匈奴传·下》

　　将兵入云中益寿塞　　《汉书·匈奴传》

以上各塞可分为两类。一类是武州(雁门郡)、五原(五原郡)、高阙(朔方郡)、令居(金城郡)和益寿(云中郡)等塞,属于何都尉尚待考定。一类是都尉所在之塞,明见于《汉书·地理志》的:

　　居延塞　　张掖郡居延都尉治居延(县)

　　虎猛制虏塞　　西河郡西部都尉治虎猛(县)

　　平城塞　　雁门郡东部都尉治平城(县)

　　稒阳塞　　五原郡东部都尉治稒阳(县)

　　眩雷塞　　西河郡北部都尉治增山(县),眩雷塞在此

　　昆仑塞　　敦煌郡宜禾都尉治昆仑障

　　鸡鹿塞　　朔方郡西部都尉治窳浑(县),鸡鹿塞在此

凡此皆是都尉所在的地方(县)或地段(塞)。都尉府往往设于某一个有围墙的城内,如《汉书·地理志》记武威郡北部都尉治休屠城,敦煌郡中部都尉治步广候官(城)。至于称治于某某障者有以下各例:

　　熊水障　　武威郡休屠,都尉治

　　偃前障　　酒泉郡北部都尉治

　　东部障　　酒泉郡东部都尉治

　　西部障　　酒泉郡西部都尉治

　　昆仑障　　敦煌郡宜禾都尉治

　　神泉障　　北地郡北部都尉治

　　塞外浑怀障　　北地郡浑怀都尉治

　　塞外匈归障　　上郡匈归都尉治

　　塞外翁龙、埤是　　西河郡南部都尉治

　　田辟　　五原郡西部都尉治

以上都尉所治的障、埤是(库隄)、辟(壁)应指四方有围墙的军事建筑。浑怀和匈归两障在塞外,应是北边塞长城以北的孤立的建筑;此两例,障名与都尉同名,与受降都尉居于受降城同例。

　　塞与障的分别与联系,在居延汉简中较为明显。张掖郡所属居延、肩水两都尉下,共有十个"候"或候官。其中殄北、居延、甲渠、卅井、广地、橐他、肩水七者都有候、候官、塞、

塞尉。西汉时，以候名塞，如殄北塞、居延塞等；王莽时以候官名塞，如殄北候官塞、甲沟候官塞等。每一段百里左右的塞墙，设一候，其治所为候官，其辅佐为塞尉。候或称塞候，或称障候；然则塞与障又可通用，因此障塞也即是塞。西汉时的塞尉，王莽时改称竟尉，东汉初又称障尉，敦煌简（沙氏 483）曰"建武十九年四月一日甲寅玉门障尉"即玉门塞尉。《续汉书·百官志》曰"边郡有障塞尉，（本注曰掌禁备羌夷犯塞）"，"诸边障塞尉……皆二百石"。[1]

《汉书·匈奴传》注"师古曰汉律近塞郡皆置尉，百里一人，士史，尉史各二人，巡行徼塞也"。（《史记·匈奴传》如淳引律略同）。尉史属于塞尉，《史记·韩长孺传》记"单于入汉长城武州塞……得武州尉史"，而《匈奴传》称"是时雁门尉史行徼"，由此可知尉史属武州塞，职为行徼，武帝时已置。居延简塞尉秩亦二百石：

右塞尉一人秩二百石，已得七月尽九月积三月奉用钱六千　　282·15（甲 1509）

出钱四千给尉一人四月五月奉　　18·20

而候官秩比六百石，居延简（259·2）曰"右鄣候一人秩比六百石"。以上居延简塞尉之有年号者多属西汉，塞尉为候官之辅佐而候长之上司。

由上所述，在建立了都尉制度以后，所谓百里左右置一塞尉，就是百里左右为一个候官所治的边塞。这些不同候官所治各段边塞，可以称为某某塞或候官塞。

汉世边防，多利用秦世缮治的长城，如《史记·高祖本纪》汉二年曰"缮治河上塞"。河西四郡的边塞，则为汉武帝所修筑。分别述之如次。

一、令居以西至酒泉——元鼎六年（公元前 111 年）

《史记·平準书》曰"又数万人渡河筑令居，初置张掖、酒泉郡"，集解引"徐广曰元鼎六年"。《大宛传》曰"而汉始筑令居以西，初置酒泉郡"，亦见《汉书·西域传》及《张骞传》，后者注引"臣瓒曰筑塞西至酒泉也"。《后汉书·西羌传》谓武帝元鼎六年伐羌后"乃渡河、湟，筑令居塞"，又曰"汉遣将军李息、郎中徐自为将兵十万人击平之，始置护羌校尉，持节统领焉。羌乃去湟中，依西海盐池左右，汉遂因山为塞。河西地空，稍徙人以实之"。令居以西筑塞，当与设置张掖、酒泉两郡先后同时。《汉书·地理志》金城郡浩亹（今碾伯县）下本注曰"浩亹水出西塞外，东至允吾入湟水"，令居（今永登县）下本注曰"涧水出西北塞外，至县西南入郑伯津"，白石（今临夏西南）下本注曰"离水出西塞外，东至枹罕入河"，临羌（今西宁西五百余里）下本注曰"西北至塞外有西王母石室、仙海、盐池……"（可参《河水注》卷二）。《汉书·赵充国传》注师古曰"湟水出金城临羌塞外，东入河"。凡此所称"西塞"（约在今长城之西）乃斜向北行，其西为塞外，诸水东向入塞，所述金城诸县诸地均今甘肃省界西青海境内乐都（碾伯）、西宁等县及甘肃省永登县境内。《汉书·赵充国传》神爵元年充

1)　参看《汉简所见居延边塞与防御组织》，《考古学报》1964 年 1 期。

国谓"又武威县、张掖、日勒皆当北塞"(荀悦《汉纪》作"又武威、张掖皆当北塞"),《地理志》日勒"都尉治泽索谷"而休屠有二都尉。居延简(119·53)有"氐池塞尉",当塞上。《汉书·匈奴传》谓昭帝时匈奴"分三队入日勒、屋兰、番和",《地理志》番和有农都尉,此三县缘边。据《一统志》所述各汉县故城:张掖在今武威县南,休屠在今武威县北,武威在今民勤县北,以上武威郡;番和在今永昌县西,日勒在今山丹县东南,氐池在今山丹县西南,删丹在今山丹县,屋兰在今山丹县西北,以上张掖郡。推测令居以西汉塞,自令居(永登境)北行,经张掖、休屠、武威折向西,大约从北纬37°以南沿东经103°以东向北行,至北纬39°以南折向西经山丹至今张掖县,俱傍龙首山南,《后汉书·西羌传》所谓"因山为塞"。自张掖西北沿甘州河西北行经今临泽、高台、镇夷营而至毛目(鼎新),皆"因河为塞",东北为合黎山。这一段皆有明代边墙,汉塞的方向与之大略相仿,但起点不同(明边墙南始于兰州西北之金城),而在民勤与张掖东西行一段可能较明边墙稍北而成直线。明代边墙从张掖西北起,亦沿甘州河西北上,到了镇夷以南过甘州河西向在临水驿以上又过肃州河而至嘉峪关。汉塞不与此同,它大约从张掖西北一直沿甘州河而至毛目,然后折向西行。据贝格曼《报告》(367—369页),自镇夷至毛目沿甘州河东岸皆有烽台,而在毛目南约5—12公里间除烽台外尚有塞垣的残迹。此可证汉塞自张掖西北上一直沿了弱水(毛目南为甘州河,北为额济纳河)到居延,属于张掖郡。

金城郡之令居,是西塞的起点,而《地理志》失载其都尉。《汉书·赵充国传》神爵元年"遂西至西部都尉府",孟康曰"在金城",《补注》曰"沈钦韩曰:《地理志》失载治所,后书《西羌传》和帝时曹凤为金城西部都尉,屯龙支"。明《一统志》曰"西宁卫东南有龙支城"。《后汉书·西羌传》谓元鼎六年平羌以后始置护羌校尉,《汉书·地理志》亦失载。《通鉴》汉纪四十一永初四年注"按《水经注》羌水出湟中西南山下,迳护羌城东,故护羌校尉治,又东迳临羌城西。护羌校尉盖治临羌县界也。然宣帝置护羌校尉,本治金城令居,东都定河陇之后,护羌校尉治安夷县,既而自安夷徙临羌"。《后汉书·西羌传》建初元年"拜故度辽将军吴棠领护羌校尉,居安夷。二年夏,……武威太守傅育代为校尉,移居临羌"。《后汉书·光武纪》注引《汉官仪》曰"护羌校尉,武帝置,秩比二千石,持节以护西羌。王莽乱,遂罢。时班彪议宜复其官,以理冤结,帝从之,以牛邯为护羌校都尉于陇西令居县"。

《赵充国传》又曰"疑匈奴更遣使至羌中,道从沙阴地,出盐泽,过长阬,入穷水塞南抵属国",《补注》曰"沙阴地即流沙地,《寰宇记》居延海在甘州张掖县东北一千六百里,古之流沙泽。盐泽即蒲昌海。长阬,长城之窟。《寰宇记》故长城,《汉书》谓之遮虏障,在肃州酒泉县北。穷水塞亦在张掖县北。……"《补注》又曰"此当为张掖属国,时金城尚未置属国"。长阬似指甲渠塞至肩水塞弱水西岸的长城,穷水塞或是肩水塞。

《续汉书·郡国志》"张掖属国"注云"武帝置属国都尉,以主蛮夷降者,安帝时别领五城","张掖居延属国"注云"故郡都尉,安帝别领一郡"(郡是城之误,指居延城)。据《郡国志》注,则居延都尉在西汉时本为张掖之郡都尉;但居延简有"张掖居延都尉",又有"张掖属国"(居延 53·8)和"居延属国"(居延 65·18),亦有"张掖都尉"(居延 74·4),后者乃是郡都尉,张掖都尉不是居延都尉。《汉书·匈奴传》昭帝时匈奴"入日勒、屋兰、番和,张掖太守、属国都尉发兵击"。此属国都尉当指居延属国都尉或张掖属国都尉,则张掖都尉或即《地理志》治于日勒之都尉。《汉书·匈奴传》绥和中夏侯藩说单于曰"窃见匈奴斗入汉地、直张掖郡,汉三都尉居塞上,士卒数百人",王先谦以为居延、日勒及番和之农都尉为三都尉。据汉简,应有肩水都尉,不应数番和农都尉。

二、酒泉以西至玉门——元封四年(公元前 107 年)

《史记·大宛传》曰"封(王)恢为浩侯,于是酒泉列亭障至玉门关",集解引"徐广曰元封四年封浩侯"(见《汉书·功臣表》),《汉书·张骞传》同(注引韦昭曰玉门关在龙勒界),《西域传》则作"于是汉列亭障至玉门矣"。《后汉书·西羌传》曰"初开河西,列置四郡,通道玉门,隔绝羌、胡,使南北不得交关,于是障塞亭燧出长城数千里"。此所谓长城指始于陇西临洮之秦长城,《史记·大宛传》曰"匈奴右方居盐泽,以东至陇西长城,南接羌,隔汉道焉",《史记·匈奴传》谓蒙恬所筑长城"起临洮至辽东万余里",索隐引"韦昭云临洮,陇西县"。令居以西至玉门的汉塞,在故秦长城西,故谓之西塞,《水经》卷二经曰河水"又东注蒲昌海,又东入塞,过敦煌、酒泉、张掖郡南",注曰"河自蒲昌,有隐沦之证,并间关入塞之始,自此经当术实致也。河水重源,又发于西塞之外,出于积石之山"。汉武西塞东接秦长城,所以《汉书·赵充国传》曰"窃见北边自敦煌至辽东万一千五百余里,乘塞列隧",是神爵间事,在筑西塞后五十余年。由《水经》及注文知西塞终于蒲昌海(盐泽)之东、敦煌之西,即玉门关,故《汉书·西域传》乌孙国条述元康二年"送少主至敦煌,未出塞,闻乌孙昆弥翁归靡死"。

此段汉塞东自毛目之西至玉门关,都在北纬 40°30′上下地位(安西东在 30′上,安西西在 30′下)。毛目向西第一段沿北大河(临水)至三墩西北,临水折而南流,长城自此向西不傍河,直至酒泉西北营盘堡北则傍疏勒河向正西而行。自毛目至安西西约为 320 公里,安西至玉门约为 180 公里,自毛目至玉门关共为 500 公里左右。斯氏作了考察并有详细测绘,而贝氏对北大河一小段也有测绘并作了考查。

三、玉门西至盐水——天汉元年(公元前 100 年)

《史记·大宛传》曰"汉已伐宛……岁余(天汉元年)……而敦煌、酒泉置都尉,西至盐水,往往有亭,而仑头有田卒数百人,因置使者,护田积粟以给外国使者"。《汉书·西域传序》作"于是自敦煌西至盐泽往往起亭。而轮台、渠黎皆有田卒数百人,置使者校尉领护,以给外国者"。

1930 年及 1934 年西北科学考察团黄文弼曾于今罗布淖尔北岸孔雀河末流(东经 90°东,北纬 41°南)古烽台遗址获西汉木简,有汉宣帝黄龙元年(公元前 49 年),元帝永光五年(公元前 39 年)、成帝河平四年(公元前 25 年)及元延五年(公元前 8 年)年号。1941 年斯坦因氏由营盘(东经 87°30′,北纬 41°)西北沿库鲁克塔格山南麓、孔雀河北岸,西北经沙漠至库尔勒,在一百英里(170 公里)以上的古道上发现绵延的烽台,一直到库车西北(东经 82°50′,北纬 41°30′)为止。烽台的建筑结构,与甘肃境内的汉亭燧相同。(《西域考古记》第十八章,《亚洲腹部考古记》卷四地图第 17,21,25)。此道烽台防线沿了一条古道。此古道自敦煌西出玉门关(关内在长城南),经巴什托格拉克 Besh-tograk,过白龙堆北头,绕罗布淖尔北岸,经今海西北角之"楼兰遗址"(前凉之海头)后,沿库鲁克河(义为乾河,在库鲁克塔格山南麓)至"营盘遗址",自此西北沿孔雀河至库尔勒,折西沿天山南麓经布尔古 Bugur(轮台故址)至库车(龟兹故地),再经阿克苏、喀什噶尔 Kashgar、疏勒而西至大宛(据《西域考古记》地图)。此线大约相当于汉武帝时的北道,《西域传·序》所谓"随北山,波河西行至疏勒为北道"。《大宛传》述太初元年李广利伐大宛,发自敦煌,西过盐水,攻仑头(即《西域传》之轮台,《李广利传》注"轮台同名"),当从此道。

西出玉门关向龟兹的北道,魏时为中道。《魏志》卷三十《乌丸传》注引《魏略西戎传》曰"从玉门关西出,发都护井,回三陇沙北头,经居卢仓,从沙西井转西北过龙堆到故楼兰,转西诣龟兹,至葱岭为中道"。《汉书·西域传》乌孙条曰"汉遣破羌将军辛武贤将兵万五千人至敦煌,遣使者案行表穿卑鞮侯井以西,欲通渠转谷,积居卢仓以讨之",注引"孟康曰大井六通渠也,下流涌出在白龙堆东土山下"。则其上流当在白龙堆之西,或即沙西井。《地理志》敦煌郡下本注曰"正西关外有白龙堆沙,有蒲昌海"。由此可知居卢仓在三陇沙(当即白龙堆沙)北头之西而沙西井之东,为西去楼兰、以至龟兹必经之道。楼兰当在东经90°以西大道上,海头之西北。黄文弼在海北岸默得沙尔所发现的"烽火台遗址"以为是大兵营,似可商榷。此地可能即是居卢仓相近之舍。出土七十余汉简中,有四简提及"居卢訾仓",第十六简曰"……交河曲仓守丞衡移居卢訾仓",第十五简曰"河平四年十一月庚戌朔辛酉　刲守居卢訾仓、车师戊校……"。皆可证收文之地为居卢仓。第十八简曰"葛卿去,出送已,坐仓校□,食时归舍;日下餔时军候到,出谒已,归舍",第十九简曰"坐仓吏□耀□,昳时归舍",第二十简曰"庚戌旦出坐西传,日出时三老来坐,食时归舍",第二十一简曰"……坐西传中……坐横门外,须臾归舍"。似此地为职司于居卢仓之宿舍,而所谓"西传"当为接待西方之传舍,故第十二简曰"龟兹使者二人"。此遗址纵非仓址,亦为仓之附属建筑。此地屯田有居民,故有三老。

1900 年斯文赫定在今罗布淖尔西北所谓"楼兰遗址"上采获咸熙三年(已入西晋)、泰始等年号西晋初木简,1909 年橘瑞超于同地采获"西域长吏李柏"表一通书三通。斯坦因于 1906—1908 与 1913—1915 年两次在此地分别采获到西晋简 219 与 17 枚。喀尔亨利、孔拉第、沙畹及斯坦因等人,均以为是城为古楼兰之墟。王国维《流沙坠简·序》以为"此地决非古楼兰,(据李柏二书稿定)其地于前凉之世实名海头,而《汉书·西域传》、《魏略·西戎传》之居卢仓,《水经注》之龙城,皆是地也"。又曰"此地自魏晋以后为西域长史治所"[1]）。《河水注》曰"河水又东注于洰泽，即经所谓蒲昌海也。水积鄯善之东北，龙城之西南。……浍其崖岸，余淄风吹，积成龙形，面西向海，因名龙城"。汉代的龙城或在汉蒲昌海的西北；北魏时的蒲昌海，已向故海西南移动，故当时的海在龙城的西南。在此东北十二英里，斯氏发现一座有城墙的小堡，其结构与敦煌古边墙一样，他以为是通楼兰的驿站（向译《西域考古记》第九章）。

《史记》之"盐水"，《汉书》易以"盐泽"。此二名在《大宛传》似有区别。传曰"其东，水流注盐泽（索隐云盐水也），盐泽潜行地下，其南则河源出焉。……而楼兰、姑师邑有城郭，临盐泽，盐泽去长安可五千里。匈奴右方居盐泽以东"。太初元年前，武帝求宛马，宛国相与谋曰"汉去我远，而盐水中数败，出其北有胡寇，出其南乏水草"，而"贰师将军军既西过盐水"以伐宛，既伐宛岁余"西至盐水往往有亭"云。盐水之亭，亦不同于同传"于是列亭障至玉门矣"，前者仅有烽台而后者连以边塞长城。

《大宛传》正义引"《括地志》云蒲昌海一名洰泽，一名盐泽，亦名辅日海，亦名牢（今本作穿）兰，亦名临海，在沙州西南"。《河水注》曰"其水东注泽，泽在楼兰国北扞泥城，其俗谓之东故城，去阳关千六百里……故彼俗谓是为牢兰海也"，王先谦《西域传·补注》云"海因国得名，牢、楼一声之转"。（《仪礼·士丧礼》郑注"牢读为楼"。）盐泽当指水流东注所积之蒲昌海，而盐水应指泽西西来之水流[2]，约相当于营盘以上之孔雀河及营盘以下之库鲁克河。《西域传》曰"蒲昌海一名盐泽者也，去玉门、阳关三百余里（《河水注》作东去玉门、阳关一千三百里），广袤三百里（一本作三四百里），其水亭居，冬夏不增减"。又曰"鄯善国本名楼兰，王治扞泥城，去阳关千六百里，去长安六千一百里"。据此，则阳关东去长安4500里（《西域传》婼羌"去阳关一千八百里，去长安六千三百里"所述亦同），阳关西去盐泽1300里，盐泽广三百里，楼兰在泽西，故楼兰去长安为300＋1300＝1600＋4500＝6100里。自汉以来，蒲昌海曾经迁徙，但1921年以后改复故道《申报地图》大约近于汉代位置，临泽之楼兰当在泽西。

据《史记》之说，则西至盐水往往有亭与仑头有田卒数百人，皆汉武帝天汉事，盐水有亭似应指营盘—库尔勒之间（包括仑头）古道上的烽台。据《汉书》之说，则屯田渠犁、轮台及置使者校尉乃追述汉昭帝事，而盐泽起亭似应指罗布淖尔北岸至"楼兰遗址"（前凉之海头）古道上的烽台。司马迁自叙其书讫于太初，而班固谓其讫于天汉，《史记》中可有天

1）据此地出土西晋初简，多记诸曹之事，故王国维以为此地西域长史治所，其说可从。但晋简中记仓曹之事特
　多，似此处沿西汉居卢仓之故事，仍设有仓，其例如下：
　　仓曹掾　孔氏 49，50，93；马氏 229；沙氏 728A，885
　　仓曹史　孔氏 4，50；马氏198，214
　　监仓掾　沙氏 885
　　监仓史　孔氏 49，50，51，54，71，77，78，79，94；马氏 214；沙氏 803
　　监量掾　孔氏 86；马氏 214；沙氏 728B，745
　王氏举沙氏之例，以为此地非楼兰，为补二证：
　　孔氏 107　泰始六年三月十五日□楼兰，从掾位马厉付行书□□孙得成
　　孔氏 117　白叔然敬奏从事王石二君前，在楼兰。
2）盐水与盐泽，或当如居延水与居延海的关系。

汉时事,盐水有亭当为太史公所述。《汉书》本之,改盐水为盐泽,仑头为轮台,又增入渠犁屯田一事。《西域传》曰"自武帝通西域,置校尉,屯田渠犁",又见《郑吉传》以为张骞通西域、李广利征伐以后所初置。徐松《西域水道记》卷二谓渠犁故国在今策特尔与车尔楚之间,轮台故国在今玉古尔[1],龟兹故国在今库车之南。渠犁在轮台之东,汉武征和中曾议屯田而未行。《西域传》载桑弘羊奏"故轮台以东捷枝、渠犁皆故国,地广饶水草有溉田五千顷以上……臣愚以为可遣屯田卒,诣故轮台以东……稍筑列亭,连城而西,以威西国,辅乌孙为便"。时为征和三年,贰师败降匈奴,故武帝诏曰"今请远田轮台,欲起亭隧,是扰劳天下,非所以优民也"。《盐铁论·地广篇》亦曰"故群臣论或欲田轮台,明主不许"。桑弘羊所建议而武帝所不许者是"轮台以东"之屯田,见行于昭、宣。《西域传》谓"昭帝乃用桑弘羊前议,以杆弥太子赖丹为校尉,将军田轮台,轮台与渠犁地皆相连也",而龟兹以其"迫吾国而田",杀之。宣帝"地节二年汉遣侍郎郑吉田渠犁积谷,欲以攻车师"(亦见《郑吉传》)。桑弘羊之议屯田轮台以东,并无碍于天汉中已有轮台田卒之事;故天汉间轮台有亭有田卒,亦为可能。

四、居延泽上——太初三年(公元前 102 年)

《史记·匈奴传》曰"汉使光禄徐自为出五原塞数百里,远者千余里,筑城障列亭至庐朐……使强弩都尉路博德筑居延泽上",述于太初三年。《汉书·武纪》亦在太初三年,作"强弩都尉路博德筑居延"。《史记》"筑居延泽上"述于"筑城障列亭"之后,则此同时并举之"筑"应俱释为筑塞,而非筑居延城。同年,《大宛传》曰"益发戍甲卒十八万酒泉、张掖,北置居延、休屠以卫酒泉"[2],《集解》曰"如淳曰立二县以卫边也。或曰置二部都尉以卫酒泉"。或说为是,因休屠是北部都尉所治。所谓"筑居延泽上"即"筑居延",乃指筑弱水两岸的障塞亭隧,至于居延故泽的西端(瓦因托尼)及南端(博罗松治)。

居延泽上之塞与路博德有关。《史记·匈奴传》正义引"《括地志》云汉居延县故城在甘州张掖县东北一千五百三十里,有汉遮虏障,强弩都尉路博德之所筑,李陵败与士众期至遮虏障,即此也"。《汉书·地理志》居延下注引"阚骃云武帝使伏波将军路博德筑遮虏障于居延城"。《括地志》与《十三州志》仅在说明遮虏障为路博德所筑之一,并非博德所筑仅为一个城障而已。《太平寰宇记》卷一五二酒泉县下曰"故长城,《汉书·李陵传》谓之遮虏障,在县北"。亦误会此意。王应麟《玉海》以为"居延塞即遮虏障也",也是不正确的。居延简(145·32)有"遮虏候"是遮虏为候官之一,其所居城为遮虏障。

《史记·卫将军骠骑传》"以右北平太守从骠骑将军有功为符离候。骠骑死(元狩六年)后博德以卫尉(元鼎五年,见《百官公卿表》)为伏波将军,伐破南越(元鼎六年),益封,其后坐法失侯(见《景武昭宣元功臣表》"太初元年坐见知子犯逆不道罪免"),为强弩都尉,屯居

1) 《蒙古游牧记》卷十四何秋涛补注引《新疆识略》曰"又西有地名古玉尔,汉轮台也"。
2) 此处句读可商。或应该为"益发戍甲卒十八万酒泉,张掖北置居延、休屠以卫酒泉"。

— 215 —

延,卒[2]。据《汉书·李陵传》,天汉二年诏博德将兵迎李陵(又见史、汉《匈奴传》);据《汉书·武纪》天汉四年,博德与李广利会战单于于余吾水上(亦见史、汉《匈奴传》)。自太初元年至天汉四年(公元前104—79年)前后八载博德皆屯居延,以至其卒,当在天汉四年以后。

额济纳河两岸烽台遗址所出汉简,俱属于居延、肩水两都尉,多西汉武帝末、昭、宣及其后年号,则二都尉之设立在西汉时。《汉书·地理志》张掖郡有居延都尉而无肩水都尉。惟《盐铁论·复古篇》曰"故扇水都尉彭祖宁归言",扇水或肩水之误,则昭帝始元六年(公元前87年)《盐铁论》以前已有肩水都尉。《汉书·赵充国传》所述穷水塞,似亦肩水塞之误。

此道边塞,起自居延泽西,索果淖尔之南沿额济纳河直至毛目之南,在东经100°—101°30′之间,北纬40°—41°30′之间,西南斜行,约为250公里[1])。

五、五原塞外至卢朐光禄塞——太初三年(公元前102年)

与居延泽上筑塞之同年,汉使光禄徐自为筑列城于五原塞外数百里至卢朐,远者千余里,已见上述。光禄所筑在五原塞外,《汉书·匈奴传》侯应曰"臣闻北边塞至辽东,外有阴山,东西千余里……。至孝武世,出师征伐,斥夺此地,攘之于幕北,建塞徼,起亭隧,筑外城,设屯戍以守之。"此塞外列城实在阴山之北,在今河套北乌拉特旗一带。《地理志》稒阳县下本注曰"北出石门障得光禄城,又西北得支就城,又西北得头曼城,又西北得虖河城,又西得宿虏城",《史记·匈奴传》正义引"《地理志》云五原郡稒阳县北出石门障得光禄城,又西北得支就城,又西北得头曼城,又西北得虖河城,又西北得宿虏城。按即筑城障列亭至卢朐也"。光禄所筑应是等距离的列城,自稒阳石门障北西北斜上。

武帝所筑边塞,沿秦制之旧,皆为东西横行,自毛目西至盐水,大率在北纬40°30′上下。惟居延和卢朐两塞则为东北向和西北向纵列;居延北端至42°,卢朐当亦在42°上下。此两塞之中当为匈奴之右方直五原、上郡者,匈奴右方入侵定襄、云中,光禄塞为其东南入侵的阻阑,故太初三年秋"匈奴大入定襄、云中,杀略数千人,败数二千石而去,行破坏光禄所筑城列亭障,又使右贤王入酒泉、张掖略数千人"。此未越居延塞而西。

《史记·魏世家》梁惠王十九年"筑长城,塞固阳",正义引"《括地志》云稒阳县,汉旧县也,在银州银城县界。按魏筑长城,自郑滨洛,北达银州至胜州固阳县为塞也;固阳有连山,东至黄河,西南至夏、会等州"。《通典》卷一九四"光禄塞今新秦郡银城县之北"。《竹书纪年》梁惠成王十二年"龙贾帅师筑城于西边",至十九年而塞固阳。《史记·始皇本纪》三十三年"西北斥逐匈奴,自榆中并河以东属之阴山,以为三十四县,城河上为塞;又使蒙恬渡河取高阙、陶山、北假中,筑亭障以逐戎人,徙谪实之初县"。集解引"徐广曰(阴山)在五原北";索隐云"高阙,山名;北假,地名,近五原";正义云"高阙,山名,在五原北,两山相对若阙,甚高,故言高阙"。北假约在今河套之上。

汉代稒阳县应在今包头市西北。包头之北正当大青山西端与乌拉山东端豁口处,有

一自北流向大河的仑都仑河，当是古代的石门水。《河水注》曰"河水又东流石门水南注之，水出石门山，《地理志》曰出石门障，即此山也。西北趣光禄城，……城东北即怀朔镇城也。其水自障东南流迳临沃县东，东南流注于河"。《河水注》（卷三）有两个稒阳：曰"河水又东迳稒阳城南，东部都尉治，迳河阴县故城北，又东迳九原县故城南，秦始皇九原郡治此，汉武帝元朔二年更名五原也。……西北接对一城，盖五原县之故城也……，其城南面长河，北背连山，秦始皇逐匈奴，并河以属之陶山，筑亭障为河上塞，徐广《史记音义》曰陶山在五原北，即此山也"。又曰"河水又东迳固阳县故城南，王莽之固阴也，《地理志》曰自县北出石门障，河水决其西南隅，又东南枝津注焉，水上承大河于临沃县，东流七十里，北溉田，南北二十五里注于河"。稒阳城在稒阳县之西北，乃稒阳塞所在。

五原县北之连山，即《始皇本纪》之陶山，徐广谓陶山（今本《史记》引作阴山）在五原北，张守节谓固阳有连山，凡此连山、陶山是一山，皆指今日阴山山脉西部之乌拉山。山南曰阳，稒阳之稒或即此山古名。《史记·匈奴传》赵武灵王"筑长城，自代并阴山下，至高阙为塞"，正义引"《地理志》云朔方临戎县北有连山，险于长城，其山中断，两峰俱峻，土俗名为高阙也"（今本无）。《河水注》卷三曰"山下有长城，长城之际，连山刺天，其山中断，两峰双阙，……阙口有城，跨山结局，谓之高阙戍"。西自高阙东至稒阳城，乃赵长城，东接魏长城。此一段长城皆在河套北岸，乌拉山南麓。其中属于汉五原郡者则为自田辟至稒阳一段，《河水注》曰"河水又东迳田辟城南，《地理志》曰故西部都尉也。……河水又东迳原亭城南，阚骃《十三州志》曰中部都尉。……河水又东迳稒阳城南，东部都尉治"。这一段即所谓五原塞，其东部为稒阳塞，《后汉书·和帝纪》永元元年"度辽将军邓鸿出稒阳塞"李贤注云"故城在今胜州银城县界"。《后汉书·南匈奴传》建武"二十六年遣中郎将段彬、副校尉王郁使南单于，立其庭，去五原西部塞八十里"。

六、受降城——太初元年（公元前 104 年）

《汉书·匈奴传》述甘露三年呼韩邪单于朝汉"愿留居光禄塞下，有急，保汉受降城"，《宣纪》作"单于居幕南，保光禄城"。案《匈奴传》，太初元年伐大宛，命公孙敖筑受降城，《汉书·匈奴传》曰"汉使贰师将军西伐大宛，而令因杅将军筑受降城"。《一统志》谓在河套北吴喇忒旗北，"按《后魏》太平真君九年北讨至受降城，积粮城内，留守而还，盖即汉城也"。大约与光禄所筑列城相近。《通鉴》卷二十一太初元年注则以为"受降城在居延北"。

《汉书·酷吏传》田广明宣帝时"以祁连将军将兵击匈奴，出塞，至受降城，受降都尉前死，丧柩在堂"。《宣纪》记于本始三年。由此可知宣帝初，有受降都尉，受降之置都尉当在此以前。

受降都尉乃塞外都尉之一，《汉书·李陵传》曰"李绪本汉塞外都尉，居奚侯城，匈奴攻之，绪降，而单于客遇绪，常坐陵上"。奚侯城待考，亦塞外列城之一。

七、眩雷塞——元封四年（公元前 107 年）

《史记·匈奴传》曰"又北益广田，至眩雷为塞，而匈奴终不敢以为言，是岁翕侯（赵）信死。汉用事者以为匈奴为已弱，可臣从也"，乃"使杨信于匈奴"。"匈奴使其贵人至汉……不幸而死"。"汉乃拜郭昌为拔胡将军及浞野侯屯朔方以东备胡"。《汉书·武纪》元封四年"秋以匈奴弱，可遂臣服，乃遣使说之。单于使来，死京师。匈奴寇边，遣拔胡将军郭昌屯朔方"。即杨信、王乌使于匈奴之年。是此塞与酒泉、玉门间塞乃先后同年所作。

《地理志·西河郡》增山县下本注云"有道西出眩雷塞，北部都尉治"。增山在今榆林县之北，《一统志》谓增山"故城在今河套之南，接榆林边界"，当在今鄂尔多斯界，也是南北纵列之塞。

以上所述，可知西汉所筑边塞，只在武帝十二年间（公元前 111—100 年），综之如下：

元鼎六年　令居至酒泉　金城郡广武广武都尉，龙支西部都尉；武威郡休屠都尉，休屠城北部都尉；张掖郡日勒都尉。

元封四年　酒泉至玉门　酒泉郡会水东部都尉、北部都尉，乾齐西郡都尉；敦煌郡广至宜禾都尉，敦煌中部都尉，龙勒玉门都尉、阳关都尉。

元封四年　眩雷塞　西河郡增山北部都尉。

太初元年　受降城　五原郡塞外受降都尉。

太初三年　　　居延泽上弱水西岸　张掖郡居延居延都尉、肩水肩水都尉。

太初三年　光禄塞（五原塞外至庐朐）　五原郡稒阳东部都尉。

天汉元年　玉门至盐水　西域都护

以上除眩雷、光禄两塞及受降城在河套的内外外，其它皆在河西四郡及其西。《汉书·西域传·序》曰"及秦始皇攘却戎狄，筑长城界中国，然西不过临洮"。《史记·匈奴传》谓蒙恬缮治秦长城"起临洮至辽东万余里"。临洮"陇西长城"以西的"西塞"则自秦长城向西延展至于敦煌玉门关，故赵充国曰"窃见北边自敦煌至辽东万一千五百余里"。所述里数，似有所据。临洮以西至辽东的秦长城，号称万里，只是概数，实际或不及万里。《后汉书·西羌传》谓汉武帝"初开河西，列置四郡……于是障塞亭隧出长城数千里"，是说西出秦长城数千里。兹将汉武帝所筑边塞长度，约略估计如下。

属于西塞者，即令居—酒泉—玉门的北边塞，自今永登县至张掖县直线约 250 公里，自张掖县沿河至毛目约 200 公里，自毛目西至玉门关约 500 公里，全长为 950 公里。以 400 米为 1 汉里，则 1 公里＝2.5 汉里，自令居至玉门为 950 公里＝2375 汉里。属于毛目东北斜上的边塞，自北端（居延海西）起殄北、甲渠、广地、橐他四候官塞共长约 200 公里，傍额济纳河两岸；此下（从金关起）至甘州河和北大河相交处的毛目，共 50 公里，两岸各一条塞，一边是肩水候官塞；在布肯托尼以东，另有一支东西行的卅井候官塞，共长 60 公里。此六塞共长 360 公里，约合 900 汉里，没有包括居延候官塞等。以上以"令居"和"居延"为始的边塞共长 2375＋900＝3275 汉里,都有部分的塞迹存在。至于眩雷塞的长度,无法估计;光禄塞似是千里间的列城,玉门西至盐水的列亭在一千三百里间,应皆无边塞。由此可知汉武帝所筑边塞约为三、四千里,故《西羌传》说"数千里"。其中令居至玉门约长二千三百里是东接秦长城的,故赵充国所说自敦煌至辽东的北边 11500 汉里,则秦长城只能有9200 汉里,近于万里而不足。

秦时蒙恬所缮治的万里长城,是连缀六国的北边长城,所增筑不多。汉武帝由于防御匈奴与羌,开发西域,在河套以西,用了短短十二年时间,兴建了规模巨大的三、四千里障塞亭隧,设置了组织严密的屯戍机构,新开辟了匈奴故地的河西四郡,在政治、军事、经济和交通诸方面都起了重要的作用。

一九六一年三月至六月初稿,一九六三年终改作,一九六四年终重录。

汉 居 延 考

一、居延泽与居延城

汉代及晋、魏、唐人对于居延泽有以下的记述。

《汉书·地理志》 张掖郡居延县本注曰"居延泽在东北，古文以为流沙，都尉治"。张掖郡觻得县本注曰"羌谷水出羌中，东北至居延入海"。

《淮南子·地形篇》"弱水出自穷石，至于合黎，馀波入于流沙，绝流沙南至南海"。

《地记》"弱水西流入合黎山腹，馀波入于流沙，通于南海"。(《史记·夏本纪》集解引郑玄所引)

《史记·夏本纪》"弱水至于合黎，馀波入于流沙"。集解云"郑玄曰：《地理志》流沙在居延西北，名居延泽。《地记》曰……。马融、王肃皆云合黎、流沙是地名"。索隐云"《地理志》张掖居延西北有居延泽，古文以为流沙"。

《海内南经》郭璞注 "今西海(郡)居延泽，《尚书》所谓流沙者，形如月生五日也"。

《水经·禹贡山水泽地所在篇》"流沙地在张掖居延县东北"。注云"居延泽在其县东北，《尚书》所谓流沙者也，形如月生五日也。弱水入流沙，流沙，沙与水流行也"。(此据官校本，《永乐大典》本"流沙地"作"流沙西地"。)

《史记·李将军传》正义引《括地志》"居延海在甘州张掖县东北[一千五百]六十四里"。

《后汉书·明帝纪》永平十六年章怀太子注 "居延，本匈奴地名也，武帝因以名县，属张掖郡，在今甘州张掖县东北"。

由上所述，居延泽应在汉居延县东北，形如新月。所谓流沙或流沙地者，指居延海外围，弱水馀波先决入于流沙而后入海。郑玄及司马贞所引《地理志》"居延东北"作"居延西北"，与今本异，今本不误，详下。郭璞和郦道元说居延泽形如月生五日，应是据地图而言，对于推定故泽所在十分重要。

通行地图额济纳河(弱水)下游流入索果淖尔，其支流穆林河流入嘎顺淖尔，后者注"居延海"。这是错误的。1930—1933年，前西北科学考察团陈宗器等考察了居延泽故址,其报告见"变迁的湖泊"一文中,附图第六十一。故泽西端在瓦因托尼(A 10,北纬 42°北),南端在博罗松治(P 9,北纬 41°30′北),南北两端在东经 101°30′之西,泽身大部分在东经 101°30′—102°、北纬 41°30′—42°之间。故泽在元代黑水城(即黑城,K 789)东北,(参看《汉简考述》图一。)居延故泽正作新月形,那末居延故城应在其西南即黑城附近一带。

在未有居延城、未筑居延塞以前,"居延"地名已经存在,汉武帝时霍去病因攻小月氏曾过"居延",见载下文:

《史记·卫将军骠骑传》 "元狩二年……而骠骑将军出北地……。天子曰骠骑将军踰居延,遂过小月氏,攻祁连山……"。

《史记·匈奴传》 "其夏,骠骑将军复与合骑侯数万骑出陇西、北地二千里击匈奴,过居延,攻祁连山……"。(索隐引"书昭曰:居延,张掖县"。)

《汉书·霍去病传》 "而去病出北地……。上曰票骑将军涉钧耆、济居延,遂臻小月氏,攻祁连山……"。(注引"张晏曰:钧耆、居延皆水名也"。)

《汉书·武纪》 "元狩二年……将军去病、公孙敖出北地二千余地,过居延,斩首虏三万余级"。(师古注云"居延,匈奴中地名也,韦昭以为张掖县,失之。张掖所置居延县者,以安置所获居延人而置此县"。)

《尚书·禹贡》凡所"过"所"逾"皆指水名,故知史、汉所记"过(踰、济)居延"之居延,应如张晏所说是水名。居延作为水名,可有两种解释,一为泽名,一为河流名。流入居延泽之水,汉代称为弱水,元代以后名为额济纳河,亦作亦集乃、额济勒(内、讷、馁)或厄金绥。《蒙古游牧记》卷十六补注引徐松曰"蒙古语额济讷,幽隐也"。清初旧土尔扈特部以此为牧地,称额济纳果尔,果尔犹蒙古语之都伦,所以名河水。《蒙古游牧记》卷十六谓额济纳旗牧地"跨昆都伦河",何秋涛补注引《会典图说》曰"额济讷旧土扈尔特旗在居延海,无居川,惟坤都伦河自甘肃肃州北流,经额济讷旗,分二道汇为泽,俱曰居延海"。《水道提纲》卷五滔来必拉(即讨来河)条下所述昆都仑水,即坤都仑河,指额济纳河中下游,也包括了今穆林河和伊肯河。昆都仑即昆河,则"昆"字有可能是"居延"二字的对音。《蒙古游牧记》卷五乌喇特族原注云"旗东三十五里有居延山,蒙古名昆都伦。……旗东四十里有昆都伦河,源出乌孙吐噜之地,西南流入黄河"。此可作为旁证,说明"昆"或"昆都仑"可能即是"居延"或"居延水"的另一个对音。

颜师古对于韦昭以居延为张掖郡一个县的指摘,是正确的。他又提出居延为匈奴中地名,因安置所获居延人而置居延县之说,亦值得重视。《汉书·地理志》上郡属国都尉治龟兹县,师古注云"龟兹国人来降附者,处之于此,故以名云"。汉武帝末已有居延属国,设于居延县。汉代用降人国名以县名者,不乏其例:《汉书·地理志》朔方郡"渠搜,中部都尉治",扬雄《解嘲》曰"大汉左东海,右渠搜",《隋书·西域传》曰"钹汗国都葱岭之西五百余里,古渠搜国也";《汉书·地理志》张掖郡有骊靬县[1],《张骞传》作犛靬,《匈奴传》作黎汗,

---

1) 居延汉简(334·33)"骊靬万岁里公乘儿仓年卅长七尺二寸黑色。剑一,己入,牛车一两"。(金关出土)

《西域传》作黎轩，《说文》作丽轩。《张骞传》师古注云"犛轩即大秦国也，张掖骊轩县盖取此国为名耳"。乃大秦国人之降居于此者。如此说来，居延县与居延属国有可能得名于"居延人"，而居延泽与居延水亦同。

自元狩二年（公元前121年）至太初三年（公元前102年）为二十年，居延地区始筑边塞并置县（或都尉）。《史记·匈奴传》太初三年"使强弩都尉路博德筑居延泽上"，《汉书·武纪》作"筑居延"。今所见汉代塞墙在毛目东北沿河而上，至布肯托尼时一支仍傍伊肯河北上至居延故泽西端之西，另一支则在弱水旧道之南的砂砾地带筑障塞至故泽南端。因此"筑居延泽上"或"筑居延"，可以解释为筑塞于居延泽或筑塞于居延水（即弱水）上。《史记·大宛传》太初三年"北置居延、休屠以卫酒泉"，集解云"如淳曰立二县以卫边也，或曰置二部都尉以卫酒泉"。我们以为或说为是，因居延塞筑于是年，因而置居延部都尉。在太初三年置居延都尉以前，居延已有屯兵。《史记·卫将军骠骑传》谓路博德"其后坐法失侯为强弩都尉，屯居延，卒"；据《汉书·景武昭宣元成功臣表》，失侯于太初元年。自太初元年至三年，既屯居延，则居延城、障的修筑，似应始于此时。

较晚的文献曾记路博德筑遮虏障。《汉书·地理志》居延县下注引"阚骃云武帝使伏波将军路博德筑遮虏障于居延城"。《史记·匈奴传》正义引《括地志》云"汉居延县故城在甘州张掖县东北一千五百三十里。有汉遮虏障，强弩都尉路博德之所筑。李陵败，与士众期至遮虏障，即此也。《长老传》云障北百八十里，直居延之西北，是李陵之战地也"。

李陵败降匈奴于天汉二年（公元前99年），在太初三年筑居延以后三年，则此时居延已有城障边塞。《史记·李将军传》曰"而使陵将其射士步兵五千人出居延北可千余里。……还未到居延百余里，匈奴遮狭绝道……遂降匈奴"。甚为简略。《汉书·李陵传》据当时所存档案，记述较详，谓李陵愿以"步兵五千人涉单于庭，上壮而许之，因诏强弩都尉路博德将兵半道迎陵军"，博德羞为陵后距，上书请留陵至春出击，帝疑陵所教，"迺诏博德……其引兵走西河，遮钩营之道；诏陵以九月发，出遮虏鄣。……陵于是将其步卒五千人出居延，北行三十日至浚稽山止营。……汉军南行至鞮汗山……，抵山入狭谷，单于遮其后……。令军士持二升糒、一半冰，期至遮虏障者相待。……遂降。……陵败处去塞百余里"。《汉书·武纪》曰"天汉二年……骑都尉李陵将步兵五千人出居延北，与单于战，斩首虏万余级，陵兵败降匈奴"。

班固所述，则李陵在九月以前屯五千兵于遮虏障，九月出障击匈奴，败降前与退回军士期于遮虏障。李陵败处，在塞北百余里，即鞮汗山狭谷，《读史方舆纪要》谓山"在遮虏障西北百八十里"；而《长老传》谓李陵败处在障北百八十里，直居延之西北，则遮虏障与居延（城）是二，障在城西。路博德自太初元年"屯居延"，当屯于居延城。李陵奉诏以九月发，出遮虏障，而史记其"出居延"者，障是其屯兵之处而居延指障所属的都尉或区域。《汉书·李陵传》"出遮虏障"师古注云"障者塞上险要之处往往修筑，别置候望之人，所以自蔽障而伺敌也。遮虏，障名"。居延汉简有"遮虏候"是遮虏候官之长，其所治之所当为遮虏障，乃一城圈；遮虏候（官）则属于居延都尉。居延城与遮虏障，应分别为二，而向来多所混淆。阚骃《十三州志》说"路博德筑遮虏障于居延城"[1)] 犹《汉书·食货志》说赵过代田法"又教边郡及居延城"，凡此居延城不能视作城圈而指区域。《太平寰宇记》卷一五二酒泉县下曰"故长城，《汉书》谓之遮虏障，在县北"，既误障为塞，又误酒泉北的长城当张掖北的长城。《蒙古游牧记》卷十六以为"霍去病、路博德、李陵所出之居延塞、遮虏障与居延县皆为一地"，更混合了居延泽、居延塞、遮虏障与居延县四者为一，尤为错误。

《太平寰宇记》卷一五二又曰"居延城，汉为县；废城在今县东北，即匈奴中地名也，亦曰居延塞"。唐人曾记其距张掖里数。《史记·匈奴传》正义引《括地志》谓"汉居延故城在甘州张掖县东北一千五百三十里"；《史记·李将军传》正义引《括地志》谓"居延海在甘州张掖县东北六十四里"，当脱"一千五百"四字，应为一千五百六十四里，因海在故城东北数十里。《史记·夏本纪》正义云"今按合黎水出临松县临松山东而北流，麻张掖故城下，又北流经张掖县二（应为三）十三里，又北流经合黎山折而北流，经流沙碛之西入居延海，行千五百里"。此谓合黎水北流经唐张掖县三十三里又千五百里至居延海，则自张掖县至居延海为一千五百三十三里。居延故城在唐代张掖县东北一千五百三十（唐）里，则汉居延泽应是我们以上所说的故址，而不是今通行地图上的嘎顺淖尔，后者直张掖县正北，故泽直张掖县东北。

居延故城所在，我们在《汉简考述》曾推测它是黑城东北 K710 故城。K710 在张掖县东北，居延故泽在其东北，距甲渠候官所在的破城子（A8）约为 25 公里。破城子出土简（89·24）"曰〔甲渠〕候官穷虏隧长簪褭单立……应令居延中宿里，家去官七十五里，属居延部"。汉七十五里约为 25 公里。K710 之西数公里的 K688，和 K710 都是版筑的方城，每边各长约 130 米，可能是遮虏障。但此两城或经汉以后所增修，详《居延障隧述要》。

居延为当时屯田的中心，今黑城一带尚有古代田舍、沟渠的遗迹，有些可能是汉以后的。《汉书·食货志》述赵过的代田法曾教行于"边郡及居延城"，故瓦因托尼出土简屡见代田仓（148·47＝甲873，273·24＝甲1467，275·19＝甲1483，275·23＝甲1485，557·5＝甲2323；273·14，534·3）、代田长（557·6＝甲2328），应始于昭帝始元二年，详《汉简考述》。其它有关居延田作诸简，约如下述：

……诣居延为田，谨诣故吏孝里大夫……　　511·30（甲2120）大湾

徐子禹自言家居延西第五辟，用田作为事。　　401·7（河平四年）博罗

……郡濮阳槐里景矍，家居第五辟……　　271·1 破城

……田舍再宿，又七月中私归遮虏田舍一宿　　127·7（甲717）破城

月廿日甲午昏时私归宜谷田舍　　157·16（甲912）破城

私归当道田舍直宿　　217·16（甲1210）破城

---

1) 《通鉴》汉纪十一元狩二年注云"（武）帝开置居延县。属张掖郡，使路博德筑遮虏障于其北"。此谓遮虏障于居延县北，较为近理。

之居延郭东　　194·17 破城

由此可知居延有田作所居之"辟"若干,有田舍若干,城内有里居。

二、弱水及其源流

弱水一名最早见于《尚书·禹贡》,曰"弱水既西",又曰"导弱水至于合黎,馀波入于流沙"。《说文》曰"溺水自张掖删丹西至酒泉合黎,馀波入于流沙,从水弱声,桑钦所说"。《禹贡》"弱水既西"疏引"郑玄云:众水皆东,此水独西,故记其西下也"。《史记·夏本纪》索隐"按《水经》云弱水出张掖删丹县,西北至酒泉会水县,入合黎山腹"。同上正义引"《括地志》云兰门山一名合黎,一名穷石山,在甘州删丹县西南七十里,《淮南子》云弱水源出穷石山"。由上所述,弱水上游发源于删丹(今山丹)县西南七十里穷石山,西北流至今张掖县北与羌谷水合。西流的弱水发源后第一段为删丹水。

弱水上游的删丹水自删丹县西北流至今张掖县北与羌谷水合而北流。《汉书·地理志》黰得县本注云"羌谷水出羌中,东北至居延入海;过郡二,行二千一百里"。《史记·夏本纪》正义引《括地志》"又云合黎,一名羌谷水,一名鲜水、一名覆袤水,今名副投河,亦名张掖河,南自吐谷浑界流入甘州张掖县。今案合黎水出临松县临松峡西北流,厤张掖故城下……"。《新唐书·地理志》甘州张掖郡删丹县下云"中下北渡张掖河西北行,出合黎山峡口,傍河东壖屈曲东北行千里,有宁寇军,故同城守捉也,天宝二载为军。军东北有居延海"。(宁寇军或即黑城。)《水道提纲》卷五曰"羌谷水出甘州西南边山,东北流迳祁连,又北合数小水,又东北迳张掖县西,又北与山丹水合"。羌谷水,今名甘州河,即唐代张掖河,发源今青海境内吐谷浑界。胡渭《禹贡锥指》谓"张掖河出山丹卫西吐谷浑界,北流迳张掖县北,合弱水为张掖河,俗谓之黑河"。由上所述,羌谷水上游发源于吐谷浑界,为甘州河;与山丹水会合后为张掖河或黑河。但黑河一段已有额济纳之称。《水道提纲》卷五滔来必拉(讨来河)条下谓"至卫公营北又东北合山丹水,二水既合,又东北迳花墙镇驿北,土人曰厄金馊必拉,又东北至毛目西"。弱水自删丹水在张掖县北与羌谷水合而为黑河流至毛目,是第二段。

弱水在张掖县北与羌谷水(甘州河或黑河)相合,北流至今毛目又与西南来的临水(北大河或肃州河)相合而东北流。自此以上仍称额济纳河。东北流至伯颜博格多峰下,分支穆林河西北流向嘎顺淖尔;至大方城以西又分支纳林河旁伊肯河流向索果淖尔。《会典图说》谓"坤都仑河自甘肃肃州(即酒泉县)北流,经额济纳旗,分二道汇为泽,俱曰居延海"。所谓二道即穆林河与伊肯河,二泽即嘎顺及索果淖尔(或称索廓克及索博鄂模)。其坤都仑河,《水道提纲》卷五作昆都仑河;谓自肃州北流,则并北大河和额济纳河为一水,此与汉代以弱水源自删丹之说不合。额济纳河自毛目东北流至布都布鲁克(Butu Burukh,在布肯托尼与破城子之中途)是汉代弱水的中游,是第三段。

现代的额济纳河过布都布鲁克以后,仍以其主流东北流向索果淖尔,而在葱都儿地分了数支,最东者为翁赞河流过瓦因托尼而至索果淖尔。我们可以暂名布都布鲁克至索果淖尔一段为"弱水下游西支"。在汉代,则另有一段"弱水下游东支"从布都布鲁克东北流过黑城东北和居延城,一直奔向流沙和居延故泽。这一支今已干涸,但地面上还有故河床的遗迹,在1270年左右马可孛罗路过黑城时,尚有居民,推测那时故道尚有水流,详《变迁的湖泊》及其附图第六十一。这两支是汉代弱水的下游,是第四段。

我们以为,汉代的弱水下游东西二支并存,东支流入居延泽,西支流入居延泽西北另一大泽(今为嘎顺及索果淖尔),居延泽在其东南。就此方位,可称前者为西海,后者为南海。陈宗器《变迁的湖泊》一文中分别称为西额济纳湖与东额济纳湖,并约略绘出此两海古代的边岸,西海东西为85公里,南海南北为60公里,东西为50—55公里。(参《汉简考述》图一,在此两海的外廓曲线即代表古代岸边。)在古代,西海是相连的一个东西横列的大湖,其东端与居延泽故岸西端相距约30公里。我们所以肯定弱水下游西支(今额济纳河下游)汉代业已存在,是由于汉代的障塞烽燧设置,从今毛目以上沿今河流直到索果淖尔之南约250公里。都有部分的残迹保留下来。这一条防御边墙,都在今额济纳河(包括今下游)的两岸,那末"弱水下游西支"的河流,在汉代也是存在的,故其两旁设有障塞烽燧。它的北端为A1宗间阿玛与K676,皆在西海故岸之边。约1930年前后,曾有人于今嘎顺淖尔东南的二里子河,拾到西汉木简。A11和T28可能是汉居延泽故岸的西端,P9博罗松治或为其南端。

居延都尉共辖居延、遮虏、珍北、甲渠和卅井等五个候官塞,自A22布肯托尼西至P9博罗松治为卅井塞,自布肯托尼沿河东北至A2察汗松治为甲渠塞,自A2东南的A10瓦因托尼至博罗松治为一居延泽弧形故岸。上述所包围的范围应是汉代居延屯田区域,中间横贯"弱水下游东支",居延候官和遮虏候官在此区域内,居延城在弱水下游经过之处的岸边。所谓流沙、流沙地或流沙西地当指居延泽外围东边和北边沙、水并流之处。由于居延海在流沙之中,故班固本注居延泽云"古文以为流沙";《禹贡》说弱水"馀波入于流沙,通于南海";《淮南子·地形篇》说弱水"馀波入于流沙,绝流沙南至南海";《水经·禹贡山水泽地所在篇》引《大荒西经》曰"西南海之外,流沙出焉,……又历负丘不死山之西,入于南海"。(今本《山海经·大荒西经》与此所引略异。)

上述弱水余波入于流沙,通于南海,所谓南海当指居延海,班固注羌谷水谓其"东北至居延入海",即入居延海。居延海而称为南海者,因其西北更有大泽。此犹《禹贡山水泽地所在篇》曰"一水北入休屠泽,俗谓之西海,一水又东迳百五十五里入猪野,世谓之东海,通谓之都野矣"。

《禹贡》在叙弱水后,继之以"导黑水至于三危,入于南海",此南海疑是居延海,三危疑是合黎之异称,不是敦煌的三危。羌谷水又名黑河,或即此黑水。《禹贡》疏曰"案郦道元《水经》黑水出张掖鸡山",《通典》卷一七四曰"黑水出张掖县鸡山"。

三、西海郡及居延沿革

居延海既有南海之称，而汉末于此建置西海郡。

《续汉书·郡国志》曰"张掖居延属国，户一千五百六十，口四千七百三十三"。刘昭补注云"献帝建安末（219年）立为西海郡"。"建安末"应为建安初（196年）之误，《晋书·地理志》曰"西海郡。故属张掖，汉献帝兴平二年（195年）武威太守张雅请置。统县一，户二千五百。居延。泽在东南，《尚书》所谓流沙也"。《续汉书·百官志》补注引《献帝起居注》建安十八年复禹贡九州，雍州部已有西海郡，可以为证。东晋郭璞注《海内西经》云"今西海居延泽"，西海即西海郡。《魏书·蠕蠕传》正光二年（521年）录尚书事王雍等奏曰"敦煌北、西海郡即汉、晋旧郭，二处宽平……。婆罗门宜置西海郡……婆罗门居于西海"。《魏书·袁翻传》曰"其婆罗门，请修西海故城以安处之。西海郡本属凉州，今在酒泉直北、张掖西北千二百里，去高车所住金山一千余里，正是北虏往来之冲要，汉家行军之旧道"。此所记西海郡方位在酒泉直北、张掖西北一千二百里，应在今嘎顺淖尔之西，与唐代《括地志》所记居延城在张掖县东北一千五百三十里不相符合。如此，西海似有可能指居延海（南海）西北的大泽。但后魏郦道元所注《水经注·禹贡山水泽地所在篇》曰"流沙……在西海郡北"，则西海郡仍应在居延。居延海在东汉末以前或称为南海，至西汉末或有西海之称。

居延的西海郡与新莽和和帝时一度置立，旋即废除的"西海郡"不同。王莽于元始四年（4年）置西海郡，见《汉书·平纪》和《王莽传》；汉和帝永元十四年（102年）因曹凤奏请修复西海郡，见《后汉书·和帝纪》和《西羌传》。此两度所立，皆在金城郡，其西海是指今日的青海。但王莽时的居延，不属于张掖郡而属于酒泉郡，并且改了名。《汉书·地理志》，王莽时酒泉曰辅平，居延曰居成，居延汉简（156·4）曰"为辅平属居成"，可证。东汉时，居成改回居延，仍属张掖郡。《后汉书·明帝纪》永平十六年（73年）"驸马都尉耿秉出居延……伐北匈奴"，则当时居延屯戍不废。安帝时（107—125年），居延属国别领一城，即居延，见《续汉书·郡国志》注。献帝兴平二年（195年）置为西海郡。续汉志所记户一千五百六十，至晋志增至二千五百。

晋、唐之间，此地仍为西海郡。前凉时，"建威将军西海太守张肃，寔叔父也"，见《晋书·张轨传》。《通鉴》卷一〇四晋太元五年（380年）"坚赦济不诛，徙凉州之西海郡"。后凉时，"吕光之王河西也，西海太守王祯叛"，见《晋书·艺术》；又《晋书·吕光载记》曰"徙西海郡人于诸郡"。西凉时，李翻弟豫"位西海太守"，见《北史·序传》。北魏正光二年（521年）迁蠕蠕于西海故城，见前引《魏书》。郦道元（—527年）《水经注》中有西海郡。

唐天宝二载（743年）甘州张掖郡删丹县置宁寇军，《新唐书·地理志》谓"军东北有居延海"。此军所在，恐已非居延故城而是黑城。《蒙古游牧记》说"大历中（766—779年）陷于吐蕃"；又说"宋景德中（1004—1007年）地属西夏，曰威福军"。《太平寰宇记》甘州有居延县。元代亦集乃城，即今黑城故址，亦集乃路及总管府治此，《元史·地理志》曰"亦集乃路在甘州东北一千五百里，城东北有大泽，西北俱接沙碛，乃汉之西海郡居延故城。夏国尝立威福军，元太祖二十一年（1226年）内附，至元二十三年（1286年）立总管府"。前西北科学考察团在黑城试掘，曾获元代文书、遗物甚多。志谓此城即汉居延城，是不可信据的，此故城当是唐代的宁寇军，不是汉筑。明洪武五年（1372年）冯胜至兰州，遣副将傅友德前驱，再败元兵，下亦集乃路，见《明史》。是亦集乃路见存凡百五十余年。清初以来属额济纳旧土尔扈特旗，解放前属宁夏省，今属内蒙古自治区。

一九六一年十二月初稿，一九六五年二月改作。

汉简年历表叙

第一　汉简年历

一、年表与朔闰表

史书之有年表，创自太史公。先汉有编年史的《春秋》、《纪年》、《秦记》，有记世系的《世》、《世本》、《帝系》、《古纪世本》和记世谥的《世谱》、《谱牒》，有记年代的《牒记》、《春秋历》。《史记》十表，可分为三类。一曰世表，《三代世表》叙曰"余读《牒记》，黄帝以来皆有年数，稽其历谱牒……。于是以《五帝系牒》、《尚书》集世纪黄帝以来，讫共和，为世表。"《自序》曰"盖取之谱牒，旧闻本于兹。于是略推，作三代世表。"二曰年表，《十二诸侯年表》叙曰"太史公读《春秋历谱牒》……。谱牒独记世谥，其辞略，欲一观诸要难。于是谱十二诸侯，自共和讫孔子，表见《春秋》、《国语》，学者所讥盛衰大指，著于篇，为成学治古文者要删焉。"《自序》曰"《春秋》有所不纪，而谱牒经略，……作十二诸侯年表。"《六国年表》叙曰"太史公读《秦记》……。余于是因《秦记》，踵《春秋》之后，起周元王，表六国时事，讫二世，凡二百七十年。"《自序》曰"汉兴已来，至于太初百年，诸侯废立分削，谱、纪不明……作汉兴已来诸侯年表。"三曰月表，《秦楚之际月表》叙曰"太史公读《秦楚之际》，曰初作难，发于陈涉。"《自序》曰"……八年之间，天下三嬗，事繁变众，故详著秦、楚之际月表。"《史记》十表，除世表、月表各一外，春秋、六国与汉六表皆称年表，以年系事。《汉书》七表，专述汉事，虽依年世排比先后，而无年表之称。其中《百官公卿表》先叙官职沿革，次分年列三公九卿姓名及迁、免、死年月，三公则并记日；其直栏以年为经，横行以官为纬。如此，虽间具月份和日序干支，横加阑隔，只能成为年表，未为月表。

根据《春秋》及《左传》所记日食和年、月、日序干支是可以试编为分月的朔闰表的，如顾栋高仿杜预《春秋长历》所作《春秋朔闰表》。但因所依据材料，究不全备，故其所谱未可确信。两汉历制更革，史有明文，而《汉书》所载年、月、日序干支较多，用以复原汉代朔闰表，较易着手。司马光《资治通鉴日录》所载宋刘羲叟《长历》，断自汉高元年；其后汪曰桢《历代长术辑要》和张其翱《两汉朔闰表》有所更订，陈垣据汪表以入《二十史朔闰表》。刘、汪、张表皆用历术推步，间亦采用《汉书》纪、志以为佐证，虽已接近于当时施行的历谱，仍然只是推算，尚待实录的证明。所谓实录的证明，至少可分两类：一类是两汉文献资料，主要为两《汉书》中纪、志、表、传的年、月、日；一类是出土两汉实物，主要为河西四郡戍所中的两汉官文书木简,以及其它金、石铭刻文字。文献资料由于传抄、重印,月名和日序干支稍有讹误。

　　出土汉简所记年、月、日对于重构汉代朔闰表,较之《汉书》更为有用:一由于它们是当时的官文书,未经传抄,虽亦偶有书写之误,究属少数;二由于它们记年、月、日法更为完整、固定。汉简记日法大致分为五类:(1)"大始元年十二月辛丑朔戊午",即十二月十八日,月首初一为辛丑;(2)"大始二年二月庚寅",是年二月庚午朔,庚寅为二十一日;(3)"征和四年二月十五日",是年二月乙未朔,十五日为己酉;(4)"元康五年五月二日壬子",则朔旦为辛亥;(5)"永元五年七月壬戌朔二日癸亥",既注朔旦,又记日数及日序干支,乃东汉之制。(1)(2)两类为汉简所常用,而班固《汉书》除《五行志》于日食记朔晦外,其它记事则采用(2),《后汉书》亦如此。汉简于月名与日序之间附著朔旦,对于后世查考有两种方便:一由于标示朔旦干支则记日干支的序次自明,如十二月辛丑朔,则戊午必为是月第十八日;二由于十二月辛丑朔可以相当地限定于太始二年,因为在此百年内只有本始四年和永光五年是十二月辛丑朔,而二年十二月辛丑朔者仅此而已。汉简称闰月而不作闰几月,然而由于记朔日则所闰何月可明,如"甘露元年闰月乙未朔"则可推定为闰五月。凡此于月、日之间介以朔旦的方法,是自汉初以迄东汉在官文书上的固有形式。《史记·三王世家》记封三王诏书"六年四月戊寅朔癸卯""四月二十八日乙巳",此是武帝元狩六年事。东汉碑刻:如《孔庙置守庙百石孔龢碑》曰"元嘉三年三月丙子朔二十七日壬寅""永兴元年六月甲辰朔十八日辛酉",《鲁相史晨祠孔庙奏略》曰"建宁二年三月癸卯朔七日己酉",《樊毅复华下民租田口算碑》曰"光和二年十二月庚午朔十二日壬午",《无极山碑》曰"光和四年八月辛酉朔十七日丁丑"(以上四碑所记是诏书);《龟兹左将军刘平国作关城颂》曰"永寿四年八月甲戌朔十二日乙酉",《薌他君石祠堂记》[1]曰"永兴二年七月戊辰朔二十七日甲午"。凡此皆于月、日之间加了朔旦和日数,较西汉制更进一步。西汉诏书如居延简10·33(甲96)曰"元康五年二月癸丑朔癸亥御史大夫吉下丞相",月、朔、日之间未有日数。然两汉官文书于月、日之间例必标示朔旦,两《汉书》都加删除。《汉书》于诏书但举月名,而《后汉书》则保存日序干支。《后汉书·隗嚣传》移檄告郡国文曰"汉复元年七月己酉朔己巳",则仍西汉之制。《文选·陈琳檄吴将校文》曰"年月朔日子",《宋书·礼志》曰"年月朔日甲子尚书令某甲下",皆承汉式。

　　汉简时代,大致集中于西汉武帝末至东汉建武约百五十年间,亦有较少的东汉简。因此,它和《史记》所记载者少有关系,而与《汉书》所录时代相同。假使将汉简、《汉书》的年、月、日序更多的交错综缀,则对于复原汉代朔闰,更为有据。为此,除《纪》、《五行志》和《天文志》以外,我们若尽量引用《汉书》七表中的五表,既可以充实年历表的空白而得到更多的检验资料,而且借此校正了纪、志与表以及表与表之间的歧异,而这些少数的歧异,只是月名和干支因传钞而讹误的结果。因此得以校正《汉书》月、日的错误,有可能改变《百官

1)　此故宫所藏,其它皆见《隶释》。

表》为月表。

二、两汉历术

两汉和新代所用的历法，可分为四个时期：

（1）古四分历（殷历或颛顼历）　高祖元年乙未至武帝元封七年即太初元年丁丑（公元前 206—104 年），共 103 年。

（2）邓平太初历　武帝太初元年丁丑至孺子婴初始元年戊辰，淮阳王更始元年癸未至章帝元和二年乙酉（公元前 104—公元 8 年，公元 23—85 年），共 175 年。

（3）刘歆三统历　新始建国元年己巳至地皇四年癸未（公元 9—23 年），共 15 年。

（4）编䜣后汉四分历　章帝元和二年乙酉至献帝建安二十五年即延康元年庚子（公元 85—220 年），共 136 年。

关于汉初一百零三年的历法，世有异说。汪氏《历代长术辑要》于汉元年下曰"按《通鉴目录》载刘氏《长术》起此年，汉初承秦，仍以十月为岁首，用殷术，或云仍用颛顼术。今从刘氏《长术》，两存之。以史文考之，似殷术合。"朱文鑫《历法通志》曰"而纪、志所载岁日，又与殷历相合"。殷历和颛顼历，都是四分法，一年为三百六十五日又四分之一日，一月之长为 $29^{499}/_{940}$ 日，故《淮南子·天文篇》曰"二十九日九百四十分日之四百九十九而为月"。太初历的制定，采用邓平八十一分律历，一月之长为 $29^{48}/_{81}$ 日，《律历志》曰"太初术一月之日二十九日八十一分日之四十三"。因此，古六历朔望月、回归年分别为 29.53085106 与 365.25000000 日，太初历则为 29.53086419 与 365.25016244日。王莽时代的三统历是太初历的延续，而后汉四分历则复原到古六历的日法。此四种历法，今不详论。

上述四历表现于此年历表者，约有以下数事。（1）正月　汉初殷历，承秦制以夏正十月（建亥之月）为岁首，但不改冬十月为春正月。太初历始以夏正正月（建寅之月）为岁首，是为寅正。新用太初历，而改以夏正建丑之月为正月，即称寅正之十二月为正月，故初始元年（居摄三年）十二月癸酉朔即新始建国元年正月癸酉朔。淮阳王更始元年二月复回寅正，而王莽亡于是年十月，因此是年有两十月：即地皇四年十月戊申朔与更始元年十月丁丑朔。光武即位以迄东汉之亡，中经改历，皆用寅正。（2）闰月　古四分历，十九年而七闰，即约二年半而置一闰月，以调和太阴历与太阳历的差距。太初历和后汉四分历，亦均如此。但汉初殷历承秦制，置闰于岁终，即九月之后，称为"后九月"；至太初元年以后，置闰于无中气之月，称为"闰月"。（3）岁首、岁终　殷历承秦制以冬十月为岁首，秋九月为岁终，《汉书》太初以前记事均如此。太初以后，以春正月为岁首，冬十二月为岁终，《汉书》太初以后记事均如此。但太初改历以后，若干制度有仍汉初而未改者。如汉初存问长老于冬十月岁首，而西汉王杖十简所述亦在十月，直到东汉才改为秋七月[1]。又西汉简凡记一

1）　详前著"王杖十简考释"，《武威汉简》。

岁会计,皆从上年十月计至此年九月,是以冬十月为岁首的会计年度。(4)月首、月终 即朔、晦,《汉书》记日食皆标明朔、晦或二日(称二日者因当时用平朔而非后来的定朔)。汉简月首称为朔或旦日,月终称为晦或晦日,凡记日必于月、日之间介以月朔日名(干支)。

出土汉简多数属于太初历施行时期内的,少数的属于王莽建丑时期的和后汉四分历时期的。汉简所记月、日都根据了当时颁布的年历,而当时天官根据天象对于朔闰可能作一些临时的变动。因此它和后来根据历术推定的朔闰如汪、张、陈表,不免有些出入,详下。

三、汉简年历表

一九六二年春季,曾试谱"汉简年历表"。一九六三年冬季,又将所谱者重为扩大充实。此表所采用的资料,约如下述。

(一)朔闰表 宋代以来两汉朔闰表的编排,仅有数家。清代汪曰桢的《长术辑要》改正了宋代刘羲叟《长历》的一些错误,但通行本汪氏《长术辑要》稍有误刊之处,张其翱和陈垣所作表皆已加以订正。因此,在实质上汪、张、陈是一表,和刘表稍不同而较可据;今采用它作为此表朔闰的依据。

(二)汉简 以额济纳河两岸出土的居延简为主,辅以酒泉、敦煌两郡和罗布淖尔出土的汉简。分别注出其出土的地点。

(三)汉代文献 以两《汉书》的纪、志和《汉书》诸表为主,辅以两《汉书》的传,参考荀悦《汉纪》和袁宏《后汉纪》;东汉部分,酌用《续汉书·天文志》补注所引《古今注》。

(四)汉代实物铭文 两汉金石以及其它器物铭文,亦有少数记年月日干支的,尽量收入。

后三项的资料和汪、张、陈的朔闰表,大多数是一致的。由此可证后人用汉时历术所推定的朔闰,大致上是符合实际的。二、三两项少数的干支和所推的朔闰表有不相合的,其原因有二:一传写、刊印时的讹误,二当时实际颁布施用的年历与推算的不同,后者系由于天官根据天象临时有所更订。今就此表所见汉简与所推朔闰表不同的诸事,分述如下。

(一)闰月 汪表订正了刘表中若干错置的闰月,后来张、陈表也皆同于汪表。根据汉简和汉代文献所见闰月,大致符合汪表所改正的闰月,但也有少数闰月则不尽然,下述其例。

1. 太始元年(前96年) 诸表置闰于上年十二月丁丑朔。《五行志》记正月乙巳晦日食,则是年正月丁丑朔;汉简记"大始元年十二月辛丑朔",则是年闰十二月辛未朔。闰在岁终,犹沿汉初殷历的旧例。

2. 始元七年(前80年) 诸表皆闰三月壬申朔,惟汉简三见"始元七年闰月甲辰",壬申朔不得有甲辰。是年应闰二月癸卯朔或四月壬寅朔,今采前说,则三月壬申朔有丙子与《诸侯年表》"三月丙子"相合。

3. 神爵元年（前 61 年） 诸表皆闰四月壬午朔,惟汉简有"神爵元年四月壬午朔",则知是年不闰四月而闰三月壬子朔。居延汉简 10·27(甲 91),5·10 (甲 92),332·26 (甲 1721),10·33(甲 96),10·30(甲 89),10·32(甲 34),10·29(甲 88),10·31(甲 90)等八简是相联的一册,记元康五年(即神爵元年)二月至五月诏书之下达,其闰月丁巳、庚申皆属于闰三月壬子朔,故确定是年闰三月壬子朔。

4. 鸿嘉三年（前 18 年） 诸表皆闰九月庚子朔,惟汉简有"鸿嘉三年闰月庚午朔",故知应闰八月庚午朔。

5. 元寿元年（前 2 年） 汪、张、陈表闰十一月丙寅朔,十二月乙未朔,惟刘表闰十二月乙未朔。汉简作"建平五年(即元寿元年)十二月丙寅朔",故知当闰十二月乙未朔,刘表是。

6. 始建国二年（公元10年） 汪表闰丑正十月癸亥朔,张、陈表闰寅正九月癸亥朔,刘表闰丑正十一月壬辰朔。汉简有"始建国二年十一月丙子下",则十一月癸亥朔不是闰月,应如刘表闰于十一月壬辰朔。

7. 元兴元年（公元 105 年） 汪、张、陈表闰九月辛巳朔,刘表闰十月庚戌朔。据《续汉书·天文志》"闰月辛亥",则是年应闰十月如刘表。惟诸表作"十月庚戌朔",而汉简历谱作"辛亥朔",应如汉简。

以上七闰可以订正汪、张、陈之失,而证明刘表所推有与汉简相合者三事。

（二）朔日 汪、陈表所推朔旦,有与文献不相合的。如《史记·三王世家》元狩六年四月庚寅朔[1],而刘、汪、陈表作丁丑朔。此在太初历施行以前。又如《汉书·武纪》及《五行志》记太始四年十月甲寅晦日,日有食之。而刘、汪、陈表作十一月甲寅朔。此在太初历施行之后。汉简所示朔日与汪、陈表不合者有以下少数之例。

1. 始元元年（前 86 年） 汪、张、陈表正月戊寅朔,汉简作己卯朔。

2. 元兴元年（公元 105 年） 汪、张、陈表七月壬子朔,九月辛亥朔,十月庚戌朔;简作七月癸丑朔,九月壬子朔,闰十月辛亥朔。

以上二例均相差一日。

历史文献上偶记改元的年月,但阙漏甚多。史家作史书,于改元之年仅书新改年号名,此与实际不符。出土汉简,同一年内新旧年号先后并见,由此可以考见改元的月份。神爵、竟宁与章和之改元,史有明文记载,与汉简相合,其例如下:

汉简有元康五年二月与神爵元年四月,史载改元于三月,合。

汉简有建昭六年正月与竟宁元年二月,史载改元于正月,合。

汉简有元和四年八月五日,史载七月二十七日诏改元章和,合。

由前二例,可知改元诏书下达边郡,约一月即可。汉简有河平五年五月与阳朔元年五月,

---

1) 庚寅应是戊寅之误,与丁丑相差一日。因《五行志》元狩元年五月乙巳晦,元鼎五年四月丁丑朔,皆与陈表合,则元狩六年不应四月庚寅朔。夏鼐同志说。

而史载河平四年六月改元阳朔,实有错误,改元阳朔应在河平五年四月。

由上之例,可以据汉简推定改元之月,其例如下:

汉简有地节五年四月与元康元年五月,改元当在四月。

汉简有神爵五年正月与五凤元年三月,改元当在正、二月。

汉简有五凤五年四月与甘露元年闰(五)月,改元当在四、五月。

汉简有阳朔五年四月与鸿嘉元年六月,改元当在四、五月。

汉简有鸿嘉五年三月与永始元年三月,改元当在二月。

汉简有元延五年四月与绥和元年六月,改元当在四、五月。

汉简有建平元年正月,改元之诏应下于上年。

汉简有建平五年十二月,改元元寿当在十二月或闰十二月。

汉简有始建国六年二月,湿仓斛铭有始建国天凤元年三月,改元当在正、二月。

此外尚有一特殊之例,即本始五年改元地节,史无明文而居延汉简不但有本始五年十二月,更有本始六年正月,敦煌汉简则有本始六年三月。改元地节,至迟应在本始五年十二月,则次年正、二月间诏书应已到边郡,乃迟至三月仍称本始六年,直至六月始称地节二年,当别有原故。

由于一年之中有新旧两年号,故汉简 3·14(甲 9)曰"乃五凤……五年正月中……至甘露元年六月中",是年四、五月改元,故年初仍称五凤。东汉碑刻中亦有此例,如《孔庙置守庙百石孔和碑》记"元嘉三年三月二十七日壬寅",又记"永兴元年六月甲辰朔十八日辛酉",史记改元于五月丙申。但亦有不并举新旧年号而用旧元者,如汉简 46·17(甲 2445)曰"建昭六年正月尽十二月"者尽竟宁元年十二月。

完整的汉简,在年月日以前必冠以年号,而不单称"元年"、"二年"。此汉简年历表所排列于武帝征和四年以后之两年,有瓦因托尼简,其月朔合于史书上武帝"后元"元年、二年,故知瓦因托尼汉简上的"二年"、"三年"指"后元"二年及三年(即始元元年)。是武帝最后二年改元而并未立年号,犹文帝、景帝之前几年、后几年,而史家称之为前元、后元[1]。《汉书·地理志》(敦煌郡下)、《诸侯年表》(济北王宽下)和《霍光传》称"后元年";《昭纪》始元四年"赦天下,辞讼在后二年前皆勿听治",注引"孟康曰武帝后二年",是当时诏书称"后二年"而不以"后元"为年号。又《汉书·武纪》"后元元年"和《昭纪》(前段)、《丙吉传》、《霍光传》称"后元二年"皆后来史家追记,非当时见行的年号[2]。

四、汉简历谱

居延、敦煌与酒泉简,有若干历谱,多系残者,完整的极少。其可推定的有本始二年(前 72 年,博),本始四年(前 70 年,A14),元康三年(前 63 年,敦),神爵元年(前 61 年,

---

1) 参阅劳干"汉武后元不立年号考",《集刊》十本。

2) 武威出土"王杖十简"系西汉简而称"本二年",详《武威汉简》考释。

破、地),神爵三年(前 59 年,敦),五凤元年(前 57 年,敦),永光五年(前 39 年,敦),鸿嘉四年(前 17 年,敦),永始四年(前 13 年;敦),建平二年(前 5 年,大),居摄元年(公元 6 年,A21),居摄三年(公元 8 年,A6),永元六年(公元 94 年,敦),永元十七年(公元 105 年,金),永兴元年(公元 153 年,敦),共十五年。其中元康三、神爵三、五凤元、永光五、永元六和永兴元共六年历谱系沙畹所考定,罗振玉在《流沙坠简考释》术数类采用其说而有所考释;鸿嘉四年、永始四年历谱,马伯乐有考释。其它各年,俱系我所考定。

这些历谱的形制与内容皆不尽相同。就其形制言,至少有以下诸式。

(一)编册横读式 一年历谱用三十简组成,一简为一日。每简自上至下分为十三横阑,第一阑为日数,即自一日至三十日,直书。第二至第十三阑为正月至十二月干支,横书,字小于日数,自右至左。干支下记八节等事项,直书,字大于干支。此数编册,一般长 23 厘米,约汉一尺,如敦煌出土神爵三年历谱,长宽 23×0.9 厘米,两编纶,绳编所过处有契口;长者如敦煌出土元康三年历谱,长宽 36×1.0 厘米,约汉一尺半,当用三编纶。神爵三年历谱,闰月书于简背上端;金关出土永元十七年历谱(37·40,长 25.3,宽 0.6 厘米),闰月与其它十二月并列于一面,故除日数外为十三阑干支。

本始四年、建平二年、居摄三年、永兴元年等历谱,都属于此式。其它尚有若干未能确定年数的零简,亦属此式。

(二)编册直读式 一年历谱用十二简组成,每简为一月(闰月当多出一简)。每简上端为月名,下列廿九或三十日干支,如敦煌出土五凤元年历谱之一,正面上端"八月丁亥小"下列十七日干支,背上端"八月"二字下列十二日干支。(沙书无图,当为长一尺之窄简。)居延 A21 出土居摄元年历谱之一(260·11),上端"六月"二字下列廿九日干支,应为八横阑,阑四日,今存六阑廿四日干支,残长 17.1,宽 1.2 厘米。

(三)穿系横读式 一年历谱用十二简组成,每简为一月(闰月当多出一简),如同上式。但此式诸简横列直书,自右端写至左端,左端留有空白而有穿孔,如地湾出土神爵元年历谱之一 179·10(甲 1017),长宽为 23.1×1.7 厘米。此简共三十二行,排列无间,无编纶的余地。博罗松治出土本始二年历谱之一(457·19),亦同此式(残长 8.4,宽 2.3 厘米),惟仅存右端十七行,左端残失。

(四)单板直读式 一年历谱简略的书于一个直板之内,如敦煌出土永光五年历谱,长宽 23.1×3.1 厘米。正面为正月至八月,反面为九月至十二月,仅记朔日、月大小、八节、伏腊。敦煌出土永始四年历谱,形制(长宽 24×3.3 厘米)内容与之相仿而稍异,且有残泐。

(五)数板直读式 敦煌出土永元六年历谱,长 17.7 厘米,宽残存 2.2 厘米,正面记七月、十二月建除神杀,背面记闰月建除神杀。此似六板而组成一年历谱。

历谱除记月朔大小以外,兼附记八节、伏腊和建除日忌等事。兹分别述之。

永光五年历谱虽仅一板,但其所记八节、伏腊俱全。二十四气中二至、二分、四立谓之八节,其名见于《汉书·律历志》统术篇中。据此历谱,可知春分、立夏、夏至、立秋、秋分、立冬、冬至、立春各相隔45—46日。二十四气惟此八节见于汉简(本始二年、元康三年、神爵元年、神爵三年、永始四年)历谱,余皆未见。本始二年、永光五年、永始四年冬至,与张其翮《两汉朔闰表》所推相符合。元康三年十一月甲辰冬至,简在甲辰下残阙;神爵三年十一月二十九日乙丑冬至,简误作"九日乙巳",此年历谱其它节气,以太初术推之均合。汉简所记八节,除少数误写外,用太初术以平气(即恒气)推之,都相符合。张表所推冬至,与汪表合,故采用之附于表末。清代谭沄所作《古今冬至表》系用清时宪历书以定气上推,故与汉简不合,而陈垣《中西回史日历》采用谭表,是其失误。

汉人重伏腊二祀,故于历谱中记其干支。永光五年历谱有初、中、后三伏,永始四年历谱有初伏。《史记·秦本纪》德公"二年初伏",集解引"孟康曰六月伏日初也,周时无,至此乃有之"。正义曰"六月三伏之节,起秦德公为之,故云初伏。伏者隐匿避盛暑也。《历忌释》云伏者何,以金气伏藏之日也。四时代谢,皆以相生,立春木代水,水生木;立夏火代木,木生火;立冬水代金,金生水;立秋以金代火,故至庚日必伏,庚者金,故曰伏也。"(《太平御览》三十一同)。《汉书·郊祀志》"秦德公立……作伏祠",师古曰"伏者谓阴气将起,迫于残阳而未得升,故为臧伏,因名伏日也。立秋之后以金代火,金畏于火,故至庚日必伏,庚,金也"。《后汉书·和帝纪》永元六年"六月己酉,令初伏闭尽日",注引《汉官旧仪》曰"伏日万鬼行,故尽日闭不干它事"。是年六月丁亥朔,初伏在第三庚庚戌,其前一日己酉下诏令闭。《汉书·韦玄成传》注引"如淳曰月祭朔望加腊月二十五。晋灼曰《汉仪注》宗庙一岁十二祠……六月、七月三伏……十二月腊。"《汉书·东方朔传》曰"伏日诏赐从官肉"。

所谓三伏者,《阴阳书》曰"从夏至后第三庚为初伏,第四庚为中伏,立秋后初庚为后伏,谓之三伏。曹植谓之三旬也"。(《白帖》四,《初学记》四,《太平御览》三十一所引略同。)此与汉简历谱稍有不同,比较如下:

〔永光五年历谱〕	〔永始四年历谱〕	〔阴阳书〕
五月四日丁未夏至	五月二十二日甲子夏至	
六月八日庚辰初伏	六月十九日庚寅初伏	
(夏至后第四庚)	(夏至后第三庚)	夏至后第三庚初伏
六月十八日庚寅中伏	〔六月二十九日庚子中伏〕	
(夏至后第五庚)	(夏至后第四庚)	夏至后第四庚中伏
六月二十一日癸巳立秋	〔七月九日庚戌立秋〕	
七月八日庚戌后伏	七月二十九日庚午后伏	
(立秋后第二庚)	(立秋后第二庚)	立秋后初庚后伏

可知元帝时永光与成帝时永始的历谱对于三伏的安置亦有所不同,惟后伏皆在立秋

后第二庚。它们和《阴阳书》也不同，但永始四年历谱和《阴阳书》的初、中伏皆在夏至后第三、四庚。初伏与中伏相隔皆为十日，而中伏与后伏的间隔，则永光为二十日，永始为三十日。永光和永始皆是太初历施行时期，三伏的安置先后已有所异，疑《阴阳书》或系西汉以后之制。

永光五年历谱"十二月庚午朔大，十七日丙戌□，廿七日立春，己亥晦"。丙戌下一字应是腊，诸家所未释。是月庚午朔，五日甲戌，十七日丙戌，其十一月十日庚戌冬至，二十二日壬戌，故十二月丙戌是冬至后第三戌。《说文》曰"腊，冬至后三戌腊祭百神"，(《玉篇》同，惟戌下多一为字。)《汉书·武纪》太初二年师古曰"腊者冬至后腊祭百神也"。《汉旧仪》曰"腊者报诸鬼神古圣贤著功于民者皆享之"(《白帖》四，《太平御览》三十一)。《独断》曰"赤帝以戌腊午祖"。《风俗通义》卷八曰"汉家火行，火衰于戌，故曰腊也"。又曰"太史邓平说，腊者所以迎刑送德也，大寒至，常恐阴胜，故以戌日腊。戌者温气也"。《汉书·元后传》曰"莽更汉家黑貂，着黄貂，又改正朔伏腊日，太后令其官属黑貂，至汉家正腊日"。《初学记》卷四曰"魏台访议曰：王者各以其行，盛日为祖，衰日为腊。汉火德，火衰于戌，故以戌日为腊"。《续汉书·礼仪志》"季冬之月，早回岁终，阴阳以交，劳农以大享腊"，注引"高堂隆曰：帝王各以其行之盛而祖，以其终而腊。火生于寅，盛于午，终于戌，故火家以午祖，以戌腊"。《续汉书·仪礼志》注引《汉官名秩》曰"大将军三公腊赐钱各三十万，牛肉二百斤，粳米二百斛……"。(《后汉书·何敞传》引作《汉官仪》。)沈钦韩曰"宋祝穆《事文类聚》国朝独用汉腊，盖冬至后第三戌大墓日也，是为腊。古法遇闰岁即以第四戌为腊，不可在十一月也"。《独断》下曰"腊者岁终大祭，纵吏民宴迎，非迎气，故但送不迎"。《左传》僖公五年曰"虞不腊矣"，杜注云"腊，岁终祭众神之名"。

据《左传》文，则腊祭乃周制。秦人受之，《史记·秦本纪》惠文君"十二年初腊"，正义云"秦惠文王始效中国为之，故云初腊"。《风俗通义》卷八曰"《礼传》夏曰嘉平，殷曰清祀，周曰蜡，汉改曰腊"。《独断》同，作"汉曰腊"，《广雅·释天》则作"夏曰清祀，殷曰嘉平，周曰大蜡，秦曰腊"。《史记》记秦初伏、初腊，伏腊应为周代已有之制，"初"者谓秦国初行，并不是中国初行此制。

永光五年历谱简背第一行下半有"□高五尺"，应衔接于正面末行"八日己卯秋分"。沙氏遗释此行，罗氏有之。

本始四年、永康三年、永元六年历谱中有建除。《史记·日者列传》褚少孙所记占家有五行家、堪舆家、建除家、丛辰家、历家、天人家、太乙家等七家，建除是其一。《淮南子·天文篇》曰"寅为建、卯为除、辰为满、巳为平、主生，午为定、未为执、土陷，申为破、土衡，酉为危、主杓，戌为成、主少德，亥为收、主大德，子为开、主太岁，丑为闭、主太阴"。《论衡·偶会篇》曰"正月建寅，斗魁破申"，又《难岁篇》曰"正月建于寅，破于申"。《协纪辨方》引《历书》曰"历家以建、除、满、平、定、执、破、危、成、收、开、闭凡十二日，周而复始，观所值以定吉凶。每月交节，则叠两值日。其法从月建上起建，与斗杓所相应，如正月建寅，则寅日起建,顺行十二辰是也"。据元康三年历谱,则正月至十二月之"建"分别为寅、卯、辰、[巳]、[午]、未、申、酉、戌、亥、子、丑。

本始四年及永元六年历谱又有反支。《后汉书·王符传》曰"公车以反支日不受章奏",李贤注云"凡反支日用月朔为正。戌、亥朔一日反支,申、酉朔二日反支,午、未朔三日反支,辰、巳朔四日反支,寅、卯朔五日反支,子、丑朔六日反支。见《阴阳书》也"。由注所引《阴阳书》之例,可知反支者由月朔之地支而定何日为反。注所引不全,为补足如下:

戌、亥	申、酉	午、未	辰、巳	寅、卯	子、丑
一	二	三	四	五	六
七	八	九	十	十一	十二
十三	十四	十五	十六	十七	十八
十九	廿	廿一	廿二	廿三	廿四
廿五	廿六	廿七	廿八	廿九	三十

本始四年历谱六月癸酉朔,"二日甲戌,反支",八月壬申朔"二日癸酉建,反支";永元六年历谱七月丙辰朔"二十八日闭,反支",十二月癸丑朔"十八日庚午定,□,反支",均与此表相合。汉俗忌反支日,《汉书·游侠列传》曰"竦为贼兵所杀",注引"李奇曰:竦知有贼当去,会反支日不去,因为贼所杀,桓谭曰为通人之蔽也"。《礼记·王制》正义云"俗禁者若前汉张竦行避反支"。《颜氏家训·杂艺篇》曰"世传术书,皆出流俗,言辞鄙浅,验少妄多。如反支不行,竟以遇害;归忌寄宿,不免凶终"。王符《潜夫论·爱日篇》曰"孝明皇帝尝问今旦何得无上书?左右对曰反支。故帝曰民既废农远来诣阙,而复使避反支,是则又夺其日而冤之也。乃敕公车受章无避反支"。(《后汉书》本传所引略同。)

永元六年历谱除记建除、反支外,更记血忌及八魁。《论衡·辨祟篇》曰"血忌不杀牲",又《四讳篇》曰"祭祀言触血忌",又《讥日篇》曰"祭祀之历亦有吉凶,假令血忌月杀之日固凶,以杀牲设祭,必有患祸","如以杀牲见血,避血忌月杀,则生人食六畜,亦宜避之"。永元六年历谱闰十一月"十一日甲午破,血忌"。至于何日为血忌,待考。

《后汉书·苏竟传》曰"夫仲夏甲申为八魁,八魁,上帝开塞之将也,主退恶攘逆",李贤注引"《历法》:春三月己巳、丁丑,夏三月甲申、壬辰,秋三月己亥、丁未,冬三月甲寅、壬戌,为八魁"。永元六年历谱"十二月大……二日甲寅除、八魁……十七日己巳平□,八魁"。是年闰十一月,据后汉四分历推冬至在十一月二十九日壬午,立春在十二月十六日戊辰。二日甲寅八魁在立春前,十七日己巳八魁在立春后。此二"八魁"分属冬春两季,与李贤注所引《历法》相合。后世历谱仍有八魁日,《敦煌掇琐》八九"北宋雍熙三年历"序曰"八魁日不开墓……,往亡日不远行及归家掘墓移徙,血忌日不煞生祭神及针炙出血,归忌日不归家及招女呼妇"。又是年正月历谱"八日丁丑水闭,上弦,大小岁对、归忌、血、八魁,塞亢吉"。

李贤《后汉书》注所引有《阴阳书》及《历法》,后者或系前书之一篇。《后汉书·郭躬传》述"桓帝时汝南有陈伯敬者……还触归忌，则寄宿乡亭"，李贤注引《阴阳书历法》曰"归忌日，四孟在丑，四仲在寅，四季在子，其日不可远行、归家及徙也"。汉简未见归忌，《论衡·辨祟篇》曰"涂上之暴尸，未必出以往亡；室中之殡柩，未必还以归忌"。日本钞本《阴阳书》卷三十二有"历式"（《流沙坠简考释》卷一页八引），或即"历法"。

由上所述，两汉历谱的内容可分为二部分：一为朔闰、月大小及八节伏腊，一为有关于日之吉凶、禁忌的建除、反支、血忌、八魁、归忌等事，乃是占家所用。

《流沙坠简考释》卷一术数类对于建除、反支、血忌三事有所考述，兹为补正数事。至于腊日及八魁，罗氏所未考。

一九六三年十二月，北京

第二 汉代纪时

一、时刻

刻漏之制应起于汉以前，《周礼》有挈壶氏和司寤氏，皆司时日。《汉书·百官公卿表》曰"詹事，秦官……属官有率更"，师古曰"掌知漏刻"。《汉旧仪》曰"率更令，秩千石，主庶子舍人更直，亡新更为中更，丞一人，秩四百石"。《太平御览》卷二引《桓谭新论》曰"燥湿寒温辄异度，昼日参以晷景，暮夜参以星宿，则得其正"[1]）。

汉初张苍定章程，其中有漏法，故《续汉书·律历志》永元十四年"太史令舒承梵等对：案官所施漏法《令甲》第六，常符《漏品》孝宣皇帝三年十二月乙酉下"。终两汉之世，漏刻昼夜百刻，《周礼·挈壶氏》郑玄注云"分以日夜者，异昼夜漏也。漏之箭，昼夜共百刻，冬夏之间有长短焉，太史立成法有四十八箭"。贾疏云"此据汉法而言"。《说文》曰"漏以铜受水，刻节，昼夜百刻"。《尧典》疏引"马融云：古制刻漏，昼夜百刻"。《汉旧仪》曰"立夏、立秋昼六十二刻，夏至昼六十五刻"（《初学记》卷二十五），又曰"冬至昼四十一刻（本或作三十五刻），后九日加一刻，立春昼四十六刻，夜五十四刻"（《北堂书钞》仪饰部）。

两汉之世共施用两种漏制，一为官漏，一为夏历漏。官漏即西汉初《令甲》第六所颁用，与宣帝三年所下《漏品》相符合。《后汉书·律历志》曰"永元十四年（102年）待诏太史霍融上言：官漏刻率九日增减一刻，不与天相应，或时差至二刻半，不如夏历密。诏书下太常，令史官与融以仪校天，课度远近。太史令舒承梵等对：……建武十年（34年）二月壬午诏书施行漏刻，以日长短为数，率日南北二度四分而增减一刻，一气俱十五日，日去极各有多少。今官漏率九日移一刻，不随日进退；夏历漏随日南北为长短，密近十官漏，分明可施行。"其年十一月甲寅诏行其制，续志二十四气表所载昼夜漏刻，即此夏历漏。由此可知西汉初至东汉建武初施行官漏，率九日增减一刻；至建武十年虽诏行夏历漏而官漏犹行不

---

1) 《北堂书钞》未改本卷一二〇，《初学记》卷二五所引多"余为郎典刻漏"，"昼日"均误作"昼夜"。

废,至永元十四年乃改用夏历漏,二制并存近七十年。《初学记》卷二十五引《梁漏刻经》云"至冬至,昼漏四十五刻,冬至之后日长,九日加一刻;以至夏至,昼漏六十五刻,夏至之后日短,九日减一刻。或秦之遗法,汉代施用。"此所述是西汉的官漏,可能是秦制之遗。兹将夏历漏与官漏(并类书所引《汉旧仪》漏刻)对照如下:

	官漏		夏历漏		汉旧仪	
	昼	夜	昼	夜	昼	夜
冬至	45	55	45	55	41(或作 35)	
立春	50	50	48.6	51.4	46	54
春分	55	45	55.8	44.2		
立夏	60	40	62.4	37.6	62	38
夏至	65	35	65	35	65	35
立秋	60	40	62.3	37.7	62	38
秋分	55	45	55.2	44.8		
立冬	50	50	48.2	51.8		

以上官漏与夏历漏的立夏漏刻相差 2.4 刻,故志曰"或时差二刻半"。又志所载二十四气表,记"冬至黄道去极 115 度","夏至黄道去极 67 度强",二者相差 48 度,以 2.4 度差一刻计算,冬至、夏至之间差二十刻,可知续志所载漏刻是夏历漏,系以"二度四分而增减一刻",非是官漏的"率九日移一刻"。

《初学记》所引《汉旧仪》"立夏、立秋昼六十二刻",与续志作 62.4 与 62.3 度者仅差三、四分,则《汉旧仪》应是夏历漏。但《北堂书钞》所引《汉旧仪》,其立春昼漏既不同于官漏及夏历漏,而又有冬至"后九日加一刻"则是官漏制;其所引可疑,甚不足据。

自官漏改为夏历漏,史官称其密近。王充《论衡》作于章和二年(88 年),正是两种漏制并行的时期,其《说日篇》曰"儒者或曰日月有九道[1],故曰日行有近远、昼夜有长短也。夫复五月之时,昼十一分、夜五分,六月昼十分、夜六分,从六月往至十一月,月减一分。此则日行月从一分道也,岁日行天十六道也,岂徒九道"。依此说,则十二个月昼、夜长短的比率应如下表:

---

1) 九道当指《天文志》"月有九行"之黑、赤、白、青等道,《汉书·李寻传》曰"闻者月数以春夏与日同道。"钱宝琮先生说:"按《周髀》卷上曰'凡为日月运行之圆周,七衡周而六间,以当六月节'。当时天文家还不知日行黄道、月行白道,它们并不同道。《周髀》七衡是指从冬至到夏至六个中气的'日道';王充所引儒者说'日行有远近,昼夜有长短'也是指日行在不同日道上昼夜长短有不同的比。昼夜长短的比从 5:11 到 11:5 凡七月七个不同的比,以此推之,从十一月到五月应有七个日道,'日月有九道'疑系'日月有七道'的讹文。《天文志》说'月有九行'或月行九道,是另一回事,与此无涉。夏至昼夜长短比 11:5 化为百分比为 68.75:31.25,这与官漏 65:35 比较相近;冬至昼夜长短比 5:11 化为百分比为 31.25:68.75,则与官漏 45:55 相差甚大,王充所引儒者说春秋分昼夜等长,显然不合实际。"

〔月〕	十一月	十二月	一月	二月	三月	四月	五月	六月	七月	八月	九月	十月	十一月
〔昼〕	5	6	7	8	9	10	11	10	9	8	7	6	5
〔夜〕	11	10	9	8	7	6	5	6	7	8	9	10	11

如此则含有冬至的十一月昼夜比率是5:11,昼最短而夜最长;含有夏至的五月昼夜比率是11:5,昼最长而夜最短。它们和官漏冬至、夏至的昼夜比率之作45:55与65:35,和夏历漏复至昼夜比率之作65:35者,皆有差异。王充的昼夜十六分比法,可能是当时民间的简易比法;但较之用十二干支分配昼夜比率的十二分比法,似又进一步。《周髀算经》曰"冬至昼极短,日出辰而入申,阳照三,不复九,东西相当正南方。夏至昼极长,日出寅而入戌,阳照九,不复三,东西相当正北方。"《桓谭新论》曰"春秋昼夜欲平,旦日出于卯,正东方;暮日入于酉,正西方。"张衡《浑天仪》谓春秋分"出卯入酉"。据此可表如下:

冬至	春分	夏至	秋分
日出辰入申	日出卯入酉	日出寅入戌	日出卯入酉
阳照三,不复九	阳照六,不复六	阳照九,不复三	阳照六,不复六

如此则冬至、夏至的昼夜比率是 3:9 与 9:3,而春秋分的昼夜比率是 5:5。凡此比法,只是概略的说明四季十二月昼夜长短,它们与史官的漏制既无关系,也不能据此以为当时分一日为十六时或十二时。王充的十六分是指日行月从的十六分道或十六道,而他在《调时篇》说"一日之中,分为十二时"才指时间。

汉代所记漏刻者有以下诸例:

夜漏上水十刻　506·5(甲 1993)(大)(刘复作十刻,劳干作七刻)

夜漏未尽一刻　《汉书·昌邑王传》

夜漏下十刻　《汉书·东方朔传》

成帝建始元年八月戊午晨,漏未尽三刻有两月重见　《汉书·五行志》

今夜漏上五刻　《汉书·赵皇后传》

立春之日夜漏未尽五刻　夜漏未尽七刻初纳　夜漏未尽八刻初纳　立秋之日夜漏
　未尽五刻　夜漏,群臣入　夜漏二十刻　《续汉书·礼仪志》

夜漏不尽五刻,击五鼓,三刻击三鼓　《汉旧仪》(《初学记》卷二十五)

还言漏上十四刻行临到　《汉书·王尊传》

昼漏上十刻而崩　《汉书·赵皇后传》

成帝河平元年二月甲申,日出赤如血亡光,漏上四刻半,乃颇有光　《五行志》

昼漏上水　昼漏未尽十八刻初纳　昼漏十四刻初纳　昼漏上水初纳　用漏十刻礼

毕　《续汉书·礼仪志》

昼漏不昼八刻,白录所记　《周礼·内小臣》郑注

由上所述,可知漏分为夜漏、昼漏两部分;而夜漏或昼漏又分为两部分,前半称为上水或上[1],后半称为未尽或下。凡上水或上若干刻,是顺数;凡称下若干刻是顺数,称未尽若干刻是逆数。其例如下

夜漏　上水　夜漏上水十刻(汉简)　未尽　夜漏下十刻《东方朔传》

　　　　　　夜漏上五刻《赵皇后传》　　　　夜漏未尽一刻《昌邑王传》

　　　　　　夜漏二十刻《礼仪志》

昼漏　上水　漏上十四刻《王尊传》　　未尽　昼漏未尽十八刻《礼仪志》

它们从来不与"时称"连合,如称夜食若干刻者。它们和汉简上所见的"时分"(即某时几分)应是两种系统。

二、时辰

汉代有无以子丑寅卯为十二时之制,清代学者有异说。顾炎武《日知录》卷二十"古无一日分为十二时",以为汉代除历书称"加时"外,"若纪事之文无用此者。《南齐书·天文志》始有子时、丑时、亥时,《北齐书·南阳王绰传》有景时,午时,景时者丙时也"。因说"自汉以下,历法渐密,于是以一日为十二时"。赵翼《陔馀丛考》卷三十四"一日十二时始于汉",说"盖历家记载已用十二支,而民俗犹以夜半、鸡鸣等为候也"。二氏所述,皆有可商。

夜半、鸡鸣等"时称",见于汉简及《汉书》,乃官文书,非仅民俗所用。用十二支以记时,远在南齐、北齐之前:蒲昌海出土晋简(《流沙坠简》簿书类第二十九简)已有卯时、申时,《庄子·盗跖篇》释文引"《字林》曰:餔,日申时食也",可以为证。斯坦因在玉门一带地面上检获一简曰"十月一日未时"(马氏166,T.001),然未载出土地点,但此一带出土多东汉简而无晋简,应为东汉晚期物。

汉代关于"加时"及以十二支为时名的,最早见于元、成时记述中,约有以下各事。

1.《汉书·翼奉传》曰"乃正月癸未,日加申,有暴风从西南来",是初元元年事。传又曰"今白鹤馆以四月乙未,时加于卯,月宿亢灾,与前地震同法",是初元三年事。《汉书·五行志》曰"(成帝)建始三年十二月戊申朔,日有食之,……。杜钦对亦曰:日以戊申食,时加未"。志又曰"哀帝建平二年四月乙亥朔……。李寻对曰:今以四月日加辰,已有异,是为中焉"。

2.《史记·历书》的"历术甲子篇"起太初元年至建始四年,当是成帝时褚少孙之辈所附加。其结尾曰"正北冬至加子时,正西加酉时,正南加午时,正东加卯时"。此即《周髀算经》所说"冬至夜半时,北游所极;冬至日加酉之时,西游所极;日加卯之时,东游所极"。由

---

1)　可参阅《续汉书·律历志》所述"推诸上水漏刻"。

此可证冬至加子时即冬至夜半时。

3. 《周髀算经》之成书，据钱宝琮《中国算学史》[1]考证，"大约在刘向《七略》以后，王充《论衡》以前，或为公历纪元左右之书也"[2]。刘朝阳《周髀算经之年代》则以为是始建国元年至章和元年（9—87年）间所作。钱说略早而刘说稍晚。该经曰"又到旦明，日加卯之时"。又曰"冬至昼极短，日出辰而入申，阳照三，不复九，东西相当正南方。夏至昼极长，日出寅而入戌，阳照九，不复三，东西相当正北方。日出左而入右，南北行。故冬至从坎阳，在子，日出巽而入坤，见日光少，故曰寒。夏至从离阴，在午，日出艮而入乾，见日光多，故曰暑"。《桓谭新论》曰"春秋昼夜欲平，旦日出于卯，正东方；暮日入于酉，正西方"（《晋书·天文志》引）。《论衡·说日篇》曰"今案察五月之时，日出于寅入于戌"。张衡《浑天仪》谓冬至"日出辰，日入申"，夏至"日出寅，日入戌"，春秋分"出卯入酉，日昼行地上，夜行地下"（《全后汉文》卷五十五）。凡此论四时日之出入，皆用十二支辨其方位，而《周髀算经》兼以卦位（参下论汉式）。

4. 《汉书·律历志》引刘歆《三统历》曰"故三五相包而生天统之正，始施于子半，日萌色赤。地统受之于丑初，日肇化而黄，至丑半，日牙化而白。人统受之于寅初，日孳成而黑，至寅半，日生成而青。天施复于子，地化自丑，毕于辰"。注引"臣瓒曰：谓分十二辰各有上中下，言半谓在中也，又受之于寅初，此谓上也"。丑初，丑半乃一辰分为前后二半，恐非三分。

5. 《汉书·王莽传》下曰"天文郎按栻于前，日时加某，莽旋席随斗柄而坐"。

6. 《续汉书·五行志》曰"光武建武七年四月丙寅，日有晕抱"，注引"《古今注》曰：时日加卯……，加己皆解也。……建初七年四月丙寅，日加卯，四面有抱"。志又曰"明帝永平三年八月壬申晦，日有蚀之"，注引"《古今注》曰：四年八月丙寅，时加未，日有蚀之"。

7. 许慎《说文解字》曰"餔，日加申时食也"。赵晔《吴越春秋》曰"今日甲子，时加于己"，又曰"时加日出"、"时加鸡鸣"、"时加日昳"、"时加禺中"。

以上所述"日加某""时加某""日加某之时""日时加某""时日加某"以及某（支），是所谓"加时"。《论衡·诘术篇》曰"五行之家，数日亦当以甲乙。甲乙有支干，支干有加时。支干、加时，专比者吉，相贼者凶。……且甲与子专比，昧爽时加寅，寅与甲乙不相贼。"可知十二支加时不但为历家所用，也是五行家所用。《汉书·翼奉传》曰"好律历阴阳之占"，《李寻传》曰"寻独好洪范灾异，又学天文、月令、阴阳"，《五行志》谓谷永以京房《易》占对日食。由此可知"加时"乃汉代历家、天文家、五行家（皆为占家）所用。

---

[1] 前中研院史语所单刊六种之六，1932年。又参钱宝琮主编《中国数学史》，科学出版社，1964年。

[2] 近承钱宝琮先生见示："我于三十年前怀疑它的著作年代是在刘向《七略》之后，但理由不够充分。最近在《中国数学史》稿里说它的著作年代在公元前百年前后，也不能肯定。今由你指出，以八卦表示方位是受到宣帝时新出现的《说卦》的影响，《周髀》有冬至日出巽而入坤、夏至日出艮而入乾之语，它的著作年代不能早于昭帝初年。"

三、时分

汉以前一日分时之制，记载不详[1]。《左传》宣公十二年记有鸡鸣、日中、日入；昭公五年卜楚丘曰"日之数十，故有十时，亦当十位，自王已下，其二为公，其三为卿。日上其中，食日为二，旦日为三"。晋代杜预所注，以为相应于十等人的十时是日中、食时、平旦、鸡鸣、夜半、人定、黄昏、日入、晡时、日昳，另外"隅中、日出不在第"。此以后代十二时来解释古制，恐未必尽合于《左传》原意。

《淮南子·天文篇》记述太阳行程，列举一日十五个"时称"为晨明、朏明、旦明、蚤食、晏食、隅中、正中、小迁[2]、餔时、大迁、大春、下春、县车、黄昏、定昏，其定昏以后、晨明以前如夜半、鸡鸣等属于夜间，不在叙述之例。因此不能以为《淮南子》分一昼夜为十五等。然它所提出的各历程的旦明、蚤食、餔时、黄昏等名，与汉代所用的"时称"及次第有很多是相同的。

西汉的"时称"，在《史记》中已有记录：

《项羽本纪》　日中，大破汉军。

《吕后本纪》　八月庚申旦，平阳侯窋行御史大夫事，见相国产计事……。日餔时，遂击产，……杀之郎中府吏厕中。

《彭越传》　旦日日出，十余人后，后至者至日中。

《景帝纪》　后元年……五月丙戌地动，其蚤食时复动。

《天官书》　出西方，昏而出阴，阴兵疆；暮食出，小弱；夜半出，中弱；鸡鸣出，大弱。是谓阴陷于阳。其在东方，乘明而出阳，阳兵之疆；鸡鸣出，小弱；夜半出，中弱；昏出，大弱。是谓阳陷于阴。

《天官书》　旦至食为麦，食至日昳为稷，昳至餔为黍，餔至下餔为菽，下餔至日入为麻。（此段亦见《汉书·律历志》，惟昳作跌，餔作晡。）

它们的次第大约是：夜半—鸡鸣—乘明—旦—日出—蚤食时—食时—日中—日昳—
日晡时—下餔—日入—昏—暮食

这是不完全的。

《汉书》对于时称，也有一些零星的记录：

《李寻传》　"本起于晨，相连至昏，其日出后至日中，间差瘉。"

《东方朔传》　"微行以夜漏下十刻乃出，常称平阳侯。旦明入山下驰射鹿豕狐兔。"

《广陵王胥传》　"至鸡鸣时罢。"

《昌邑王传》　"夜漏未尽一刻，以火发书；其日中，贺发；晡时至定陶。"

---

1) 参阅前著《殷虚卜辞综述》第七章第三节"一日内的时间分段"。

2) 大小迁，今本作大小还。王念孙《读书杂志》据《北堂书钞》、《艺文类聚》、《初学记》及《太平御览》作迁，以为应作大小迁。

《淮南王安传》"使为离骚传,且受诏,日食时上。"

《王莽传》"以鸡鸣为时。"

《五行志》"元光元年七月癸未……刘向以为……日中时食从东北,过半,铺时复"。"征和四年八月辛酉晦……铺时食,从西北,日下铺时复"。"河平元年四月己亥晦……刘向对曰:日蚤食时,从西南起"。"元帝永光元年四月……正中时有景亡光"。"成帝河平元年二月甲申,日出赤如血亡光,漏上四刻半,乃颇有光,烛地赤黄,食后乃复"。"成帝永始二年二月癸未,夜过中,星陨如雨……至鸡鸣止"。

《天文志》"元平元年正月庚子,日出时有黑云……。""元延元年四月丁酉,日晡时天暒晏……至昏止。""建平元年正月丁未,日出时有著天白气……。"

其次第大约是:夜过半—鸡鸣时—晨—旦、旦明—日出时—日蚤食时—日食时—日中时、正中时—日铺时—日下铺时—昏

这也是不完全的。这类时分和《淮南子》、《天官书》属于同一系统。

汉简[1]所见时分,约如以下所述:

夜半　　夜半　　203·2(破);130·8(查,永元元年)

　　　　夜过半时　　523·24,506·5(甲1993,建平五年)(大)

夜大半　夜大半　　317·27(甲1691),104·44(破)

　　　　夜大半三分　　49·22+185·3(甲352)(破)

　　　　夜大半五分　　305·15(布)

　　　　夜半尽时　　503·1(甲1920)(大)

鸡鸣　　鸡前鸣时　　503·1(甲1920)(大)

　　　　鸡中鸣　　305·15(布)

　　　　鸡后鸣五分　　193·2(甲1112)(破)

　　　　鸡鸣五分　　104·44(破)

　　　　鸡鸣时　　161·2,157·14(甲916)(破)

晨时　　晨时　　罗布18,马氏47(敦煌T22e)

　　　　大晨一分尽时　　沙氏568(敦煌T27,建武十一年)

　　　　晨　　25·13(A21)

平旦　　旦　　罗布18,19,20

　　　　正旦　　178·27(破)

　　　　平旦　　84·12,143·12(破);马氏55(敦煌T23c)

---

1) 本篇所用汉简资料及出土地代号等,参阅前著《汉简考述》(《考古学报》1963年1期)和《汉简所见居延边塞与防御组织》(同上,1964年1期)。本篇所称酒泉汉简,参阅《玉门关与玉门县》(《考古》1965年9期)。

汉简缀述

　　　平旦时　552·3＋4(查,永元十六年)

　　　平旦一分　49·22＋185·3(甲352)(破)

　　　日旦七分[1]　马氏115(酒泉T43 k)

　　　平旦入　70·5,89·5(甲506),89·11(甲508),1782·6,254·2(甲1298),254·8,254·9(破);458·2(博);15·25(金)

日出　日出　28·1(甲211)(破);502·1(甲1910)(大)

　　　日出时　沙氏623(敦煌T28);罗布20;马氏143(酒泉T44b)

　　　日出五分　170·4(布)

　　　日出七分　317·1(甲1671)(破)

　　　日出二干时　沙氏85(敦煌T6)

　　　日出一□[2]　沙氏507(敦煌T15a)

　　　日出入　59·36(破)

蚤食　蚤食　56·41,188·3＋224·23(破)

　　　蚤食时　278·7(瓦);128·2(查,永元十年)

　　　日蚤食时　505·2(甲1951)(大);沙氏535(敦煌T15a,永平十年)

　　　蚤食尽　170·4(布)

　　　蚤食一分[3]　317·27(甲1691)(破)

　　　蚤食五分　229·3(破)

　　　蚤食入　26·12(甲194),46·6(甲337),52·57(甲363),113·27,133·16(甲769),161·7(甲958),203·1,203·18,203·24,203·40,244·4＋6(甲1291),254·15(甲1307),257·31,258·21,276·14,525·5(甲2297)(破)

食时　食时　56·37,84·12(破);455·8(博);沙氏414(敦煌T18,甘露二年),635(敦煌T28);罗布18,20

　　　食　104·44(破)

　　　日食时　85·26(破);甲附14;沙氏367(敦煌T14,始建国元年);马氏47(敦煌T22e)

　　　日食时二分　505·2(甲1951)(大)

　　　日食尘五分　506·6(甲1992)(大)

　　　食时入　203·38,264·10(破);247·27(地)

　　　食尘入　133·15(甲765),222·8,231·49,486·3(破)

东中　日东中六分　506·6(甲1992)(大)

---

1)　马氏未释,照片不清晰,七分二字暂释如此。

2)　沙氏释"入玉门□日上一□",上应是出,一□应是一分或一干。

3)　劳氏释作八分。

日东中时　甲附 14

日中　日中时　143·12,484·8(破);沙氏 316(敦煌 T14),614(敦煌 T28,永平十八年);马
　　　　　氏 47(敦煌 T22e)

　　　日中时分　251·3(查,永元十一年)

　　　中五分　270·2(破)

　　　中昼　427·2(博);沙氏 233(敦煌 T6c)

　　　日中入　398·5(博);110·7(甲 620),203·17(破)

西中　日失中时　132·27(破)

　　　日失　56·41(破)

　　　日过中时　523·24(大)

　　　日西中时　126·40+536·4(甲 719),332·5(甲 1705)(地)

　　　日西中二分　495·3(甲 1918)(大)

餔时　餔时　427·2(博);沙氏 471(敦煌 T15a)

　　　日餔时　288·30(金);437·15+16(博);马氏 88(酒泉 T43a)

　　　餔时入　336·8(地);52·50(甲 373),115·2(甲 648)(破)

　　　餔尘入　160·7(甲 2430)(破)

下餔　下餔　3·22+23,56·37,203·2,229·3(破);503·5(甲 1923)(大)

　　　下餔时　506·16(甲 1999),506·17(甲 2007)(大);30·7(甲 228)(破)

　　　日下餔时　290·15(A21);沙氏 275(敦煌 T22b);罗布 18

　　　下餔二分　178·20(甲 1008)(破)

　　　下餔四分　132·27(破)

　　　下餔五分　28·1(甲 211)(破)

　　　下餔七分　157·14(甲 916)(破)

　　　下餔八分　56·41(破)

　　　下餔入　203·64, 244·7, 254·6(甲 1299), 254·19(甲 1311), 266·4(甲 1391),
　　　　　312·21(破)

　　　日下餔入　413·8(博)

日入　日入时　502·9+505·22(甲 1914),505·6(甲 1955),495·19(甲 1867)(大);
　　　　　349·2(甲 1770)(地);163·19(布)

　　　日入三分　161·6(甲 963)(破)

　　　日入入　482·20(破)

昏时　昏时　157·16(甲 912), 495·13+28 (甲 1874), 495·19 (甲 1867), 506·19(甲
　　　　　2014),505·6(甲 1955)(大);马氏 52(敦煌 T23c)

　　　夜昏时　174·1(甲 944)(破);502·9+505·22(甲 1914)(大);罗布 19

　　　　黄昏时　85·26(破)

　　　　昏时四分时　502·3(甲1912)(大,元康三年)

　　　　莫　503·5(甲1923)(大);沙氏623(敦煌T28)

夜食　夜食　436·1(博);188·21+194·2(甲1081)(破)

　　　　夜食时　495·3(甲1918),506·5(甲1993,建平元年)(大);349·14(甲1777),

　　　　　　332·13(甲1695)(地);沙氏85(敦煌T6)

　　　　夜食七分　173·1(甲944)(破)

　　　　夜食入　482·8(破)

　　　　[夜]食莫时　马氏122(酒泉T43k)

　　　　参餔时　沙氏482(敦煌T15a,始建国元凤元年)

人定　人定时　505·19(甲1963)(大);349·29+536·3(甲1781)(地)

　　　　夜人定时　332·5(甲1705)(地);沙氏87(敦煌T6)

　　　　人定二分　484·8(破)

夜少半　夜少半　270·2(破)

　　　　莫夜未半　沙氏86(敦煌T6)

　　　　夜少半四分　188·32+224·23(破)

以上十八项可分为昼与夜。日入以后的夜昏时、夜食时、夜人定时、夜少半、夜半、夜大半和鸡鸣都是夜间,其它自平旦至日入属于日间,故或冠以日字,如日食时、日中时等。兹将其名称和次第,分项加以说明如下:

　　(一)夜半　《洪范五行传》注云"夜半为中",《春秋》庄公七年"夜半星陨如雨",《经典释文》云"夜中,夜半也";杜注同,又云"夜中者以水漏知之"。汉以三分之一为少半,三分之二为大半。《夏侯阳算经》卷一曰"二分之一为中半,三分之二为太半,三分之一为少半,四分之一为弱半,此漏刻之数也。"(此节是晋代夏侯阳的原作)。"夜半"称为少半、大半,则"夜半"平分为三段:夜少半为第一,夜半(夜中)为第二,夜大半为第三。汉简有"夜少半四分"和"夜大半三分"、"五分",则少半和大半应是两个"时段",或不是一个夜半"时段"的前、后两半。但汉简未见"夜半时若干分",故夜半是否分为三段,尚待考证。汉简与文献上的"夜过半"或在"夜半"范围内。

　　(二)夜大半　汉简的"夜半尽时"或是"夜大半"尽时,或指整个夜半的尽时。

　　(三)鸡鸣　《五行志》曰"夜过中星陨如雨……至鸡鸣止"。据居延汉简(503·1),鸡前鸣时在夜半尽时之后;又据居延汉简(104·44),鸡鸣五分在夜大半之后,故知鸡鸣时接于夜大半之后。据《五行志》鸡鸣在夜过半之后。《周礼·鸡人》"夜嘑旦以叫百官",注云"夜,夜漏未尽,鸡鸣时也,呼旦以警起百官使夙兴"。《百官志》补注引蔡质《汉仪》曰"甲夜毕,传乙夜,相传尽五更。卫士传言五更未明。三刻后鸡鸣……汝南鸡鸣卫士候朱雀门外专传《鸡鸣》(曲)于宫中"。是鸡鸣在五夜(更)之戊夜后三刻,旦明之前。汉简鸡鸣时分前鸣、中鸣、后鸣三级。《史记·历书》曰"鸡三号卒明"，索隐云"三号三鸣也，言夜至鸡三鸣则天晓"。《祭祀志》引《汉官》曰"鸡一鸣时见日始欲出。"《左传》宣公十二年、襄公十四年曰"鸡鸣而驾"，成公十六年曰"鸡鸣而食"，《礼记·文王世子》及《内则》则曰"鸡初鸣"。

（四）晨时　据汉简（罗布18），晨时在旦以前。《左传》武公十六年曰"甲午晦，楚晨压晋军而陈。……旦而战"，是晨在旦前。《周礼·司寤氏》注云"晨，先明也"；《左传》僖公五年疏云"晨谓夜将旦，鸡鸣时也"。《五行志》曰"成帝建始元年八月戊午晨漏未尽三刻有两月重见"，是夜漏尽时前三刻仍是晨时，属于夜将尽之时。《淮南子》旦明以前为晨明与朏明，《说文》曰"晨、早，昧爽也"，（小徐本曰"昧，昧爽，旦明也"。）《论衡·诘术篇》曰"昧爽时加寅"，又《说日篇》曰"日出于寅"，可知晨时与旦明俱在寅时。《郑风》"女曰鸡鸣，士曰昧旦"，昧旦即昧爽，《列子·汤问篇》曰"将旦昧爽之交"。《天官书》之"乘明"或即"晨明"；《素问》第六十五之"大晨"应是"晨时"。敦煌出土简（沙氏568）曰"〔建武十一年〕七月十二日庚辰夜大晨一分尽时"，此或应解作大晨一分、夜尽时。由此简可证大晨一分犹属于夜。

（五）平旦　据汉简（罗布20），旦在日出前；据敦煌汉简（马氏47），日出时在晨时后，则旦当在晨时后，日出前，相当于《淮南子》的朏明。旦、平旦、日旦当是一事。

（六）日出　据汉简（罗布20），日出时在旦后。《五行志》所记"河平元年二月甲申，日出如血无光，漏上四刻半乃颇有光……"，乃指日初出时无光，至尽漏四刻半乃颇有光，当指平旦时，非日出时。所谓日出时应指日已出地平线上。敦煌简之"日出二干时"，干当为竿，此与日出五分、七分，或有分别。《南齐书·天文志》曰"日出高三竿"，今人则以"日上三竿"为晏起之称。日出、日入、日中，先秦已有。

（七）蚤食　据居延汉简（170·4），蚤食尽在日出五分后；又据居延汉简（505·2），日食时二分在日蚤食时后，则蚤食时与食时应区别为二，相当于《淮南子》和《素问》第六十五的蚤食、晏食。上午之食时分别为蚤食与食，犹下午之食时分别为铺与下铺，至晚间则只有夜食或莫食、参铺食。

（八）食时　食时在蚤食后，详上。据居延汉简（506·6），日食尘在东中前，则食尘或即食时，故铺时亦作铺尘。尘或时之异体，待考。

（九）东中　中午一段时间三分为东中、日中与日西中，和半夜一段时间三分为夜少半、夜半和夜大半，其例相同。据居延汉简（506·6），日东中在日食时后。《淮南子》称东中为隅中，《洪范五行传》注及《吴越春秋》均称禺中；《晋书·戴洋传》亦作禺中。

（十）日中　日中为正午一段时间。殷卜辞称为"中日"[1]，先秦文献称为日中，如《鲁语》曰"日中考政"。《淮南子》称正中，《五行志》称正中时，《李寻传》作日中。汉简"中五分"应指日中时五分。据敦煌汉简（马氏47），日中时在日食时后。

（十一）昳中　日昳即日昃，是日正中后西侧时。《尚书·无逸篇》曰"自朝至于日中

---

1) 参看《殷虚卜辞综述》229页。

昃",孔疏云"《易·丰卦·象》曰日中则昃,谓过中而斜昃也。昃亦名昳,谓蹉跌而下,谓未时也"。《国语·楚语》上曰"《周书》曰文王至于日中昃",韦注云"日昳、日昃"。《周礼·司市》曰"大市日昃而市"注云"日昃,昳中也"。《说文》曰"昃,日在西方时侧也"。《既夕礼》"日侧"注云"昳也,谓将过中之时"。由此可知汉简所谓"日失中时"、"日过中时"、"日西中时",即昳中、日昃,亦即《天官书》之日昳或昳,《淮南子》之小迁(还)。据居延汉简(132·27),日失中时在下餔前,而下餔在餔时后,则昳中、西中介于日中与餔时之间。

(十二)餔时 《公羊春秋经》定公十五年"戊午日下昃乃葬"注云"昃,日西也。……下昃盖餔时"。《文选·神女赋序》注云"晡,日昳时也",应是日下昃时。据《昌邑王传》,餔时在日中之后;《五行志》记征和四年八月日食,餔时在日下餔时前,则餔时与下餔应是二段,如蚤食与食时之例。《天官书》曰"昳至餔为黍,餔至下餔为菽",亦分别三者前后甚明。《洪范五行传》注云"隅中至日昳为日之中,下侧(本或作晡时)至黄昏为日之夕",可证下侧在日昳之后,即餔时。餔时在日昳之后,故《春秋经》称日下昃。

(十三)下餔 餔之后为下餔,犹昃之后为下昃。《说文》曰"餔,日加申时食也",《庄子·盗跖篇》释文引"《字林》曰:餔,日申时食也",唐王冰《素问·标本病传论》注云"下餔谓日下至于餔,申之后五刻也"。《资治通鉴》晋安帝义熙八年"自食时至中餔",胡注云"日加申为餔,中餔、正申时也,申未为下餔"。

(十四)日入 据居延汉简(495·19,505·6),日入时在昏时之前。《文选·新漏刻铭》注引《五经要义》曰"日入后漏三刻为昏,日出前漏三刻为明",《尧典》孔疏云"日出前二刻半为明,日入后二刻半为昏"。此是说一般太阳出入前后为明、昏的界限,与此时称无涉。

(十五)昏时 汉简昏时在日入时后,故亦称夜昏时。古以晨、昏或日出、日入分划昼、夜,晨、昏即所谓晨昏蒙影(Twilight),故昏时又称为黄昏或莫(暮)。《续汉书·祭祀志》引《汉官》所记建武三十二年封禅事,日暮在日入之后,人定之前。

(十六)夜食 据居延汉简(173·1),夜食在夜昏时后。《天官书》谓之暮食,汉简或称"夜食莫时",《素问》第六十五有"晏餔"。王莽时简(沙氏482)有"参餔时",疑即晏餔。

(十七)人定 《淮南子》定昏在黄昏后,定昏应是人定时或夜人定时。《后汉书·耿弇传》曰"自旦攻城,未中而拔之","至期夜半,弇敕诸将皆蓐食,会明至临淄城","自旦至昏,复大破之,……人定时步果引兵去"。《后汉书·来歙传》曰"臣夜人定后,为何人所贼伤"。《周礼·司寤氏》"御晨行者,禁宵行者、夜游者",注云"宵,定昏也"。晨、宵之间为夜半。

(十八)夜少半 详上。

以上十八项,餔时称"时"而未记"分",夜大半、夜少半和东中未称"时"而记"分",夜半则无"时""分"之称,其它十三项则有"时"和"分"的记载。凡记"分"的多为邮书和烽火的记录,所以邮程常记定行或实行几时几分。凡记"平旦入"之类的,大部分出于破城子、小部分出于地湾,所记乃甲渠和肩水候官属吏诣官的时间,最多的记平旦入、蚤食入、食时入(上午)和餔时入、下餔入(下午),少数的记日出入、日中入、日入入和夜食入。凡记夜间的，多属邮驿和烽火记录，那是不分日夜都工作的。

此十八分法，除夜半三分还不能十分确定外，其它的顺序或称名，大致无问题。如此一昼夜平分为十八等分，可暂称之为时段、时分或时。汉简记邮程用时之"时"，即此。夜半和日中是平分日、夜之中，从夜半至日中前为九时，自日中至夜半前为九时。用汉漏刻的长度来说是各为五十刻；用今时钟来说，是各为十二小时。以日出入来分，则日出至日中前为四时，日中后至日入为四时，自日出至日入共九时。用旦、昏来分割昼夜，则自平旦以至昏时为昼，凡十一时，分为三段：《洪范五行传》注曰"平旦至食时为日之朝，禺中至日昳为日之中，下侧至黄昏为日之夕"（此据陈寿祺辑本，《续汉书·五行志》注引《尚书大传》禺中作隅中，下侧作晡时）。朝、夕各四时，中三时，此种分法，先秦已有。《左传》昭公元年曰"君子有四时：朝以听政，昼以访问，夕以修令，夜以安身"，《国语·鲁语》下亦分朝、昼、夕、夜。《淮南子·天文篇》曰"禹以为朝、昼、昏、夜"。昏即夕。《隋书·天文志》曰"昼有朝、有禺、有中、有晡、有夕"，则分昼为五段。夕在夜之前，故《史记·吕后纪》曰"代王即夕入未央宫……。夜有司分部诛灭梁、淮阳、常山王及少帝于邸"。黄昏以后至平旦以前为夜，凡七时。《周礼·鼓人》注引《司马法》曰"昏鼓四通……，夜半三通……，旦明五通……。"是昏至旦明之间为夜，夜半半分。一昼夜为百刻，则一时约为 5.55 刻。但漏刻所分昼漏、夜漏并非平分为各五十刻，乃因四时二十四气增减有长短，冬至昼最短而夏至夜最短，详时刻节。

以上凡记十八时的，多属于自西汉武帝末至东汉建武时期的汉简，但此制到了东汉和帝永元十七年（公元后 105 年）以前，似乎一直存在。额济纳河流域查科尔帖出土的永元诸简有：

　　　　夜半　　130·8，永元元年

　　　　蚤食时　　128·2（甲 1），永元十年

　　　　平旦时　　552·3+4，永元十六年

而在十二时制（详下）中有食时无蚤食，故知至此时仍然以西汉以来的十八时制作为官制。

到王莽时、东汉初在民间或已简化为十二分时。王充《论衡·自纪篇》作于章和二年（88 年），其《诇时篇》曰"一日之中，分为十二时，平旦寅、日出卯也。十二月建寅卯，则十二月时所加寅卯也。日加十二辰不食，月建十二辰独食，岂日加无神、月建独有哉？何故月建独食，日加不食乎？如日加无食，用时决事，非也；如加时有神、独不食，非也"。此王充已明记当时十二时，并举平旦为寅时，日出为卯时，而为历来论十二时者所未引述。王充所述十二时，应如晋代杜预注《左传》所述十二时，兹补足其相应的十二辰如下：

　　　　子夜半　丑鸡鸣　寅平旦　卯日出　辰食时　巳禺中

　　　　午正中　未日昳　申铺时　酉日入　戌昏时　亥人定

此十二时，没有西汉简上所见的夜少半、夜大半、晨时、蚤食、下铺和夜食。

东汉时的时称,有以下的记载:

《续汉书·祭祀志》引应劭《汉官》马第伯《封禅仪记》所记建武三十二年二月封禅泰山事曰"早食上,晡后到天门。……日观者鸡一鸣时见日始欲出……。日入下去行数环,日暮时欲雨,……比至天门下,夜人定矣"。《后汉书》列传所载有昏时(《隗嚣传》),食时(《齐武王传》),鸡鸣、晡时(《皇甫嵩传》),人定时(《耿弇传》、《来歙传》),自旦至食时(《窦武传》)。东汉赵晔所作《吴越春秋》有"时加日出"、"时加鸡鸣"、"时加日昳"、"时加禺中"。

以上所载的时称皆在十八时与十二时之内,而未见西汉时的下餔、夜食等。我们不能因此以为此时已行十二时制,因《汉官》所记及永元十年汉简仍有蚤食时,属于官制。但据王充所述自章和初民间已有十二时之分,应属可能。十八时分之制,无法与十二辰地支相配合,只有到十二时分才有与十二时辰相结合的可能。十二时分疑王莽时所行。初成帝时,齐人甘忠可造天官历,漏刻以百二十为度,以教夏贺良,因刘向之奏下狱(见《李寻传》)。哀帝建平元年六月,采夏贺良之议改用甘制,旋废(见《哀纪》)。王莽称帝,历仍为太初历而改建丑,"以鸡鸣为时","漏刻以百二十为度",应即甘忠可天官历之制。

据西汉制,鸡鸣时在寅初,而王莽时代所改订的制度以丑月为一年之始,以鸡鸣为一日之始,是以鸡鸣为丑时,应是十二时分。此时既采用百二十度漏刻,则分之十二时,一时恰为十刻。

自王充至东汉之末,已有十二辰记时之法,但不见有十二时与十二辰相结合的记录。迟至唐代,在小曲中有"夜半子"、"鸡鸣丑"、"平旦寅"、"日出卯"、"食时辰"、"隅中巳"、"正南午"、"日昳未"、"甫时申"、"日入酉"、"黄昏戌"、"人定亥"(见《敦煌掇琐》三十五),和《论衡》"平旦寅、日出卯"是一个系统的延续。

更迟至五代后晋时,十二时与漏刻相结合,王溥《五代会要》引"晋天福四年(939年)司天监奏《漏刻经》云:昼夜一百刻,分为十二时,每时得八刻三分之一,六十分为一刻,一时有八刻二十分"。唐代官家时制,或仍以漏刻为主,如《唐令》云"宫殿门夜漏尽,击漏鼓讫,开;夜漏上水一刻,击漏鼓讫,闭"。(仁井田升《唐令拾遗》引《日本宫卫令》集解)。

为了考验十八时分序列的正确与否,并比较十八时、十二时与十二时辰相当的关系,我们试列为下表。此表所附今时钟时间,是以子时的后半(子半或子正)为零时。汉代夜半加子时,依《三统历》在子半,则零点以前(23时)为子初。清初改用西法二十四小时制后,将十二时的每一"时"分为"初"、"正",其零点亦在子正(即汉代的子半)。十八时分配十二辰,则三时为二辰。此表甲栏系汉简上所见者,代表西汉之官制;乙栏系由《论衡》所复原者,代表东汉民间之制;丙栏系据唐写本《卜筮书》卷二十三[1],钞于唐初,代表六朝之制。

---

1) 参下第三部分"论式"。

	21—23	19—21	17—19	15—17	13—15	11—13	9—11	7—9	5—7	3—5	1—3	23—1
	亥	戌	酉	申	未	午	巳	辰	卯	寅	丑	子
甲〔西汉简〕	夜人定时	夜食时	昏时 日入	下铺 铺时	西中	日中	东中	食时	蚤食 日出	平旦 晨时	鸡鸣	夜大半 夜半 夜少半
	乙夜	甲夜	夕		中		朝		向明	夜 戊夜	丁夜	丙夜
乙〔论衡〕	人定	昏时	日入	铺时	日映	日中	禺中	食时	日出	平旦	鸡鸣	夜半
丙〔卜筮书〕	人定时	黄昏时	日入时	铺时	未时、日映时	午时	巳时	食时	日出时	平旦时	鸡鸣时	夜半时

根据此表，我们试以以下二事，作一番考定。

（一）据日食记录考定

（1）永光元年七月癸未日食，《五行志》引刘向曰"日中时食，从东北，过半，铺时复"。朱文鑫《两汉日食考》考定合朔在 13 时 38.8 分，朱载堉《古今交食考》推得初亏在午正一刻（12.15）[1]，食甚在未初三刻（13.45），复圆在申初初刻（15.00）。是日中时在午正，铺时在申初，与此表甲栏合。

（2）征和四年八月辛酉日食，《五行志》曰"铺时食，从东北，日下铺时复"。朱文鑫考定合朔在 15 时 31.6 分，朱载堉推得食甚在未正二刻（14.30），复圆在申正初刻（16.00）。是日下铺时在申正初刻，与此表甲栏合。

（3）河平元年四月己亥日食，《五行志》引"刘向云日蚤食时从西北亏起"。朱文鑫考定合朔在 11 时 0.7 分。李天经《交食考》曰"定朔在巳正二刻九分四十四秒（10.39），食甚在巳初三刻四分二十一秒（9.49），应食九分有余，志云不尽如钩，胐与结合。初亏在辰正初刻十一分（8.26），正刘向所谓蚤食时也。上下千百年，而食分时刻一一不爽如此，则此日之推步为何如也"。是蚤食时在辰正、巳初，与此表甲栏合。

（4）永平四年八月丙寅日食，《古今注》曰"时加未"。朱文鑫考定合朔在 14 时 50.7 分，朱载堉所推初亏在未初二刻（13.30），食甚在未正二刻（14.30），复圆在申初二刻

---

1) 朱氏一日分为 100 刻，故一时并非整四刻钟。今为方便计，暂以初、一、二、三刻为 0.00,0.15,0.30,0.45 计算，是不准确的。以下各时辰所作今时钟对照，仿此。

(15.30)。又建始三年十二月戊申日食，《汉书·五行志》引杜钦曰"时加未"，朱文鑫推定合朔在 14 时 39.3 分。是未时在 13—15 时。与此表合。

（5）《续汉书·五行志》光和元年十月丙子日食，朱文鑫考定合朔在 11 时 36.4 分。《后汉书·卢植传》曰"而间者日食自巳过午(9—13)，既食之后，云雾暧晻"。

（6）《续汉书·五行志》初平四年正月甲寅日食，朱文鑫考定合朔在 15 时 42.1 分，袁宏《后汉纪》曰"未餔八刻，太史令王立奏曰：日暑过度，无有变色。于是朝臣皆贺。帝密令尚书候焉。未餔一刻而蚀"。未餔一刻谓餔时以前一刻，应在申时以前，约在 15 时左右。与此表甲、乙栏合。

以上(1)—(3)所记西汉日食，可证西汉时是十八时分。(3)—(6)系东汉日食，因(6)所记餔时，十八时与十二时分法皆在申时，故无区别。由(4)、(5)可知东汉十二辰与今时钟的分配，大致相合。

（二）据汉代加时考定

（1）《周髀算经》曰"冬至夜半时，北游所极"，《史记·历书》曰"夜半朔旦冬至"，《历术甲乙篇》曰"正北冬至加子时"，故知加子时即夜半。《三统历》曰"始施于子半，日萌色赤"，是谓一日始于夜半子时后半。

（2）《论衡·诘术篇》曰"昧爽时加寅"，昧爽为晨时将旦。据表甲栏，晨时当寅半、卯初。

（3）《周髀算经》曰"又到旦明，日加卯之时"。"《淮南子·天文篇》注谓旦明为平旦，据表甲栏在卯时。据表乙栏，寅时为平旦，故《史记·天官书》索隐谓夏历以平旦为一日之始，即以寅时为一日之始。

（4）《周髀算经》曰"冬至昼极短，日出辰而入申"，"夏至昼极长，日出寅而入戌"，《素问·标本病传论篇》唐王冰注云"孟冬之中，日入于申之八刻三分；仲冬之中，日入于申之七刻三分；季冬之中，日入于申与孟月等。孟夏之中，日出于寅之八刻一分；仲夏之中，日出于寅十(应作七)刻三分；季夏之中，日出于寅与孟月等也"。

（5）《续汉书·五行志》注引《古今注》记建武七年四月丙寅"时日加卯"日有抱晕，至巳时解；又记"建初七年四月丙寅，日加卯，西面有抱"。凡此皆在日出时。据表乙栏，卯时当日出时。

（6）《说文》释餔为日加申时食，晋吕忱《字林》径作申时。据表甲、乙栏，餔时俱当申时。

据上所举两项，可知西汉行十八时分制，而东汉可能已行十二时分制，后者与十二辰相结合。

今所存《黄帝内经素问》二十四卷八十一篇，系唐代宝应(762 年)中太仆令王冰所编注。其中保存了西汉十八时分之制，约如下列：

人定	晏铺	日入	下铺	×	日昳	日中	×	晏食	早食	日出	大晨	鸡鸣	夜半后	夜半	×	第六十五
合夜	黄昏					日中					平旦	鸡鸣				第四
			下铺		日昳	日中					平旦			夜半		第二十二
	日夕					日中					平旦			夜半		第二十

此所阙者为夜少半、禺中与铺时。其中夜半后即夜大半，大晨即晨时，晏食即食时，晏铺即夜食；合夜或是人定。

汉简所记每一时最高为七分（平旦、日出、下铺、夜食），八分（下铺）。居延汉简记邮行日时者如曰"定行八时三分"（157·14），"定行三时五分"（163·19），亦未有超过十分者。故一时至少为八分，很可能即是十分，因汉人以十分之一度为分。若一时分为十分，则一日夜为百八十分。《汉书·京房传》曰"乃丙戌小雨，丁亥蒙气去，然少阴并力而乘消息，戊子益甚，到五十分蒙气复起"。注引"孟康曰分一日为八十分，分起夜半，是为戊子之日，日在巳西而蒙也。蒙常以晨夜，今向中而蒙起，是臣党盛君不胜也"。《汉书·律历志》曰"积八十一寸，则一日之分也"，又统母"日法八十一"，注引"孟康曰分一日为八十一分"。太初历以一月为 $29\frac{43}{81}$ 日或 $\frac{2392}{81}$ 日，即以 2392 为朔实，81 为日法，故称八十或八十一为一日之分，与汉简时分无涉。《论衡·难岁篇》曰"积分为日，累日为月"，亦是如此。

刘复在其《西汉时代的日晷》[1]一文中曾附论大湾出土简的时、刻记载。他说"刻字仅'夜漏上水十刻'一见，其余均言分。疑刻与分实是一物，在漏则言刻，在晷则言分。要是我的这个推测不错，则晷面六十九线，所表为六十八分时也"。又说"我以为当时昼夜分为百刻，同时亦分为十二时"。劳干在其《居延汉简考证》中，不接受汉代已有十二时辰合用之说，而采用他一日十二分法（即杜预注十二时），并分配于百刻之内，以为夜半、鸡鸣等皆为八刻，刻即是分。据我们上述各事，可知汉简时称约有十八名左右，每时若为十分，一昼夜应有 180 分，不能相当于漏水百刻。

由以上三节所述，可知两汉纪时法共有三种：

一、时刻　即漏刻，昼夜百刻，为官制。

二、时分　甲、昼夜十八时，每时至少八分，或即为十分，西汉以来官制（至东汉和帝永元时仍行用），与漏刻并用。漏刻百度与时分不相应。漏刻、时分与十二辰亦不结合。

---

1)　北京大学《国学季刊》三卷四期，1932 年。

乙、昼夜十二时,与十二辰相结合。始于王莽时,应是民间制,或与下事同类。

三、时辰 昼夜十二辰,西汉以来历家、天文家、五行家所用。

以上所述,除应用汉代文献外,尽量利用汉简资料,试图否定西汉已有十二时的说法,而拟为西汉十八时分。后者较十二时多出六名,即夜大半、夜少半、晨时、蚤食、下铺和夜食。晨时(大晨)与平旦,蚤食时与食时(日食时),下铺时(日下铺时)与铺时(日铺时),此三者应分别为二,文献和汉简皆有明证。汉简的夜食(参铺时、夜食莫时),文献上为暮食、晏铺,也是可以确定的。只有夜半分为夜少半、夜半、夜大半三段相等的时分,尚有待于进一步的确定。由于汉人以少半、大半表示 $\frac{1}{3}$ 和 $\frac{2}{3}$,则夜半若不是夜中间的 $\frac{1}{3}$ 一段,即无法解释[1]。夜半平分为夜少半、夜半和夜大半三时,犹日中平分为日东中时、日中时和日西中时三时。当然,夜半或夜中一词,有时也可以指一固定的时刻即零点,其例与日中或中日也可以指正午十二点正一样。

据上所述,西汉时至少有了十六时分,很可能是十八时分。关于后者,虽然证据还不够充足,似乎是没有很大的问题的[2]。

四、五夜

《初学记》卷二十五漏刻一引“《汉旧仪》曰五夜:甲夜,乙夜,丙夜,丁夜,戊夜”。《汉书·西域传》杜钦曰“五分夜击刁斗自守”,师古曰“夜有五更,故分而持之也”。《续汉书·百官志》补注引蔡质《汉仪》曰“凡宫中漏夜尽,鼓鸣则起,钟鸣则息。卫士甲乙橄相传,甲夜毕,传乙夜,相传尽五更”。《周礼·司寤氏》“掌夜时”郑玄注云“夜时谓夜晚早,若今甲乙至戊”。《汉书·天文志》述宣帝本始元年、地节元年时事已有甲夜、乙夜之称。瓦因托尼出土简(88·19＝甲 526)有乙夜、丙夜、丁夜。瓦因托尼简属于汉武帝末至昭帝时物,则至迟昭、宣时已有五夜之分。

五夜之制,相沿至于魏、晋及其后。《魏志·曹爽传》曰“自甲夜至五夜”,《晋书·赵王伦传》曰“期四月三日丙夜一筹,以鼓声为应”。《颜氏家训·书证篇》曰“汉、魏以来谓为甲夜、乙夜、丙夜、丁夜、戊夜。又云鼓一鼓二鼓三鼓四鼓五,亦云一更二更三更四更五更。皆以五为节”。《隋书·天文志》曰“夜有甲乙丙丁戊”。五夜即五更,有率更之官掌时刻。《汉书·百官公卿表》“詹事,秦官……属官有太子率更”,师古曰“掌知漏刻”。《汉旧仪》曰“率更令,秩千石,主庶子舍人更直,亡新更为中更,丞一人,秩四百石”。

由上所述,可知汉代历家以十二支分十二时,并以五天干名五更。乃《北齐书·南阳

---

1) 钱宝琮先生说:“夜半是夜中半,夜少半是入夜三分之一,夜大半是入夜三分之二,不能解释为夜间平分为三段。”

2) 此文承夏鼐同志订正了一些错误,提出一些疑问。他对于十八时分之说,表示不应过于肯定。

王绰传》曰"以五月五日景时生"，景时即丙时，不是丙夜。历法中有甲、丙、庚、壬时，以寅后卯前为甲时，巳后午前为丙时，申后酉前为庚时，亥后子前为壬时等[1]）。

汉代昏时以后为夜，我们暂以夜食、人定、夜少半、夜半、夜大半五时分相当于甲、乙、丙、丁、戊五夜，如前表甲栏下所列。五夜尽即五更尽。

五、一日之始

一日之始，诸历不同，有以下诸说。（一）始于夜半。《史记·历书》曰"其更以七年为太初元年……日得甲子，夜半朔旦冬至"，索隐引"虞喜云：天元之始于十一月甲子夜半朔旦冬至，日月若连珠，俱起牵牛之初"。又所附《历术甲子篇》"太初元年……日得甲子，夜半朔旦冬至正北"，索隐曰"以建子为正，故以夜半为朔，其至与朔同日，故云夜半朔旦冬至；若建寅为正者，则以平旦为朔也。""谓部首十一月甲子朔旦，时加子为冬至，故云正北也"。《初学记》卷四引《桓谭新论》曰"通历数家算法，推考其纪，从上古天元以来，讫十一月甲子夜半朔冬至，日月若连璧"。案太初历建寅，而以夜半子时为一日之始。《檀弓》上疏引《春秋纬元命苞》及《乐纬稽耀嘉》云"周以十一月为正，息卦受复，〔注云物之萌〕其色尚赤，以夜半为朔"。（二）始于鸡鸣。《王莽传》上曰"以十二月朔癸酉为建国元年正月之朔，以鸡鸣为时"。王莽建丑，以鸡鸣丑时为日始。《春秋纬元命苞》及《乐纬稽耀嘉》云"夏以十三月为正，息卦受泰；注云物之始其色尚黑，以寅为朔。殷以十二月为正，息卦受临；注云物之始其色尚白，以鸡鸣为朔"。王莽所用仍为太初历而与殷历同以鸡鸣为日始。（三）始于晨初。唐一行《大衍历·日度议》曰"颛顼历上元甲寅岁，正月甲寅，晨初合朔立春，七曜皆直艮维之首"。晨时在寅半。（四）始于寅时。夏历如此，见上所引《纬书》，索隐所谓"若建寅为正者，则以平旦为朔也"。唐代已有十二时分与十二辰相结合之制，平旦为寅，故索隐云然。

六、干支纪时

用干支表示时间单位，可有三种形式：一用天干与地支交错而成六十单位，二用十干或十干中的一部分，三用地支。汉代干支纪时，约有以下四事。

（一）干支纪日　出土殷代甲骨刻辞，自武丁至帝辛皆以干支纪日，可以上推至殷庚迁殷之时（约公元前1300年）已然存在此制，或许更早。殷代历法已有大小月和闰月，故朔日干支皆不同，朔日不必定在六甲之首。在此以前，可能存在过以干支六十单位代表两个月，每月固定为三旬，每旬十日，以整齐的六甲之首为朔日的。其后由于发现每月不都是三十日，月有大小，大月三十日，小月二十九日，从而每月的第一日不能固定于甲日，旬与月亦脱离了整齐关系。干支纪日之法，为周代所承袭，见于两周金文和《尚书》、《春秋》、

---

1)　此承严敦杰先生指出：后世历法有甲丙庚壬时、艮巽坤乾时、癸乙辛丁时，各按不同时节分配，如宋初《地理新书》有"雨水前一日，小满后五日，处暑后三日，小雪后九日，以上皆用甲丙庚壬时"。

《左传》等书,沿用至秦、汉,以迄于今[1]。

自甲至癸为天干,自子至亥为地支,《史记·律书》称之为十母、十二子,本于《淮南子》。《淮南子·天文篇》曰"数从甲子始,子母相求,所合之处为合。十日十二辰,周六十日,凡八合。"《白虎通》始有干枝之称,其《姓名篇》曰"甲乙者干也,子丑者枝也。"《论衡·诘术篇》曰"甲乙有支干","日十而辰十二,日辰相配,故甲与子连"。《论衡·说日篇》曰"世俗又名甲乙为日,甲至癸凡十日。"《广雅·释天》曰"甲乙为干,干者日之神也;寅卯为枝,枝者月之神也。"《续汉书·律历志》补注引蔡邕《月令章句》曰"大挠采五行之情,占斗纲所建,于是始作甲乙以名日,谓之干;作子丑以名月,谓之枝。枝干相配,以成六旬。"

(二)地支纪月 《史记·历书》索隐引《世本》曰"大挠作甲子",而蔡邕以为作子丑以名月。用十二支分配十二月,见于《史记·律书》,乃本之《淮南子·天文篇》而稍有所不同,约如下表所示:

十月	律中应钟	其于十二子为亥	
十一月	律中黄钟	其于十二子为子	其于十母为壬癸
十二月	律中大吕	其于十二子为丑	
正月	律中泰簇	其于十二子为寅	
二月	律中夹钟	其于十二子为卯	其于十母为甲乙
三月	律中姑洗	其于十二子为辰	
四月	律中中吕	其于十二子为巳	
五月	律中蕤宾	其于十二子为午	其于十母为丙丁
六月	律中林钟	其于十二子为未	
七月	律中夷则	其于十二子为申	
八月	律中南吕	其于十二子为酉	其于十母为庚辛
九月	律中无射	其于十二子为戌	

《淮南子·天文篇》曰"帝张四维,运之以斗,月徙一辰,复反其所。正月指寅,十二月指子,一岁而匝,终而复始。指寅则万物螾,律受泰簇……。故曰十二钟以副十二月。"此序次与《史记》有所不同:《史记》起亥十月而终于九月,同于《说文》,乃秦及汉初殷历或颛顼历的顺序,以十月为岁首;《淮南子》起寅正月而终于十二月,同于夏正。据十二支顺序,以子为首月,是周正;然则以十二支分配十二月,或首先为周正所采用[2]。

此种以十二支名月之法,恐怕只是天官家之说,并不见诸实用。自殷代以迄汉代,都以序数为月名。东周金文齐国有它独有的月名,乃是齐制;长沙出土战国帛图上的月名同

---

1) 参看《殷虚卜辞综述》第七章第一节"殷代历法"。

2) 钱宝琮先生说"春秋战国之际,鲁用周正,晋用夏正,以序数纪月不能表示岁时的早晚,从而创立子月丑月等名目。以'日南至'之月为子月(日月之会在赤道上子的方位),第二月为丑月,等等。"

于《尔雅·释天》"正月为陬……十二月为涂",乃是楚制[1]。汉代金石刻辞及竹木简上,俱无以地支为月名之例。

(三)地支纪时　详前时辰节

(四)干支纪年　干支纪年法与干支纪日法相类,都是以六十单位为一周,所谓青龙一周。东汉复行四分历以后,应已有以干支纪年并追纪古时年代的干支者。《续汉书·律历志》记顺帝汉安二年(142年)尚书郎边韶上言曰"四分历仲纪之元,起于孝文皇帝后元三年(前161年),岁在庚辰;上四十五岁,岁在乙未,则汉兴元年也(前206年)。又上二百七十五岁,岁在庚申(前481年),则孔子获麟。……太初元年(前104年),岁在丁丑。"凡此岁在某某干支皆自东汉向前推算所得。至于东汉用干支纪年的实例,可举以下诸例:

建和元年(147年),大岁在丁亥　敦煌长史武斑碑,《隶释》六

惟永寿二年(156年)青龙在涒滩　鲁相韩敕造孔庙礼器碑,《隶释》一

皇汉帝元永寿三年(157年)青龙建酉　韩敕修孔庙后碑,《隶释》一

永康元年(167年),岁在雓尾,龙集丁未　荆州刺史度尚碑,《隶释》七

建宁二年(169年),岁在己酉　金乡长侯成碑,《隶释》八

光和七年(184年),岁在甲子造　光和七年洗,《汉金文录》五

汉初平五年(194年),仓龙甲戌　益州太守高联修周公礼殿记,《隶释》一

太岁在甲戌,初平五年吴师作　初平五年洗,《汉金文录》五

以上所谓"太岁""岁在""青龙""仓龙""龙集"已与太岁纪年无关,而是六十干支纪年的代称。

战国时代的岁星纪年法,以十二年为一周,由木星的方位作为岁名,汉代也借用干支以名之。但木星并不是恰好十二年而一周天,故积若干年而超过一宫,谓之超辰。《汉书·王莽传》曰"始建国五年(13年)岁在寿星,仓龙癸酉",此是以太岁纪年而干支代表太岁所在之辰。太岁年名虽然用干支表示,要随岁星超辰的。东汉初废除了王莽时代所行超辰的岁星纪年法,改用了不超辰的干支纪年法。以始建国五年(13年)作为干支纪年的定点,是年年名为癸酉,推前推后六十循环,无超辰,无间断。此即现在所见历史年表自共和以来所记的干支年名。自始建国五年往前逆推则太初元年(前104年)为乙丑岁,往后顺推则建武三十年(54年)应为甲寅岁。建武三十年,依超辰法则为乙卯,因建武二十六年太岁应超庚戌入辛亥。《后汉书·张纯传》记建武三十年纯上奏曰"今摄提之岁,苍龙甲寅,德在东宫",已不作乙卯,是为不超辰的干支纪年之始。

出土汉简多为西汉武帝以后至东汉初物,上记年名都是年号加年数,没有用干支名的。东汉较晚的金石刻辞上已经有了不超辰的干支纪名,而仍沿袭超辰的太岁纪年的"仓

龙""青龙"等称谓,实与太岁纪年无关。出土的东汉简,和西汉简一样都是年号加年岁,没有干支纪年。

一九六三年十二月,北京

第三 汉代占时·测时的仪具

一、式

汉代天文家对观察天象和制定历法,较之先秦有了进一步的发展。当时阴阳五行说非常盛行,糅合阴阳五行与天象历法所作成的占时日吉凶的"式",虽完全属于迷信的用具,却仍然保留了有价值的科学部分。当运用"式"时,首先需分时、定向。后来用十二辰代表十二时,用罗盘来定方向,不能不说是由"式"演化出来的。

文献上对于式的记录,约有以下诸事。《周礼·大师》曰"大师,抱天时与大师同车",郑众注云"大出师,则大史主抱式,以知天时,处吉凶"。《史记·日者列传》曰"今夫卜者必法天地,象四时,顺于仁义,分策定卦,旋式正棋,然后言天地之利害,事之成败"。索隐云"按式即栻也,旋、转也。栻之形,上圆象天,下方法地,用之则转天纲,加地之辰,故云旋式"。《史记·龟策列传》褚先生补曰"卫平乃援式而起,仰天视月之光,观斗所指,定日处乡,规矩为辅,副以权衡,四维已定,八卦相望,视其吉凶,介虫先见"。又曰"平运式,定日月,分衡度,视吉凶,占龟与物色同"。《汉书·王莽传》下曰"天文郎按栻于前,日时加某,莽旋席随斗柄而坐"。师古注云"栻所以占时日,天文郎今之用栻者也,音式"。(北宋本、汲古本作拭,官本作栻)。《唐六典》卷十四曰"凡式占,辨三式之同异:一曰雷公式,二曰太乙式,并禁私家畜;三曰六壬式,士庶通用之"[1]。又记"凡用式之法"曰:"今其局以枫木为心,枣心为地,刻十二辰,下布十二辰。以加占为常,以月将加卜时,视日辰阴阳,以立四课……。又辨十二将、十二月之神"。《广雅·释器》曰"栻,桐也"。

由上所述,可知式(栻、拭)局(桐)与天时并指一物。其实物之见存于世者有以下各件。

(1) 汉铜式(地盘) 《奇觚室吉金文述》15·34 著录,名"汉四门方镜",濮瓜农旧藏,后归前山东图书馆,今在中国历史博物馆。宽14.3,厚0.6厘米,正方形。其中央浅圆坎径8.9,深约0.4厘米,坎底平整而四围垂直,所以容天盘,可以旋转而无需中轴。地盘自内向外列三层:一层八天干;二层十二地支,地支之间绘人、兽及屋舍一;三层二十八星宿。子、午、卯、酉匡以门形。四维(角)分别为天、地、人、鬼四门,分属戊己。《奇觚》所印天盘地位略成椭圆形,此由于拓纸收缩不均之故,据我所得拓本作正圆形,后见实物亦如此,故可定为式盘(图一)。

---

[1] 日本京都帝国大学文学部影印《大唐六典》。

图一　西汉铜式　(2/3)

(2) 汉象牙式（天盘）　《双剑誃古器物图录》2·39 著录，名"汉象牙七星盘"，于省吾旧藏，今在故宫博物院。盘面径 6.2，底径 6 厘米，四边斜入，中心有穿孔，所以植地盘的中轴而旋转。中央刻北斗七星，自内向外刻三层：内圈十二神，中圈十二辰及十干，外圈二十八宿。背面近缘处又刻"天刚"二字。传山西省离石县出土。

(3) 东汉初漆木式（天盘）　　石岩里墓 201 出土，《乐浪彩箧冢》插图 46 、图版一〇二著录，名"式占天地盘"。残存一半，木上髹漆成层，径约 9.4 厘米。中央为北斗，七星穿孔，原以粟玉嵌入。自内向外刻书三圈，略同于牙式。此墓同出有元始四年（公元 4 年）漆器一件和居摄三年（即始建国元年，公元 9 年）漆器三件，当属于王莽时或东汉初墓，不得早于公元后 9 年。

(4) 东汉漆木式（天盘与地盘）　　王盱墓出土，《乐浪》图版一一二著录，名"式占天地盘"。天地盘虽皆具而残破收缩，字迹不易辨认。据田泽金吾所作复原图，地盘宽 20.5，天盘径 13.5 厘米。天盘中心有孔，所以植地盘的中轴而旋转。以黄色为地，七星、划线及天盘与地盘之间朱绘，文字、卦象及七星外圈则为黑漆书。天盘自内向外四圈：第一圈十二神，第二圈十二辰与十干，第三、四圈阙释。地盘自内向外列四层：第一层八干，四维及二绳为八卦；第二层十二辰；第三层阙释；第四层二十八宿。略同于铜式而无四门之名。此墓同出有建武二十一年、二十八年及永平十二年漆器，故其年代不得早于公元 68 年，大约在章帝前后。

(5) 六朝铜式(天盘与地盘)　《文物参考资料》1958年7期20—23页著录,名"六壬式盘",今在上海博物馆。地盘厚0.2,宽11.2×11.4,天盘径6厘米。天盘契入地盘中

图二　六朝铜式拓片(正)

坎内,中心有轴以旋转。天盘隆起作球顶形,凸出地盘1.9厘米(图二、三)。天盘刻字略同于牙式,惟中无北斗。地盘刻字略同于汉铜式,惟无十二辰之间的画象而多三十六禽一圈。盘背刻《式经》两段。审其字体亦早于隋唐,故推为六朝式。严敦杰亦以为其时代"最迟不得后于隋";又说此式尚未配合七曜,故肯定在唐代袁天罡以前。

以上五器,前人间有考订。王振铎对(1)(3)(4)三器和《淮南子·天文篇》的图局有所论述[1]。(4)器曾由原田淑人和田泽金吾作了简略的考释。(5)器则有严敦杰的"跋六壬式盘"[2]。以上五器,过去著录或误为方镜,或泛称为盘,都是错误的。汉人所记"抱式"、"旋式"、"援式"、"运式"、"按栻",式为名物,故在动词之后。式有木制的,故字或从木作栻;式可旋转,故字或从手作拭。式为占家用以占卜的法器,故可以名其物为"占式",而不可以称"式占"。式是由天地盘组合而成的,称之为"占式天地盘"亦属不当。后世地师称之为星盘,乃是俗名。

图三　六朝铜式拓片　(背)

《史记·日者列传》附褚少孙所补,记武帝时占某日取妇的占家有五行、堪舆、建除、丛辰、历、天人和太一等七家,而《汉书·艺文志》五行家所录仅羡门式。《论衡》所记除五行家(诘术篇)外又有工伎家(说日、四讳、辨祟、难岁等篇)等。《隋书·经籍志》所录有太一式、太一龙首式、遁甲式、

---

1)　《司南指南针与罗经盘》第六节"司南投于地盘说",《中国考古学报》第三册。本文多有采用 。

2)　《文物参考资料》1958年7期。

黄帝式和六壬式等，可以代表六朝之式家。《颜氏家训·杂艺篇》曰"吾尝学六壬式，……寻亦悔罢"。《唐六典》三式，官家有雷公、太乙二式，民间士庶所用有六壬式。不同时代与不同家的式，应稍有差异。

汉代四器所同者：(1)篆书，(2)斗柄指天刚，(3)列十干、十二支、十二神、二十八宿，(4)分四维、八方。所不同者：(1)斗魁的位置，(2)戊、己的位置，(3)八卦定向，(4)四门，(5)十二将(兽)。六朝式与汉式不同之处：(1)隶书，(2)列三十六禽。实物的形制与文献所记大略相同，试为比较如下。

"式"由天地两盘构成，天盘在地盘上所以旋转，以斗柄指向。天盘为天纲，地盘为地辰，法天地，象四时。至天、地盘的内容，可以《淮南子·天文篇》作为解释。先述地盘。

《天文篇》曰"天道曰圆，地道曰方"，"天圆地方，道在中央"。式也是"上圆法天，下方法地"。

《天文篇》曰"子午、卯酉为二绳，丑寅、辰巳、未申、戌亥为四钩。东北为报德之维也，西南为背阳之维，东南为常羊之维，西北为蹄通之维。日冬至，则斗北中绳……；日夏至，则斗南中绳……"。又曰"日冬至，日出东南维，入西南维。至春秋分，日出东中，日入西中。夏至，出东北维，入西北维。至则正南"。二绳之四端为"四仲"，故卯、酉为"东中"、"西中"。四维之间列十二辰，故《天文篇》曰"帝张四维，运之以斗，月徙一辰，复返其所。正月指寅，十二月指丑，一岁而匝，终而复始"。此四维、四仲的排列，与铜式相同。铜式于子、卯、午、酉四字外作三面匡形，象门形，为四仲；于四维作斜宽带，内书戊天门，戊地门、己人门，己鬼门；四门与天盘外圈之间各一大乳丁，乳丁两旁有小圈，或表示为四钩。《天文篇》曰"八月、二月，阴阳气均，日夜分半，故曰刑德合门"。《卜筮书》[1]卷第廿三(课用法第三)记式之课用法引经(应是《式经》)曰"二月建卯，出万物之门；八月建酉，内万物之户。日出于卯，生于酉。……故曰卯、酉之辰为二八之门"。又引"经曰天一立二八之门，阳立于后，阴立于前。……天一前为阳位，后为阴位"。《五行大义》[2]卷五引《元命苞》曰"春时日临兑酉，是二八之门，日所入处"；又引《考异邮》曰"所以学门谓之虎门，乃画虎于门者，以兑居西方"。《卜筮书》引《经》曰"又四仲神为用而临四仲，传复得四仲，亦匿罪人"。

铜式四门中的地门、人门，刘心源误释为出门、入门。式上"地"字似可隶定为坔，《玉篇》古地字作坔，与此相近。天与地、人与鬼相对，故此必为地门，或作地户。《意林》卷三引《论衡》曰"天门在西北，地户在东南"。《越绝书》卷八曰"天运历纪，千岁一至，黄帝之元，执辰破巳，霸王之气，见于地户"。《素问·主运行大论》曰"所谓戊、己分者奎、壁、角、轸，则天地之门户也"。后二书亦可推定为东汉时作。六朝铜式则四维作西北天门乾、东

---

1) 《吉石庵丛书》影印唐写本。罗振玉得之日本江户书铺中，跋云"卷中别构字甚多与六朝碑版合，凡丙丁之丙皆作景，白虎作白兽，而隆字不缺笔，乃初唐写本之证。……卷背有元庆五年比丘慧稠书授菩萨戒仪，有太政官印。元庆纪元当中土唐乾符四年(877年)，则此卷东渡当在唐中叶。"此书抄于初唐，应是六朝人所作。

2) 隋萧吉所作，《宋史·艺文志》卷五著录，后佚。此《知不足斋丛书》据德清许氏得自日本传本所刊。

北鬼门艮、东南地户巽、西南人门坤。《五行大义》卷五第二十四曰"易曰艮为狗，艮既是门阙，狗以守防也"。汉铜式以四维、四仲定方位，东汉木式地盘上则加八卦卦象以表示方位。铜式的年代可能早于木式，但无法证实；它不以卦象而以维、仲表示方位，则是较早的形式。《天文篇》述五星所记四方、五行、四时、四兽和八干，约如下表：

东方木	执规治春	兽苍龙	日甲乙
南方火	执衡治夏	兽朱鸟	日丙丁
中央土	执绳治四方	兽黄龙	日戊己
西方金	执矩治秋	兽白虎	日庚辛
北方水	执权治冬	兽玄武	日壬癸

又曰"故曰规生矩杀，衡长权藏，绳居中央为四时根"。此所记四方、四兽与十干相配，与铜式同。它们代表《淮南子》以前的形式，而东汉木式以八卦定向则为宣帝以后制。

褚少孙是宣帝时博士，所述卫平援式"四维已定，八卦相望"，已用八卦定向。《易传·说卦》曰"震，东方也。……巽，东南也。……离……南方之卦也。……兑，正秋也。……乾，西北之卦也。……坎者水也，正北方之卦也。……艮，东北之卦也"。此篇宣帝时始出河内老屋。《论衡·正说篇》曰"孝宣皇帝之时河内女子发老屋得逸《易》、《礼》、《尚书》各一篇"，而《隋书·经籍志》曰"及秦焚书，《周易》独以卜筮得存，唯失《说卦》三篇，后河内女子得之"。受到新出《说卦》的影响，故《汉书·魏相传》曰"又数表，采《易阴阳》及《明堂月令》表奏之曰……东方之神太昊，乘震执规，司春；南方之神炎帝，乘离执衡，司夏；西方之神少昊，乘兑执矩，司秋；北方之神颛顼，乘坎执权，司冬；中央之神黄帝，乘艮执绳，司下土"。此奏当在元康中（公元前65—62年）。自此以后，即以八卦代维、仲，故《天文篇》曰"日冬至，日出东南维、入西南维"，而成帝以后的《周髀算经》则曰"故冬至徙坎阳，在子，日出巽而入坤"云云。

关于十干中戊、己的位置，很成问题。《天文篇》曰"甲、乙、寅、卯，木也；丙、丁、巳、午，火也；戊、己四季，土也；庚、辛、申、酉，金也，壬、癸、亥、子，水也"。所谓"四季"指十二辰的辰、未、戌、丑，并不言戊、己应属何位。《汉书·百官公卿表》注"师古曰甲乙丙丁庚辛壬癸皆有正位，唯戊己寄位耳"。《天文篇》说中央土，"执绳而治四方"，魏相奏说中央土"乘艮执绳"，此所谓绳应指四维，故铜式戊、己分在四门。《素问·五运行大论》曰"所谓戊己分者奎、璧、角、轸，则天地之门户也"，唐王冰注云"戊土属乾，己土属巽"。《遁甲经》曰六戊为天门，六己为地户"。此以天、地门为戊、己，与汉铜式及东汉木式皆不同。兹比较如下表：

	（1）	（2）	（3）	（4）	（5）	（6）	（7）	（8）	（9）
东南巽地门	戊	戊	×	戊	己	己	己	戊	
西南坤人门	己	己	己	×	戊			己	
西北乾天门	戊	己	×	×	己	戊	戊		戊
东北艮鬼门	己	戊	×	戊	戊				

（1）铜式地盘,（2）汉牙式天盘,（3）东汉初木式天盘,（4）东汉木式天盘,（5）同上田泽复原图,（6）《素问》,（7）《遁甲经》,（8）六朝铜式天盘,（9）《五行大义》卷五第二十四曰"乾为天门,戊既属乾"。凡此戊、己地位之不同,或因天、地盘之别,或因不同的占式家数,但田泽复原图上或有错误,详下。

《天文篇》分于四方的四兽, 是十二将,其画象见于汉铜式十二辰之间。《天文篇》曰"太阴在寅,朱鸟在卯,勾陈在子,玄武在戌,白虎在酉,苍龙在辰"; 又曰"凡徙诸神,朱鸟在太阴前一,勾陈在后三,玄武在前五,白虎在后六。……故神四十五日而一徙,以三应五,故八徙而岁终"。《论衡·解除篇》曰"且夫所除,宅中客鬼也。宅中主神有十二焉,青龙、白虎列十二位。……有十二神,舍之宅,主驱逐,名为十二神之客,恨十二神之意,安能得吉?"《续汉书·仪礼志》曰"凡使十二神追凶恶"。凡此所纪十二将名,都不全。《五行大义》卷五第二十"论诸神"述"又十二将者天一土将,前一腾蛇火将,前二朱雀火将,前三六合木将,前四勾陈土将,前五青龙木将; 后一天后水将,后二太阴金将,后三玄武水将,后四太裳土将,后五白虎金将,后六天空土将"。此所引疑是《玄女式经》或其他式经。六朝铜式背所刻与此略同,惟无土将等字,蛇作虵,裳作常。《卜筮书》卷廿三已具此十二将名,同于六朝铜式,惟避唐讳"白虎"作"白兽"。《唐六典》卷十四"用式之法"所述同于《卜筮书》,惟腾虵作腾蛇,又曰"十二将以天一为首。……前尽于五,后尽于六,天一立中为十二将"。宋沈括《梦溪笔谈》卷七述"六壬有十二神将,……贵人为之主。其前有五将谓腾蛇、朱雀、六合、勾陈、青龙也,此木、火神在方左者; 其后有五将谓天后、太阴、真武、太常、白虎也,此金、水之神在方右者"。注云"方左谓寅、卯、辰、巳、午,方右谓未、申、酉、亥、子"。此同于《唐六典》,惟称天一为贵人,改玄武为真武。十二将前后左右的排列,西汉与六朝之制似有不同,未能详考。汉铜式四兽则分列四方,尚可辨认,其它很难对照。

《天文篇》"何为九野"述九天二十八宿,与地盘相当。《史记·天官书》曰"天则有列宿,地则有州域",又曰"二十八舍主十二州",所述二十八宿相当的十二州,与正义所引《星经》相当的十二国、州以及《天文篇》"星部地名"相当的十二国,大同小异。按《天文篇》二十八宿的分配,四仲各三宿,故曰"太阴在四仲则岁星行三宿,太阴在四钩则岁星行二宿,二八十六,三四十二,故十二岁而行二十八宿"。它在"星部地名"述相当于四仲的宋、魏、周都是三宿,惟齐与吴并为三宿。此种编列,见于东汉初木式天盘上。我们由此可以复原《天文篇》的图局(图四)。图与正文相合,惟图云五行之"老"正文则作"死"。《论衡·诘术篇》曰"日廷图甲乙有位,子丑亦有处,各有部署,列布五方",此《日廷图》或与之相仿。

天盘中央所绘北斗七星,划线相联,成斗形。《天文篇》注云"斗,第一至第四为魁,第五至第七为杓也"。《史记·天官书》正义云"魁,斗第一星也","杓,东北第七星也",索隐引《说文》曰"杓,斗柄"。汉式斗柄第七星皆指十二神之天刚,而魁首(第一星)所指不一。东汉初木式第一、二星对十二神之魁、从魁,最是。牙式第一星在魁与从魁之间。东汉木式第一、二星对从魁、魁,最不合。《天官书》曰"斗为帝车,运于中央,临制四乡,分阴阳,建

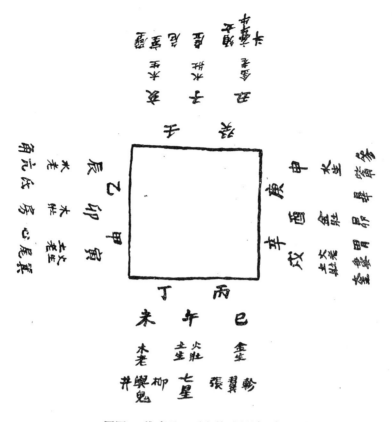

图四　《淮南子·天文篇》图局复原

四时,均五行,移节度,定诸纪,皆系于斗"。所谓运式即运转天盘以视斗柄所指,《天文篇》所谓"斗指子则冬至"。又曰"紫官执斗而左旋","斗杓为小岁,正月建寅,月从左行十二辰;咸池为太岁,二月建卯,月从右行四仲。……大时者咸池也,小时者月建也"。又曰"北斗之神有雌雄,十一月始建于子,月从(徙)一辰,雄左行,雌右行"。《天官书》曰"以摄提格岁,岁阴左行在寅,岁星右转居丑"。是可知左行是顺十二辰(顺时针向)而转,右行是逆十二辰(逆时针向)而行。岁阴(太阴)及十二月顺干支之行,岁星相反而行。《天官书》曰"察日月之行以揆岁星顺逆"[1]。

牙式天盘十二辰对十二神名,它们是:子神后,丑大吉,寅功曹,卯大冲,辰天刚,巳大乙,午胜先,未小吉,申传送,酉从魁,戌魁,亥徵明。牙式天盘魁首指魁与从魁之间,东汉初木式天盘指魁,东汉木式天盘指从魁;三式斗柄皆指天刚,皆依时针方向。《天文篇》所记,斗柄所指为十二辰、四维、二绳而无十二神名。《论衡·难岁篇》曰"或上十二神登明、从魁之辈,工伎家谓之皆天神也,常立子丑之位,俱有冲抵之气"。又《遭虎篇》曰"变复之家谓虎食人者功曹为奸所致也",以功曹位寅。此可证至迟东汉章帝时已有十二神名,依

---

1)　可参阅刘坦《中国古代之星岁纪年》,科学出版社,1957年。又浦江清《屈原生年月日推算问题》,《历史研究》1954年1期。

十二辰之位序立。《汉书·艺文志》五行类《转位十二神二十五卷》之十二神,或即此。《卜筮书》卷廿三引"《式经》云未为小吉"。《五行大义》卷五第二十引《玄女式经》曰"六壬所使十二神者: 神后主子、水神,大吉主丑、土神,功曹主寅、木神,大冲主卯、木神,天刚主辰、土神,太一主巳、火神,胜先主午、火神,小吉主未、土神,传送主申、金神,从魁主酉、金神,河魁主戌、土神,微明主亥、水神"。《梦溪笔谈》卷七曰"六壬十二辰: 亥曰登明,为正月将;戌曰天魁,为二月将。……发课皆用月将加正时"。其所述十二神分属十二月与十二辰方向相反,列表如下:

子	丑	寅	卯	辰	巳	午	未	申	酉	戌	亥
神后	大吉	功曹	大冲	天刚	大乙	胜先	小吉	传送	从魁	魁	徵明
十二月	十一月	十月	九月	八月	七月	六月	五月	四月	三月	二月	正月

《唐六典》卷十四述"用式之法"亦曰"亦有十二月之神,正月登明,二月天魁,三月从魁,四月传送,五月小吉,六月胜先,七月太卜,八月天闰,九月太冲,十月功曹,十一月大吉,十二月神后"。此为《笔谈》所本,然今本《唐六典》[1]误天冈为天闰,胜先为胜光,太一为太卜,又误正时为卜时,应据宋代《梦溪笔谈》加以改正。兹将十二神名异文列下:

汉牙式	大冲	天刚	大乙	魁	徵明
东汉初式			大□	魁	徵□
论衡难岁					登明
卜筮书	大冲	天冈	太一	河魁	徵明
玄女式经	大冲	天刚	太一	河魁	微明
六朝铜式	太冲	天罡	太一	天魁	徵明
唐六典	太冲	天闰	太卜	天魁	登明
梦溪笔谈[2]	太冲	天冈	太一	天魁	登明

前三项是汉制。《说文》"澂,清也",字亦作澄,故知徵、登音同相假;《玄女式经》误作微明,微、徵形近而讹。汉代的"大",后来或改为太或泰,大乙遂作太乙或太一。牙式上"大乙"之乙与天干甲、乙之乙写法不同,大乙之乙疑是鳦字,《说文》卷十二曰"乙,玄鸟也,齐鲁谓之乙,取其鸣自呼,象形",或体从鸟作鳦。初唐写本《卜筮书》和隋代萧吉所编《五行大义》所引《玄女式经》和六朝铜式大致相同,代表六朝之制,称魁为河魁。汉代已有河魁之祠[3],但《卜筮书》称为十二神之一,又作大魁。六朝铜式以下则作天魁,又称大冲为太冲,天刚为天罡。《唐六典》与宋《梦溪笔谈》是同一系统,后者虽晚于前书而天冈、太一皆承六朝制

---

1) 如光绪二十一年广雅书局刊本。

2) 此用胡道静校证本,上海出版公司,1956 年。

3) 参看《武威汉简》杂占简考释。

而不误[1]今本《唐六典》天闰系由天冈、天罡而讹,罡是冈的俗写;太卜是太乙之讹。

以上大致据汉牙式与铜式考述了天、地盘。以下附带论及六朝铜式的内容和东汉木式的复原。

六朝铜式二十八宿在天盘上,而地盘上列三十六禽:子鼠、鷬、蝮(伏翼),丑牛、蟹、鳖,寅虎、狸、豹,卯兔、猬、狢,辰龙、鲸(鲛)、鱼,巳虵(蛇)、蝉(蟮)、蟫(蚯蚓),午马、鹿、獐,未羊、鹰、雁,申猴、猨、狙(猫),酉鸡、雉、乌,戌狗、犴、狼,亥猪、豕、豚(雅)。《五行大义》卷五第二十四述“式经所用”“其十二属配十二支,支有三禽,故三十有六禽”。所列三十六禽与此铜式略同,异者见上列括弧中。去四钩八宿,即成为唐代二十八宿演禽数,如见于《金索六》的唐二十八宿竟。其直属于十二支者即十二属,东汉已有而大致相同。《论衡·物势篇》所述“十二辰之禽”为子鼠、丑牛、寅虎、卯兔、辰□、巳虵、午马、未羊、申猴、酉鸡、戌狗、亥豕;又《讥日篇》曰“子之禽鼠,卯之兽兔也”。

此式背刻两段。第一段见《五行大义》卷五第二十引“六壬式经云十二神,将以天一为主。甲戊庚日,且治大吉,暮治小吉;乙巳日,且治神后,暮治传送;丙丁日,且治微明,暮治从魁;六辛日,且治胜先,暮治功曹;壬癸日,且治太一,暮治大冲”。铜式首句作“天一居在东在西,南为前;在南在北,东为前”。又六辛作六亲,省去“日”字,微作徵。第二段见前所引《五行大义》述十二将,未曾注明出何《式经》,而铜式所刻更为简略。所刻二段,当出《式经》,惟属于何家,殊难确定[2]。

此铜式天盘戊、己对巽、坤二门;对天、鬼二门处,则空位不刻。又“己”字误刻为“巳”。地盘三十六禽蝮,误刻为蝮此乃蝠字,不是蛇蝮字。又豹、猫等字写法,都是六朝别体。

此铜式之背中心有圆轴形,介于“大”“冲”之间。今器已不可旋转,大约因年久锈住。

田泽氏所作东汉木式天地盘“复原图”有部分的错误。七星、十二神、十二支、八干、四维、八卦和二十八宿的位置和图版上所可辨认的是大致符合的。十二神名中的太冲、天闰、大卜、天魁、登明、胜光等五名,复原者依据有讹误的《唐六典》本子,皆不可靠;又神后作神後。木式十二神名应据汉牙式复原,图版上大冲、天刚、魁、(从)魁尚依稀可辨。天盘第二圈除酉、戌外可辨的一段为“癸、丑、戊、寅、甲、卯、乙、辰、戊(?)”。第三、四圈皆有字未复原。卯一行似为“大冲—卯—□—□火”。第三圈很不清楚。第四行似为十二星次“大火”之类,大火在卯位。地盘只有南边保存较好,其午一行为“三—午—□—星”,卦象左右为丁丙,西南维之左为未,尚可辨识。第三层应有字或为十二兽之类。

---

1) 据胡道静校证本《笔谈》卷七“胜先”下引林思进校记云“旧本校者用朱笔改先为光。”“太乙”下胡校云“一字,弘治本、稗海本、津逮本、学津本皆作乙”。“天罡”下引陶福祥校记云“天罡,马本悉作天罡”;胡校云“按弘治本此处及下文皆作罡;稗海本、津逮本、学津本、玉海堂本丛刊本皆此处作冈。”

2) 兹承严敦杰先生见告:此文亦见宋初杨惟德《景祐六壬神定经》一书,故可视为六壬式。杨书述造式说地盘上列十二辰,八干、五行,三十六禽,天门、地户、人门、鬼路四隅。《永乐大典》卷一九七八二局字内引雷公式亦有三十六禽,分十二门各明且暮神明诀。

　　东汉初木式天盘虽残，刻画尚清晰，小泉显夫所绘"复原图"，和实物摄影相合，惟释文有遗阙。今据图版录其残存部分如下：

| 第一圈 | 徵明 | 魁 | 從 | 傳 | 小 | 勝 | 天 |
| | | 魁 | 送 | 吉 | | | |

第二圈　　　　　　申己未

第三圈　　　　口｜井｜鬼

其第一、二圈和牙式相同，应据牙式复原。

　　第一圈平分为十二分，在十二月神之上作一小点，第二圈平分为二十四分，在十二干（戊、己各二）十二支之上作一小点。第三圈二十八宿，不是象牙式平分为二十四位，而是依宿的度长分隔，"申"下一直行界线，"未"下右一直行界线，其间为"井"宿。申、未之间距为 30 度，即周天 $\frac{1}{12}$；而井宿所占长于 30 度。汉代天文学家以周天为 $365\frac{1}{4}$ 度，分为十二次，每次为 30 或 31 度。据《汉书·律历志》下所载各宿度数，井为 33 度，略长于周天 $\frac{1}{12}$，与木式上所见长度相合。"未"下界线之右有鬼字残文，则是鬼宿初度；"申"下界线之左亦有字迹残笔。由此可知东汉初木式天盘第三圈二十八宿序列，与汉牙式并铜式地盘有所不同。牙式的序列，参以《天文篇》岁星所在辰次，比较如下：

（复原表，略）

　　下栏所列三行即汉牙式三圈：第一圈十二神，平分为十二等分；第二圈十天干（戊、己各二，故十二）与十二支平分为二十四等分；第三圈二十八宿分属二十四位，惟戊、己其四位各为二宿，故二十八。六朝铜式天盘与此略同而地位稍异，又戊、己不重，十二神各两旁作直行界线。汉铜式地盘亦将二十八宿分属二十四位，四维（戊、己）左右各一宿，其配置同于牙式。各位间相距 15 度。上栏所列《淮南子》岁星辰次旁注"居子"等系录《史记·天官书》，可知《淮南子》和《史记》十二辰次所舍二十八宿，与牙式、铜式相同，后二者皆承西汉初以来制。

对比上下栏,则牙式天盘十二神与十二月相应,正月亥、十二月子,逆时针向序列。正月徵明,十二月神后,与《唐六典》所载相同。

东汉初木式天盘第三圈二十八宿序列位置,不同于上述者而合于《三统术》。《汉书·律历志·岁术》曰"实沈:初,毕十二度立夏;中,井初小满;终于十五度"(注云:于夏为四月,商为五月,周为六月)。又曰"鹑首:初,井十六度芒种;中,井三十一度夏至;终于柳八度"。初、中、终者分一次为三分。据同书所引二十八宿度数(齐召南以为落下闳所度):毕16,觜2,参9,井33,鬼4度;则四月实沈31度,五月鹑首30度。试比较如下:

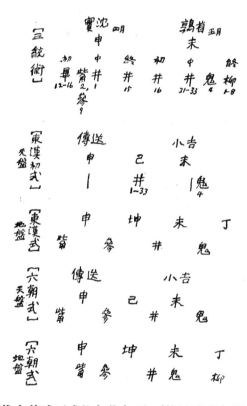

据上二栏,以《三统》与东汉木式对比,二者相合;四月中(申中)为小满,在井初度,与传至今日的夏历相同。此可证《律历志》所述星次与二十四节,所用是建寅的夏正而非王莽的建丑之历,则此木式出土于有王莽年号之墓,应属于王莽已亡之后,其二十四节气与二十八宿地位,似受到《三统术》的影响而仍用寅正。《史记》所记二月晨出东方与《淮南子》之作十二月者相差两月,前者是周正,后者是夏正。

第三、四栏所示,东汉木式地盘与六朝铜式天盘,其序位相同而与东汉初木式天盘不同。六朝铜式天盘(第四栏)与地盘(第五栏)的序位亦不尽相同:其天盘同于东汉木式地盘,地盘同于汉牙式天盘和铜式地盘。

就十二辰与二十八宿的序位关系,可以推定前述五式的年代如下:(1)汉牙式与铜式因袭《淮南子》以来的序位,未受刘歆所作《三统术》的影响,应可定为西汉成帝以前之制;(2)铜式尚未受到宣帝时卦象定位的影响,应为较早的旁证;(3)东汉初木式受到《三统术》的影响而仍用寅正,同墓已有王莽时漆器,故木式年代应在东汉初;(4)东汉木式接近六朝铜式,就同墓出土物而论,应在东汉明帝以后;(5)六朝铜式十二神名不同于汉式而同于隋《五行大义》及初唐写卷《卜筮书》所引《式经》,又不避唐讳,应在隋唐以前,即六朝晚期。

附记二则:

(一)铜制北斗 汉式天盘中心刻绘七星北斗,其外围分列十二神与十二辰。端方旧藏有一不知名铜器,见《陶续》2·44,绘有简图并附铭文四段拓本(不全);铭文六段见《汉金文录》4·31,《小校》13·82·2及《贞松》补3·39·2。今存系铜铸北斗的残部,仅两星三节,原来应是七星六节连铸成一北斗形,在星球上铸四门之名,在每节(作圆柱形)前后分铸十二神、辰之名。今存天阴门及六神、六辰之名。星球宽1.8,节长4.5,全器应长39.6,今存17厘米。由于铭文系分段拓出,失去原来位次,试为复原(图五)并释文如下:

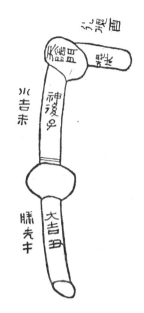

图五　铜制北斗部分
复原(1/2)

　　一面　　　天阴门魁戌　神後子　大吉丑

　　它面　　　　　从魁酉　小吉未　胜先午

此排列有问题,因依十二辰次序应为

一面	戌	亥	子	丑	寅	卯
	酉	申	未	午	巳	辰

而现在六节没有亥、申。此物有可能为附设于式盘上的北斗,但由其长度来看它或许是独用的,如王莽所铸威斗。《汉书·王莽传》下曰"莽亲之南部铸作威斗,威斗者以五石铜为之若北斗,长二尺五寸。"

　　由其神名和篆书来看,它和汉牙式极为相近,"胜先"之先俱从土;但亦有所不同:(1)天门作"天阴门",(2)神后作"神後",(3)魁字左斗右鬼。

　　(二)骨制筹策　往昔曾见若干有干支五行的骨筹,不知其用。它们见录于《贞松》补3·39—41,《双古》2·36—37,共有数组,每组凡十二枚;但有些组出土后散失,不足十二枚。兹据全组的录其辞如下:

　　甲　乙　丙　丁　戊　己　庚　辛　壬　癸　甲　乙

　　子　丑　寅　卯　辰　巳　午　未　申　酉　戌　亥

　　木　木　火　火　土　土　金　金　水　水　木　木

它们是六十干支表的前十二枚,必十二枚而后十干、十二支分配于五行而无遗。骨筹天支分配五行,与《淮南子·天文篇》和《史记·天官书》相同,但十二辰分配五行不同于《天文篇》,后者曰"甲乙寅卯木也,丙丁巳午火也,戊己四季(辰未戌丑)土也,庚辛申酉金也,壬癸亥子水也",土有四辰,五行分配亦与骨筹不同。

　　这些组骨筹,上下两端刻有不同纹饰,它们可能是"分策定卦"的筹策。《史记·高祖本纪》曰"夫运筹策帷帐之中,决胜于千里之外,吾不如子房",亦见《留侯世家》。《史记·封禅书》齐人公孙卿曰"黄帝得宝鼎、神策,……于是黄帝迎日推策",亦见《五帝本纪》,集解引"臣瓒曰:日月朔望,未来而推之,故曰迎日。"《日者传》曰"分策定卦,旋式正棋",策或即筹策,因策上备列五行,因五行而定方位,定卦即定位。《论衡·诘术篇》曰"日廷图甲乙有位,子丑亦有处,各有部署,列布五方"。《京房易传》曰"降五行,颁六位",注云"十二辰分六位"。

二、日晷

《说文》曰"晷,日景也";《广雅·释天》曰"晷,柱景也";《释名·释天》曰"晷,规也,如规画也";《汉书·天文志》曰"晷景者所以知日之南北也"。晷是日影,而后称测日景之具为晷,其实是晷仪之省。古代用土圭测日景,以正四方;因日景的长短,以定四时。《汉书·律历志》称武帝太初元年"议造汉历,乃定东西,立晷仪,下漏刻,以追二十八宿,相距于四方……"。此所谓"晷仪"应指日晷仪。《汉书·艺文志》历谱类有《太岁谋日晷二十九卷》和《日晷书三十四卷》,所述不知是日景或日晷仪,今亡。

汉代日晷传世的有三具:

(1)中国历史博物馆藏 原藏端方。《陶斋藏石记》卷一著录,名"测景日晷",云"盘高八寸八分,宽九寸,日晷直径七寸九分半,字径二分,篆书"。周暻所作跋,谓光绪间出土今呼和浩特市。原石背后有墨书二行云"光绪二十三年(1897年),出土山西托克托城",今属内蒙古自治区,在呼和浩特市之南。此器1953年入藏历史博物馆,宽27.5×27.6,厚3.5厘米,外圆直径23.2—23.6,字径4—6厘米。石制。

(2)加拿大多浪多博物院藏 据说1932年出土洛阳金村南半里。器宽27.04×27.68,厚2.54,外圆直径24.50,厚2.54,中孔深约1.30,小孔深约0.16厘米。

(3)周进旧藏 《居贞草堂汉晋石影》二著录,云"秦日晷残石,高有二寸强,广有二寸七分,字径三分强,出山西右玉"。

以上三具,刘复"西汉时代的日晷"[1]一文有所论述。大小形制略同,石制,大约都是汉代物。右玉和托克托两地相近,在我国北边塞内外,所出二具与中原地带的同制。

汉晷的格局和汉式相仿。在正方形石面中刻绘约汉尺一尺直径的大圆周,圆周内为方匡,方匡为小圆周,中央有孔所以立"正表"或"中央表";圆周刻度上的小圆孔所以立"游仪",刻有一至六十九共六十八度(共六十九条线)。此外又有一外周。《周髀算经》曰"……乃以置周二十八宿。置以定,乃复置周度之中央,立正表。以冬至、夏至之日,以望日始出也,立一游仪于度上,以望中央表之晷。晷参正则日所出之宿度"。所记与实物相合。

洛阳出土一具,刻画谨严,今据此具述其分划。35度处应为正南,通过中心北向至85度构成子午线;10度对60度为正东西的卯酉线,是为二绳。在22—23和47—48刻度中间向外伸出一线,其端作矩形,是为东南维与西南维;与它们相对的是东北维与西北维,皆从中心刻线伸出外周,其端作矩形。其它二具,在35度向外周外画出直线,其85度处当亦如此。托克托出土者在卯酉线上亦如此。是明显的画出二绳。此二绳的四端为四仲,四维的四角为四钩,均见《淮南子·天文篇》。由此可以排定刻度与其相当的十二支刻写

---

1) 北京大学《国学季刊》三卷四号。

处如下：

寅 1 — 2 　　　卯 10 　　　　午 35

酉 60 　　　　戌 68—69 　　　子 85

西北维 71—72 　　　东北维 97—98

则日晷所刻 68 度相当于自寅至戌。《汉旧仪》和《续汉书·律历志》所述夏至漏刻,都是昼 65 刻、夜 35 刻,是一年中昼最长之日。所以日晷刻度至 68 度,已足够用。日晷面上亥、子、丑三支为日光所不及,所以《周髀算经》曰"夏至昼极长,日出寅而入戌,阳照九,不覆三,东西相当正北方"。

大圆周上的小孔,很浅,不能立柱,应如汤金铸和刘复所推测是立游表之处。至于四对平行横线,刘复以为从圆心至长线与从小圆周至短线的长度是推测定二至点时游表的长度,恐不可信。

托克托出土一具,其三圆周及刻度,刻字都较工整而细。但方匡、四维、四对平行线和四仲引伸线,都粗而不规整。其东西向的平行线所占不是 4 度而是 5 和 6、7 度。其东西两仲的引伸线不在 10 和 60 度上而在 9 和 59 度上,其东南维和西南维分别在 23 和 47 度上。我们以为粗线可能是后加的,但不一定如刘复所说是妄人依完全的晷而乱刻上去的。它和洛阳出土者在 48 度左另有一小孔,这不大象是钻错,或是有意所作。这一"点"似和冬至"日出辰而入申"之处很接近[1]。此具圆周不在方座中间而稍偏东、偏南,所以西边、北边留空较大。托克托出土者则东、西、南三边稍小,北边较大。此二具是石盘宽度相等,但圆周径不同。托克托具近于西汉一尺(约为 23.10—23.30 厘米),洛阳具近于东汉一尺(约为 23.30—24.50 厘米)。圆径可能以汉一尺为度,但似尚不能因此分属其年代。刘复抹杀此二具直径的差距,认为洛阳具也是王莽以前所造,是不妥当的。他又依《陶斋藏石记》不署名跋记据"七"字横长而直短的写法,认为它是西汉器而无疑,也欠审慎。武威出土西汉晚期《仪礼》简册,经文"七"字作横长而直短,叶数则作"桼",三、四之四作"亖"而日晷作"四"。然武威日忌简四、亖并见于一简,居延简七或作桼,可知不能据此差别断代。居延所出永元兵器簿隶书"七"字近于今之隶书,与日晷小篆"七"字不同,也只能说明字体之异而已。传世三具日晷上的数字,都是谨严的汉篆,所以暂时一律定它们是汉代的。

刘复在其"余论"中提出了几件事。第一,"晷面等分为百分,代表昼夜百刻;而明画的时刻线只有六十九条,包含着六十八刻,即其余三十二刻为黑夜,晷面不能有日影,故从省"。第二,根据大湾出土汉简所记时分,"疑刻与分实是一物,在漏则言刻,在晷则言分。要是我这个推测不错,则晷面六十九线所表为六十八分时也"。第三,"我以为当时昼夜分为百刻,同时亦分为十二时;但十二时之中,当绳的四时比较小一点,每时八刻;其余的八时比较大一点,每时八刻半"。刘氏以为西汉分一日为十二时,而日晷上的六十八刻为昼而三十二刻为夜,都是错误的。因为西汉简上所见时分,不是十二时,而是十八时,"一日

---

1) 刘复仅据拓本作了研究,他没有见到实物和照片,因此他不知道有这一小"点"的存在。

之中分为十二时"最早见于《论衡·詷时篇》,可能为王莽之制,而东汉之世未必使用。据《续汉书·律历志》和《汉旧仪》,昼夜漏刻因四时而异,冬至昼四十余刻,在日晷上不及二分之一。晷面所刻六十八刻乃夏至最长之度所用,因此不能固定晷面上68与32刻代表昼夜。晷面100刻相当于漏刻100度,它和汉简上某时几分之"分"不同。如西汉分一日为十八时,一时至少八分,很可能一时即为十分,则一日为180分,并非100刻。

　　劳干所作《居延汉简考证》,因刘氏之误,分一日为十二时,并将白昼定为一时八刻半,晚间(黄昏、人定、夜半、鸡鸣)定为八刻,以凑足一日百刻。也是出于臆定。

　　汉日晷分为百刻,说明晷仪是用以校定漏刻的。东汉永平四年(61年)正月甲寅日食,《后汉纪》曰"未餔八刻,太史令王立奏曰:日晷过度,无有变色。……未餔一刻而蚀"。此可证观察日食时用日晷仪定时,而日晷上的"度"即刻度。谓"未餔八刻""未餔一刻",似晷上一定之度为餔时。《续汉书·律历志》述永元十四年十一月甲寅诏曰"漏所以节时分……,当据仪度,下参晷景……及晷景为刻,少所违失"。可知漏刻常以晷景校正其误差。

　　汉日晷皆是平座,晷面等分为一百度而中央表立于圆周中心。案其底座的形制,施用时应是平置。但刘复以为其施用时似需按各地纬度斜立,如《明史·天文志》的"员石敧晷"。明季汤若望所作"新法地平日晷"(罗氏《金泥石屑》著录),是平放的,其时刻线都是斜的(图六)。1934年,刘复用西汉时代日晷原则设计成"时节日晷",既可测时,又可定节

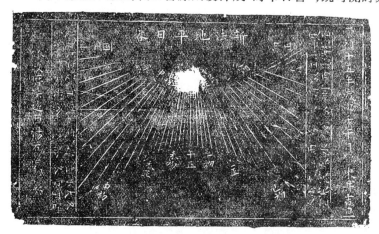

图六　新法地平日晷拓本　(1/2)

气,由上海景华工程代造,存当时北京大学研究院文史部。其构造图和制成品,由常福元作了说明[1]。此时节日晷是斜立的,如故宫所存清初石晷。刘氏所创日晷是否与汉代的符合,尚待研究。

一九六四年三月,北京

　　　　附记:　作者对于天文历法和技术之学非常生疏,承中国科学院自然科学史研究室钱宝琮教授、严敦杰先生和考古研究所夏鼐所长多所指正,特此致谢。

(原载《考古学报》1965年2期)

―――――――――
1)　北京大学《国学季刊》五卷一号。

西汉施行诏书目录

居延地湾出土的 5·3＋10·1＋13·8＋126·12 号（甲 2551）札，长为 67.5 厘米，是出土汉简札中最长者。若以 23.3 厘米当一汉尺，则此札适长三尺。《释名·释书契》曰"牍，板之长三尺者也"，牍为制札牒之朴，则札最长不得过三尺。出土武威汉简《仪礼》，长汉尺二尺四寸，此札长三尺，则为律令所书的尺度。

《汉书·朱博传》曰"如太守汉吏，奉三尺律令以从事耳"，又曰"三尺律令，人事出其中"。是以律令之书长三尺。《汉书·杜周传》"客有谓周曰：君为天下决平，不循三尺法，专以人主意指为狱，狱者固如是乎？周曰'三尺安出哉，前主所是，著为律；后主所是，疏为令；当时为是，何古之法乎？'（此本《史记·酷吏传》。孟康注云"以三尺竹简书法律也"，释"三尺法"。令虽亦出于诏书，但著为令以后，书于三尺之木，而诏书所用木则短于此。据《汉制度》与《独断》，诏书之策"长二尺，短者半之"，所谓尺一木或尺一版。

《盐铁论·诏圣篇》曰"二尺四寸之律，古今一也"，《论衡·正说篇》曰"周以八寸为尺"。说者以为二尺四寸是汉尺，当周之三尺。如此说，则史、汉的"三尺法"乃用周制，于汉为二尺四寸。我于《武威汉简叙论》中亦用此说，以为二尺四寸乃最长汉简，而三尺律令书以汉尺二尺四寸之简。其后考校战国、秦、汉尺度，实以 23.1 为基数，故周尺八寸之说，并不可靠。三尺律令为汉制，先汉亦当如此。

此札是施行诏书的目录，故知作为律令的施行诏书，其策长亦三尺。此目录为编册第二简，试为排列如下：

										←
十	九	八	七	六	五	四	三	二	一	
十	十	十	十	十	十	十	十	十	十	
	九	八	七	六	五	四	三	二	一	
廿	廿	廿	廿	廿	廿	廿	廿	廿	廿	
	九	八	七	六	五	四	三	二	一	
卅	卅	卅	卅	卅	卅	卅	卅	卅	卅	
	九	八	七	六	五	四	三	二	一	
五	卅	卅	卅	卅	卅	卅	卅	卅	卅	
十	九	八	七	六	五	四	三	二	一	
								……		
								五	五	
								十	十	
								二	一	

其读法是横列右行，汉简簿录亦往往如此。《史记·十二诸侯年表序》云，"太史公读

春秋历谱谍",索隐:"案,刘杳云,三代系表旁行斜上,并放周谱。谱起周代"。旁行即谓横行。

由此可知此册共十简,编目最多者不能过六十,而可能止于六十以前。此目录,是将"施行诏书"按年代先后编次,故列于前者早而列于后者晚,考证如下。

(1)县置三老,二 此为所编施行诏书第二。《汉书·高帝纪》二年"二月癸未,令……举民年五十以上,有修行,能帅众为善,置以为三老。乡一人,择乡三老一人为县三老,与县令、丞、尉以事相教,复勿繇戍,以十月赐酒肉。"二月癸未之令,前部为"令民除秦社稷,立汉社稷,施恩德,赐民爵……"等,于重编施行诏书时删去而仅存置县三老一事。《史记·高祖本纪》"二月令除秦社稷,更立汉社稷",不记置三老事。此高帝二年事,此以前为元年冬十月所颁"与父老约法三章耳,杀人者死,伤人及盗抵罪,余悉除去秦法。"又二年冬十一月"故秦苑囿园池,皆令民得田之"。疑诏书第一,或为约法三章。

(2)行水兼兴船,十二 此当指治水及行船之事。《汉书·儿宽传》"宽表奏开六辅渠,定水令以广溉田"。师古曰"为用水之次,具立法,令皆得其所也"。《汉书·百官公卿表》所述都水、都船之官甚多。奉常(太常)下曰"又均官、都水两长丞",注引"如淳曰律:都水治渠堤水门,《三辅黄图》云三辅皆有都水也"。王先谦补注云"都,总也,谓总治水之工,故曰都水"。(治粟内史下曰"又郡国诸仓、农监、都水六十五官长、丞皆属焉。"少府下曰"又胞人、都水、均官三长丞。")中尉下曰"属官有中垒、寺互、武库、都船四令丞。都船、武库有三丞,"注引"如淳曰:《汉仪注》有寺互。都船、狱令,治水官也"。(水衡都尉下,上林苑有辑濯,注云:"船官也。"又曰:"又衡官、水司空、都水、农仓,又甘泉上林、都水",又曰"都水三丞"。内史下"又都水、铁官两长丞"。主爵中尉下"有都水"。)由此知汉律及狱令均有关于都水及都船之规定,皆为治水之官

此条应颁于高祖十一年以后,吕后元年之前,或当惠帝时(公元前195—188年)。因在高祖十一年时,有"诏书第八",见于《汉书·魏相传》。传曰:"高皇帝所述书天子所服第八曰:大谒者臣章,受诏长乐宫,曰:今群臣议天子所服,以安治天下。相国臣何、御史大夫臣昌,谨与将军臣陵、太子太傅臣通等议。……大谒者襄章奏。制曰可。"注引"如淳曰:第八,天子衣服之制也,于施行诏书第八。"师古曰:"萧何、周昌也","陵、王陵,通、叔孙通"。王陵,《汉书》有传,不记为将军事,《本纪》述吕后问刘邦以代萧何之人,邦对以曹参、次王陵。《百官表》"九年,丞相何迁为相国",先谦曰:"当从纪传及表上在十一年";《百官表》"四年,周昌为御史大夫,六年徙为赵丞相。符玺、御史赵尧,十年免",据《本纪》,周昌于十一年二月诏为"御史大夫昌且下相国",则是年又为"御史大夫";《通鉴》"十一年,周昌代尧为御史大夫"。据《百官表》,九年至十一年,叔孙通为太子太傅;据《史记·高祖纪》"七年二月,长乐宫成",十年十月诸王"皆来朝长乐宫"。由此可知诏书第八议于高帝十一年(公元前196年),其时赵尧已免御史大夫而代以周昌,故奏议内有"中谒者赵尧举书"。(补注引齐召南对是年事所考有误,校正如上。)诏书第二与第八之间尚有五诏,应包括甲令中的第六

（漏法）及吴芮称忠之诏（详下），其它三篇或在以下诸诏中：

四年，八月"初为算赋"　　《汉书》本纪

七年，"春令郎中有罪耐以上，请之。"　　同上

七年，制诏御史"县道官狱疑者谳。"　　《汉书·刑法志》

十一年二月诏"令诸侯王、通侯常以十月朝献。"　　《汉书·高帝纪》

"天下已平，高祖乃令贾人不得衣丝乘车。"　　《史记·平准书》

（3）置孝弟力田，廿二　　《汉书·高后本纪》元年二月"初置孝弟力田，二千石者一人"，者是各之误，谓郡举孝弟力田各一人。早于此，惠帝四年"春正月，举民孝弟力田者复其身。"与此郡置孝弟力田常员各一人者不同。《文帝纪》十二年冬十二月诏曰"孝弟、天下之大顺也，力田、为生之本也，三老、众民之师也。……置三老、孝悌、力田常员，令各率其意以道民焉。"此是重申先王之令，此时置三老、孝弟、力田，已著为令。

此为吕后元年事，则诏书第十一以后、第廿二以前当为惠帝时诏书。第廿二以后至第卅二以前，当为吕后及文帝初诏书。

（4）征吏二千石以上以符，卅二　　此即文帝二年九月诏。《汉书·文帝纪》二年"九月，初与郡守为铜虎符，竹使符"，注云"应劭曰：铜虎符，第一至第五，国家当发兵，遣使者至郡合符，符合乃听受之。竹使符，皆以竹箭，五枚，长五寸，镌刻篆书第一至第五。张晏曰：符以代古之圭璋，从简易也。师古曰：与郡守为符者，谓各分其半，右留京师，左以与之。"《史记》所述同，索隐引"《汉旧仪》铜虎符发兵，长六寸；竹使符出入征发。"又引《古今注》云铜虎符，银错书之。"《周礼·典瑞》"珍圭以征守"，注引"杜子春云：珍当为镇，书亦或为镇，以征守者以征召守国诸侯，若今时征郡守以竹使符也"。《后汉书·杜诗传》上疏云"旧制，发兵皆以虎符，其余征调，竹使而已。"由此可知征调二千石以上以竹使符，与发兵的虎符不同。

据《史记》、《汉书》，初与郡守虎符使符，在二年九月，乃记发给郡守以符之事。然其下诏定制则在七月庚辰，见于地湾简中，"孝文皇帝二年七月庚辰下。凡六十六字。"

第一简　市亡符及折……　349·16（甲1775）

第二简　从第一始，大守从五始，符合乃……　332·12（甲1716）

第三简　……〔为〕符令。制曰可。孝文皇帝二年七月庚辰下，凡六十六字。　332·9
+179·5（甲2550）

此诏既为六十六字，则共有三简，是无问题的。第三简上端应为"〔请著〕符令"。符令犹狱令、水令、箠令之类。

（5）郡国调列侯兵，册二　　此在吕后元年诏以后，景帝后三年诏之前，当属文帝之世。《百官表》曰"爵……二十彻侯，……金印紫绶，避武帝讳曰通侯，或曰列侯，改所食国令长名相，又有家丞、门大夫、庶子。"《汉书》文、景二本纪皆称列侯，惟《景帝纪》后二年冬十月"省彻侯之国"，不作通侯或列侯。此诏当述郡国调迁列侯兵，史失载。

（6）年八十及孕、朱需颂毁,五十二　此景帝后元三年诏。《汉书·刑法志》曰"三年复下诏曰:高年老长,人所尊敬也;鳏寡不属逮者,人所哀怜也。其著令:年八十以上,八岁以下及孕者未乳,师、朱儒当鞫系者,颂系之"。(《周礼·司刺》郑司农注曰:"若今律令,年未满八岁,八十以上,非手杀人,他皆不坐"。《汉书·宣帝纪》元康四年正月诏曰:"自今以来,诸年八十以上,非诬告杀伤人,他皆勿坐"。此皆后来所加的条文。)

由上所述,则此目录内的诏书,是按年代先后编列的:

第二	高帝二年	公元前 205 年
第×	高帝五年二月王吴芮	公元前 202 年
第六	漏法,高帝六年后,详下。	公元前 201 年后
第八	天子所服,高帝十一年。	公元前 196 年
第十二	高帝十一年后,约惠帝时	公元前 195—188 年
第廿二	吕后元年	公元前 187 年
第卅二	文帝二年	公元前 178 年
第卌二	约文帝世	
第五十二	景帝后三年	公元前 141 年

据纪,景帝卒于后元三年正月(十七日)甲子,是年"春正月诏曰:农,天下之本也。……其令郡国务劝农桑……。"此当为景帝最后的一个诏书。假定此为施行诏书第五十三,则到篇末只能容五、六个诏书,而武帝在位日久,诏书之可著为令者甚多,为此册目录所不能容,故知此册诏书目录自汉初至景帝三年止。

汉代律、令、诏三者有分别,有混同之处。律最初指九章律及其它专行之律。《刑法志》曰:"于是相国萧何,捃摭秦法,取其宜于时者,作律九章"。而《高帝纪》及《司马迁传》作"萧何次律令",《晋书·刑法志》则曰"汉承秦制,萧何定律。"律虽代有增易,但在基本上是不变的法则。诏书是天子的命令,以特定的官文书形式发布,皆针对当时之事与人,是临时的施政方针。但诏书所颁布新制或新例,或补充旧律的,可以成为"令",即具有法律条文的约束力。杜周所谓"前主所是著为律,后主所是疏为令",后者指时主的诏书可编定为"令",《宣帝纪》注引"文颖曰:萧何承秦法所作为律令、律经是也;天子诏所增损不在律上者为令。"凡诏书而编著为"令"者,有时在诏书中明白注出,如下述各例:

定著令　《吴芮传》(高帝诏,诏见《高帝纪》),《韦玄成传》、《平帝纪》(九月即位诏,元始四年正月诏)

著令　《景帝纪》(元年七月诏,后元三年正月诏),《成帝纪》(元帝令太子得绝驰道),《后汉书·章帝纪》(元和二年,正月诏)

定令　《刑法志》(景帝中六年五月诏),《霍去病传》

具为令　《文帝纪》(元年三月诏),《刑法志》(文帝十三年五月诏),《宣帝纪》(元康三年六月诏此可见在武帝前若干诏书已编定为令。《刑法志》谓"孝武即位……于是招进张汤、赵禹之属,条定法令……律令凡三百五十五章。"则此前的诏令曾经重新编定。地湾出土"诏书目录"止于武帝初以前,可能是此次编定法令的一种,或即是《甲令》或《令甲》。

《宣帝纪》注引文颖曰:"令甲者前帝第一令也。如淳曰:令有先后,故有《令甲》、《令乙》、《令丙》也。师古曰:如说是也,甲乙者若令之第一、第二篇耳。"《吴芮传》注引"师古曰甲者,令篇之次也"。贾谊《新书·等齐篇》曰:"天子之言曰令,令甲、令乙是也。"(此属治安策六事之一,《汉书》未录此条)《晋书·刑法志》曰:又汉时决事,集为《令甲》以下三百余篇……率皆集类为篇,结事为章"。 汉代之令,以《令甲》为第一集,文颖解为第一令是错误的。《令甲》为编册成书,故《续汉书·律历志》引"《令甲》第六",而班固《汉书》两记某诏"著于《令甲》"。《甲令》即《令甲》。《叙传》所引《甲令》乃景帝后元三年最后之诏,则《甲令》的编定在景帝之后,而今所传《新书》为刘向所编,贾谊在文帝时,不可能已有编定成册的《令甲》、《令乙》。诸书所引《令甲》(甲令)和《令乙》(乙令)、《令丙》(丙令)的佚文,有如下述:

(1)《史记·惠景间侯者年表》序"太史公读列封至便侯,曰:有以也夫。长沙王者,著《令甲》,称其忠焉"。

《汉书·吴芮传》曰:"初,文王芮,高祖贤之,制诏御史:长沙王忠,其定著令"。赞曰"惟吴芮之起,不失正道,……著于《甲令》而称忠也。"《高帝纪》五年二月诏"立番君芮为长沙王"。《异姓诸侯王表》高帝四年"初置长沙国",五年"二月乙未王吴芮始,六月薨",(《史记》表作元年薨)故本传曰"徙为长沙王,都临湘,一年薨。"王吴芮之诏在高帝五年二月乙未,在二月甲午即皇帝位之次日。《汉书·王莽传·上》"……番君得王长沙,下诏称忠,定著于令"。

(2)《续汉书·律历志》永元十四年"太史令舒、承、梵等对:案官所施《漏法》《令甲》第六,常符漏品,孝宣皇帝三年十二月乙酉下。"此漏法当属于张苍所定章程之一。据《张苍传》高帝六年封为北平侯,"迁为计相",而《任敖传》谓"苍为计相时,绪正律历。……以比定律令。若百工天下作程品。"《高帝纪》"天下既定,命萧何次律令,韩信申军法,张苍定章程",注引"如淳曰章,历数之章术也,程者权衡丈尺斗漏之法也",漏法属之,则此《令甲》第六作于高帝六年以后。汉代漏法之制,昼夜百刻,见《周礼·挈壶氏》郑玄注《说文》及《礼记·月令》疏引马融。

(3)《宣帝纪》地节四年九月诏曰"《令甲》,死者不可生,刑者不可息。(或引作"复生"、"复息")此先帝之所重",《景帝纪》中元五年九月诏曰"狱、人之大命,死者不可复生"。《史记·文帝纪》十三年五月因太仓令淳于公女之请而除肉刑,女上言曰,"妾伤夫死者不可复生,刑者不可复属"(亦见《汉书·刑法志》)。此所引《令甲》即出于此。此可证"死者不可生,刑者不可息"乃除肉刑诏之前言而并入《令甲》者。

(4)《景帝纪》后元三年正月诏曰"农,天下之本也。……其令郡国务劝农桑,益种树,可得衣食物"。《汉书·叙传》曰"……务在农桑,著于《甲令》,民用康宁,述《景纪》第五",当指后元三年诏。班固两述甲令:早者高帝五年诏书;晚者为景帝后元三年诏书。

(5)《哀帝纪》绥和二年六月"有司条奏,诸王、列侯得名田国中",(《食货志》作孔光、何武奏请)注引如淳曰"《令甲》诸侯在国,名田他县,罚金二两"。

(6)《平帝纪》元始元年六月"天下女徒已论,归家,顾山钱月三百"。注引如淳曰"已论者,罪已定也。《令甲》,女子犯罪,作如徒六月,顾山遣归"。《后汉书·光武纪》建武三年七月庚辰诏曰:"女徒雇山还家"。注引"《前书音义》曰:《令甲》,女子犯徒遣归家,每月出钱雇人于山伐木,名曰雇山"。《令甲》所定为女徒还家雇山,无钱数,"钱三百"则是平帝所增条款。

(7)《后汉书·后纪》序曰"向使因设外戚之禁,编著《甲令》",是范晔之时,尚见《甲令》。外戚之禁,史籍所未见。

(8)《张释之传》"释之奏当此人犯跸,当罚金",(《史记》作"廷尉奏当,一人犯跸,当罚金。")注引"如淳曰:《乙令》,跸先至而犯者,罚金四两"。《乙令》即《令乙》。传述文帝时事,则《乙令》之制,于文帝时已是著于令的诏书。

(9)《江充传》"逢馆陶长公主行驰道中……尽劾没入官",注引如淳曰,《令乙》骑乘车马行驰道中,已论者没入车马被具"。《鲍宣传》注如淳引令,略同。

(10)《晋书·刑法志》引魏律序"《令乙》有呵人受钱"。《说文·序》"廷尉说律,至以字断法,苛人受钱,苛之字止句也",是呵或作苛。

(11)《晋书·刑法志》引魏律序"令景有诈自复免"。(避唐讳,改丙为景)

(12)《后汉书·章帝纪》元和元年七月丁未诏曰:"律云,掠者唯得榜、笞、立,又《令丙》,箠长短有数"。注曰:"《令丙》为篇之次也"。《景帝纪》中元六年五月"乃诏有司减笞法,定箠令。语在《刑法志》"。《刑法志》曰"景帝元年,下诏曰:加笞与重罪无异,幸而不死,不可为人。其定律:笞五百者曰三百,笞三百曰二百。……至中六年……又曰:笞者所以教之也,其定箠令。丞相刘舍、御史大夫卫绾请笞者箠长五尺……"此所谓"定"为"更定",犹《贾谊传》"诸法令所更定其说,皆谊发之";所谓"减笞法"即减少律所定笞数。

以上所记史汉及其注中所引《令甲》七条,《令乙》三条,《令丙》二条。由此可知以下各事:①《令甲》最早称引于司马迁表序中,而宣帝诏中直引《令甲》之文。则其编集成册,应不晚于武帝朝司马迁作《史记》时。②十二条佚文中,(1)(3)(4)(12)都明显是诏书而编著于"令"的,推测《令甲》、《令乙》等都是采施行诏书而编集成册的。③十二条佚文中,其原诏令的颁布施行年代可考者,《令甲》(1)—(4)在高帝初至景帝末,《令乙》(8)不得晚于文帝,《令丙》在景帝中六年,均在武帝初以前。由此推测《令甲》的编著应不早于景帝末,而其首被援引于天汉时所作《史记》,则《令甲》的编著当在武帝初年。《令乙》、《令丙》可能亦如此,有可能即张汤等"条定法令"时所编定。然"著于令"、"定著令"、"具为令"武帝以前已有,则《令甲》《令乙》武帝前已成为"令",而分类甲、乙或自武帝初始。④《令乙》、《令丙》

佚文的年代可考定者,与《令甲》俱在武帝初以前,则令分甲乙丙不是因时代先后相承而分的三集,而是依事类性质不同而分的三集,即《晋书·刑法志》所谓"率皆集类为篇,结事为章"。⑤令甲、乙、丙即甲、乙、丙集,乃不同事类的结集。但由于它们皆来自诏书中,故其各自编集,亦应案年排比先后。"漏法《令甲》第六"颁于高帝六年以后,其前为汉简诏书目录"县置三老三"在高帝二年,其后为《魏相传》所引施行诏书"天子所服第八",在高帝十一年。三者次第衔接,故知《令甲》、施行诏书和汉简目录或是一事。《文帝纪》元年三月诏养老曰"具为令","刑者及有罪耐以上,不用此令"。可知养老令即诏书,故《后汉书·章帝纪》章和元年七月壬戌诏曰"甚违诏书养老之意",即指文帝之养老令。⑥集诏书而成之"令甲","令丙"等,其中每一章如"符令""箠令"所称之令,不是专行之令。符令、箠令皆单一诏书,而专行之令则分若干章。如《史记·儒林传》"太史公曰,余读《功令》"下述公孙弘学官奏议,有云"请著功令,佗如律令。制曰:可"。居延简有《功令》第四十五,述士吏候长以令秋射之制,可见《功令》也分章如《令甲》。

以上所述,只能肯定《令甲》在天汉以前已编著成册,故《史记》引之。在编定为《令甲》以前,它已是令,武帝初因类而分别甲乙。《令甲》按年排比,则武帝初以后,凡同类诏书而具为令者,可能逐件增入,但因流传《令甲》佚文甚少,不能找到证据。破城出土三尺长札的诏书目录,亦止于景帝末,假设此为武帝时或昭帝时写本,乃据武帝初之祖本,故无武帝诏书在内。此如《令甲》之例,并不排斥逐件加入的可能。

居延出土诏书简有二类:一为居延设塞后各帝当时所下的诏书,多附各级行下之辞;一为作为"令"的诏书,出于《施行诏书》或《令甲》等篇者。凡武帝末居延设塞以前的诏书,都属于此类,乃是律令之令。当时所下诏书,层层下达,有书写工整者,如元康三年二月诏;也有书写潦草者(如沙138)。多用尺牍二行(或四行),故其长约在23厘米左右。属于《施行诏书》或《令甲》者,书写工整,札或长汉一尺或长一尺半以上,皆一行。兹举地湾出土简为例:

甲、长约36.5厘米者　文帝二年七月诏,命郡国养老诏

乙、长约22—23厘米者　景帝后元二年四月诏,元狩元年冬十一月诏

文帝二年七月诏(符令)

　　……市,亡符及折……　　　349·16(甲1775)

　　从第一始,太守从五始,符合乃……　　332·12(甲1716)

　〔请著〕符令。制曰可。孝文皇帝二年七月庚辰下,凡六十六字。　　332·9＋
　　179·5(甲2550)

此三简木理、字迹相同,当同属一册。甲1775上下俱断折(4.5×1.1),不知应接续何处,暂列为第一简。甲1716存简上半,天头犹在(2.5),残长12.4×1.1厘米,非诏书开端,故编为第二简。甲2550长34厘米,缺天头,全长应为36.5左右,则为汉尺一尺半以上。

诏共 66 字,简长 36.5,应可容三十余字。

据《文帝纪》二年"九月,初与郡守为铜虎符、竹使符"。此诏下于七月庚辰(十一日)。

命郡国养老诏

〔郡大守诸侯〕相长若丞　常以……　　　　349·2(甲 1771)

酒一石丞致,朕且　时使人问存……　　　　5·13(甲 41)

〔赐物及当廪鬻米〕者视其家……　　　124·17(甲 698)

……月存视其家赐肉卅斤,酒二石,甚尊宠,郡大守　诸侯相内史所明智也,不
奉诏当以不敬论,不智(此诏未完)　　126·41+332·23+332·10(甲 2547)

以上四简皆养老诏中残辞,可能出于一册。甲 2547 上端略残,缺天头,残长 34.2×
1.1 厘米,全长当与甲 2550 文帝二年七月诏相若,应在 36.5 厘米左右,行约 40 字。惟甲
2550 不见穿绳的空格,而甲 2547,41,1771 三简皆有之。甲 698 或者属于甲 41 或甲 1771
断简之一。据《百官表》,文帝中二年更名郡守为太守,景帝中五年改诸侯王国丞相为相
(亦见《景帝纪》)则应在文帝中五年以后,表又谓成帝绥和元年省诸侯王之内史,则此简应
在景帝中五年后,绥和元年以前(公元前 145—8 年)。《武帝纪》元狩元年四月诏、六年六
月诏及元封元年诏,皆存问致赐老年之诏,不关更订养老之常法,与简无涉。简所记或在
武帝以后所更订。文帝元年二月诏所下养老令曰:"老者非帛不暖,非肉不饱。今岁首,不
时使人存问长老,……具为令。有司请令县道,年八十以上,赐米人月一石,肉二十斤,酒
五斗。其九十以上,又赐帛人二匹,絮三斤。赐物及当禀鬻米者,长吏阅视,丞若尉致。不
满九十,啬夫、令史致。二千石遣都吏循行,不称者督之。刑者及有罪耐以上,不用此令"。

诏云:"使人存问长老",而简云"朕且时使人问存";此养老令与简相同之处。但二者
有不同之处:(1)"赐米人月一石,肉二十斤,酒五斗"。而简云月"赐肉卅斤,酒二石",(2)
"长吏问视,丞若尉致。不满九十,啬夫、令史致"。丞、尉、啬夫、令史皆县道之属吏。简云
"郡大守诸侯相长若丞常以……","酒一石丞致","郡大守诸侯相内史所明智也",则诏所
下者为郡国而非县道。故知简所记之诏是命郡国养老之令,与文帝元年养老令不同。《武
帝纪》建元元年四月己巳诏曰"民年九十以上已有受鬻法,为复子若孙",此指于文帝养老
令中关于年九十以上之受鬻法,再加一条"复子若孙"的待遇,则武帝初犹用文帝之制。

景帝后元二年四月诏

〔……雕文刻镂,伤农事者也,锦绣纂组,害女红者也。农事伤则饥之本也,女红害则
寒之原也。夫饥寒并至,而能亡为非者寡矣。朕亲耕,后亲桑,以奉宗庙粢盛祭服,为天下
先;不受献,减太官,省繇赋,欲天下务农蚕,素有畜积,以备灾〕害。强毋攘弱,众毋暴寡,
老(349·9+22=甲 1772)〔者以寿终,幼孤得遂长。今岁或不登,民食颇寡,其咎安在? 或
诈伪为吏,=或以货赂为市,渔夺百姓,侵牟万民。县丞、长吏也,奸法与盗=,〕甚无谓也。

其令二千石各修其(306·18＝甲1621)〔职,不事官职耗乱者,丞相以闻,请其罪。布告天下,使明知朕意〕。

此诏书见《景帝纪》,应钞于八简,今存二简。甲1772为第三简上半,缺天头,长度为7.6×1.1厘米;甲1621为第六简下部,存地头,残长为12.1×1.1厘米。完整之简当为23厘米左右,行约24字,如此排法则第一简上空出9字。

据诏书目录,后元三年诏列为第五十二,则此诏或为第五十一。

元朔元年冬十一月诏

……………………………………

〔举孝,庶〕几成风,绍休圣绪。传不云乎,十室之邑,必有忠信; 126·30(甲713)

〔三人并行,厥有我师。今或至阖郡而不荐一人,是化不〕

〔下究,而积行之君〕子雍于上闻也。二千石官长纲纪人伦, 332·16(甲1723)

……………………………………

此为《武帝纪》元朔元年冬十一月诏的残辞。甲713残长15.3×1.2,甲1723残长13×1.2,两简皆存下半截(甲713地头稍缺不全),依上排列则行21字或20字,"举孝"以前至诏文开端"公卿大夫"凡82字,可以排为四简。"人伦"以下,诏文尚有很多字。今本"夫十室之邑",无"传不云乎",又"纲纪"今本作"纪纲"。劳干以为"三人行"至"人伦"共43字为一简,简长约汉尺二尺四寸,不合行款。

其它诏书

……官狱属所二千石□…… 126·31(甲711) 7×1.3厘米

……品置二千石以下主者…… 甲2472 4.3×1.1厘米

……千户一人复身毋有所与身不当事 306·22(甲1620) 9.5×1.2厘米

……有罪辱颂毁之…… 539·39(甲2318)5×1厘米

前三年十二月辛巳下凡五十一字 126·29(甲721)天头整,15.4×1.4厘米

(文帝前三年冬十二月丁卯朔,十五日辛巳);又

(景帝三年冬十二月甲寅朔,廿七日辛巳)。此简属文帝抑属景帝尚待考定。

孝文皇帝五年/十一月壬寅下凡卅八字 118·1＋117·43＋255·25(甲676＋
675)(衔接)4.5×1.3;10×1.3厘米

房子…… 349·17(甲1779)4.5×1.2厘米

……襄国东麓…… 349·15(甲1778)4×1.2厘米

……□亦大不敬不〔道〕…… 146·59(甲837)5.6×1.1厘米

以上皆另简残辞。甲711或系《刑法志》高帝七年疑狱诏"自今以来,县道官狱疑者各

谳所属二千石官”, 简作“官狱属所二千石□”。《史记·儒林传》“上属所二千石”索隐云“所二千石, 谓于所部之郡守、相”。属所二千石者属之所在之郡太守或诸侯王相。高帝七年诏, 又见于《景帝纪》后元年正月诏“狱疑者谳有司, 有司所不能决, 移廷尉”。惟称二千石官为有司。

甲 2472“二千石以下主者”即二千石以下当事之吏,《酷吏传》述武帝《沈命法》曰“群盗起不发觉, 发觉而捕弗满品者, 二千石以下至小吏主者皆死。”简文首字, 马衡释“诸”, 实为“品”字下半, 故此简或为《沈命法》之残辞。《后汉书·黄琼传》“使中常侍以琼奏书, 属主者施行。”

甲 1620 为复免之事,《文帝纪》四年“夏五月, 复诸刘有属籍家无所与赐诸侯王子邑各二千户”, 或系此事。

甲 2318 或系景帝后三年诏, 诏曰“当鞠系者, 颂系之”, 此则作“有罪辱者”, 不同。

甲 721 天头完整, 下断折, 残长 15.4 厘米。文帝前三年及景帝前三年冬十二月俱有辛巳。《文帝纪》前三年十二月无诏。《景帝纪》前三年冬十二月诏赦纪嘉凡四十四字, 与简记九十一字字数不合。

甲 676+675, 出土后编号为 117·43+255·25 及 118·1, 117·43 与 118·1 次序相接, 故知此为一简之折。文帝五年十一月壬寅三十八字诏书, 史书失载。

甲 1779, 1778, 837 诸简, 无可考。惟甲 1778, 甲 1779 出土编号相近, 或系一简之断。

一九六三年十月三十一日

武威汉简补述

武威第六号墓出土汉简,除九篇《仪礼》外,还有十一枚日忌及杂占简。《武威汉简》一书的叙论及考释中,对此已有考述。在涉猎其它书本时,有可补述者数事,记之于下。

一、日 忌 简 册

出土六简,四枚完整,二枚只存三分之一。长 23.2—23.6 厘米,当汉尺一尺。木呈青灰色,与写《仪礼》所用二尺四寸简,长短有别,木质亦异。据干支编列,则知此册稍有散失。我们当初将六简分属二册,今试重拟编为一册,复原如下:

1. 甲毋治宅不居必荒　乙毋内财不保必亡　丙毋直衣邼□□□
2. 丁毋威□□多作伤　戊毋度海后必死亡　己毋射侯还受其央
3. ［庚辛………………]　壬毋□□必得□□　［癸毋………………]
4. ［子毋………………]　丑毋………………　寅毋………………]
5. ［卯毋………………]　［辰]毋治丧□□□□　［巳毋………………]
6. 午毋盖房必见火光　未毋饮药必得之毒　申毋财衣不烦必亡
7. 酉毋召客不闹若伤　戌毋内畜不死必亡　亥毋内妇不宜姑公

都是八字一句,有韵,字体亦相近,故可并为一册。此册至少七简,今失其一。简文的内即纳,直衣即置衣,度海即渡海,财衣即裁衣,亡即逃亡之亡。

敦煌莫高窟所出一失题残卷(巴黎,伯2661),刘复拟名为"吉凶避忌条项",录其文于《敦煌掇琐》九〇。其中有相接的两段:

甲不开藏,乙不纳财,丙不指灰,丁不剃头,戊不度□,己不伐树,庚辛不作酱,壬不书家,癸不买履。

子不卜问,丑不冠带、又不买牛,寅不召客,卯不穿井,辰不哭泣、不远行,巳不取妇,午不盖房,未不服药,申不裁衣、不远行,酉不会客,戌不祠祀,亥不呼妇。

和汉日忌简册有相同、亦有相异的地方。(刘录己、庚、戊误为巳、申、戌,今改止。)简册可辨者共十二条,和残卷相同者是乙、戊、辰、午、未、申、酉、亥等八条,和残卷不同者是甲、丙、己、戌等四条。

残卷"丙不指灰"或系"直衣"的误录;"戊不度□",度下所阙应是海字;"辰不哭泣"和简"毋治丧"应是一事。《论衡·辨祟篇》曰"辰日不哭,哭有重丧",可知东汉世已有辰不哭、不治丧的习俗。《颜氏家训·风操篇》曰"阴阳说云辰为水墓，又为土墓，故不得哭。……今无教者，辰日有丧，不问轻重，举家清谧不敢发声，以辞吊客"。至于唐世，犹存此忌：《旧唐书·张公谨传》曰"準阴阳书，曰子在辰不可哭泣"，又《吕才传》曰"或曰辰日不宜哭泣"。残卷"申不裁衣"同于简"申毋财衣"。《论衡·讥日篇》所述"时日之书，众多非一"，又曰"裁衣有书，书有吉凶，凶日制衣则有祸，吉日则有福"。今此残卷所录裁衣之忌尚有以下各项：

> 春三月申不裁衣，夏三月酉裁衣凶，秋三月未不裁衣，冬三月酉凶。
>
> 丁巳日裁衣煞人，大凶。
>
> 秋裁衣大忌申日，大吉。
>
> 申日裁衣，不死已凶。
>
> 凡八月六日十六日廿二日不裁衣，凶。
>
> ·············
>
> 晦朔日裁衣被虎食，大凶。

凡此以申日忌裁衣最多。残卷分别"寅不召客""酉不会客"而简作"酉毋召客"，稍异。残卷"丑不冠带、又不买牛"与简"戌毋内畜"不同。残卷以丑日不冠，与汉俗不同。《论衡·讥日篇》曰"造冠无禁，裁衣有忌。……沐有忌，冠无讳"。此可证汉代裁衣有忌而造冠与戴冠无日忌，则此残卷所记乃是汉以后始有。

一九六四年四月，作于北京。

二、关于"文学弟子"的考述

在日忌杂简的背面，有一行可以推测为墓主人所写的记事，文曰"河平□年四月四日，诸文学弟子出谷五千餘斛"。"文学弟子"一词，不见于《汉书》和两汉碑刻。汉代所谓"文学"，乃指经学而言。它同时又是一种资历和学官的称谓。所谓"弟子"，自然是对业师而言，太常博士以至郡国县都有弟子，郡国或称诸生。

西汉文、景之世，京师（中央）与郡国（地方）先后设立学官。据《汉书·武纪》建元五年春置五经博士，《百官公卿表》和《儒林传·赞》略同。但在此以前的文、景之世，已设博士，见刘歆《移太常书》、赵岐《孟子题辞》和《汉书·翟酺传》，并立传记，后罢。《史记·儒林传》述武帝时公孙弘议因旧官"为博士官，置弟子五十人，复其身；太常择民年十八已上仪状端正者补博士弟子"。《汉书·儒林传》述至昭帝时满百人，宣帝末倍之，元帝时设员千人，成帝时一度增至三千人。

正式的博士弟子以外，尚有另一种附学于博士官的来自郡国的文学之士。自文帝始，试行了一种诏举制度，郡国举文学为诏举项目之一。《汉书·文纪》及位二年"及举贤良方正能直言极谏者"，十五年"诏诸侯王公卿郡守举贤良能直言极谏者，上亲策之，傅纳以言。

语在晁错传";《晁错传》曰"后诏有司举贤良、文学士"。《汉书·循吏传》文翁"景帝末为蜀郡守……乃选郡县小吏开敏有材者张叔等十馀人,亲自饬厉,遣诣京师受业博士。……蜀地学于京师者比齐、鲁焉"。《华阳国志》卷十《蜀郡士女志赞》自注云"张宽字叔文,文翁遣宽诣博士东受七经,还以教授"。此可见蜀郡遣送小吏就业博士之事,齐、鲁已有先行之者。至武帝时,《史记·儒林传》述公孙弘议请"郡、国、县、道、邑有好文学……二千石谨察可者当与计偕诣太常,得受业如弟子"。"制曰可"。《汉书·公孙弘传》曰"武帝初即位,招贤良、文学士。……元光五年复徵贤良、文学"。前者似指《武纪》元狩六年诏,后者见《武纪》元光五年"徵吏民有明当时之务……令与计偕"。是郡守选送文学士至京师就业博士,一时成为制度,而诏举文学仍行于昭、宣之世。《汉书·儒林传·序》曰"昭帝时举贤良、文学",《昭纪》始元五年诏"令三辅、太常举贤良各二人,郡国文学高第各一人",六年"诏有司问郡国所举贤良,文学民所疾苦"。后者亦见《食货志》下及《车千秋传》,曰"于是盐铁之论起矣",《盐铁论·利议篇》曰"故举贤良、文学高第"(又见《相刺篇》)。《汉书·宣纪》本始元年"诏内郡国举文学高第各一人",元康元年诏"其博举吏民;厥身修正,通文学,明于先王之术,宣究其意者,各二人"。郡举文学之诏,最晚见于此,而特别注明内郡,则其不及于边郡可知。

郡国所举文学的性质及其进升途径,可由晁错与儿宽二人实例,加以说明。

《史记·晁错传》曰"以文学为太常掌故"。集解引"应劭曰掌故百石吏,主故事"。索隐引"服虔云百石卒吏。《汉旧仪》云太常博士弟子射策中甲科补郎,中乙科补掌故也"。以文学为太常掌故者,以郡国文学入京师受业于太常博士如弟子,参加岁试射策,中乙科为掌故。《汉书·晁错传》曰"以文学为太常掌故。……诏以为太子舍人、门大夫、迁博士。……于是拜错为太子家令"。又曰"后诏有司举贤良、文学士,错在选中。……时贾谊已死,对策者百馀人,唯错为高第,由是迁中大夫"。错被举二次:第一次郡国举为文学,入京在太常岁试射策中科为掌故;第二次错既为太子家令,被某某四臣举为贤良,对策为高第,故对策自称某某四臣"所选贤良太子家令臣错"。由此可证文帝时已举贤良、文学而贤良与文学有别。

《史记·儒林传》曰"儿宽既通尚书,以文学应郡举,诣博士受业,受业孔安国。……以试第次,补廷尉史"。《汉书》则作"以郡国诣博士,……以射策为掌故,功次补廷尉文学卒史(臣瓒曰《汉注》卒史秩百石)。是时张汤方向学,以为奏谳掾"。《张汤传》曰"是时上方乡文学,汤决大狱,欲傅古义,乃请博士弟子治尚书、春秋补廷尉史"。儿宽治尚书,以郡国就业太常博士,故因张汤之请而补廷尉史。《汉书·百官公卿表》元朔二年"中大夫张汤为廷尉,五年迁",则儿宽补廷尉史在元朔五年前。元朔五年,公孙弘请为博士置弟子员,著为功令,见《汉书·武纪》。在此功令中,郡举文学"一岁皆辄课,能通一艺以上,补文学掌故缺;其高第可以为郎中,太常籍奏"。然晁错、儿宽俱以郡国文学诣太常受业,俱岁试射策为掌故,则郡国文学参加太常岁试不始于元朔五年之功令,乃前已行之。

由上述二人之例,可知郡国所举文学之士,其进升途径约经以下四个阶段:(1)郡国选举入京师,(2)诣太常从博士受业,(3)参加岁试射策,(4)中科后因第次授官。兹分述之如次。

郡举文学的人数,大约为郡各一、二人。武帝时公孙弘所议功令,只提到"郡、国、县官有好文学、敬长上、肃政教、顺乡里、出入不悖,所闻,令、相、长、丞,上属所二千石,二千石谨察可者",既包括郡、国以次的县、道、邑,而未定人数。昭帝时郡国文学高第各一人,故《汉书·路温舒传》曰"内史举温舒文学高第"。宣帝本始元年诏内郡国举文学高第各一人,元康元年诏博举吏民通文学者各二人。至于景帝末蜀郡文翁所选送者为小吏十馀人,似非常例。徵选出自天子诏令,亦有徵自大臣者,如《汉书·韩延寿传》曰"大将军霍光持政,徵郡国贤良、文学,问以得失。时魏相以文学对策",《魏相传》则曰"举贤良,以对策高第为茂陵令"。郡国所举者或名之为"文学",或名之为"文学高第",《盐铁论·相刺篇》大夫曰"所谓文学高第者,智略能明先王之术而资质足以履行其道,故居则为人师,用则为世法。……诸生所谓中直者遭时蒙率备数适然耳,殆非明举,所谓固未可与论治也"。又《利议篇》大夫称所举贤良文学高第为诸生 。

郡国所举的文学到了京师以后,可以仅仅参加诏问对策,而任以官,如魏相以文学对策为令,如《汉书·张禹传》曰"举为郡文学。甘露中,诸儒荐禹,有诏太子太傅萧望之问。禹对……试为博士"。可以受业于太常博士官,如公孙弘所定诏令"诣太常得受业如弟子";如《汉书》儿宽传、文翁传;又《萧望之传》曰"以令诣太常受业",令即公孙弘所议"功令",注引 "如淳曰令:郡国官有好文学、敬长、肃政教者,二千石奏上与计偕诣太常受业如弟子也"。

公孙弘所定"功令",郡举文学参加岁试,"能通一艺以上补文学掌故缺,其高第可以为郎中者,太常籍奏"。《汉旧仪》以为射策中甲科补郎,乙科补文学掌故。《汉书·匡衡传》曰"衡射策甲科,以不应令,除为太常掌故,调补平原文学,学者多上书荐衡经明,当时少双,令为文学,就官京师"。是宣帝时仍分甲乙两科,射策中甲科为郎,不应令可除为文学掌故。《史记·儒林传》索隐引"如淳云《汉仪》:弟子射策甲科百人补郎中,乙科二百人补太子舍人,皆秩比二百石,次郡国文学秩百石也"。此制似在武帝以后,与王莽制亦不同。《汉书·儒林传》载王莽时"岁课甲科四十人为郎中,乙科二十人为太子舍人,丙科四十人补文学掌故"。

射策中科后可以为文学掌故、文学卒史,可以为郡国文学,皆秩百石。而《匡衡传》学者上书请留衡为文学就官京师,此"文学"当是在京师之官。《汉书·霍光传》废昌邑王奏议列名者有"诸吏文学光禄大夫臣迁、臣畸、臣吉……臣夏侯胜",《汉书·夏侯胜传》昭帝时"徵为博士光禄大夫",是"诸吏文学"即博士官。郡国学官之称博士者,仅见《汉书·河间献王传》,立毛氏诗博士。《后汉书·马武传》述邓禹对光武曰"臣少尝学问,可郡文学博士",则为自谦之辞。

《汉书》匡衡"调平原文学",《后汉书》魏应"举明经,除济阴王文学",又张玄"举明经,补宏农文学",凡此皆郡国文学之官,先应郡国之举而后仕为文学之官,即《汉仪》次于郎中、太子舍人的"郡国文学",秩百石,乃郡国文学官的品位。《汉书·王尊传》述宣帝时"尊称病去,事师郡文学官,治尚书论语",师古云"郡有文学官,而尊事之以为师也"。郡国立学官,倡议于景帝末蜀郡文翁,定制于武帝,扩充于元帝、平帝之世。《汉书·循吏传》述文翁在蜀郡"又修起学官于成都市中,招下县子弟以为学官弟子。……至武帝时,乃令天下郡、国皆立学校官,自文翁为之始云"。《汉书·儒林传》元帝时"郡国置五经百石卒史",此即《汉仪》所谓"郡国文学秩百石"。《汉书·平纪》元始三年"立官稷及学官。郡国曰学,县、道、邑、侯国曰校。校、学置经师一人。乡曰庠,聚曰序。序、庠置孝经师一人"。

据上所述,郡国之学为"学官",而县、道、邑之学为"校官",合之则称"学校官"如《汉书·循吏传》所记。学官之称见于:《汉书·申公传》曰"其学官弟子",《文翁传》曰"学官弟子"、"学官诸生",《何武传》曰"行部必先即学官见诸生",《王莽传》曰"宜班郡国令学官以教授",《后汉书·刘宽传》曰"典历三郡……尝引学官祭酒及处士诸生执经对讲"。校官之称见于:《汉书·韩延寿传》曰"徙颍川……令文学校官诸生皮弁执俎豆",《后汉书·明帝纪》永平十年"幸南阳……召校官弟子作雅乐",校官掾见《隶续》卷十五"公乘校官掾王幽题名"及卷十六"蜀郡繁长张禅等题名"。后汉时学校弟子有近千人者,如《隶释》卷一"史晨飨孔庙后碑"曰"并畔宫文学先生、执事、诸弟子合九百七人",《华阳国志》卷十《蜀郡士女志》张霸为会稽太守"立文学、学徒以千数"。就业于学校的,为弟子、诸弟子,亦称诸生。

学校的教官,见于西汉记载者有平原文学、郡文学官和郡国文学,秩百石同于五经百石卒史和文学掌故;见于东汉记载者有弘农文学,济阴王文学、鲁国称文学先生。至于《汉书》中单称某人为"郡文学"者有可能指郡文学官,也有可能指郡举文学,其例如下。(1)武帝时隽不疑"治春秋为郡文学,进退以礼,名闻州郡"。(2)昭帝时韩延寿"少为郡文学,大将军霍光徵郡国贤良、文学,问以得失",是延寿以郡举举文学应徵对策。(3)昭帝时张禹"至长安学"易与论语,"既皆明习有徒众,举为郡文学",而后对策试为博士。(4)昭帝时盖宽饶"明经为郡文学,以孝廉为郎,举方正对策高第"。(5)宣帝时诸葛丰"以明经为郡文学,名特立刚直,贡禹为御史大夫,除丰为属",则其为文学时尚未除为郡吏。(6)成帝前梅福"少学长安,明尚书、穀梁、春秋,为郡文学,补南昌尉"。上六例中,有些可能为郡文学官,然如张禹之例,以明经举为郡文学,而未举以前已聚徒教授。因此,凡称"为郡文学"者可能指未仕以前的学衔或功名,非"除""补""调"的文学官。且上述六例皆在武帝以后的昭、宣二世,正是诏举郡国文学的时代。昭帝始元六年盐铁论议,参加的有郡国所举的"文学",《盐铁论》最后一章称之为"文学鲁万生之伦六十馀人",论中被对方的"大夫"呼为"诸生",而《相刺篇》大夫称他们为"文学高第""居则为人师",则诸生在乡里不待任为学官已为人师。郡国诸生应举入京师对策,称为"文学"或"文学高第",在郡国则当可以此资格称为"郡文学"。

如匡衡、魏应、张玄之例，是经过考试或选举为中央所任命有官秩的"郡国文学"。至于郡国所自辟除的文学教官，似亦可称为郡文学；如上述梅福等人，有可能属于此。郡国所自辟除的"文学"，和郡国应诏而选举入京对策的"文学"，可能相并而行，二者之间颇有相重的可能。

郡国文学官下的属吏，属于西汉者仅一见于《汉书·郑崇传》曰"少为郡文学史"，指郡文学所属的文学史。东汉则文学有掾有史，《后汉书·杨厚传》曰"郡文学掾史春秋飨射常祠之"，《灵帝纪》熹平五年"试太学生年六十以上百余人，除郎中、太子舍人，至王家郎、郡国文学吏"，是郡国文学吏分发自中央之例。《后汉书》记杜笃"后仕郡文学掾"，杨由"少习易……为郡文学掾"，陈实"托太守高伦用吏，伦教署为文学掾"，后者乃郡所署用之例。东汉碑刻题名，记录较详。《隶释》卷一"孔庙置百石卒史碑"有文学掾，是鲁有此官。巴、蜀碑刻尤详。《隶释》卷五"巴郡太守张纳碑阴题名"，有文学主事掾、文学掾、文学主事史、文学史。《隶释》卷十四"蜀学师宋恩等题名"，有师二十人，孝义掾、口业掾各一人，易掾二人，易师三人，尚书掾三人，尚书师三人，诗掾二人，[礼]掾二人，春秋掾二人，文学孝掾一人，文学掾一人，文学师四人。（《隶续》卷十六"蜀郡繁长张禅等题名"有郡文学师。）由此两刻，知文学主事掾下有文学掾若干人；文学主事史下，有文学史若干人。此二者合称为文学掾史或郡国文学吏。文学掾中，有以专经分科者，如易、尚书、诗、礼、春秋之掾是五经的专师，即元帝时所置"五经百石卒史"。掾高于史或师。汉平帝设学校官"置经师一人"疑相当于宋恩题名中置于前列的"师"二十人，高于文学掾、文学师。（蜀之文学师即文学史。）鲁泮宫文学先生则相当于经师或文学掾。专经之掾高于专经之师（史），后者高于不专经的掾、师（史）。

以上探索了西汉"文学"一词作为一种身份的源流，因而涉及了当时学校选举制度。武帝以后，附学于博士官的郡国选送的文学之士及小吏，得受业太常如博士弟子，参加岁试，他们是"弟子"而不能称为"文学弟子"。郡国所举文学，诣京师对策，他们的原来身份是诸生，称为"文学高第"或"文学"，似乎也不能称为"文学弟子"。况且郡举文学以及诏举郡国文学士，盛于昭、宣，此后即不行；而太常博士的弟子员额大增，亦无必要再行前制。武威汉简记"诸文学弟子"于成帝河平年间，在郡举文学或郡文学已不盛行之时，那末"文学弟子"最可能指郡国文学官的弟子。鲁国的"文学先生"与"诸弟子"为对，则诸弟子乃"诸文学弟子"，亦即"学官弟子"、"学官诸生"。

墓主人记诸文学弟子出谷事，他本人当时很可能为专于一经的"礼掾"之类的经师。由于此墓夫妇合葬而有王莽钱，则夫或妇一定度过了西汉晚期。河平在元帝置五经百石卒史之后，推测墓主人于该时曾为礼掾之类。河平以后及其死葬武威之前，在武威郡是否曾任文学或文学掾、师之职，已无可考。边郡置郡文学官，亦不见记载，在西汉晚期是有此可能的。

一九六四年八月，北京钱粮胡同。

由实物所见汉代简册制度

一、出　土

我国秦代以前，有很长的时期以竹简、木札和缣帛（素）作为书写经典、传记、册命、律令、书檄、信札、历谱、簿籍和一切文书的主要材料。《墨子·明鬼篇》曰："故书之竹帛，传遗后世子孙"，《韩非子·安危篇》曰："先王寄理于竹帛"。后汉发明了以树肤麻头制成的纸，但竹帛的应用，仍未稍衰。《后汉书·儒林传》序谓："光武迁还洛阳，其经牒秘书载之二千余两"，《意林》引《风俗通》说："光武车驾徙都洛阳，载素、简、纸经凡二千两（辆）"。《后汉书·贾逵传》（章帝）令"逵自选《公羊》严、颜诸生高才者二十人；教以《左氏》，与简、纸经传各一通"，李贤注云"竹简及纸也"。东汉末，献帝令荀悦撰《汉记》，《后汉书·荀悦传》曰："诏尚书给笔札"，则当时尚用木简著书。至东晋之末，尚明令以纸代简，《初学记》卷十一引《桓玄伪事》述桓玄（卒于公元404年）之令曰："古无纸故用简，非主于于敬也，今诸用简者，皆以黄纸代之"。可知竹木简的应用，直到晋以后才渐渐废止。

近数十年来，西北地区虽曾有大批汉至西晋木简出现，但大部分是边戍文书，极少六艺诸子杂书，详考古研究所编《居延汉简》等编。建国十余年来，南方地区曾有一些竹简和少量的木简出土，约有以下各项：

（一）战国竹简

1．一九五一年长沙北郊五里牌第四〇六号木椁墓出土三十八枚残简，最长13.2厘米（不全），是赗册。见《长沙发掘报告》。

2．一九五三年长沙南郊仰天湖第二十五号木椁墓出土四十三简，长约22厘米，是赗册。见《考古学报》一九五七年第二期。

3．一九五三年长沙北郊杨家湾第六号木椁墓出土七十二简（二十七简无字），长13.5厘米，每简仅在简首有一、二字，编册包以绢，在漆盒内铜镜下。见《文物参考资料》一九五四年第十二期。此汉尺六寸的簿册，《说文》所谓专或算，乃是妆奁册或算筹。

4．一九五七年信阳长台关木椁墓出土两组：一组出于北室，编号二十九件，据在北京的七简量之，长68.6厘米，另一长58.8厘米，是赗册；一组出于前室，编号八十八件，皆已残断，是诸子尺书之类。见《文物参考资料》一九五七年第九期。

（二）两汉及其后木简

5. 一九五一年长沙东郊徐家湾第四〇一号墓出土"被绛函"木札一枚,北郊伍家岭第二〇三号墓出"鱼鲊一斛"检封一枚,均属西汉晚期。见《长沙发掘报告》一二四页。

6. 一九六二年连云港海州网疃庄西汉晚期墓出土衣物券木札一枚,长23、宽6.7厘米。见《考古通讯》一九六三年第六期。

7. 一九五六年陕县刘家渠第二十三号东汉墓出土木简二,残存下端三字。见《考古通讯》一九五七年第四期。

8. 一九五五年武昌任家湾砖券墓出土木简三简,长18.8—21.5厘米,一简有"道士郑丑再拜",乃是书札。见《文物参考资料》一九五五年第十二期。

以上八次出土的,战国时代多竹简赠册、衮册,两汉及其后的则为书札、衣物券、检封之类。此次武威磨咀子第六号墓出土五百余简,竹简占很小一部分而多为木简,且为成篇的经书,首尾完整不缺,叶数顺接,文字清晰,由此可以详细而具体地考定汉代的简册制度,从而补足文献上所未及,并证实文献上记载不足或不确之处。兹分项述之。

二、材　料

书简的制作材料,大别之为竹与木。竹与木可以通称为简,但其实是有分别的。

简指竹简,乃是从竹筒上片解而成的长狭条,《论衡·量知篇》曰:"截竹为筒,破以为牒,加笔墨之迹,乃成文字,大者为经,小者为传记"。《说文》曰:"简,牒也"。《文心雕龙·书记篇》曰:"短简编牒"。《论衡》之筒应是箭,《说文》曰:"箭,断竹也"。

札本指木札,乃是从板或椠木上片解而成的长狭条,《论衡·量知篇》曰:"断木为椠,斫之为板,力加刮削,乃成奏牍",《说文》曰:"椠,牍朴也",《玉篇》曰:"椠,削板牍也",《太平御览》卷六〇六引扬雄《答刘歆书》所谓"铅摘松椠"。片解后的木札,可有以下的称名:《说文》曰:"片,判木也","版,判也","牒,札也","牍,书板也",《急就篇》颜注曰:"牍,木简也"。《汉书·郊祀志》上、《司马相如传》上师古注云:"札,木简之薄小者也",是以小简为札。《文心雕龙·书记篇》曰:"短简编牒","故短牒咨谋",《汉书·路温舒传》师古注曰:"小简曰牒",《史记·孟荀列传》索隐曰:"按牒者,小木札也"。凡此以札、牒为短小的木简,是唐人之说,不尽合于汉制。

《说文》以牒训简,以札训牒,乃使简、札不分,故师古径称札为木简。《汉书·元帝纪》注引应劭曰:"籍者为二尺竹牒",又称牒为简,同于《论衡》称破竹筒为牒之说。宋黄伯思《东观余论》上《汉简辨》记关右人发地得古瓮,中有"东汉时竹简甚多",赵彦卫《云麓漫钞》卷七谓吴思道亲见之于梁思成所,称为"木简",而刘无言《论书》则说政和初人于陕右发地"得竹木简一瓮"。此所出者大约系木简而或称之为竹简,或称之为竹木简。

木简所用材料,扬雄所说"松椠",是以松木制牍。《太平御览》卷六〇六引"《楚国先贤传》曰:孙敬编杨柳简以为经本,晨夜诵习"。《汉书·路温舒传》曰:"父为里监门,使温舒牧羊,温舒取泽中蒲,截以为牒,编用写书"。蒲是蒲柳,《尔雅·释木》曰:"杨,蒲柳",《古今注》曰:"蒲柳生水边",又曰:"水杨,蒲杨也",《诗·扬之水》:"不流束蒲",笺云:"蒲,蒲柳"。《左传》宣十二年曰:"非子之求而蒲之爱,董泽之蒲可胜既乎",杜注云:"蒲,杨柳"。《太平御览》卷六〇六引《神仙传》,称阴长生"著嵩高山一通,黄栌简,染之书"。

过去西北出汉简,亦以松、柳两类居多。一九四四年敦煌出土者曾经鉴定,其材料有青杆(别名杆儿松,云杉一类)、毛白杨、水柳(别名垂柳)和柽柳(别名红柳),都是当地所产;此外有竹简三件(敦十七之四、十五、十八)。此以前,敦煌长城故垒所出者亦以杨柳科之白杨木所制者居多,次为松柏或红柳;此外亦有少数竹简(《流沙坠简》苍颉篇一简及医方十一简,马氏释文第三十二简)。居延汉简略同于敦煌而有坚硬似枣木者和少数竹简如《甲编》670(参夏鼐《新获之敦煌汉简》附录及《考古》一九六〇年第一期四七页)。

武威出土的木简,大多是用一种木料制成的,表面淡红,经中国林业科学研究院森林工业科学研究所根据残片鉴定为云杉一属(Picea Sp.)即青杆或杆儿松。至于出土竹简,鉴定者以为不似习见之毛竹与慈竹而与短穗竹或苦竹极相近似,后两种竹产于江浙,为小干或中等大小之竹类,可作钓竿、伞柄之用。《特牲》最后的十三简与其前四十简的颜色木理不同,未经鉴定,疑是白杨木一类。甲本七篇木简,长汉尺二尺二寸四寸,则其所用之椠,亦应有此长度。《释名·释书契》曰:"椠,板之长三尺者也"。居延汉简(55·5)曰:"出钱六十二,买椠二百",此可见当时的椠价,亦从而推测它是就地采购的。椠长三尺,而出土木札最长者为67.5厘米,见《甲编》2552乃诏令目录,适为汉三尺。《汉书·朱博传》曰:"三尺律令",《杜周传》曰:"不循三尺法",孟康注云:"以三尺竹简书法律也"。诏令为律令的一种,故其目录长汉三尺,旧以《盐铁论·诏圣篇》曰"二尺四寸之律",谓合周三尺,恐不足据。

三、长　度

汉人所述经典简策长度,都是汉尺二尺四寸。《论衡·谢短篇》曰:"二尺四寸,圣人文语";《宣汉篇》曰:"唐、虞、夏、殷,同载在二尺四寸"。又《正说篇》曰:"《论语所独一尺之意,……以其遗非经传文,纪识恐忘,故但以八寸尺,不二尺四寸也"。《后汉书·周磐传》,遗命"编二尺四寸简,写《尧典》一篇,并刀笔各一,以置棺前"。《后汉书·曹褒传》曰:"撰次天子至于庶人冠婚吉凶终始制度,以为百五十篇,写以二尺四寸简"。《仪礼·聘礼》贾疏引郑玄《论语序》曰"《易》、《诗》、《书》、《礼》、《乐》、《春秋》策皆二尺四寸"(今本误作尺二寸,详阮元《校勘记》)。《春秋左传序》孔疏曰:"郑玄注《论语》序,以《钩命决》云,《春秋》二尺四寸书之,《孝经》一尺二寸书之,故知六经之策,皆称长二尺四寸"(《通典》卷五十四许敬宗等奏引《孝经钩命决》亦同)。先秦列国简书,亦如此长度,故汲郡出土竹书《穆天子传》荀勖序曰:"勖前所考定古尺度其简,长二尺四寸"。《太平御览》卷六六五云:"又得汲冢竹简亦长二尺四寸"。南齐建元元年襄阳楚冢所出《考工记》"简广数分，长二尺"(详《南齐书·文惠太子传》及《南史·王僧虔传》)，二尺合汉尺为二尺四寸。荀勖《穆天子传序》以其所考定古尺量汲冢书为二尺四寸，而另"谨以二尺黄纸写上"，二尺亦合汉之二尺四寸。

武威出土三本竹木简，其尺度不一。

甲本木简：其平均长度在 55.5—56 厘米之间。《士相见》第二、四、七、九、十诸简，《服传》第二、十六、六十诸简，《泰射》第十、百十四诸简，俱长 55.5、宽 0.7、厚 0.28 厘米。《服传》第七、二十四诸简，《特牲》第四十一简，俱长 56 厘米。若以 23.3 厘米当一汉尺，则汉尺二尺四寸应为 55.92 厘米，甲本七篇都和此数相接近。

乙本木简：较甲本狭而短。乙本《服传》第八、三十四诸简虽已折断而皆完整，由断简接合完整后，长 50.5 宽 0.5、厘米。若用上例推算，长合汉尺二尺一寸半，不足二尺四寸。

丙本竹简：残坏折断，且多卷曲，无一完整可度者。但《丧服》第三十一简由缀合的临摹本度之，长 56.2、宽 0.9 厘米，仍与汉尺二尺四寸相近。

甲本、丙本都是经，所以是二尺四寸。乙本是单册的经传，所以稍短一些。汉人写书所用的简策的长短，是因其内容而分别的，如《论衡》所述"大者为经，小者为传记"。大者即长策二尺四寸，用青丝纶编之成册，所以名之为"经"；以其为大册(长策)，故名之为"典"，《说文》曰："典，大册也"，甲骨文金文"典"字象编册在几上之形。《尚书·多士》曰："惟殷先人有册有典"，可证殷人已有典册，且分别典与册。《左传》定公四年：祝佗追述周初分封，分鲁公以"备物典策"，典策即典与册。

据《后汉书·光武纪》章怀太子注所引《汉制度》述汉制皇帝策封诸侯王的策书是"编简也，其制长二尺，短者半之，篆书"，蔡邕《独断》略同。平常的诏书则是尺一。《后汉书·李云传》曰："尺一拜用，不经御省"，注云："尺一之板，谓诏策也，见《汉官仪》"。《后汉书·陈蕃传》曰："尺一选举，委尚书三公"，注云："尺一谓板长尺一，以写诏书也"；《汉书·匈奴列传》曰："汉遗单于书以尺一牍"；《后汉书·光武纪》注引《汉制度》曰："三公以罪免，亦赐策，而以隶书用尺一木，两行"，《独断》同。此尺一木两行或谓尺一诏(《后汉书·周景传》注及《太平御览》卷五九三引蔡质《汉仪》)，或谓之尺一板(《汉旧仪》)。民间经典以下的传记诸子和书信，则用一尺简。《论衡·谢短篇》曰："汉事未载于经，各为尺籍短书"，《书解篇》曰："诸子尺书"。此尺书、尺籍和短书，亦即所谓尺牍。同墓所出日忌杂占诸简以及邻近第十八号墓所出王杖十简皆长 23 厘米左右，都是尺木。简之最短者，如长沙杨家湾出土的战国竹简七十二简，长仅 13.5 厘米，当汉尺六寸，《说文》曰："专，六寸簿也"，传记之传从此来。

四、刮　治

从竹简破析出来的简条和从椠木片解出来的札条，都需"力加刮削"。武威出土的竹木简，其上下两端都是锯齐后又加磨平的，故竹木简端四方有棱角。木简的表面，特别是书写的一面，打磨光滑，棱角分明；木简的横剖面作正角的长方形。木质极佳，经久不蛀，亦少木结，纤细而坚实。在刮削平整、打磨光滑以后、书写之前，似经过一道用特殊液体涂染的手续。此事不见记载，我们所以如此推断者，一由于武威木简（尤其是《燕礼》的若干简）写字的一面光亮有色泽，不同于背面；一由于凡削改的字的墨痕往往化开晕开。削改重写的字迹，其所以化开晕开者，一则可推测为表面曾涂染液体，使其易于受墨；一则或者由于削去一薄层后的木质尚有潮气所致。后世的纸为防蠹而有染潢及雌黄治书法，前者用黄蘖（黄柏）汁染纸，后者用雌黄和胶清染纸，详《齐民要术》卷三《杂说》第三十篇。出土木简表面有光亮，似涂胶质者。

竹简的修治，比木简为繁。它要削平竹节的部分，还要经过汉简或杀青的手续。《太平御览》卷六〇六引《风俗通》曰："刘向《别录》：杀青者，直治竹作简书之耳，新竹有汁，善折蠹，凡作简者皆于火上炙干之，陈楚之间谓之汗，汗者去其汁也。吴越曰杀，亦治也"。《后汉书·吴祐传》曰："恢欲杀青简以写经书"，注云："杀青者，以火炙简令汗，取其青易书，复不蠹，谓之杀青，亦谓汗简，义见刘向《别录》也"。是杀青为防蠹易书。刘向每校一书竟，辄条其篇目，录而奏之，其所奏序录（参姚振宗所辑《别录》）中往往称"皆已定以杀青简书可缮写"（《孙卿书》），"皆定以杀青书可缮写"（《战国策》），"杀青而书可缮写也"（《管子》），"皆以杀青书可缮写"（《列子》），"皆定杀而书可缮写也"（《邓析书》）。杀青书与缮写是先后二序，《太平御览》卷六〇六引《风俗通》曰："刘向为孝成皇帝典校书籍二十余年，皆先书竹，改易刊定，可缮写者以上素也。由是言之，杀青者竹，斯为明矣"。是先写于简，然后缮写于素。上所引述见于《太平御览》的《风俗通》佚文，旧皆以为《别录》佚文，是不对的。此两段原系一节，乃应勘解释刘向《叙录》中所习用"杀青书""可缮写"两词，故结尾以"由是言之"，证明开首所言杀青为治竹作简书之不误。

武威出土竹简，书写于竹里（即所谓笨）的一面，经久未有虫蛀伤，出土后风化劈裂，裂处暴起成丝。此可证书写以前一定经过杀青的手续。同出土木简，除少数因坠入棺侧受潮弯曲以外，十分之九以上平直不曲，则此等简亦先经风干而后上书的。

刮削以后、编联以前，可能还有一道手续。在乙本（较短而狭）的木简上，凡编绳所过之处，于其棱上刻有极小三角形的契口，用以固定绳编，使其不致脱落或上下移动。长沙杨家湾出土的七十二简，简长 13.5 厘米，各于其距上下端约 3.6—4 厘米处，亦刻有此等契口。《流沙坠简》神爵三年历谱十一简，长汉尺一尺，每简距简端、简末约 7.5 厘米处亦刻契口于其右侧棱上。王国维《简牍检署考》曰："颜师古《匡谬正俗》六款缝，此语言原出魏、晋律令。《字林》作鐩、刻也。古未有纸之时，所有簿领皆用简牍，其编联之处恐有改动，故于缝上刻记之，承前以来呼为鐩缝，此即六朝以后印缝、押缝之所由出，未必为周、秦、汉初之制也"。《匡谬正俗》曰"今官曹文案于纸缝上署记，谓之款缝者，何也？答曰：此语元出魏、晋律令"。

五、编 联

单一的简或札,在写用以前,必先缀合若干同长的简札而编联之成册。《说文》曰:"编,次简也";《汉书·张良传》曰:"出一编书",师古注云:"编谓联次之也,联简牍以为书,故云一编";又《诸葛丰传》曰:"编书其罪",师古注云"编谓联次简牍也";《汉书·路温舒传》曰:"截以为牒,编用写书",师古云:"小简曰牒,编联次之",《后汉书·周磐传》曰:"编二尺四寸简";《后汉书·蔡伦传》曰:"自古书契多编以竹简";《释名·释书契》曰:"简,间也,编之篇篇有间也","札,栉也,编之如栉齿相比也";《汉制度》称策书为"编简",《文心雕龙·书记篇》所谓"编牒",又曰:"古史世本,编以简策"。古文字"册"字象简札编联之形,故《说文》册下曰:"象其札一长一短,中有二编之形",《独断》曰:"策者简也……其次一长一短,两编下附"。

简、札与册是应分别的,前者为单一的简或札,后者为编连若干简或札而成的书册。《仪礼·聘礼》贾疏曰:"简谓据一片而言,策是编连之称",《既夕》贾疏曰:"编联为策,不编为简",《春秋左传序》孔疏曰:"单执一札谓之为简,连编诸简乃名为策"。书籍所用策字,其本字应作册。《荀子·大略篇》注云:"策,编竹为之",《曲礼·释文》曰:"策,编简也",凡此策皆是册。《国语·鲁语》上记臧文仲闻展禽之语(约五百余字)曰:"使书以为三策",韦昭注云:"策,简书也,三策三卿,卿一通也",三册是三通简书。但《孟子·尽心篇》下曰:"吾于《武成》取二三策而已矣",则以策为简,是为例外。(策为策之俗写,详《颜氏家训·书证篇》。)

所用以编简札为册者,多为丝纶,字或作绳或作编。荀勖《穆天子传序》谓汲郡魏冢所出"皆竹简素丝编",《南齐书·文惠太子传》记襄阳古冢所出《考工记》"竹简书,青丝编",《太平御览》卷六〇六引刘向《别传》曰:"《孙子》书以杀青简,编以缥丝绳",《文选》卷三十八《为范始兴作求立太宰碑表》注云:"刘歆《七略》云:《尚书》有青丝编目录",独《史记·孔子世家》谓孔子晚而读易,"韦编三绝"。居延出土汉简册,则用麻绳。

武威出土简册的编纶,已腐朽散失,从其残留在简上的作初步观察,则木简似用细麻绳而竹简可能用丝纶。但编纶所曾经穿系过之处,简上显淡淡一道绳痕,照片上尚可显出;凡编纶所过之处,必然避过不写文字,我们名之为空格。

据《汉书·路温舒传》和《后汉书·周磐传》,是先编简而后写经文。武威出土竹木简《仪礼》和王杖十简,也都是先编后写,所以凡编绳所过之处空格不写。今所印行的临摹本,一依原款,所以各简所空之处横成一道。乙本第三十四简简末在穿绳之下补一"为"字而避开编纶之处,足证书写之时已编好成册。《居延汉简甲编》永元器物簿(编号1)和永光二年简(编号2552)都是编册而且保存了两编的麻绳。永元器物簿由七十七简(内二白简)编成,出土时尚裹成一卷;永光二年简由三简编成。永元器物簿共包含了永元五年六月至七年六月整二年五个"编"的汇合,它是先分别书"编"而后编缀五个"编"成册的,故麻绳盖过了简上的文字,而简文一行直书无空格,乃先书于单简者。

每一册用几道编绳,因册书的长短而有所不同。武威出土竹木简,有五道、四道、三道、二道之别。

五道编绳,竹简丙本如此。二尺四寸简。第一、第五道距简端、简末很近。第三道居中。第一、二道之间的距离略等于第四、五道之间的距离,短于第二、三道或第三、四道之间的距离,后两者又是大略相等的。第一道之上,第五道之下,是不写文字的,文字分写四段:第一、四段短于第二、三段。以丙本第三十简为例,第一段九字,第二段二十字,第三段十九字,第四段十字。大致说来,一简足行为六十字上下,第一、四段各为十字上下,第二、三段各为二十字上下。

四道编绳,甲本、乙本木简如此。二尺四寸简或稍短之简。以甲本《士相见》第七简为例,此简长 55.5 厘米,第一道至简端,第四道至简末,皆为 1.5 厘米;第一、二道之间,第二、三道之间,第三、四道之间的距离约为 17 厘米(即 17、17.8、17.7 厘米)。四道者除去上下简端、简末外,分为等长的三段,每段容字二十字,全行六十字整。简端、简末即后来的天地头。简端不写文字,但章号往往在此,在第一道编绳之上。简末亦不写正文,惟叶号在此,在第四道编绳之下。(参图版贰肆《士相见之礼》仿制复原模型。)乙本的四道三段,不如甲本整齐,如第十七简第一段五十一字,第二段四十二字,第三段三十字,共一百二十三字;第十一简第一段四十一字,第二段三十七字,第三段二十九字,共百又七字。又甲、乙本第一、二简背面的篇题、篇次皆在第二道之下。

三道编绳,王杖十简如此。尺简。三道二段,上端第一道上约 1.5 厘米,上端之顶至第一段末字,第二段首字至下端之末,俱约 11.2 厘米,第一、二段之间空一字地位约 0.5 厘米。上端第一段之上(天头),第二、四简各书"制"字,其它八简作一圆点。第二道居全简之中。居延、敦煌出土汉简之长汉一尺者亦常用三道编绳,如《流沙坠简》医方第二、四简(竹简)。

二道编绳,日忌杂简第六、七如此。尺简。二道三段,三段平均的将简分为三部分,每段之末有空间,惟第一段顶端写,无空地。第一、二道在全简三分之一、三分之二处。此是先编后写之册。居延所出永元器物簿,尺简,二道一段,编绳的地位与此同,而文字先写,不分段。长沙杨家湾七十二简,六寸簿,亦是二道编绳,地位亦与此同,但每简简端写一、二字,以下无字;与《流沙坠简》器物类第二十六至二十九等简(尺木)相似。

由上所述,则知出土竹木简的编绳,可以由二道至五道,而《说文》、《独断》仅言"二编",足以补文献所未及。武威甲本、丙本都是二尺四寸最长之简,四道已足,而竹简不如木简硬直,故多一道。凡编册所用的绳绳,至少二道,最多五道,其制大略如此。

编简所用的单简单札,都是同长的,《说文》曰"等,齐简也"。其简与简之间倘有少许长短参差不齐的,则待书写完毕后再加以等齐,即稍事削齐其下端。《说文》册下谓"象其札一长一短,中有二编之形",《独断》也说策书"其次一长一短两编",《隋书·礼仪志》载后齐封拜册也如此,它代表封册的一种特别形式,和书册不同。王国维《简牍检署考》,对此乃生误解。《释名·释书契》曰:"简,间也,编之篇篇有间也",王氏谓"殆亦长短相间,故云篇篇有间也"。《释名》本意,当指编简为篇,简与简之间有空格。又刘向奏上《战国策》《叙录》称其书或曰短长, 或曰长书,或曰修书,王氏因谓"窃疑周、秦游士甚重此书,以策书之,故名为策。以其札一长一短,故谓之短长。比尺籍短书,其简独长,故谓之长书、修书。……由是观之,则虽书传之策,亦有一长一短如策命之书者"。这些说法都是错误的。汉代的策命,如《汉制度》及《独断》所述,编简为之,或二尺,或尺一,并非如后齐之制。《战国策》之称长书、修书,因其为二尺四寸简所写如汲冢所出战国书籍(《纪年》、《穆天子传》)一样。《战国策》之称"短长"乃指其为纵横之说,与简之长短无关。近世敦煌、居延所出编简都是等长的,汉代典策亦当如此。

汉简上所用以编的绳纶,居延汉简称之为书绳或绳:

    骓喜隧两行册、札一比、绳十丈 橄三 八月己酉输 7·8(甲51)

    …绳十丈、札二百、两行五十 10·8(甲67)

    禽寇隧札二百、两行五十、绳十丈 10·9(甲77)

    安汉隧札二百、两行五十、绳十丈,五月输 138·7+183·2(甲782)

    脧寇隧绳十丈、札五十、橄二 273·1(甲1431)

    谨输正月书绳二十丈,封传诏 居延汉简465·5

又《流沙坠简》烽燧类第二十九简曰:"凌胡隧、厌胡隧、广昌隧各请输札、两行隧五十,绳廿丈,须写下诏书"。互校诸简,可知"两行"与"札"都是实物,两行乃写诏书的尺一,《独断》所谓"而隶书以尺一木两行",以其长度称之为"尺一";以其可容两行,称之为"两行";以其为两行木牍,称之为"木两行",即木牍,而《论衡·效力篇》又有所谓"五行之牍",更宽于此。《独断》之文,旧多误解,故王国维读为"尺一木",是错误的。《独断》曰:"表……多用两行,文少以五行"。此谓文长者用"编两行"之册,而文少者用单个的"五行之牍",即版。此可证"两行"是编册用的,"五行"是单版。"编两行"之"两行"亦名物。札与两行之别当在宽狭,然它们都是编成册子的构成单位。每一个"札"或"两行",需配合一定长度的绳子。居延诸简,除称为封传诏的"书绳"系缚束书函之用外,其它单称"绳"的乃是编绳,与札、两行之数成一定比例:二百枚"札"与五十枚"两行"共用绳十丈即一千寸,则每一札、两行占用汉尺的四寸,约为9厘米左右。汉木札的宽度约为1—1.5厘米,而册上两编上下(即来回)穿过,应占用至少四倍于札广的绳,即约为6厘米,而札与札之间尚需一些绳子,如此每枚占用九厘米之绳,正为适合。敦煌简述每个隧各请输札与两行各为五十,则三隧合请札百五十与两行百五十,合为三百,所请之绳为二十丈,倍于前述诏简的比例。此三隧所请的是札与两行各半,而前述诸简是两行为札的四分之一。由此可以推知凡两行比数多的,需绳长些,则所谓两行的广度必宽于札。

由此可知汉世官府所用编札，输自公家，配给定数的绳，两行广于札，而单一者称札称两行；边戍所用，似以两道为常，所给之绳最多只能敷用于三道（札要窄些）。

六、缮　写

在雕版术尚未发明、熹平石经尚未刊刻之前，汉世学者传诵的经典传记，多为传钞本。东汉时洛阳市肆已有卖书的，《后汉书·王充传》曰："常游洛阳市肆，阅所卖书，一见辄能诵忆"，扬雄《法言·吾子篇》曰："好书而不要诸仲尼，书肆也"，则当时已有职业钞书的人与专门售书之肆。有受雇代人钞书的，所谓"佣书"、"写书"。武威出土的九篇《仪礼》，大约都是钞本或传钞本。甲本和乙本《服传》是内容完全相同的钞本，但甲本属于十七篇之一，与其它六篇是一套书，故木简长短一律。乙本是属于另一套的，较短于甲本，而每行字数几乎倍于甲本。在各篇中，有一篇由一人一次钞齐的，有由数人数次钞成的（或由数人同时分钞，或由数人先后钞成的）。即使是同一人所钞写，在同一篇中（甚至同一行中）对于同一字可以有不同写法，可知书手并不如经师那末固守师法家法。

凡一篇由一人从首钞到底的，则每简行款较一律，只用一个顺序叶数，如《士相见》第一至十六简，每简约为六十字。凡一篇由数人分钞的，其分钞情形有不同的。第一，如《少牢》第一至四十一简为一书手所钞，他钞到第四十一简为止，该简只有四十八字，不足一行。这位书手的每行平均字数都多于六十字。第四十一简以后的六简，易一书手，另起叶数一至六，字体亦稍异。这同一篇的两部分，显然是两个书手分头钞的，同时与否不可知。第二，如《有司》七十八简是分三部分钞而有三个叶数顺序的：上部第一至五十一叶是一个人所钞，中部第一至第十三叶并下部第一至第九叶是一人所钞，下部第十至第十五叶系第三个书手所钞。前两个书手将叶数写在简背末端，而第三个书手写在正面下端。《有司》第二书手前后写了两次，用了两个叶数；第三个书手接钞于其后，而顺续其叶数。这三部分是三人先后接钞的，故每行字数都在六十字上下，易手之际没有不足行的。第三，如《特牲》五十三简，自第一至第四十简是一个书手所钞，有叶数；四十简以下十三简是另一书手所钞，即无叶数而行款大异，木简稍长一点而木理木色不同于前四十简。此可推测为利用旧钞简而补钞的：由于最后第五十三简篇末有记字数的一行，乃前四十简书手的笔迹，故是补钞后补写上的；由于前四十简是补钞的，故第四十简以前，都是六十字上下为一行，而第四十简写到四十三字即止。

简写经册，其上的笔墨之迹可分为三部分：一是经的本文，包括内外篇题、篇次、经、记（传）、章句号、重文号和篇末记字数；二是简末的叶数；三是章句号、重文号以外的标号。第一部分是书手根据一个本子钞录的，第二部分是书手所编写的叶数，第三部分是经师诵习时所作的记号。

书写的工具和材料，除了简牍以外，最主要的是笔、刀、墨和丝纶或麻绳。武威第六号墓,没有发现这些实物。但邻近第二号墓则出土有毛笔一枝,参后补录(八六页)。居延所出土的一枝毛笔(详马衡《记汉居延笔》,《国学季刊》三卷一号),马氏考订为宣帝以后至东汉初物,与武威汉简约略同时。所用的墨当是汉代所行的丸墨,如陕县刘家渠第八号东汉墓所出的。该墓并出书刀一;其邻墓出土竹简二。简牍行用于先秦,都是用毛笔书写而绝非刀刻的:《管子·霸形篇》曰:"于是令百官有司,削方墨笔",《庄子·田子方篇》记宋元君将画图,众史"舐笔和墨";《韩诗外传》卷七周舍见赵简子曰:"墨笔操牍,从君之过,而日有记也"。

荀勖是亲见汲冢竹书而参加校理的,他在《穆天子传序》谓汲冢出书"皆竹简……以墨书",而王隐《晋书》却说"得竹书漆字科斗之文"。墨亦可称为漆,《仪礼·士昏礼》注云:"墨车,漆车",《释名·释车》曰:"墨车,漆之正黑无纹饰,大夫所乘也"。出土战国至西晋竹木简,地无分南北,全是墨书,荀氏据目验所述是正确的。但载籍上往往有漆书之称,如《后汉书·杜林传》谓林"于西州得漆书《古文尚书》一卷",又《儒林传》说诸儒生"亦有私行金货,定兰台漆书经字以合其私文"(亦见《吕强传》)。凡此漆书,恐怕仍然是墨书。兰台经字,当是刘向所据以校之简本以及他所校定的杀青简书。

兰台漆书和刘向校书后写于杀青竹简上的,都是官家的定本。刘向《叙录》所谓"皆已定"、"已定",刘歆《山海经》叙论曰:"今定为一十八篇,已定",郑玄《仪礼·有司篇》注云:"古文觯皆为爵,延熹中设校书,定作觯"。凡此"定"都指经校定了的定本。定本藏于兰台,还有贿赂私改经字的,才有熹平刻石之举,如此公开于众,可免弊端。在此以前,中秘有中书定本,而民间又有民间写本,颇有文字上的差异。

七、容 字

每一简容字多少,大致上是有定规的,但因不同书手和竹木简性质之异,使得各篇每简字数并不能一律相等。武威三本的情形,也是如此。

甲本木简七篇是占数最多的,其中大多数以六十字为常例,当然每简容许有一、二字的上下。《泰射》一篇百十四简,最为严谨,多数简为六十字,较少的为五十九字或六十一字。《少牢》一篇的前四十一简,每简字数略多于六十字而不超过七十字。只有《特牲篇》第四十一至五十三的十三简,是利用旧简,一行八十字上下,和七篇中其它部分不同。

乙本木简短而狭,字也小,故一简容字一百至一百零数字,其第十七简最多为一百二十三字,几乎为甲本一简的倍数。

丙本竹简的字数很参差,多者五、六十字,少者二、三十字。这由于它是分章的《丧服》经,每章另行起,故新章前一行多不足行;又由于因避竹节要多空一些,否则它也是以六十字为标准的。

载籍所述一简容字,与上述实物颇有差异:《聘礼》疏引"服虔注《左氏》"云:古文篆书一简八字"；《汉书·艺文志》述刘向校今文《尚书》脱简或二十二字，或二十五字；《聘礼》疏引"郑注《尚书》三十字一简之文"；《穆天子传序》记汲冢竹书"一简四十字"。凡此所记字数，或因多属周末汉初之制，所以与武威简本不合。《聘礼》曰："百名以上书于策，不及百名书于方"，向来颇有不同之解。所谓策是编册，凡百字以上的可书于编册，而百字以内的可书于方版，方版是单一之札。《国语·鲁语》上臧文仲将展禽五百言"使书以为三筴"，即三个册子，韦昭注以为三通分给三卿，是对的。由百名以上书于策，并不能说明一简的字数。

每一简牍所容的字数与行数相关。凡编简为册的，因编册可以成卷，所以简必狭长，只能容一行，惟历谱为例外。既然书籍因其内容性质而用简有长短之别，则每一行所容字亦自不同。武威《仪礼》用二尺四寸长简，每简约为六十字，汉世五经俱当如此，乃今文《尚书》仅二十余字一行。大约以六十字为一简，是经过一段时间而逐渐固定的。两汉时小学字书以六十字为一章，合若干章为一篇，故小学字书称为"篇章"。章之名本起于诗篇之分章句，但一篇诗的章句无定数，故一章不必为六十字。汉世字书乃学童诵习的韵语，有定字，有定句，有韵，如《苍颉篇》断六十字以为一章，凡五十五章（见《汉书·艺文志》），此汉时闾里书师所授。其所以断六十字为一章，则本于《六甲篇》。《六甲篇》是儿童启蒙时所读，以十天干十二地支所构成的干支表，凡一百二十字，代表六十日。此百二十字分作六行，六行之首为甲子、甲戌、甲申、甲午、甲辰、甲寅，故称六甲。行二十字，代表十天，每简称为一篇，如《周礼·占梦》正义引《郑志》曰："庚午在甲子篇，辛亥在甲辰篇也"。《礼记·内则篇》曰："九年教之数日"，郑注以为"朔望与《六甲》"也；崔实《四民月令》曰："正月……砚冰释，命幼童入小学，学篇章"，原注云："篇章谓《六甲》、《九九》、《急就》、《三仓》之属"。《南齐书·顾欢传》曰："欢年六七岁画甲子，有简三篇，欢析计遂知六甲"。以三简六面画六甲篇，则一简一面二十字。居延所出汉代木简六甲一简，正反面都是《甲子篇》。敦煌所出《甲子篇》（缺丙寅以下）木简和两面写《甲子篇》的木觚（见《流沙坠简》卷一），都是篆文。《流沙坠简》所录《急就》第一章是木觚，三面写字，每面二十一字，一觚六十三字。《急就篇》是以六十三字为一章的，尽于一觚（六甲参考张政烺《六书古义》，载前中央研究院《历史语言研究所集刊》第十本）。

武威汉简大多数是六十字为一简，一简分三段，每段约二十字，它和一觚三行六十字成一章，是相似的。它之所以大略以六十字为一简者，本于字书篇章。其后熹平石经每行七十字或七十三字，魏正始石经每行六十字，则本乎五经简册。

八、题 记

除了经、记本文和标号外，简册上有三种题记：一、在第一、二简背上的篇题，二、在每简下端的叶数，三、在篇末记字数的尾题。

甲、乙本木简，俱有篇题和篇次，都写在木简的背面第二道编绳之下。篇题在第二简背,篇次在第一简背。如《士相见之礼》,第一简背书"第三",第二简背书"士相见之礼","第"与"士"之上各有一小圆点,此小点上距简端 19 厘米;《服传》第一简背书"第八",第二简背书"服传",无小点,上距简端 19.5 厘米。篇题和篇次在背面并列。乙本亦同。但《燕礼》第一简背书"燕礼第十三",不分别书在两简背。由此可知"第三""士相见之礼"应连续为"士相见之礼第三","服传第八"亦同此例。由此可知,在简的正面,顺简之编次自右向左行读,而背面篇题、篇次则相反。此事甚关重要。我国左行读法,相沿已久,故篇名、篇次亦应如此。此题在简背者,则读时应先读第二简(在右),次读第一简(在左),乃成"士相见之礼第三"。简册甚长,有十数简数十简乃至百简以上,则携置展读,必不能平铺而须卷起,如卷帘式。最后一简在卷子的中心,字在内从末简卷起如卷画式。如此第一、二简乃在卷子最外最上,于上题篇名篇次,如画卷上题署式一样。如此则篇名在第二简,篇次在第一简,才符合左行读法。

关于篇题之分内外,已详前论《仪礼》篇次。简本有内外篇题而无大题,其大题应是"礼"。熹平石经亦仅见篇题、篇次而未见大题如唐开成石经之作"《仪礼》卷第几"者。但熹平石经篇题如《诗》"《国》第六"、《书》"《酒诰》第十六"、"《书序》"、《礼》"《乡饮酒》第十"及《论》"《子张》第十"等,皆顶格书,而简本写在背面第二编绳之下。西晋汲冢出土竹书,每篇亦有名题,《晋书·束皙传》曰:"大凡七十五篇,七篇简书折坏,不识名题",则其它六十八篇之名题可识。王隐《晋书·束皙传》则曰:"大凡七十五卷,其六十八卷皆有名题,其七卷折简碎杂,不可名题",则六十卷的篇名是简上所有的。

简上叶数是后来刊本书页的滥觞,最初乃书手所编写。书手于缮写时,册已编成,则书写叶数的目的,一则为顺序易检,一则防止烂编更次不至紊乱,以免错简、脱简(后世雕板,是分版刷印的,每版标注叶数,也是为了装订时不致误乱叶次)。它最初不是一篇从首至尾的顺序,而只是每一书手为他所写的顺序,故知叶数乃书手所加。叶数在简的下端第四编之下的地头,或在正,或在背,乃书于钞完一部分以后等齐册尾以前。由于叶数的末字常常为等齐册尾时被削去一部分,因知书叶于其前。

武威《仪礼》九篇的叶数,可分下列各类:(一)一篇通用一个顺序编数的,为甲本《士相见》、《服传》、《燕礼》、《泰射》四篇,《服传》和《燕礼》的记文和经文叶数相接不分;(二)一篇有两个或三个叶数顺序的,为甲本《少牢》与《有司》;(三)一篇通用一个叶数顺序而有一部分无叶数的,为甲本《特牲》,其四十简以后十三简系旧钞本无叶数;(四)不写叶数的,为乙本《服传》和丙本《丧服》。第一类一篇用一个编叶数,占多数,此为后来书卷叶数所本。第二类由于易书手而另起叶数,第三类由于利用旧简补钞而补钞者有叶数。凡此叶数,大多数皆在正面(即写文字的一面)下端;《有司》和《少牢》写在背面,但《有司》第六简和下部第十至十五简却又写在正面。后者因易一书手而仍顺续前一书手编叶,但改就他自己的习惯,写叶数于正面。

除甲、乙本《服传》外,其它七篇都在篇末记有"凡若干字"的尾题,凡字上作一小圆点。

其例有三:一、仅有经文而无记文,故仅记经文字数的,为甲本《士相见》、《少牢》、《有司》和《泰射》四篇;二、有经文、记文而合计为一篇字数的,为甲本《特牲》和丙本《丧服》;三、有经文、记文,于合计为一篇字数外,又单记文字数的,为甲本《燕礼》。计字尾题,通常在每篇最后一简的正面下部,惟《有司》写在最后一简的背面下部,此因正面字已足行。《燕礼》的全篇计字,写在经文已完之后,而记文写在记文已完之后。计字尾题,与篇题、篇次一样,属于经文的已有的部分。凡七篇所记的字数,往往与简文实际应有的字数有出入,表明钞本所录的字数,是早先所有而相承下来的。《特牲》篇的最后十三简是旧简而前四十简是补钞的,补钞者于旧简后补记字数,当是根据了相承的计字。

计字尾题,亦见于熹平石经《鲁论》篇末行有"凡廿篇万五千七百一〔十〕字"(《汉石经集存》第五〇〇号)。今所见仿宋本的郑注和贾疏的《仪礼》,各篇后亦附记经若干字,注若干字,其所记与简所记字数有出入。贾疏于卷十七下注更记《仪礼》全书"经共五万六千一百十五,注共七万九千八百一十"。敦煌莫高窟所出六朝写本《礼记·大传》第十六末行有"凡一千九百二言",今本所无。《四部丛刊》缩印明嘉趣堂本《大戴礼》,有九篇附记字数。《意林》卷三引《新论》曰:"古《孝经》一卷二十章一千八百七十二字"。汉世学者,往往于其叙内总记其篇数字数,如《史记·自序》曰:"凡百三十篇,五十二万六千五百字,为太史公书序";许慎《说文解字后叙》曰:"此十四篇……解说凡十三万三千四百四十一字";赵岐《孟子题辞》曰:"著书七篇,二百六十一章,三万四千六百八十五字"。

九、削 改

古人书写所用工具为刀与笔,故刀与笔常联言,周磐遗命写《尧典》竹书一篇,命与刀笔共置棺前。书写所用刀,或曰削,或曰书刀。《考工记》曰:"筑氏为削",郑注云:"今之书刀"。《释名·释兵》曰:"书刀,给书简札有所刊削之刀也"。书刀或削,所以刊削误字,并非用以刻字。《考工记》贾疏云:"古来未有纸笔,则以削刻字,至汉虽有纸笔,仍有书刀,是古之遗法也";王应麟《困学纪闻》卷四曰:"古未有笔,以书刀刻字于方策,谓之削"。凡此唐、宋人去古已远,习于纸笔之事,误以削为刻字刀。《史记·张丞相传》曰:"周昌笑曰:尧年少,刀笔吏耳",《正义》云:"古用简牍,书有错谬,以刀削之,故曰刀笔吏";《后汉书·刘盆子传》曰:"其中一人出刀笔,书谒欲贺,其余不知书者起请之",李贤注云:"古者记事,书于简册,谬误者以刀削而除之,故曰刀笔"。凡此皆是确诂。削本是用以削改文字的工具,又引伸而为删削文字,《史记·孔子世家》曰:"至于为《春秋》,笔则笔,削则削";《汉书·礼乐志》曰"削则削,笔则笔",师古注云:"削者,谓有所删去,以刀削简牍也;笔者,谓有所增益,以笔就而书也"。此外,凡使简牍废去不用的,也削除之,如《汉书·朱博传》曰:"投刀使削所记",《魏志·王肃传》谓汉武取《史记》"本纪览之,于是大怒,削而投之",又卫恒《四体书势序》(《晋书》卷三六本传)谓师宜官"每书辄削而焚其树"。(《魏志·武帝纪》裴注引作"辄削焚其札"。)

后世纸上写字有错，往往用笔点灭之。《尔雅·释器》曰："灭谓之点"，郭注云："以笔灭字为点"。简册上可以有点灭者，但武威简本对于错写、遗写、多写之字，皆不点灭；最常见的，乃是削除之迹。简册关于改写、补写或删除的方法有以下三事。

一为削改。这是最多见的，在实物上可看到被削去薄薄一层表面，而补写的字迹往往晕开，易于识别。削改之例有七：（一）写错一字，削去后改写一字，原地位不动，如《士相见》第六简的"士"字和第十六简的"第"字；（二）写错偏旁，削去偏旁而改写的，如《士相见》第十二简"视"字的示旁；（三）写错几个字，削除后仍补写几个字，如《士相见》第十四简"后授虚"三字；（四）遗写数字，将一小段全削去而补写的，改写后地位拥挤，如甲本《服传》第二十三简上段"夫……斩"十一字，又如《士相见》第九简"答壹拜"系就二字改为三字的；（五）多写了字，删除改写后，原占地位有了空余，如甲本《服传》第三十简"妾不"二字削改，妾上留一字地位未补；（六）错字削除后遗未补写的，如《少牢》第二十二简"会盖二"的"盖"字削后未补写；（七）钞者误重一段，删削后不作补书的，如《泰射》第二十简中空二十字地位，系误重一段，删后留空白。

二为涂改。削改是事后发现错误削除原写而改写的。涂改则是书写当时发现错误，不加削除，而用水或唾沫涂抹去，重行书写，故补写后字迹四围尚存涂抹痕迹，如《有司》第三十二简第一个"答"字及第三十三简"卒载"之载。

三为添写。简札狭窄，故补写于旁有所不便，乙本字小而紧，在第十七简、三十六简字旁补写更小的"之"字"也"字。甲本因字较大而有空间，补字往往在两字之间。

除上述外，还有两事虽不属于削改而是有关钞本的增补的，附述于此。

配钞。《特牲》五十三简，是以最后无叶数的十三简为基础而补配以前四十简的。虽后补者多于先钞本，但它仍旧是利用不全本而加以配钞之例。

补钞。《有司》的叶数都写在背后，下部第十简至十五简等五简易书手而将叶数写在正面。这五简为数不多，何至再劳一人分钞，大约是本有而失落，事后补钞的。《有司》第六简，写法有异于同篇的各简，而叶数又在正面，乃是补钞的一叶。

凡此补钞与一再削改，皆表示此经牒在经师诵习中有所补缀改易，零简曾有失落或败坏。凡刊削重写之字，往往是校勘上有问题的字，则经师诵习之时，不从此钞本而从别本有所改正。校记中对某些削改字之有争执者，曾加注明，可以参阅。由此可见，刊削的字，有些是钞手因钞错而改正的，有些则是读者据它本有所更正的。

十、收　卷

编册已经缮写完毕，写了叶数、篇题、尾题等，最后即可卷起。此时尚需加一次等齐的手续，等于后世的裁切书根，切去地头一端之不齐者，使全篇长短一致。木椠当破析时，虽以二尺四寸为准,但切裁可能有少许差误,故木简写成后,卷成一束,以天头一端平聚在平面上,等而齐之,用刀切去地头下梢不齐的,因此各篇叶数的第二字往往被切去一部分,如《特牲》第十三、十四两简的"三""三"(四字)被切为"一""三"。此例甚多。《说文》曰:"等,齐简也",或指简册为齐平之简所编成,或指此等齐削平的手续。

写成的编册,平日存放是成卷的。编册即由编帘式所编缀,其收卷一如卷帘式或卷画式,以最后一简为中轴,有字一面在内,背在外,卷完后首简在最外一层的头上。这种推断,乃基于以下所述的简本出土的现象。第一,篇题在第二简背而篇次在第一简背,据《燕礼》篇题、篇次在一行而先题后次,可知其它各篇第一、二简背上题字,应从右至左先读篇题,次接篇次,如"士相见之礼""第三"。如此简本的篇题也同时作为此篇的标签。第二,由于此等卷法,所以出土九篇的最后数简保存完整,因其卷在中心;乙本狭简,折断最多,而末二简皆得缀合成为完简。各篇残坏的,多属于每篇前数简,因其暴露在外,如乙本第二简篇题二字几至磨灭不识。第三,由于此等卷法,其随葬时放置棺上,亦是依次放置的,《燕礼》与《泰射》最后,近于侧。此二卷当因受地震地动而滚落,出土时埋于棺侧土中。第四,《燕礼》最后一简的末尾显出"毋自"二字反书墨迹,乃是前一简墨瀋未干时被染印上的。此可证写毕即行卷起。

编册成卷,而"卷"之起不始于帛书、纸本。《后汉书·杜林传》述"林前于西州得漆书《古文尚书》一卷",论者以其称卷,断其必非简本。所谓西州,乃指河西,林尝为凉州郡吏,既还三辅,光武"引见问以经书故旧及西凉事"。所谓漆书,犹《后汉书·儒林传》"兰台漆书经字",乃定本编册经书。杜林所得,当乃是简册一卷。卷与篇的分别,在于篇是一个篇题或一个内容起讫完整者,如《诗》三百篇之每一篇;卷是册,则指编册成卷,可以包含短章若干篇,可以包含长篇的半篇,可以相当一篇。居延所出永元器物簿编为一册一卷,其中实包含简文中所自称的五个"一编",一编即《汉书·张良传》"出一编书"之一编,《史记·留侯世家》同,集解云:"徐广曰:编一作篇"。《汉书·艺文志》一律作篇。刘向称《既夕》为《士丧》下篇,则《士丧》、《既夕》是一篇两卷或两册。《汉书·艺文志》大小夏侯的《经》与《章句》都是二十九卷而《解故》二十九篇,则《经》与《章句》均是一卷一篇。

《汉书·艺文志》所录各书,以卷计者不及以篇计者之多,学者乃以为"以篇计的是竹木,以卷计的是缣帛"。这种说法是可商榷的。《艺文志》记《尚书》古文经四十六卷,而班固自注云:"为五十七篇",称卷指其卷帙,称篇指其篇题。志记《尔雅》"三卷二十篇",今本十九篇,另一当是序篇,此是二十篇题而写成三册。二夏侯《尚书》,《经》与《章句》称卷,《解故》称篇,决非《经》与《章句》用帛书而《解诂》用简册。《六艺略》中,《诗》皆称卷而不称篇,因《诗》本只三百篇,且多几句短章成篇者,不能一篇为一卷,故三家《诗》经文为二十八卷。《数术略》、《方技略》皆称卷,而称篇者仅两三种;《诸子略》、《诗赋略》、《兵书略》皆称篇,而称卷者仅两三种。由是知《艺文志》的六略,或称卷,或称篇,不在于用帛用简而在于其内容性质之以篇计或以卷计如何适当。《六艺略·易》类有"图一",《数术略》有"耿昌月行帛图二百三十二卷”，《兵书略》中有图若干卷，凡此之图皆是帛图，不能称篇。

西汉简册称卷，实有充足的证据。居延汉简（8·1及46·7）乃两册簿书的署检，称"吏病及视事书卷"，其一有阳朔二年年号，而吏病及视事记录散见同地所出诸简中，可证簿札之成编者可以称为卷。此类簿书常为一尺木札，而其署检有时为较短而圆首的木牌，有孔可穿，可知卷成卷子簿册，系以署检作标签。此与后世卷轴书之牙签一样。居延汉简（208·5）在署检上端写一"卷"字，这已成为后世档案卷宗的滥觞。《史记·司马相如传》曰："上许令尚书给笔札"，令其写赋，及其临终，帝遣使者取其遗书，其妻曰："长卿未死时为一卷书，曰有使者来求书奏之，无他书。其遗札书言封禅事"。是相如遗书一卷是言封禅事的遗札，乃是编札而称卷。汲冢所出皆编简竹书，《晋书·束皙传》曰："七十五篇"而王隐《晋书》称"七十五卷"，一卷即一篇。

班固《艺文志》本于向、歆父子的《别录》和《七略》，刘录乃成帝时校书以前书籍的著录，而班录有所出入。西汉时典籍，仍以简册为主，因简牍较之缣帛易得而廉，出土西汉一切经籍文书多用此。竹木简而称卷，应有其原因。大凡卷与篇的分别，在篇以其内容自成一单位，而卷以其所用若干简数而可以编卷成一册者为单位。以《仪礼》十七篇言，《乡射》、《大射》、《士丧》（并《既夕》）、《少牢》（并《有司》）皆长达六千字以上，以六十字为一简，需用百简以上，编写成册，翻检有所不便。因将《士丧》和《少牢》各分为上下篇，即分为二卷二册，渐渐此分出的半篇也独自成篇，如武威简本的《有司》自为起讫，自立篇题。但亦有分卷分册而仍存一个篇题的，如贾疏云："案《丧服》上下十有一章"，是其所用《丧服》本分为上下篇，而唐开成石经仍作一卷一篇。《仪礼》本是十五篇，分卷后成为十七卷，逐渐成为十七篇，以求篇数与卷数的一致。大小夏侯《尚书》的《经》与《章句》为二十九卷二十九篇，其《解故》仍作二十九篇以保存与《经》、《章句》卷数篇数一致，《经》与《章句》则称二十九篇为二十九卷。

以缣帛或纸所写的卷子，往往有中轴，后世的编册的策命亦仿之。武威出土的甲本七篇，除少数外，都是保存完整而不折断的，未有轴或空白简的发现。反之，如《士相见》和《服传》的第一简，其第二、第三两道编纶保存了双重绳纶的痕迹，当是来复扣结所留。又计字尾题皆在末简下部，末简写满文字的则书于末简背后，如《有司》篇，此因末简正面已足行，不得不转写于背，若此下尚有一空简，当利用空简补题。由此知各篇最后一简，即用作中轴而别无中轴或空白之简。

居延出土永元器物簿，其制稍异。它是先写后编，而且是以数篇（编）即五个月的五个兵器簿重编而成的。在第三和第五簿之末皆附以白简。由其所用的绳编，尚可以识辨第四、第五编（篇）是一次编的，白简附在最后一简。第一编（篇）是一次编的，其末简绳尾扣在第二编的首简。第二和第三编是两次编的，第二编的绳尾扣在第三编的首简。而第三编末了的白简的绳尾扣在第四编的首简。这种编结法和《仪礼》长篇不同，但它和《诗》三百篇或有可能相似。

编册卷起后，在存放时必定有所扣束包裹，以免其松散。武威简本，因清理前已经移动，因此附属之物已无所遗存。我们在整理残碎简中，曾见有数个薄狭竹条，外缠以丝绸物，似是竹圈的残余。此物可能套在每卷之外，用以束缚木简卷子。敦煌莫高窟所出写经，其完整者尚保存卷外题签和缠扎绳子一道。成卷简册之外，当有书衣包裹，如长沙杨家湾战国竹简，存有绸包的残迹。《说文》曰："帙，书衣也"，字或从衣作袠。《后汉书·杨厚传》曰："祖父春卿善图谶学……临命戒子统曰：吾绨帙中有先祖所传秘记"，此或即《汉书·艺文志》天文类的"《图书秘记》十七篇"。《太平御览》卷六〇六引《中经簿》曰："盛书有缣帙，青缣帙，布帙，绢帙"。《西京杂记》述"（刘）歆欲撰《汉书》，编录汉事"，只成杂记，"为十帙，帙十卷，合百卷"，此殆《论衡·谢短篇》所谓"汉事未载于经，名为尺籍短书"之类。《隋书·经籍志》有"《周易》一帙十卷卢氏注"，此本于阮孝绪《七录》，《七录·叙目》曰："四部三百五帙三千一十四卷"。大率汉至六朝，一帙十卷，武威九篇约当一帙之数。

书衣以外，战国时以箧盛书，《战国策》记甘茂之言，以为魏文侯示乐羊"谤书一箧"；又记苏秦"去秦而归……乃夜发书，陈箧数十"云云。汉人亦同，《汉书·张安世传》曰："上行幸河东，尝亡书三箧"；又《贾谊传》曰："俗吏之所务在于刀笔筐箧"，师古注云："刀所以削书札筐箧所以盛书"；《后汉书·刘盆子传》曰："又以两空札置笥中"，注云"札、简也，笥、箧也"。《居延汉简甲编》18 简曰："札五通，凡九通以箧封"（马衡释箧为葛），此以竹箧盛九通书札而封缄之，其作用等于书函，所以《说文》曰："椷，箧也"。竹编者为箧，以木板为之者为椷，《说文》曰："椷，检柙也"，"检，书署也"。箧以盛书，故居延汉简（89·13）器物簿中有"书箧一"。

十一、错　简

简册文字的讹误脱落，可有三种：一是脱简，《汉书·艺文志》曰："刘向以中古文校欧阳、大小夏侯三家经文，《酒诰》脱简一，《召诰》脱简二，率简二十五字者脱亦二十五字，简二十二字者脱亦二十二字，文字异者七百有余，脱字数十"。二是脱字，乃是不脱简而简中遗落一、二字，积之为数十。三是错简，《汉书·刘歆传》移大常书曰："经或脱简，传或间编"，师古云："间编、谓旧编烂绝，就更次之，前后错乱也"。《水经注》卷一曰"《穆天子》竹书及《山海经》皆埋蕴岁久，编韦稀绝，书策落次，难以缉缀，后人假合，多差远意"。

用不同本子相校，因当时简册每行容字有定数，所以既可以校出脱简，也可以校出错简。如《召诰》简为二十五字，则今文本若与中古文本相校而缺失了一段二十五字，所缺是一简。尤其在不分章句、足行接钞的简册上，更易于发觉脱简与错简。

王国维误从《左传》一简八字之说，以为《礼记》也是一行八字。《简牍检署考》曰："今考记中错简，则《玉藻》错简六，计三十五字、三十一字者各一，二十九字者二，二十六字者一，八字者一。《乐记》错简二，一为五十一字，一为四十九字。《杂记》错简四，一二十一字与十九字相错,一二十九字与十八字相错。唯《玉藻》之王后褖衣夫人揄狄一简独为八字。由此推知,则五十一字、四十九字者当由五简相错,三十五字、三十一字、二十九字者当由三简相错。……其二十一字、十九字、十八字者当为二简,则每简一行亦可知也"。此以《礼记》为一行八字,并以错简为数简所错,显然是错误的。所谓错简,是两简误置其次第。如以甲本《士相见》为例,第十四简"爵而……与",第十五简"爵者……唯",本是相顺不错的;假如互易其序成为"爵者……唯""爵而……与"则文不相顺接,才是错误。故错简是两简相错,不是数简与数简相错。两简相错,如两简各为六十字,则将两个六十字调回其原来地位,即复原序。

武威甲本木简有叶数,故其本身不会有错简。以今本与甲、乙本对校,皆顺序相当,无错误,但《服传》中有些传文的节或句,今本在后而甲、乙本在前者,此非错简而是家法之不同,故其截取传文置于相当的经文地位有所异。但《泰射》第八十四简,在"升"与"辨"二字之间,今本多出"再拜"至"三耦射爵"六十二字。此或甲本书手所钞遗者,但更可能是甲本《泰射》所据的原本就已脱去此六十二字。该原本亦和甲本相似,乃六十二字为一简的,故脱去六十二字,即脱去一简。甲本据该脱去一简的原本钞录,故将脱简处接钞在简文中间。此为以今本校出简本惟一有脱简者。

甲本缺失二十四简,是原有而出土时散失的,不能称之为脱简。如《特牲》缺第十八简,相当于今本"答拜"至"三饭"六十三字。甲本《特牲》每简容字六十字左右,故所缺之数相当。

甲本和今本都偶有脱字之例,如《燕礼》第二十一简"宾坐祭立卒觯",今本立下有一"饮"字,简脱一字。《泰射》第九十四简"乐正对曰",今本脱对字。《燕礼》第三十简遗钞二十字,相当于一简的三分之一,即一段之字数,这可以称之为"脱段"或"脱节"。

十二、标 号

竹木简上文字以外的记号,可分为两大类:一类是书写者于钞录经文时所同时并录的,表明篇、章、句所在者;一类是诵习者所作的钩识。兹并述如下:

口 扁方框,附篇号,见甲乙本《服传》的"记"的开始,以代替今本"记"字。在简端。

● 大圆点,附篇号,见丙本《丧服》的"记"的开始,作用同于扁方框。在简端。在简端的中圆点作用同于大圆点,即章号。

● 中圆点,章句号。其在简端而其前一简未足行而已完章留空白者,为章号。其在简行之中两字之间只占一字地位者为句号或节号。甲本《服传》,章号与句号有所区别:章号近乎方或椭方,句号是中圆点。《少牢》第二十二简及《有司》第七十三简的句号作近乎方框形。

○ 圆圈,章句号。作用同于中圆点。乙本《服传》章号、句号同用此。它篇以中圆点为章句号者，亦间用圆圈代替，如甲本《服传》第三十一简用作章号。《特牲》第五、三十一等简用作句号。

▲ 三角形，章句号。见甲本《燕礼》第一简简端及第二十一简简行中，作用同于中圆点。

· 小点，题目号。篇题及尾题上多有此小点。王杖十简中八简在简端有此小点。敦煌、居延所出汉简往往有之。

= 重文号，在所重之文下。

⌐⌐ 括弧，删略号。唯见《士相见》第十一简「慈錫」二字上下括之，乃删去者，详校记。

└ 钩，钩识号。见于《士相见》、《特牲》、《泰射》等篇。其例有三：一、相当于句读，如《特牲》第二十七简云："·献祝边燔从如初文」及佐食如初卒以爵入於房·宾三献如初」燔从如初」爵止·延於户内」主妇洗酌致爵於主人」"。居延汉简亦有其例，如见于三三·八简。二、钩识某一章句，如《特牲》第二十三、三十一、三十三诸简，钩识号置于章句号之右旁，是为一整节作的记号。三、作为平列重文名词的间隔，如《泰射》第九简"诸公卿大夫」诸公卿大夫"及《特牲》第二十七简"主人」主人"之例。《流沙坠简》烽隧类第四十五简有四隧长名，前三名之右旁皆作」以识之，此例居延汉简多有之（如《甲》179、978、2008等简）。《说文》卷十二曰："乚，钩识也"，《史记·滑稽列传》褚少孙所补《东方朔传》曰："朔初入长安，至公车上书，凡用三千奏牍。……人主从上方读之，止，辄乚其处"，《太平御览》卷六〇六引作"辄记其处"。乚即从《说文》训钩识之乚，不是甲乙之乙。后世查对账目谓之轧，轧即乚。

、 顿号。其作用略同于钩识。见《特牲》第二十八简"啐酒"下右旁，第三十六简"首"下右旁，第四十七简"荣"下右旁，《泰射》第四十八简"扡"下。《说文》卷五曰："、，有所绝止，、而识之也"，此即句豆之谓。

儿 仅见《有司》第二十简"延末"字下，此是读书记号。

以上所述，重文号以前为缮写者所作，余为诵习者所作。由此推断武威简本乃墓主生前诵习的经本。

简本上所见标号，亦见于后于它的书本上。熹平石经以圆点为篇号、章号，《尚书·盘庚》上、中、下三篇之间空格加一圆点，作为篇号；《春秋》三传每年之前加一圆点，作为章号。敦煌、居延所出汉简有在简端作圆点者，多近于武威的题目号。宋及其后刊本上往往以圆圈为章号。早于这批汉简的长沙出土战国帛书和信阳出土战国竹简上，在每一段的末了有扁长方形的记号，代表段落的终止，与篇号稍异。信阳竹简又有顿逗号。

十三、文 字

字体（或书体）与字形，两者有密切关连，但需加以明白的区别。所谓字体或书体，是指在不同时代施写于不同材料上所用的不同的笔势，当然，由此也影响了构成某一文字的形体结构——即字形。字体或书体，也指在不同时代、不同身份的人为不同目的所书写的文字。在同一字体中，对于同一字的字形也可以有所不同，如简本为隶书体而浣或写作涫；一种字体也并不固定它对于某一个字只能有一个写法。

在汉代，实用的字体和不用以书写而用以为研习的经本的字体，主要的共有四种：一是篆书，继承秦代用于刻石、刻符的金石文字。用于高级的官文书和重要仪典的书写，如天子策命诸侯王，如武威磨咀子其它墓出土的枢铭，如官铸铜器上的铭刻，如汉碑题额，以及《说文解字》大部分的正文。二是隶书，继承秦代权量上的文字，篆书结体圆浑而繁复，隶书结体方折而简易。用于中级的官文书和一般经籍的书写，如天子尺一诏书，如武威简本《仪礼》和王杖十简，如熹平石经。三是草书，即解散了形体更为省易较为潦草的字体。用于低级的官文书和一般奏牍草稿，如永元器物簿以及敦煌、居延所出汉简之草率者；磨咀子第六号墓的日忌、杂占诸简，亦近乎草。以上三体，虽都在汉世通行，而以隶书为主，所以凡用隶写的叫作今文。

四是古文，乃指汉世已经不通用的六国文字。秦并六国后，统一了文字，六国文字乃被废绝。因此，汉世凡所谓"壁中书"或"古文先秦旧书"，都指六国时经生儒士所钞写、诵习或著作的写本旧书，其字体近于长沙、信阳出土战国楚简。它在形体上介乎小篆的圆浑与隶书的方折，在结构上也是更多省易，又多地方性。汉代经师，无论属于今文学或古文学，他们所用的经本多是从先秦旧书写本钞下来的。今文学家，用汉代今文（隶书）写经，古文学家也是一样，所以《史记·儒林传》说："孔氏有古文《尚书》而安国以今文读之"，《经典释文·叙录》说他"为隶古写之"，即所谓"隶古定"，用隶书的笔势写法将古文隶书化，有的还保存形体结构的差异。由于先秦写本经文，本来就有所不同，伏生所传今文《尚书》是一个本子，孔安国所传古文《尚书》又是一个本子。同是从古文隶定下来的，但孔氏学派强调他们自己的本子是古文而已。因为各持其本，所以有了师法派别。今文、古文的差异，不外乎以下数端：一、写法的差异，《汉书·艺文志》所谓"文字异者"，可分两项：一项是同一字的内容（音义相同）而形体的偏旁有异，如今本《礼》的埽，简本作骚；一项是义虽同而音、形相异，如今本的妥，简本作称。文字相异者以前项占绝大多数。二、读法的差异，《艺文志》所谓"古文字读皆异"可细分为两项：一项是文字的读音，因各师有其方音，故书音不同（可参看《颜氏家训·音辞篇》）；一项是《学记》所谓"离经辨志"，即句断、句读。三、文词的增省，可细分为两项：一项是虚字之乎者也的或有或无，今本与简本每多差异；一项是实字的有无，如简本《士相见》"将走见"，古文作"某将走见"。四、训诂、说解的不同，这一部分乃由于字形、音读的差异而附带产生的，一部分也由对经文的看法或解释有所不同。五、篇次、章句的不同，这不但是对于某一句句读属上属下的问题，而是对于一整句、一整章、一整篇和全部书的先后次第和分割的问题。家法和学派，是由上述五点，先由文字写法之异而发展为篇次、章句之异，最后是争立其所守师法为学官正统。

《汉书·艺文志》说《礼》古经"与十七篇文相似"，说明今文十七篇和《礼》古经没有很大的差别。两汉争立博士，只有古文《尚书》、古文《左氏传》和《毛诗》才是重要的争执所在。出土简本《仪礼》，对于今古文如何在以上所述五点中作了具体的例证，如何表现在家法上，有些启示。

简本《礼》是经牒，虽为缮写者所钞录，但字体比较端正，《居延汉简甲编》1826之《尧典》残简半枚和《罗布淖尔》第五十九简《论语·公冶长》残简半枚，也都是整饬的隶书。武威简本也有不少简率之笔，通俗流行之体，并非都是正字或合乎许慎所谓"字例之条"的。汉人写字，竹头的字往往写成艸头，此简亦然。形近的字，笔划写得混淆不分，如人与入，告与吉，士与土，宾与实，在与左，舆与典，交、丈、立、文等字，往往混成一形。同一书手所作，写法可以互异。简中异体字很多，可与汉代碑刻隶字作比较材料。象这样的经典文字，钞写的人并不太严格，那末要从字体字形上区分师法家法，也不能过于认真。郑玄《仪礼》注所注某字是古文，某字今文作某，并不能看作一定不移的。

十四、余　论

以上就出土实物，参考汉代或较古的文献资料，试图复原简册的原形，并附述它对于后世书籍制度的影响。由于这样完整的成篇经书，为以前所未发现过的，故我们从实物上观察、考索，可以得到较前人稍为具体正确的结论。清末叶德辉作《书林清话》，其卷一曾就文献记录论及书之称册、卷、本、叶、部、函等六事。其后王国维作《简牍检署考》，其前部论简牍，考证较详，亦偶及敦煌出土简牍。马衡据叶、王之文作《中国书籍制度变迁之研究》，有所补充。居延汉简出土后，他作了《记汉居延笔》和《册书考》两文，是根据实物而有所阐发的。王、马两文中凡有可商之处，以上叙述中已稍作辨正。其它还有一些问题，为以上所未论列者，作此余论。

关于大小题的问题，《书林清话》曰："凡古书以一篇作一卷，如六经汉人注本，皆小题在上，大题在下（如《尧典》在上，《虞书》在下），果为通连，则当大题在上，小题在下矣"。他所说的乃今所见北宋以来刊本，其形式行于唐初，源于六朝。汉简《仪礼》，则有外题篇名、篇次和内题，没有大题。《汉石经集存》第二一七号"《酒诰》第十六"顶格写，马氏推论曰："其下当有《周书》字，盖诸经篇题，多为小题在上，大题在下，若《尧典》第一应书在上，而《虞夏书》应书在下也"。此所推论，缺乏证据。简本甲本七篇一组，为庆氏《礼》的第三、第八、第十、第十一、第十二、第十三、第十四，篇次并不完全连接，则一篇自编一册，而每册篇题之下并无大题"礼"字。所以有小题而无大题，仍可证明一篇为一卷。且一篇也不必是一卷，一卷也可以是若干篇。《汉书·艺文志》"《尔雅》三卷二十篇"，是一卷数篇，而《士丧》、《少牢》之分为上下篇是一篇二卷。

关于汉代校雠之法，《文选·魏都赋》注引《风俗通》曰："按刘向《别录》雠校，一人读书，校其上下，得谬误为校；一人持本，一人读书，若怨冤家相对"，下遗"为雠"二字。《太平御览》卷六一八引刘向《别传》曰:"雠校者,一人持本,一人读析,若怨家相对,故曰雠也"。此《风俗通》所述,当与以前所述《风俗通》引论刘向"杀青书""可缮写"一节相连,皆《风俗通》佚文而语涉刘向校书者。《太平御览》所引"一人读析"而《文选》注作"一人读书",前者似较胜。此谓校是一个人读书,因其上下文而校出错误;雠是二个人对校,一人持本用耳目,一人持析或书用口宣读,由所读之书校出所持之本者的错误。析可能是札或枅的误字,但此人所读,应是刘向所谓"已定杀青书"的,或秘府所藏既已校定、编次、写定的中书,可称之为定本或官本。《汉书·河间献王传》曰:"从民得善书,必为好写与之,留其真",师古云:"留其正本"而以付本、写本付还于民之有书者。

刘向校书,先作笺记,附系于原简册下。其《晏子叙录》曰:"中书以天为芳,又为备,先为牛,章为长,如此类者多,谨颇略櫛,皆已定以杀青书,可缮写"。又《列子叙录》曰:"或字误,以尽为进,以贤为形,如此者众,及在新书有栈,校雠从中书,已定,皆以杀青书,可缮写"。櫛、栈皆即笺字,《说文》训为"表识书也"。程大昌《演繁露》卷五曰:"古无纸,专用简牍,简则以竹为之,牍则以木为之。康成每条自出己说,别以片竹书之而列毛传之旁,故特名郑氏笺者,明此笺之语,已实言之也"。解说郑注《毛诗》而名笺之故,最为中肯。汉及其前,以六寸之"专"注写经之解说,名之为"传",亦同于笺。汉代校雠和缮写定本手续,大约如此。

汉代以前,竹册和木札不但应用不同,其编连之法或亦有所异。用竹帘式的编简为册,亦用于连札成编("编"是居延木札编册之自称)。在竹、木同用编册之外,应有专为穿系贯串木札、木觚之法,即在木札、木觚的一端上穿系一根绳束。敦煌出土的《急就章》第一觚,在觚的上端一面斜削其角,斜角面上写"第""一"两字,两字之间有一穿孔。积若干觚乃成一本《急就》。《居延汉简甲编》第二五五四是一极长四面觚,下端削尖,似有一孔。《流沙坠简》杂事类第百十,百十一尼雅城所出两简作"卯 之八""午 十",在卯、午之下各一穿孔,当是一编残存的两枚。《罗布淖尔》第二十五简记里数,简下端一孔。凡此编觚、编札,系用一根单编穿束若干木札或木觚。此种编札法,后来渐代以两道及两道以上的编绳,其制衰亡。但到了唐代,边远地带还有保存此法的,如于阗所属马咱托拉、白拉滑史德两地所出征税簿,札长38厘米,穿孔在札末(见《流沙坠简》杂事类第百十四至百二十二等九札)。

用单绳编札之法,不同于用多绳编册之法,所以刘熙《释名·释书契》分别两事,曰:"札、栉也,编之如栉齿相比也","简,间也,编之篇篇有间也"。编之篇篇有间者,指编册的竹简与竹简之间,皆因两面穿缀几道绳子而生间隔;编之如栉齿相比者,或指编札如梳子,一道绳束在上,如梳之上部,而垂挂之诸札,如梳之有栉齿并列,上连而下不连,如梳比然。

上述穿系贯串木札或木觚的方法,其所用的绳索需要牢固,因每一翻检,就要磨损其绳编。世传孔子读《易》,"韦编三绝",应指这类木札的韦带。《说文》曰:"韦,兽皮之韦,可以束","弟,韦束之次第也",后来从竹作第。敦煌出土《急就章》,"第一"两字刻在觚端斜削之处,而"第"与"一"之间作有穿束之孔。此"第一"之"第",犹"卷一"之"卷",最初是名词,后来引申为次第的形容词。简册所称"第一""第二"乃是"册一""册二"之义。由此可知书册分"第"之法由于韦束,而韦束乃编束木札或木觚之上端穿孔之用,不宜作为穿缀编册的绳纶。因如以韦编册,则卷用不便。木札所束的单位为"弟";竹简和木简所编的单位为"编"(篇)为"册";竹木简所编和纸帛所书的,也皆以"卷"为单位。凡此书册的单位名称,后来渐渐有所改变,如编册为"编"的,改为"篇";册为象形,后又假策为之,又变作笑;"册"流传于口语,至于今日。"卷"本为帛、册、纸所共用,后来成为纸本所专用。汉初既以编竹简之法编木札,于是札、牍、牒、版乃与竹简相通用。占据一定地位的木觚,渐渐为小学篇章所专用。"第一"之第相当于"卷一""册一"之卷或册,后来引申为次第;原先以若干札、觚而用一条绳束者为第,后来变为每一简或每一札的编次。

我们根据实物的形制,推定古有单穿束绳的书册。不意在得此结论后,发现乾隆时经学家李惇已有同样的推测。他在《群经识小》卷四《论方策》一条下,曾简明扼要地说:"简狭而长,编简者当于简头为孔,按其次第以韦贯之,夫子读《易》,韦编三绝,是也"。他是根据韦编而想出来的,有了实物,可以证成他的这种推论。不过他以为古代编简者皆是如此,则不尽然。

编简与编札之异制,也反映了先秦简与牍在应用上的分别。编简与简,用于国家重大记事与经典书籍。《多士》称殷先人"有册有典";周初分鲁公以"备物典策(册)";《孟子》所取《武成》的三策;《鲁语》臧文仲使人写展禽语的三策;《洛诰》之"祝册";《顾命》之"册命";《小雅·出车》之"简书";《左传》之"受策"(僖二十八,襄三十,昭三);西周金文《颂鼎》之"令书""令册";《左传》(文十五,襄二十)凡得罪于君,"名在诸侯之策";《左传》襄二十五:"南史氏闻太史尽死,执简以往";《王制》:"太史典礼,执简记,奉忌讳";《左传》隐十一年:"凡诸侯有命告则书……灭不告败,胜不告克,不书于策";《仪礼·聘礼》:"史读书,司马执策立于其后";《礼记·祭统》:"史由君右执策命之";《逸周书·尝麦篇》:"作策执策";《仪礼·既夕篇》:"书遣于策",即《隋书·礼仪志》的赠册,《聘礼》记:"百名以上书于策",亦聘用馈赠名册。凡此简、策、典册策大部分指编简,其主要的用途为经典、国史、语录以及聘、丧赠赗名册等。

版牍的应用,似属于次于上述的公文书。《说文》曰:"牍,书版也";《战国策·齐策》王建母临终言,命"取笔牍受言";《韩诗外传》周舍曰:"墨笔操牍,从君之过,而日有记也";《汉书·武五子传》曰:"持牍趋谒";《汉书·周勃传》曰:"狱吏乃书牍背示之"(亦见《史记·绛侯世家》);《汉书·外戚列传·赵皇后传》曰:"手书对牍背";《释名·释书契》曰:"牍,睦也,手执之以进见,所以为恭睦也";《急就篇》颜师古注云:"牍,木简也,既可以书,又执之以进见尊者,形若今之木笏,但不挫其耳。凡此近于手版的牍,临朝记事所用,其长度当为一尺(《后汉书·蔡邕传》注引《说文》),其宽度则应宽于编册的木简。《论衡·效力篇》曰:"书五行之牍,书十奏之记";《春秋·序》曰:"小事简牍而已",孔疏云:"牍乃方版,版广于简,可以并容数行″;《仪礼·聘礼记》曰:"不及百名书于方″,贾疏云:"方若今之祝板,不假连编之策,一板书尽,故言方板也″;《既夕篇》曰:"书赗于方,若九、若七、若五″,注云:"方,板也,……每板若九行,若七行、若五行″;《后汉书·循吏列传》谓光武"其以手迹赐方国者,皆一札十行细书成文″。由版、牍并容数行,知其广于仅容一行的木简。牍之称为方为版,乃指其广。《管子·霸形篇》曰:"于是令百官有司,削方墨笔,明日皆朝于太庙之门。朝,定令于百吏″;注云:"方谓版牍也,凡此欲书其所定令也″。由《聘礼记》所述,方对编策而言,《中庸》所谓"文武之政,布在方策″,方或版牍不但为宽者,而且是单片的。《周礼·内史》曰:"凡命诸侯及孤卿大夫则策命之;凡四方之事书,内史读之;王制禄,则赞为之;以方出之;赏赐亦如之″。《周礼·哲蔟氏》曰:"以方书十日之号……县其巢上,则去之″。而方之称为版者,则为簿录名籍。《周礼·大胥》司农注云:"版,籍也″,《周礼·司士》、《宫伯》郑众注云:"版,名籍″,《周礼·小宰》司农注云:"版,户籍″,《论语·乡党》郑玄注云:"负版者持邦国之图籍″。《史记·张丞相传》谓其"秦时为御史,主柱下方书″,"明习天下图书计籍″,方书即版,乃指名籍之类,即公牍簿书档案。出土汉简作长方形而有数行者,应为版牍。

牒于汉代称为编牒,是其可以编连成册。《左传》昭公二十五年诸侯会于黄父,将"输王粟,具戍人″,宋右师不奉命,晋士伯责之,"右师不敢对,受牒而退″,牒当书所应输粟及戍人名数。《战国策·齐策》孟尝君逐于齐,因谭拾子之谏,"孟尝君乃取所怨五百牒削去之,不敢以为言″。五百牒乃所记怨者名籍,必是编连之。《玉篇》训牒为札为谍,《史记》屡称谱牒、牒谱、牒,《汉书·艺文志》有历谱一类,出土汉简中的历谱皆可以编连,属于牒之一种。先秦的编牒,当只是名籍、历谱之类,汉世并以名木简所编的经牒。

汉简中有不少木觚,除作为小学篇章的临写、诵读的课本以外,既用以记事,亦作为起草之用。敦煌和居延两地所出,有三面、四面、六面者,即有三棱、四棱、六棱者。三棱者可以写三面,可以只写二面,四棱者也可以只写三面。《沙流坠简》小学类考释,因见有三棱之觚,其三面二狭一广,各为半柱形之半,遂谓"初由一方而剖为二觚,复以二觚联为一方″,定觚是方版之"方″。这种说法是可商的。不但实物上觚为多方的,后世注家亦同:颜师古注《急就篇》曰:"其形或六面,或八面,皆可书″,《一切经音义》卷七十三引《通俗文》曰:"木四方为棱,八棱为觚也″,《汉书·律历志》注引:"苏林曰:六觚,六角也″,《说文系传》引:"《字书》曰:三棱为柧木″。

武威出土木简,都是采用最好的材料而且经过精治的,每一根的横剖面都成正角长方形,四边和上下两端都是棱角显明。但居延汉简常利用从旧木札削去一层薄皮(削衣)而重书的,被削弃去的薄皮叫做柿,乃是柿。《后汉书·杨由传》曰:"又有风吹削哺″,注云:"哺当作柿,音孚废反″。《颜氏家训·书证篇》曰:"《后汉书·杨由传》云风吹削肺,此是削札牍之柿耳。古者书误则削之,故《左传》云削而投之是也。或即谓札为削,王褒《童约》曰书削代牍,苏竟书云昔以摩研编削之才,皆其证也。《诗》云伐木浒浒,毛传云浒浒、柿貌也。史家假借为肝肺字，俗本悉作脯腊之脯，或为反哺之哺。学士因解云削哺是屏障之名，既无证据，亦为妄矣。此是风角占候耳，《风角书》曰：庶人风者，拂地扬尘转削。若是屏障，何由可转也？"此解从札牍上削下的薄片名为柿（或隶作柿、柿），风可吹起，居延出土削片而尚残存字迹者，都较薄。

    《说文》木部曰："柿，削木札朴也，从木宋声，陈楚谓椟为柿"。此字后来隶定为柿为柿，或假肺、脯、哺等字为之，宋音如孛，其义为薄。削木札朴，谓削木札之朴，削下的木片名为柿。王濬造船，木柿蔽江而下，《晋书音义》中云："柿，木片也"。陈楚谓椟为柿，段玉裁据《韵会》所引，改为"陈楚谓之札柿"，《一切经音义》卷四十七引《三苍》曰："柿，札也，今江南谓破削木片为柿，关中谓之札，或曰柿札"。从牍椟分片削出的木片，用以成牍者为札，所以《一切经音义》卷七十三引《仓颉篇》曰："柿，札也"，《史记·惠景间侯者年表》索隐云："柿，木札也；附，木皮也"；其弃去不用者亦曰柿，所以《汉书·田蚡传》注云："肺，斫木札也"，《史记·魏其武安侯列传》正义引颜师古云："一说柿，斫木札也，喻其轻薄附着大材"；其已成书札而整面削去重写，其削去弃去之片亦谓之柿，即风吹削柿之柿。关于《颜氏家训》此条，向来多有误解，叶氏据之遂谓"知札牒之木为柿木"，有人以为柿木是用作札牒的一种木材名，则大误。

    以上因附述诸家之说而有所修订，澄清了某些问题。经过此次对武威汉简的整理，感到简册制度的研究，还可以推进一步。尤其是今天有了更多而可据的实物，时代、出土地点、用途、材料、形制、长度都有所不同，可以全面的作一番整理。出土地点的查明，残折部分的缀合，以及书籍记载的搜集，仍然是当前所急要作的。简文文字内容的辨识，形制大小及其用途的分类，以及断代定期，也都非常重要。

一九六二年七月

编 后 记

梦家先生治汉简是从一九六〇年开始的。

一九五九年七月,武威磨咀子六号墓发现了四六九枚竹木仪礼简。梦家先生于一九六〇年六月至七月间去兰州参加了这批简的整理和研究工作,并对此墓所出的日忌、杂占简,和十八号墓出土的王杖十简也作了考释。这些研究成果都已发表在《武威汉简》一书中。

继武威汉简的整理研究之后,梦家先生的研究兴趣,陡然从金文铜器方面转到了汉简方面。一九六二年初,武威汉简编写完成,他接着便对居延汉简,敦煌和酒泉汉简进行大量的整理工作,其中包括对居延汉简的出土地点与额济纳河流域的汉代烽隧遗址的分布和形制的整理。从一九六二年初到一九六六年九月逝世前,在这三年多不满四年的时间里,共完成了十四篇论文,约三十万字。除五篇已经发表外,其他九篇都是没有发表过的,有的是初稿,有的已修改誊清,看来当时梦家先生是准备将它编辑成集的,《汉简缀述》就是他自己题的集名。

在编辑过程中,主要是对文中所引的文献进行核校。文中所引的简文与简号数量很大,我们绝大部分都根据《居延汉简甲乙编》作了核对。但是,有的汉简的释文尚不能完全释定,有的则各家所释不同,因此,在核对简文时除明显的漏字、误字外,一般都遵照梦家先生的原释,未加改动。《由实物所见汉代简册制度》一篇是《武威汉简》中的一章,因通论简册制度,与本集的内容颇有关系,故亦收入。

夏鼐所长对这本集子的编辑给予了很大的关怀,并作了具体的指导。中华书局的赵守俨同志在编辑出版方面,也予以很多帮助。全书的编校是由陈公柔、徐苹芳承担的。

编者 一九七九年九月